1 MONTH OF
FREE
READING

at
www.ForgottenBooks.com

By purchasing this book you are eligible for one month membership to ForgottenBooks.com, giving you unlimited access to our entire collection of over 1,000,000 titles via our web site and mobile apps.

To claim your free month visit:
www.forgottenbooks.com/free928107

ISBN 978-0-260-10258-4
PIBN 10928107

ŒUVRES

CHOISIES

DE L'ABBÉ PRÉVOST,

AVEC FIGURES.

TOME TROISIÈME.

MO RES
ET AVENTURES
D'UN HOMME
DE QUALITÉ
QUI S'EST RETIRÉ DU MONDE:

NOUVELLE ÉDITION,

Revue & confidérablement augmentée fur quelques
Manufcrits trouvés après fa mort ;

SUIVIS

DE MANON LESCAUT.

AVEC FIGURES.

TOME TROISIÈME.

A AMSTERDA

Et fe trouve à PARIS ,

RUE ET HÔTEL SERPENTE.

M. DCC. LXXXIII.

MÉMOIRES

DU

MARQUIS DE ***,

LIVRE TREIZIEME.

L'HEUREUSE fin de cette aventure me fit bénir le ciel, qui sembloit en avoir pris lui-même la conduite. J'employai quelques jours à régler avec Amulem, l'ordre de notre voyage d'Allemagne. Il étoit absolument déterminé à partir avant l'hiver ; mais n'ayant pas vu Paris, il eut envie d'y aller passer quelques semaines avant notre départ. Cela pouvoit s'accorder si bien avec les mesures que j'avois prises du côté de monsieur le duc, que loin de l'en détourner, je lui promis de l'y conduire.

Tome III. A

Nous y arrivâmes, dans le tems où il devoit paroître le plus brillant aux étrangers. C'étoit dans la chaleur des actions du Missicipi. Le faste & la magnificence sembloient répandus dans toutes les conditions. L'argent & l'or rouloient avec profusion, comme s'ils se fussent échappés de la captivité dans laquelle on les tient ordinairement. Les habits, les équipages, les dépenses excessives du jeu, & les fêtes continuelles découvroient l'opulence du royaume, ou, s'il est permis de s'exprimer sincèrement, trahissoient plutôt sa foiblesse intérieure, puisque toutes ses forces s'épuisoient follement au-dehors. Amulem fut frappé de cet éclat. Ses préjugés turcs ne l'empêchèrent pas de convenir, que Paris l'emportoit sur Constantinople. Nous nous logeâmes dans la rue neuve des Petits-Champs, & ce ne fut pas sans peine que nous nous procurâmes un logement commode. Nous en eûmes même beaucoup à louer un carrosse de remise, tant il se trouvoit de personnes qui n'étoient pas disposées plus que nous à marcher à pied. Tous les jours on nous apprenoit quelque nouveau prodige de fortune, en faveur de gens vils & des plus misérables. C'étoit le célèbre M. Law qui donnoit le branle à la roue. Je me procurai le plaisir de le voir, étant introduit par quelques anglois que j'avois connus à Londres & qui se trouvoient alors à Paris. Cet homme, occupé de tant d'affaires importantes, n'en avoit pas l'efprit moins libre, ni l'humeur plus éloignée du plaifir. Il nous invita le même jour à fouper chez lui; j'y vis fa femme qui me parut enjouée. J'y trouvai auffi l'abbé d..., qui me reconnut tout d'un coup. Comme il ignoroit que j'euffe quitté Paris, après l'avoir vu cinq ou fix femaines auparavant, il me fit des reproches honnêtes de ce que je l'avois fi fort négligé. Il étoit trop agréablement occupé du voi-finage de madame Law pour lier à table une con-verfation férieufe avec moi; mais il me fit promet-tre que je lui rendrois le lendemain une nouvelle vifite. La joie & le badinage régnèrent dans ce repas. M. Law y dit mille jolies chofes. On n'y fit nulle mention du fyftême, quoique je fouhaitaffe extrê-mement que le difcours pût tomber fur ce fujet: on n'y parla que des févérités de la chambre de juftice, & de la frayeur qu'elles avoient répandue parmi toutes les perfonnes intéreffées dans les re-venus du roi. M. Paparel, tréforier général de l'extraordinaire des guerres, avoit été condamné à mort quelques jours auparavant, & l'on ne favoit point ce qu'on devoit penfer du délai que S. A. R. avoit fait apporter à l'exécution de fa fentence. Comme on n'épargne guère les condamnés, le pauvre Paparel ne fut point ménagé par nos convives. M. Law fe retira vers minuit, fous prétexte d'une affaire d'im-portance, qu'il devoit expédier avant fon fommeil.

Je fortis auſſi, peu après, avec les deux angloiſ
qui m'avoient procuré ſa connoiſſance. Comme ils
demeuroient dans le même quartier que moi, nous
nous entretînmes en chemin de la prodigieuſe fortune de M. Law, & de l'induſtrie avec laquelle il s'y
étoit élevé. M. Stepney, qui étoit celui des deux qui
le connoiſſoit le plus particulièrement, me raconta
quelques traits de ſa vie, qui méritent d'être rap-
portés. M. Law, me dit-il, eſt écoſſois, & né d'une
honnête famille. Il a eu, dès ſa première jeuneſſe,
l'eſprit propre au commerce & aux affaires. Ses
parens le mirent de bonne heure dans un comptoir; on n'a pas ſu ſur quels fonds il y amaſſa une
ſomme conſidérable, qui le mit en état de ſe paſſer
du ſecours de ſa famille. J'ai connu, me dit M.
Stepney, le marchand chez qui il étoit à Edim-
bourg. Je l'ai entendu ſe louer beaucoup de ſa
ſageſſe & de ſa fidélité. Il prit le chemin de Briſtol,
avec ſon argent & des recommandations, qui
lui firent trouver une place plus conſidérable
que celle qu'il venoit d'occuper; on le fit commis en chef du bureau de la Jamaïque. Son aſſi-
duité & ſon eſprit lui attirèrent la confiance de
tous les marchands. Cependant ſoit qu'il ſe fût
déguiſé juſqu'alors par hypocriſie, ſoit que ſa vertu
fût ſéduite par les groſſes ſommes qui lui paſſoient
entre les mains, on découvrit dans ſes comptes
quelques erreurs de calcul qui commencèrent à le

rendre fufpect. Les marchands anglois veulent de
l'exactitude, on l'examina de près, il s'en apperçut;
voici le ftratagême dont il ufa pour fe mettre à
couvert. Il avoit fait une connoiffance intime avec
le commis d'un autre bureau confidérable, qui
n'étoit pas plus fidelle que lui : ils s'accordèrent
enfemble pour fe foutenir, & pour tromper à
coup fûr. Lorfque l'un des deux étoit obligé de
rendre fes comptes, il avoit recours à l'autre, dont
il tiroit autant d'argent qu'il en manquoit dans fa
caiffe; & fe rendant ainfi alternativement le même
fervice, ils fe trouvoient toujours en état de fouffrir
l'examen le plus rigoureux, quelques fommes qu'ils
euffent pû détourner du dépôt qui étoit entre leurs
mains. Ils employoient, pendant ce tems-là, ce
qu'ils avoient dérobé, & le faifoient valoir à leur
profit particulier. Quoique ce fyftême fût des
mieux concertés, il ne put tromper tout-à fait la vigilance des intéreffés. On s'étonnoit des groffes entreprifes qu'on voyoit faire tous les jours à M. Law,
& l'on ne comprenoit point fur quels fonds elles
étoient appuyées. Les foupçons devinrent fi forts
qu'ils ne purent lui être cachés. C'étoit une affaire
à le décréditer pour toujours. Il réfolut de fe tirer
d'inquiétude, & il y réuffit par une trahifon qui
perdit fon affocié. Feignant d'être obligé de rendre
fes comptes, il le pria de lui fournir, fuivant leur
convention, la fomme dont il avoit befoin pour

remplir fa caiffe. Il la reçut, mais ce fut dans le deffein de ne la pas rendre. L'autre qui ne s'attendoit à rien moins, lui redemanda fon argent peu de jours après. M. Law contrefit l'étonné comme s'il n'eût rien compris à ce difcours; & fe voyant trop preffé, il fit un éclat qui couvrit ce malheureux de confufion, & qui l'obligea de fe fauver pour éviter le châtiment. Les plus éclairés entrevirent une partie de la vérité; mais il eût été dangereux d'attaquer M. Law, fans le pouvoir convaincre. Cependant cette aventure lui ayant fait perdre quelque chofe de fon crédit, elle le détermina à quitter Briftol, pour aller à Londres. Il ne s'y borna point à prendre foin des affaires d'autrui : il commençoit à être affez riche pour être occupé feulement des fiennes. Je ne doute point, continua M. Stepney, qu'il ne fût devenu en peu de tems un des plus opulens particuliers d'Angleterre, fi l'amour ne l'eût rendu la dupe de deux femmes qui l'ont prefque conduit à fa ruine. La première fut miladi ... Cette dame étoit une coquette fieffée, qui avoit ruiné déja vingt amans à Londres, & qui étoit auffi connue par fes debauches que par fa beauté. M. Law eut le malheur de la voir & de la trouver aimable. Elle en fut informée, avant même qu'il eût eu la hardieffe de lui déclarer fa paffion, & elle forma le projet de le dépouiller. Il étoit novice en amour, quoiqu'il le fût fi peu pour les affaires. Il ne connoiſſoit pas mieux les manières du monde poli, ayant toujours vécu dans la pouſſière d'un comptoir & d'un bureau. Ce fut par cet endroit que miladi le prit d'abord. A peine lui eut-il exprimé quelque choſe de ſes ſentimens, qu'elle ſut lui faire entendre avec adreſſe, que l'unique choſe qui lui manquoit pour plaire étoit de mettre quelque réforme dans ſes manières, & de prendre un peu mieux le bon goût de Londres. Il comprit de quoi il étoit queſtion, mais il l'exécuta mal. Au lieu de s'accoutumer par degrés aux airs de la cour, il ſe crut capable de les prendre tout d'un coup. Dans l'eſpace de peu de jours, on le vit changé en petit-maître. Cet excès fit pitié à ceux qui le connoiſſoient, & le rendit ridicule aux yeux de quantité de perſonnes, qui ſentirent le contraſte de ſa parure & de ſes manières. Cependant, comme il eſt homme d'eſprit & d'un caractère ſouple & pliant, il atteignit peu à peu au degré qu'il falloit pour être reçu chez miladi.... C'eſt la ſeule obligation qu'il ait à cette dame, d'avoir ainſi contribué à le polir & à le former pour le monde. Les autres leçons qu'il reçut d'elle ne lui furent pas ſi utiles; elle l'engagea dans des dépenſes ſi exceſſives, qu'il s'apperçut en peu de tems de la diminution de ſes eſpèces : & ce qu'il y eut de plus chagrinant pour lui, ce fut que la dame n'eut pas plutôt

remarqué que la fource de fes libéralités tarif-
foit, qu'elle le fit prier de ne plus mettre le
pied chez elle. Cette difgrace le toucha fi vivement, qu'elle l'empêcha de fentir la perte d'une
partie de fon bien. Ses amis, qui le voyoient fi
tendre, lui proposèrent de fe fatisfaire à moins
de frais, c'eft-à-dire, de fuivre l'ufage de Londres, en fe donnant une jolie maitreffe, qu'il
entretiendroit à petit bruit, & fur laquelle il
auroit un empire abfolu. Ce confeil fut de fon
goût. On lui en procura une fort aimable, avec
laquelle il vécut content pendant quelques mois;
mais il étoit deftiné à payer toujours cher les
plaifirs de l'amour. Sa maitreffe étoit une friponne, qui difparut un jour, en lui emportant
trois mille guinées & quantité de bijoux. Des
pertes fi confidérables dérangèrent beaucoup fes
affaires; & toute fon adreffe ne put les réparer
parfaitement. Les airs de cour qu'il avoit pris
avec miladi .... lui ôterent le goût du commerce. Il fe livra au jeu. On fait quelle vie les
joueurs mènent. Tantôt il poffédoit des fommes
immenfes, qui lui faifoient prendre un effor fort
au-deffus de fon origine; tantôt il étoit fans
un morceau de pain. Je lui ai vu pendant trois
mois, continua M. Stepney, un carroffe à fix
chevaux, une maifon de campagne, & un hôtel
fuperbe à la ville. Cette faveur de la fortune ne

dura guère. Le colonel Chatris le ruina dans une foirée, comme il a ruiné depuis le duc de Warton & quantité d'autres jeunes gens. M. Law fe mit enfuite dans les projets ; c'eft-à-dire, qu'il formoit des plans de compagnies & d'affociations pour le commerce, & qu'il tâchoit de les faire goûter aux marchands. Il inventoit des machines, pour rendre plus faciles ou pour abréger les grandes entreprifes ; telle fut celle dont l'exécution fe trouva fi heureufe, pour nétoyer les étangs, les canaux, & les baffins qui fervent à la conftruction des vaiffeaux. Il fut le premier qui fit naître à milord duc de Montaigu le deffein d'une nouvelle plantation dans l'île de Sainte - Lucie ; entreprife qui a coûté à ce feigneur la moitié de fon bien, & qui s'eft terminée fort malheureufement. Enfin il fe foutenoit honnêtement par les feules reffources de fon génie, lorfque la fortune l'a appelé en France, & lui a ouvert le chemin de la faveur & de la toute-puiffance auprès de monfieur le régent. Il conferve toujours, ajouta M. Stepney, une forte inclination pour les femmes. Il a le cœur bon & tendre ; de forte que fes libéralités fe répandent à pleines mains fur le beau fexe. Il s'eft fait amener de Londres, pour fon délaffement après les affaires, quelques belles angloifes, qu'il entretient à Paris à peu près comme les seigneurs françois, qui aiment les chiens & les chevaux, en font venir d'Angleterre.

J'étois si plein de l'idée de M. Law, en quittant M. Stepney, que je le vis en songe pendant la nuit; mais je le vis dans une situation que je ne lui aurois pas fait plaisir de lui dire, & qu'il n'auroit peut-être pas cru devoir appréhender. Il me sembla que S. A. R. le mettoit hors de son appartement par les épaules, & qu'étant ensuite abandonné de tout le monde, il alloit chercher du pain hors du royaume, après l'y avoir ôté à tant d'autres.

Le lendemain, je fis ma visite à l'abbé d.... C'étoit un autre aventurier, dont la morale ne valoit guère mieux que celle de M. Law. J'avoue que rien ne m'a jamais donné tant de mépris pour les biens de la fortune, que de les voir accordés avec tant de profusion à des personnes de ce caractère. C'est une réflexion que j'ai faite mille fois en ma vie, & qui se renouveloit alors à tous momens, en voyant tant de misérables arriver tout d'un coup à l'extrême opulence. Seroit-il possible, disois-je, que la providence mît en de telles mains ce qu'elle estime? Non, les biens de ces gens-là sont aussi vils que leurs personnes. Je ne mets pas, néanmoins, absolument dans ce rang l'abbé d..... Il avoit assez d'esprit & de savoir-vivre, pour être distingué de la foule. La visite

que je lui rendis, fut beaucoup plus familière que
la précédente. Il me rapporta des choses incroya-
bles de l'affection dont M.... l'honoroit, & de la
confiance qu'il prenoit en lui. La suite de sa vie
les a justifiées. Comme il avoit été précepteur de
M.... il se faisoit honneur du goût que son élève
avoit pour les sciences & les beaux-arts. Dieu fait
s'il étoit capable de le lui avoir inspiré. Il me fit la
grace de me procurer la vue de son cabinet, de ses
tableaux, & de son laboratoire. Le cabinet étoit
plein de livres & de papiers confusément épars. J'eus
la curiosité d'observer les livres, étant persuadé que
la meilleure manière de connoître le caractère & les
inclinations d'un homme d'esprit, est de faire
attention à ce qui l'occupe dans le secret du
cabinet. Je vis, dans celui-ci, un mélange de
théologie, d'histoire, de littérature, & sur-tout de
philosophie naturelle. Les ouvrages extraordinaires,
tels que ceux de Spinosa, Hobbes, Vanini, Cardan,
Toland, Paracelse, &c. étoient dans une classe à
part ; & parmi eux étoit un gros cahier de sa main
propre, où il avoit pris la peine de réduire en
abrégé ce qu'il y a de plus curieux dans la doctrine
de ces auteurs. L'abbé de.... me fit remarquer un
petit manuscrit latin, *de Deo, an possibilis ?* qu'il
me dit avoir été payé cent louis d'or. Cet abbé
m'assura que M..... passoit quelquefois jusqu'à
quatre & cinq heures au milieu de ses livres, &

qu'il ne lifoit prefque jamais fans avoir la plume à
la main, pour écrire fes remarques & fes réflexions.
Il avoit fait traduire, pour fon ufage, quantité de
bons livres anglois, dont il faifoit beaucoup de
cas. M.... magiftrat illuftre, qui entendoit parfaitement l'anglois, lui avoit rendu plufieurs fois ce
fervice. S'il en faut croire l'abbé d.... la curiofité
de fon élève, en matière de fcience, s'étendoit à
tout. Il avoit fait venir plus d'une fois, des extrémités
de l'Europe, certaines perfonnes qui paffoient pour
avoir acquis des connoiffances extraordinaires. Un
jour, ayant lu dans une relation angloife de la
Laponie norvègienne, que les lapons étoient fort
adonnés à la magie, & qu'il fe paffoit des chofes
furprenantes dans cette froide partie de notre
hémifphère, il n'eut point de repos qu'il n'eût fait
amener un magicien lapon dans fon cabinet. On
n'a pas fu ce qu'il apprit de lui; mais il y a
beaucoup d'apparence qu'il en fut peu fatisfait,
parce qu'il ne l'entretint pas long-tems. Il le fut
davantage d'un certain Valtas, qui s'infinua dans
fa faveur par la profonde connoiffance qu'il avoit
de la chimie. Il travailloit quelquefois deux heures,
avec lui, dans fon laboratoire. Il n'y avoit point de
diftillation, ni d'élixir, qu'il ne fût compofer; il en
inventoit lui-même, & il prenoit plaifir à les faire
débiter à Londres & à Paris par quelqu'aventurier,
qui prenoit la qualité d'opérateur, & qui y gagnoit

confidérablement. Il a fait des perles & des teintures de criftal, qui font d'une beauté admirable.

Pour ce qui regarde le grand œuvre, il l'a tenté fans fuccès: cependant il n'a pas laiffé de faire de grandes dépenfes, pour arriver à quelque chofe d'extraordinaire dans la tranfmutation des métaux. M. C.... anglois, l'a aidé long-tems dans ce travail; mais ils ne purent attraper le fecret de la nature. Tout le fruit de leurs peines fut de compofer des alliages d'une grande perfection, quoique la valeur en foit fort au-deffous de la dépenfe. Un italien effronté, qui avoit entendu parler du goût de ce prince pour cette forte de fcience, lui fit demander un jour une audience particulière dans fon laboratoire. Lorfqu'il y fut entré, il eut le foin d'en fermer la porte; il tira de fa poche un petit réchaud d'une fabrique extraordinaire, au-deffous duquel étoit un petit vaiffeau de cuivre, qu'il remplit d'un élixir qu'il avoit dans une bouteille. Il enflamma l'élixir avec une fimple allumette, & il le pria enfuite de lui prêter pour un moment un louis d'or. Il le mit, à fa vue, dans le réchaud: en moins de trois minutes, il en tira une pièce d'argent de la même grandeur, qu'il lui remit. Il lui demanda un écu, & l'ayant enfermé de la même manière dans le réchaud, il en fit fortir un louis d'or, qui ne différoit des autres qu'en ce qu'il étoit plus épais. Après cette opération,

qu'il acheva fans prononcer une parole, il prit fon
réchaud & fortit du laboratoire , en difant au
prince que s'il vouloit fe donner la patience
d'attendre un moment , il alloit lui faire voir
quelque chofe de bien plus extraordinaire. On
l'attendit , mais inutilement. L'italien s'étoit fervi
de cette rufe pour faciliter fon évafion. M. l'abbé
d.... me fit voir les deux pièces, que M.... avoit
confervées. J'étendrois trop le récit de cette vifite ,
fi je rapportois toutes les chofes curieufes qu'il me
fit obferver. Je marquai beaucoup de reconnoiffance pour fes civilités. Nous parlâmes encore de
l'Angleterre ; il me propofa de l'accompagner dans
un voyage qu'il avoit deffein d'y faire. Je m'en
excufai honnêtement , fur les engagemens que
j'avois avec M. le duc de.... Il ne manqua point
de me demander ce qui avoit caufé mon retour fi
prompt à Paris. Je lui parlai de mon beau-frère
Amulem & de fon fils Muleid. Il faut , me dit-il ,
que vous me les faffiez voir , & que je leur procure
l'honneur de faire la révérence à M..... Je le
remerciai de cette offre , & je les lui amenai le
jour fuivant. Il nous préfenta à lui. Nous en fûmes
reçus fort gracieufement. Il fit à Amulem plufieurs
queftions fur le gouvernement du grand-feigneur ,
& fur les forces de l'empire ottoman. Il lui dit ,
en parlant de fa religion : Je ne la trouve guère
fainte ; mais elle me femble fort aimable , ne

fût-ce qu'en ce qu'elle n'oblige pas de voir toujours la même femme. Amulem répondit agréablement, que fi c'étoit un mal d'être obligé de voir toujours une feule femme, c'en devoit être un bien plus grand d'en voir toujours plufieurs. Point d'équivoque, reprit M.... le mal de n'en voir qu'une eft fi grand, que je n'en faurois rire; & fi l'on n'étoit un peu turc fur certains articles, un pauvre chrétien auroit bien de la peine à vivre. Nous eûmes, par la bonté de ce grand prince, un de fes officiers pour nous conduire à Verfailles, & dans tous les lieux où l'on n'a pas la liberté d'entrer fans être introduit.

Le hafard nous fit rencontrer à Fontainebleau M. le marquis d'Antremont, ambaffadeur du roi de Sicile. Je l'avois connu à Rome long-tems auparavant, & j'étois même lié particulièrement avec lui. Comme je ne m'imaginois nullement qu'il fût à Paris, & encore moins qu'il y fût avec un titre fi diftingué, je ne me remis point fon vifage, lorfqu'on me le montra fous le nom de fa dignité. Il me reconnut le premier, & fa politeffe le fit avancer vers moi pour m'embraffer. Nous nous promenâmes, en nous entretenant de nos anciennes liaifons & de nos aventures romaines. Il avoit failli de périr à Rome, par la jaloufie d'un cardinal, dont il voyoit fecrètement la maitreffe. Deux fbirres, apoftés par ce prélat, l'avoient

attaqué le foir dans la rue , & il n'avoit dû fa
vie qu'à fon adreffe & à fa valeur. Le péril qu'il
avoit couru l'effraya fi peu , qu'il revit fa belle
dès le lendemain , en prenant feulement la précaution de fe déguifer. Il fe couvrit d'un habit
de père jacobin , & il continua de la vifiter tous
les jours fous ce mafque. Le cardinal découvrit
la rufe ; & l'ayant fait veiller , il le fit prendre
par les archers de l'inquifition , comme un moine
débauché qui caufoit du fcandale à l'églife. Il fut
enfermé dans une étroite prifon , d'où il ne put
fe tirer qu'après y avoir demeuré fix femaines. Le
cardinal eut la malice de répandre le bruit qu'il
y avoit été traité comme on traiteroit peut-être
un moine dans le même cas, c'eft-à-dire , fouetté
rigoureufement. Cependant cette médifance fut
reconnue fauffe par le cardinal même, qui étant
tombé peu après dans une maladie mortelle , fit
prier le marquis de fe rendre auprès de fon lit,
& lui demanda pardon publiquement du tort qu'il
avoit fait à fa réputation. Nous eûmes l'honneur
de dîner avec M. le marquis d'Antremont , & de
retourner le lendemain à Paris dans fon carroffe.
Nous n'y fîmes pas un long féjour. La curiofité
d'Amulem étant fatisfaite, nous reprîmes le chemin
de la province.

Lorfque nous approchâmes de la maifon de
ma fille, je fis avancer mon laquais plus vîte que

nous, pour l'avertir que nous ferions le foir à fouper chez elle. Je fus furpris de le voir, peu après,
revenir au-devant de nous en galopant. Il m'apprit que le marquis, mon élève, étoit au logis
depuis quatre jours; & me préfentant une lettre,
il me dit que c'étoit par l'ordre du marquis qu'il
me l'apportoit, qu'elle étoit de monfieur le duc
fon père, & qu'il me prioit de la lire avant mon
arrivée. Je la lûs promptement. Monfieur le duc
me marquoit que fon fils l'avoit preffé avec tant
d'inftances, de lui accorder la permiffion d'aller
attendre mon retour de Paris chez ma fille, qu'il
avoit craint de l'affliger trop en le refufant : qu'il
le croyoit là en auffi bonnes mains que dans les
fiennes, & qu'il fe perfuadoit que j'approuverois
fon voyage. Comme cette lettre ne contenoit rien
de plus, je ne pouvois m'imaginer quelle raifon
le marquis avoit eue de me l'envoyer avec tant
de diligence. Cependant, en y penfant davantage, je compris que la crainte que je ne fuffe
mécontent de le voir à mon arrivée, & que je
ne le foupçonnaffe de s'être dérobé à monfieur
fon père, l'avoit porté à me prévenir, comme
il avoit fait. Il m'avoua, le foir, que j'avois deviné jufte. Je ne laiffai point, malgré la lettre,
d'être très-peu fatisfait de le trouver là. J'admirai même que monfieur le duc y eût pu confentir, après le danger où il s'étoit trouvé expofé;

Tome III. B

ſans compter qu'il n'ignoroit pas ſa paſſion pour ma niéce, à laquelle des entrevues ſi fréquentes ne pouvoient manquer de ſervir d'aliment. Je n'augurai rien de bon de ſa préſence. Plût au ciel, pour ſon intérêt & pour celui de ma famille, que mon préſage & mes craintes euſſent été moins fondés, & qu'ils n'euſſent point été juſtifiés par des événemens qui mirent le comble à tous les malheurs de ma vie ! C'eſt ce que je raconterai maintenant ſans interruption ; car il me ſeroit difficile de mêler des choſes étrangères & indifférentes, à un récit ſi intéreſſant.

Le marquis n'avoit pas perdu le tems, pendant les quatre jours qu'il avoit paſſés chez ma fille. Non-ſeulement il s'étoit ménagé cent occaſions d'entretenir Nadine ; mais par une adreſſe, dont je crois que l'amour ſeul l'avoit rendu capable, car il n'étoit point naturellement artificieux, il avoit trouvé le moyen d'intéreſſer ſi fortement miladi R..... en ſa faveur, qu'elle approuvoit hautement ſa paſſion. Un ſecours de cette nature pouvoit faire faire, en un peu de tems, beaucoup de chemin à ma nièce. Ce n'eſt pas que j'aie jamais ſoupçonné miladi d'être propre à favoriſer le vice ; mais de quoi ne ſont pas capables deux jeunes amans dont on flatte l'inclination, & à qui l'on procure tous les moyens de ſe voir commodément ? Ma fille qui avoit

découvert le fond du myſtère, n'avoit point eu
l'aſſurance d'en témoigher ſon ſentiment ; mais
ce fut la première nouvelle dont elle m'inſtrui-
ſit à mon arrivée. La crainte fit que je m'imaginai le mal encore plus grand qu'il n'étoit. Je
ne tardai point à m'expliquer avec miladi, & à
tâcher de tirer la vérité d'elle, en gardant néanmoins beaucoup de ménagemens, pour ne pas commettre ma fille. Lorſque j'en eus dit aſſez pour me
faire entendre, elle reconnut qu'elle avoit eu
quelque condeſcendance pour la paſſion du marquis, parce qu'elle la croyoit infiniment ſincère;
& parce que la pauvre petite Nadine, ajouta-
t-elle, n'en avoit pas moins pour lui. Elle me dit,
en riant, qu'il eût fallu avoir le cœur d'une dureté extrême, pour voir ſouffrir ſans pitié deux
enfans ſi aimables. Cependant elle me proteſta
que toute ſon indulgence s'étoit bornée à leur
accorder quelques momens d'entretien dans ſon
appartement, & cela toujours en ſa préſence. Je
ſuis bien éloigné, Madame, repartis - je, d'en
ſoupçonner davantage ; mais vous me ferez la
grace de confeſſer que cette faveur même, toute
innocente qu'elle eſt, ne leur étoit pas néceſſaire.
Vous ſavez le peu de proportion qui eſt entre le
marquis & ma nièce. Amulem eſt un étranger,
dont le rang, quoiqu'aſſez conſidérable parmi les
turcs, eſt compté pour rien en France. Nadine

ne tire non plus aucun relief de la qualité de
ma nièce, puisque ne l'étant que du côté de
mon épouse, elle n'appartient point à ma famille. Rien ne peut donc la rapprocher du marquis,
dans l'éloignement infini où elle est de son nom,
de son rang, de ses richesses, & de toutes ses
espérances. A quoi sert-il, Madame, d'entretenir
dans le cœur de cette enfant une passion qui ne
sauroit avoir d'heureuses suites pour elle ? Je veux
bien ne la regarder jusqu'à présent que comme un
badinage & un amusement de jeunesse ; mais ne
savons-nous pas, vous & moi, que les conséquen-
ces de ces dangereux amusemens peuvent devenir
sérieuses ? Je connois le naturel du marquis ; il est
d'une vivacité qui vous effrayeroit, si vous la con-
noissiez comme moi. Miladi répliqua, en m'interrompant, qu'elle avoit fait attention d'avance à mes
difficultés, & qu'elle les avoit trouvées si foibles
qu'elle n'avoit pas cru s'y devoir arrêter ; qu'à la
vérité Nadine n'étoit pas du rang du marquis,
mais que c'est l'effet le plus ordinaire de l'amour,
d'égaler les conditions ; que rien n'étoit si commun en Angleterre, que ces assortimens iné-
gaux ; que la foiblesse de notre sexe pour le sien
étoit presque l'unique voie que la providence
eût accordée aux femmes pour s'élever à la fortune ; que la jeune Nadine avoit assez de charmes pour borner l'ambition d'un prince ; & là-

deſſus elle ſe mit à me rapporter les exemples
de quantité de ducs & de milords anglois, qui
n'avoient cherché qu'à ſatisfaire leur cœur, en ſe
choiſiſſant une femme. Il eſt vrai, Madame, lui
dis - je, que cela eſt commun en Angleterre,
mais nos coutumes ſont différentes. D'ailleurs
le ſoin, que j'ai conſenti à prendre de la conduite
du marquis, m'oblige en honneur de veiller à
ſes vrais intérêts. Ne doutez pas que dans toute
autre ſituation, je ne fuſſe bien-aiſe de voir Nadine prendre le chemin de devenir ducheſſe.
Cette chère enfant ſeroit reine, ſi ſa fortune
répondoit à mon affection. Mais je ſuis le gouverneur du marquis. Son père, ſa famille, ſe re-
poſent de ſa conduite ſur mon honneur & ſur
ma ſageſſe. Je ne trahirai point leur confiance ;
je ne dis pas ſeulement pour l'avantage de ma
nièce, mais pour celui même de toute ma poſté-
rité. Enfin, Madame, ajoutai-je, c'eſt une affaire
où je me croirois criminel par la ſeule incertitude ; & graces à Dieu, j'ai trop d'honneur pour
demeurer ſuſpendu un ſeul moment entre le
crime & mon devoir.

Le fruit de cette converſation fut d'engager
miladi R..... à ne plus prêter la main au commerce de nos jeunes amans. Je n'aurois pas dif-
féré à mettre Nadine pour quelques années dans
un couvent, s'il ne m'eût paru trop dur de

B iij

l'ôter à son père, pendant le peu de tems qu'il avoit à demeurer en France. N'y pouvant donc penser avec bienséance, je me retranchai à trouver quelque nouveau moyen d'éloigner le marquis. Mais je n'en pus imaginer d'assez vraisemblable, pour espérer qu'il ne sentît point ma ruse ; & je pris le parti d'écrire à M. le duc, pour lui marquer les nouvelles raisons que j'avois de souhaiter qu'il le rappelât. Je le priois d'employer quelque prétexte comme celui de le faire habiller, ou de lui faire prendre quelques remèdes, avant notre départ pour l'Allemagne. La lettre de M. le duc vint en peu de jours. Le marquis, qui le révéroit extrêmement, n'osa demeurer un moment après l'avoir reçue. Je fis violence à ma sincérité, jusqu'à lui témoigner du regret de le voir partir.

Je m'applaudissois néanmoins de ce départ : il sembloit assurer toutes mes vues. Je me proposois d'aller rejoindre le marquis en moins de quinze jours, d'en passer quelques-uns avec lui, & de partir ensuite pour l'Allemagne, sans repasser chez ma fille. Amulem & son fils auroient pris un autre chemin, & nous nous serions rencontrés sur la frontière. Ce projet étoit simple, & me sembloit infaillible. Mais hélas ! c'est la plus grande de toutes les infirmités humaines, de ne pouvoir pénétrer dans l'avenir. Les hommes sont obligés de travailler tous les jours à se rendre plus parfaits ;

eh ! peuvent-ils le devenir , s'ils ne connoiſſent point ce qui doit ſuivre le moment dont ils jouiſſent ? Comment éviter des fautes ou des malheurs , dont on ne prévoit pas les occaſions ? Comment s'aſſurer d'obtenir le bien auquel on doit tendre , ſi l'on ne peut être certain d'en avoir les moyens ? On parle de l'expérience du paſſé comme d'un flambeau qui doit éclairer les démarches futures , & qui aide à conjecturer les évènemens ; mais qu'un tel ſecours paroît foible , quand on conſidère la variété infinie des motifs qui font agir les êtres libres , & l'obſcurité des reſſorts qui déterminent les cauſes néceſſaires ! J'ai ſoixante ans d'uſage & de connoiſſance du monde ; & le fruit que j'en recueille , à l'égard de l'avenir , c'eſt d'avoir reconnu chaque jour de plus en plus , que toutes les règles de la prudence font ordinairement fauſſes , & toujours abſolument incertaines. En voici un nouvel exemple.

Dans le tems que j'étois le plus ſatisfait de l'ordre que j'avois mis dans les affaires de ma famille & dans les miennes , un gentilhomme , voiſin de ma fille , vint me demander Nadine en mariage. C'étoit un parti plus avantageux qu'elle ne pouvoit l'eſpérer naturellement. Outre un grand bien , le gentilhomme étoit aimable : il avoit environ trente ans , & c'étoit uniquement par eſtime & par amour qu'il ſouhaitoit d'obtenir ma nièce. Rien ne paroiſſoit

devoir empêcher mon confentement, excepté peut-
être l'âge de cette enfant, qui étoit à peine dans fa
quinzième année. Je conférai fur cette propofition
avec Amulem, mon gendre & ma fille : leur fentiment, comme le mien, fut de l'accepter fans
balancer. Je n'y voyois plus d'autre difficulté que
la violence qu'il faudroit faire fans doute à ce jeune
cœur, où l'amour avoit pris de fi profondes racines.
Cette penfée me caufoit du chagrin, car je n'ai
jamais approuvé la tyrannie des pères, qui exigent
une obéiffance aveugle de leurs enfans : l'exemple
de mon grand-père étoit encore devant mes yeux,
& je n'avois point oublié que c'étoit à cette
fource fatale que fe devoient rapporter tous les
malheurs de ma vie. Cependant le cas où je me
trouvois par rapport à ma nièce, me paroiffoit
tout différent. C'étoit une chofe impoffible, que
fon mariage avec le marquis ; la perte de fa vie
& de la mienne ne m'auroit pas fait relâcher là-
deffus le moins du monde. Dans cette fuppofition,
qui étoit conftante & qui ne pouvoit changer, il
me fembloit que loin de manquer d'indulgence
pour elle, c'étoit la traiter avec une véritable
affection que d'aider à la guérir ; & rien ne m'y
paroiffoit plus propre que de la mettre entre les
bras d'un honnête homme, qui l'aimoit exceffivement, & qui n'épargneroit rien pour lui faire
mener une vie douce & heureufe. Ce raifonnement

me parut folide. Il me le paroît encore, malgré
l'effet tragique qu'il a produit; & fi je me trouvois
dans la même fituation, avec auffi peu de connoiffance de l'avenir, je prendrois affurément le
même parti.

Etant donc arrêté à cette réfolution, je fis
appeler ma nièce, & je lui appris que M. de B...,
avoit été touché de fes agrémens, & qu'il la fouhaitoit pour fa femme; que je croyois que c'étoit une
affaire extrêmement avantageufe pour elle. Votre
père, lui dis-je, & toute la famille s'accordent à
penfer la même chofe. Il ne nous refte, ma chère
nièce, que de connoître quels font vos fentimens.
Elle me répondit avec beaucoup de douceur, que
c'étoit un langage fi extraordinaire pour une fille
de fon âge, qu'elle ne favoit pas bien ce qu'elle
devoit me répondre; qu'elle étoit prête à obéir à
toutes mes volontés; mais que fi j'étois affez bon
pour lui permettre de fuivre fes inclinations, elle
ne fouhaitoit que de vivre avec ma fille & miladi R.... qui avoient tant de bonté pour elle.
J'affectai de prendre fa réponfe pour un effet de
fa modeftie. Je la louai, je l'embraffai, & je lui
promis que fi elle vouloit me laiffer le foin de fon
fort, je la rendrois bientôt parfaitement heureufe. M. de B..., lui dis-je, que nous vous defti-
nons pour mari, viendra vous voir dès aujourd'hui;
il faut le recevoir avec honnêteté. Vous verrez que

c'eſt un aimable gentilhomme, que vous ne pourrez vous empêcher d'aimer. Elle ne me répondit
plus que par une révérence, & je remarquai qu'elle
paſſa avec empreſſement dans l'appartement de
miladi R ....

Monſieur de B.... vint pour la voir, ſur la fin
de l'après-midi ; on la fit appeler. Elle deſcendit,
après s'être fait attendre aſſez long-tems. Je remarquai que ſes yeux étoient altérés, & je ne doutai
point qu'elle n'eût verſé bien des larmes. Cette
vue me fit pitié. Cependant elle eut aſſez de pouvoir ſur elle-même, pour paroître tranquille &
riante. Elle n'affecta pas même une rigueur
exceſſive, lorſque ſon amant, à qui je l'avois déjà
promiſe, prit la liberté de lui baiſer la main. Il ſe
retira fort ſatisfait, après m'avoir prié de conclure
ſon mariage avant mon départ pour l'Allemagne.
J'y étois réſolu : j'en parlai le ſoir à miladi, qui
feignoit de l'ignorer, parce que je ne m'étois pas
encore ouvert à elle. Vous avez tant de bonté, lui
dis-je, pour ma nièce & pour toute ma famille,
que je ne veux rien faire d'important ſans vous
l'avoir communiqué. On me demande Nadine en
mariage, & je trouve le parti ſi avantageux, que
je l'ai accepté. Elle s'attendoit ſans doute à cette
ouverture, & ſa réponſe étoit méditée. Vous
voulez donc être le bourreau de votre nièce, me
dit-elle : Vous la voulez tuer plus cruellement que

vous ne feriez d'un coup de poignard. Qui a jamais vu marier une fille de quatorze ou quinze ans, malgré sa volonté ? Cette pauvre enfant se meurt déjà de chagrin ; & je suis si attendrie de ses larmes, que malgré tout l'attachement que j'ai pour votre fille, je ne veux point demeurer un moment dans cette maison, si vous lui faites cette violence. Et puis, ajouta-t-elle d'un air chagrin, après les droits que vous m'aviez accordés sur elle, il me semble que vous auriez pu me faire entrer pour quelque chose, dans cette belle résolution. Je l'assurai que la proposition & l'accord du mariage s'étoient faits si promptement, qu'à peine aurois-je pu lui en faire part plutôt. Pour ce qui regardoit la rigueur dont elle m'accusoit, je lui représentai toutes les raisons qui m'empêchoient de croire que c'en fût une, & je l'obligeai de confesser que ma nièce ne pouvant être au marquis, nous ne pouvions rien souhaiter de plus heureux pour elle, que l'occasion qui se présentoit.

J'en conviens ; me dit-elle à la fin : mais ce n'est point par l'idée que vous & moi pouvons nous en former, qu'il faut juger des avantages de cette occasion ; c'est par la satisfaction que votre nièce y peut espérer. Elle sera malheureuse, continua t-elle ; je sais, par expérience, ce que c'est qu'un mariage où l'inclination n'a pas contribué. Pour la satisfaire, & finir cette difpute, je fis appeler Nadine, & je lui parlai ainfi en préfence de miladi.

J'apprens que vous n'êtes point contente du mariage que je vous ai propofé. Je vous aime trop tendrement pour vous y contraindre; mais je fuis bien-aife de vous expliquer mes fentimens fur ce qui caufe votre répugnance. Je n'ignore pas votre inclination pour le marquis, ni celle qu'il a pour vous. Si vous vous êtes flattée de ce côté là de quelque efpérance, il faut que vous commenciez, ma chère nièce, à vous défabufer aujourd'hui. Je vous jure devant Dieu, que vous ne ferez jamais au marquis; c'eft une chofe impoffible, & fur laquelle vous devez vous rendre juftice. Ne pouvant donc être à lui, c'eft à vous de voir fi vous voulez renoncer à tout autre engagement. Vous êtes libre. Songez feulement que vous affligerez votre famille, qui attend de vous autre chofe, & que vous ne donnerez pas une idée honorable de votre fageffe, & de votre modeftie.

J'avoue que mon difcours étoit captieux pour une enfant de cet âge, qui avoit toujours été accoutumée au refpect & à l'obéiffance. Auffi n'y répondit-elle, qu'en m'affurant qu'elle étoit prête à faire tout ce que fon père & moi voudrions exiger d'elle. Je lui dis que c'étoit ainfi que devoit fe conduire une fille bien née; & que s'il en coûtoit un peu à fon cœur pour oublier le marquis, elle devoit confidérer que c'étoit un facrifice néceffaire, auquel elle feroit obligée, quelque parti qu'elle pût prendre. Je la laiffai avec miladi, quoique j'euffe quelque défiance de fes confeils. Je dis le lendemain à monfieur de B...... qu'il falloit prendre promptement des mefures pour fon mariage, s'il vouloit le con-clure avant mon départ. Il écrivit fur le champ à l'évêque; il en reçut, en moins de huit jours, les difpenfes & les permiffions qui s'accordent dans une hâte extraordinaire. La cérémonie fut célébrée prefqu'auffitôt. Nadine fut baptifée & mariée dans un même jour. Elle me parut fou-tenir cette action de fort bonne grace. Il n'y eut que miladi R...... qui refufa conftamment d'être préfente à la noce.

Cette dame avoit fes raifons pour tenir cette conduite. J'en parlerois peut-être avec plus de chaleur, fi elle n'en avoit été trop rigoureufe-ment punie. Son aveugle affection pour Nadine lui avoit fait prendre des mefures irrégulières, pour l'ôter à M. de B....; & les voyant décon-certées par notre promptitude, elle en reffentoit un chagrin qui l'empêcha de paroître pendant toute la fête. Elle avoit écrit au marquis, par un exprès qu'elle avoit envoyé chez monfieur le duc fon père. Elle lui avoit découvert dans fa lettre, qu'il étoit fur le point de perdre ma nièce fans retour ; que fon mariage étoit conclu, & qu'il ne tarderoit pas quinze jours à s'exécuter ; que s'il l'aimoit toujours avec la même tendreffe, il n'y avoit plus qu'une réfolution hardie qui pût le rendre heureux, qu'elle favoriferoit toutes fes entreprifes ; que s'il pouvoit s'affurer feulement de deux hommes fidelles, & fe rendre la nuit chez ma fille, elle engageoit fa parole, non-feulement de livrer fa maitreffe entre fes mains, mais d'accompagner elle-même leur fuite, pour mettre l'honneur de Nadine à couvert ; qu'elles fe retireroient enfemble dans un couvent, ou qu'elles pafferoient en Angleterre fi elles s'y trouvoient forcées ; qu'au refte il devoit craindre peu la colère de monfieur le duc fon père, parce qu'elle étoit en état de rendre Nadine digne de lui, en la faifant fon héritière : elle le conjuroit de fe preffer, & elle lui marquoit même la nuit où elle croyoit pouvoir lui rendre le fervice qu'elle lui promettoit.

Ce fut un bonheur, qu'elle n'eût pu prévoir que le moment des nôces fût fi proche. Elles s'accomplirent, deux jours avant le terme de fon affignation. Le marquis avoit pris l'alarme, en recevant cette lettre. Sa vivacité lui permit à peine un moment de repos. Il fe détermina, fans rien examiner, à fuivre toutes les inftructions de miladi, & il lui écrivit qu'il feroit chez elle à point nommé. Au lieu de deux hommes , il en prit quatre pour l'accompagner. Miladi l'attendoit , défefpérée de la ruine de fon projet. Il fe gliffa le foir dans fon appartement , fans être apperçu de perfonne. Il avoit laiffé fes quatre hommes & fes chevaux dans le bois. Quelle fut fa défolation , en apprenant que Nadine étoit dans les bras d'un autre ! il m'a dit , depuis , que cette fatale nouvelle le fit tomber à terre fans fentiment. Etant revenu à lui , il fe fit raconter toutes les circonftances de fa perte ; & voyant qu'il ne lui reftoit pas même l'ombre de l'efpérance , il fe livra à toutes les extravagances de l'amour malheureux. La nuit étant près de finir , miladi lui confeilla de fe retirer. Il ne put fe réfoudre à retourner fi-tôt chez fon père. Il la pria de fouffrir qu'il revînt l'entretenir la nuit fuivante ; & pour ne pas s'éloigner trop de la maifon de ma fille , il alla paffer le jour , avec fes gens , dans un village qui en eft à une lieue, & à peu près à la même diftance de celle de M. de B...... où Nadine étoit déjà.

J'appris , le matin , qu'on avoit vu la veille cinq hommes à cheval , aux environs du château ; mais je n'eus pas le moindre foupçon de la vérité. Je rendis même , ce jour-là , une vifite particulière à miladi. Elle me parut toujours affligée du mariage de Nadine ; ce qui ne l'empêcha

pas néanmoins de confentir à l'aller voir le lendemain avec moi. Elle lui porta un préfent confidérable de pierreries, qu'elle la força d'accepter.
Elle l'entretint long-tems à l'écart : mais comme
c'étoit dans la même falle où nous étions, j'avois
les yeux fur tous leurs mouvemens. Ma nièce
rougit plus d'une fois. Il me fembloit que miladi
exigeoit d'elle quelque chofe, dont elle tâchoit
de fe défendre. Nous pafsâmes avec elle une
partie de la foirée, & nous retournâmes au château vers minuit. En entrant dans la cour ,
j'apperçus de loin un étranger , qui me parut
avoir toute la figure du marquis. Le ciel étoit
obfcur , & il fe déroba fi légèrement, que je
ne pus en être afsuré. Je demandai à miladi fi
elle n'avoit point remarqué la même chofe; elle
me répondit qu'il n'y avoit nulle apparence qu'il
fût fi proche de nous fans ma participation.
C'étoit néanmoins lui-même , qui s'ennuyoit en
l'attendant. Il avoit pafsé la nuit précédente avec
elle. Il s'étoit emporté en invectives contre ma
dureté, contre l'ingratitude de Nadine, contre
la malignité de fa fortune ; il avoit juré de ne
me revoir jamais ; & s'imaginant n'avoir plus
d'ami fidelle que miladi, il lui avoit ouvert fon
cœur avec une entière confiance. La première
faveur , qu'il avoit demandée de fon amitié ,
étoit de lui procurer une entrevue fecrète avec
Nadine.

Nadine. C'eſt par lui-même que j'ai été informé, dans la ſuite, de tout ce détail.

Miladi ſentit la difficulté & le danger de cette demande. Je ſuis même porté à croire, que ce fut à regret qu'elle lui promit d'y employer ſes ſoins. Les ſollicitations preſſantes du marquis la touchèrent ; & ce fut dans la vue de le ſervir, qu'elle vint avec moi chez ma nièce. Elle étoit ſi accoutumée à manier l'eſprit de cette jeune perſonne, qu'elle réuſſit à lui perſuader ce qu'elle voulut. Mais ce n'étoit pas une entrepriſe aiſée, que d'introduire le marquis chez elle ; ſon mari, qui l'adoroit, ne la perdoit pas de vue. Elles ſe ſéparèrent donc, ſans avoir pris de réſolution aſſurée. Mon miſérable deſtin me fit contribuer moi-même à leur procurer l'occaſion qu'elles ſouhaitoient. En revenant de chez M. de B..... je dis à mon gendre, en préſence de miladi, que je le priois d'inviter le lendemain à ſouper monſieur & madame de B...... il me le promit. Miladi feignit de ne pas prêter l'oreille ; mais ayant formé ſur le champ ſon deſſein, ſur ce qu'elle avoit entendu, elle le communiqua la nuit même au marquis. C'étoit de lui faire paſſer tout le jour dans ſon appartement, juſqu'à l'heure du ſouper, & d'en avertir ſecrètement ma nièce à ſon arrivée. S'il ne lui étoit pas poſſible de ſe dérober à ſon mari avant que de ſe mettre à

table , elle devoit feindre , pendant le fouper
même, quelqu'incommodité qui l'obligeroit de fortir. Ce plan paroiffoit fans difficulté ; cependant,
lorfque ma nièce en fut inftruite, elle en trouva
une, fur laquelle on ne put la réfoudre à paffer.
Se voir feule & renfermée dans une chambre
avec le marquis , ce fut à quoi tous les raifonnemens de miladi ne purent la faire réfoudre ;
il fallut, pour tout accorder , que cette dame
s'engageât , fous prétexte d'une indifpofition , à
ne pas fortir de fon appartement. M. de B......
qui ne l'avoit point vue à fon mariage , & qui
favoit qu'elle ne l'avoit point approuvé , nous
dit ingénument en nous mettant à fouper, qu'il
attribuoit fon abfence à un refte de haine pour
lui ; mais que le tems la rendroit plus traitable,
ou que s'il continuoit de lui déplaire, il prendroit le parti de s'en confoler. Ma nièce ne parla
pas fitôt de la caufe qui devoit la faire fortir de
table ; elle n'étoit pas fans doute affez intrépide
pour faire cette démarche fans être un peu tremblante. Elle fe leva néanmoins vers le milieu du
repas ; & elle quitta la falle , en nous difant
qu'elle feroit de retour à l'inftant. Elle ignoroit
que l'amour abrège les momens ; ceux qu'elle
paffa avec miladi & le marquis lui parurent fi
courts , que ne revenant point auffitôt qu'elle
l'avoit dit, M. de B.... en eut de l'inquiétude.

Ma Nièce étoit tombée dans un profond
évanouissement.

Il se leva de table, pour s'informer de ce qu'elle étoit devenue. Un laquais lui dit qu'elle étoit montée à l'appartement de miladi. Il revint dans la salle, nous rapporter cette nouvelle. Mon mauvais génie m'inspira de lui dire qu'il falloit profiter de cette occasion pour faire une civilité à miladi, en tâchant de l'engager à venir passer avec nous quelques momens. Il sortit dans ce dessein. A peine eut-il été absent quatre minutes, que j'entendis le bruit d'un coup de pistolet, & la voix de quelques domestiques, qui crioient au meurtre, au meurtre, au secours. Tout ce que nous étions d'hommes dans la salle, y courûmes promptement. Le premier objet que j'apperçus fut le marquis, qui descendoit l'escalier d'un air fier & le pistolet à la main : Monsieur ; me dit-il en venant à moi, je suis désespéré du malheur qui vient d'arriver dans votre maison. M. de B..... a assassiné miladi à mes yeux d'un coup d'épée, & je lui ai cassé la tête à lui-même d'un coup de pistolet. Portez, s'il vous plaît, quelque secours à votre nièce, que j'ai laissée en haut sans connoissance. Je fuis, Monsieur, ajouta-t-il en s'éloignant ; mais je ne me crois pas criminel.

Dans le trouble où j'étois, je fis peu d'attention à sa sortie. Je montai à l'appartement de miladi, que je trouvai assise & toute sanglante,

C ij

mais à qui il reſtoit encore quelque ſentiment de vie. M. de B...... étoit étendu ſans mouvement ; ſa cervelle paroiſſoit en pluſieurs endroits ſur le plancher. Ma nièce étoit tombée dans un profond évanouiſſement : & j'ai ſu de la femme de chambre de miladi, que le marquis avoit eu ſoin de la relever, & de la mettre dans le fauteuil où je la trouvai. Je fis éloigner le cadavre de M. de B..... Nous donnâmes tous nos ſoins à miladi, qui eut peine à me reconnoître, tant elle étoit affoiblie par la perte de ſon ſang. Nadine revint bientôt à elle-même ; je priai ma fille de la faire tranſporter dans une chambre, & d'y prendre ſoin d'elle.

Lorſque nous fûmes un peu revenus d'un trouble auſſi affreux, je me fis raconter par la femme de chambre de miladi toutes les circonſtances de cette ſcène funeſte, dont elle avoit été témoin. Elle me dit que pendant que le marquis entretenoit ma nièce, en préſence de miladi, M. de B..... étoit entré dans l'appartement, ſans frapper à la première porte ; que cette dame, ayant entendu marcher dans l'antichambre, s'étoit levée à la hâte, & qu'elle avoit entr'ouvert ſa chambre ; que M. de B.... qui en étoit déjà tout proche, avoit apperçu le marquis aſſis près de ſa femme ; qu'il avoit pouſſé rudement la porte, pour entrer malgré miladi, & que ne pouvant l'emporter ſur elle, il lui avoit allongé un coup d'épée par l'ouverture de la porte dans laquelle il avoit paſſé la jambe ; que le marquis, qui s'étoit levé pendant ce tems-là, voyant tomber cette dame & M. de B.... venir vers lui la pointe baiſſée, lui avoit fait ſauter la cervelle d'un coup de piſtolet. O Providence, m'écriai-je ! j'adore tes diſpoſitions ; mais que les effets en ſont ſanglans & impitoyables ! Si tu as encore des coups que je redoute, ce ne ſont point ceux que tu ferois tomber ſur moi-même. Hélas ! je ſerois trop heureux que tu m'en euſſes réſervé un, qui pût finir tout d'un coup ma miſérable vie.

Miladi ayant repris aſſez de force pour diminuer notre inquiétude, je quittai ſa chambre, & j'entrai dans celle où ma fille étoit encore avec Nadine. Elle l'avoit fait mettre au lit. Je m'aſſis près d'elle ; & voyant à ſa pâleur & à ſes larmes combien elle étoit touchée des malheurs qu'elle venoit de cauſer, je ne voulus point achever de l'accabler par des reproches. Sa main, que je pris entre les miennes, étoit toute tremblante. Je l'exhortai à prendre courage, & à tâcher de ſe remettre un peu de cette extrême agitation. Elle avoit trop d'eſprit pour ne pas remarquer que c'étoit par un excès d'indulgence, que je ne lui témoignois point de reſſentiment. Elle me dit, en me ſerrant la main : Ah, Monſieur ! ne me traitez pas avec tant de

C iij

bonté, fi vous ne voulez pas que je me croye
encore plus coupable. Cependant j'efpère qu'on
ne vous aura pas grofli mon crime, & qu'on vous
aura rapporté fidellement avec quelle innocence
j'ai vu le marquis. C'étoit l'unique fois que je me
ferois permis de le voir dans tout le cours de ma
vie. O Dieu! ajouta-t-elle en fondant en larmes,
faut-il qu'elle ait été fi funefte! faut-il que je puiffe
me reprocher la mort de M. de B....! Je la con-
folai autant qu'il me fut poffible, & j'empêchai fon
père Amulem de lui parler d'une manière dure, qui
l'auroit encore plus accablée.

Je n'avois point eu jufqu'alors un moment pour
penfer au marquis. J'étois incertain de ce qu'il étoit
devenu, & j'aurois voulu pouvoir en apprendre
quelque chofe, avant que d'écrire à M. le duc,
& de lui rendre compte de notre funefte aventure.
J'étois réfolu d'envoyer le matin quelques domeftiques de divers côtés, dans l'efpérance qu'ils
découvriroient fes traces; mais je fus délivré de
cette peine, par une lettre qu'on m'apporta de fa
part à mon lever. La voici; je n'y change rien.

Si je n'étois bien fûr, Monfieur, que, malgré le
préjugé que la vue de deux perfonnes mortes aura
pu vous infpirer contre moi, vous êtes trop jufte
& trop bon pour me condamner abfolument fans
m'entendre, je m'affligerois fans mefure, du rifque
où je me fuis expofé de perdre votre eftime &

votre amitié. Mais je fuis perfuadé que fi vous avez eu peine, fur les apparences, à me croire tout à fait innocent, votre bonté pour moi vous laiffera écouter du moins ce que j'ai à vous dire pour ma défenfe. Ce n'eft point le reproche de ma confcience qui m'a fait fuir, c'eft feulement la crainte d'augmenter la douleur de votre perte, par la vue de celui qui en eft malheureufement la caufe. Si je croyois que ma préfence ne vous fût point devenue trop odieufe, je vous propoferois un rendez-vous, où j'aurois la fatisfaction de vous ouvrir mon ame, & de vous forcer à convenir de mon innocence. Le porteur de ce billet vous apprendra le lieu où je fuis, & recevra vos ordres fur celui où vous trouverez à propos que nous nous voyions.

Je n'avois pas fini de lire cette lettre, que j'en reçus une de M. le duc par un exprès. Elle contenoit des marques de fon inquiétude, fur ce qui pouvoit être arrivé au marquis, depuis quatre ou cinq jours qu'il s'étoit échappé de chez lui. Il le croyoit néanmoins, difoit-il, près de moi, & il me prioit de l'en informer fur le champ par le même exprès. Je lui fis réponfe auffi-tôt. Comme fon courier n'avoit point eu le tems d'être inftruit de notre malheur, je n'en touchai rien à M. le duc, me réfervant à lui en parler de vive voix. Je me contentai de lui marquer que le marquis

étoit en sûreté, & que dans peu de jours nous
serions l'un & l'autre dans ses terres. Je pensai
ensuite à la conduite que je devois tenir avec le
marquis. Dans le fond, je n'avois pas de peine à
comprendre qu'il étoit peu criminel. Il avoit tué
M. de B.... dans le cas où la nécessité justifie,
ç'est-à-dire, pour conserver sa propre vie. Son
entretien secret avec ma nièce étoit une faute,
mais dont il étoit moins coupable que ma nièce
elle-même, & miladi R.... J'ignorois encore les
projets d'enlèvement & de fuite, qu'il avoit formés
de concert avec cette dame ; ainsi, loin d'être mal
disposé à son égard, je le trouvois plus à plaindre
qu'à condamner. Je résolus donc de le traiter
avec plus de douceur & d'affection qu'il ne sembloit s'y attendre. J'appris du porteur de sa lettre
le lieu où il étoit, & je montai à cheval aussitôt
pour m'y rendre. C'étoit le même village, où il
avoit passé les deux jours précédens. Lorsqu'il me
vit arriver si-tôt, contre son attente, il parut
extraordinairement surpris. Il étoit dans un négligé
à faire compassion. Ses cheveux, ses habits étoient
dans un désordre touchant ; en un mot, il étoit
dans l'équipage que peut conserver un homme
qui a passé quatre ou cinq nuits sans se déshabiller, & sans prendre de repos. J'affectai de
demander à Brissant, qui étoit à quatre pas de lui,
s'il savoit où étoit son maître. Je conçois, Monsieur,

me dit-il lui-même, pourquoi vous avez peine à me reconnoître ; mais devez-vous être furpris, continua-t-il en me tirant à l'écart, de voir ce dérangement dans mon extérieur, puifque vous n'ignorez pas l'excès de mon trouble & de mes chagrins ? Vous auriez pitié de moi, malgré le mal que je vous ai fait, fi vous faviez la douleur que j'en reffens. Je veux vous raconter tout ce qui s'eft paffé. Soyez après cela mon juge. Je demeurai en filence, pour lui laiffer la liberté de s'expliquer. Il me rapporta tout ce qu'il pouvoit m'apprendre, fans commettre trop miladi. Il ne me parla point fi-tôt, par exemple, de la lettre qu'il avoit reçue d'elle, ni du projet d'enlèvement qu'elle lui avoit infpiré ; mais il ne me cacha point qu'ayant appris le mariage de ma nièce, il étoit venu dans le deffein de le traverfer ; que s'y étant pris malheureufement trop tard, il avoit vu miladi en fecret, pendant plufieurs nuits ; qu'il l'avoit engagée, à force de prières, à lui procurer la fatisfaction de voir fecrètement ma nièce, &c. Par quels fermens, ajouta-t-il, pourrai-je vous perfuader que mon unique prétention, dans cette entrevue, étoit de l'adorer & de pleurer à fes pieds ? Hélas ! pendant un quart-d'heure que je paffai avec elle, je n'ofai prefque lever les yeux fur les fiens. Je n'ofai l'accufer d'ingratitude & d'infidélité. Mes foupirs me tinrent lieu de reproches & de plaintes. Bien loin de penſer au déshonneur de ſon mari, peut-être n'aurois-je pas évité ſon épée, s'il n'en eût voulu qu'à ma vie. Ce fut bien moins ma conſervation, que la brutalité avec laquelle il aſſaſſina miladi, & la crainte du même traitement pour votre nièce, qui me forcèrent à lui donner la mort. Il eſt certain qu'elle m'étoit aſſurée, ſi je ne l'euſſe pas prévenu ; mais je ne ſais ſi j'aurois voulu l'éviter. Il ajouta qu'il ſe croyoit donc peu coupable à mon égard ; que je ne devois pas le rendre garant d'un malheur, qui venoit de la brutalité de M. de B.... que tous ſes ſentimens, pour ma nièce, étoient d'une nature à ſoutenir l'examen du ciel même : enfin, que s'il avoit quelque choſe à ſe reprocher, c'étoit moins par rapport à moi, qu'il n'avoit jamais ceſſé d'aimer, quoique j'en euſſe uſé ſi durement avec lui, qu'à l'égard de M. le duc ſon père, qu'il avoit abandonné ſans l'avertir, & qui étoit ſans doute alarmé de ſon abſence. Après s'être ainſi efforcé de ſe juſtifier, il ſe tut, pour attendre ma réponſe. Il me parut ſi tranquille ſur ſon innocence, que je réſolus de l'effrayer un peu ; je le fis néanmoins ſans affectation. Je lui répondis, que quelque horrible que fût le malheur qu'il venoit de cauſer dans ma famille, je voulois bien mettre quelque diſtinction entre ſes fautes & celles du ſimple haſard ; que je ne lui faiſois un crime, ni

de la mort de M. de B.... que cet infortuné gentilhomme paroiſſoit s'être attirée, ni de ſes intentions
par rapport à ma nièce, puiſqu'il me proteſtoit
qu'elles avoient été innocentes. Mais ſi vous n'avez
pu vous diſpenſer, lui dis-je, d'ôter la vie à
M. de B.... pour défendre la vôtre, comment
vous juſtifierez-vous d'en être venu chercher témé-
rairement l'occaſion ? Quel déſordre, ou plutôt
quel excès de folie, d'avoir quitté furtivement
M. le duc, & d'être venu, ſans autre motif qu'une
aveugle & inutile paſſion, vous précipiter dans
mille périls ? J'accorde que vous ne les avez pas
prévus : mais n'eſt-ce pas en cela même, que vous
avez manqué de conduite & de jugement ? Une
démarche ſi légère & ſi déréglée pouvoit-elle
vous mener à une heureuſe fin ? Conſidérez quelles
en vont être les ſuites. En premier lieu, j'y vois
une tache irréparable pour votre caractère & pour
votre réputation. Le monde ne ſe fait point expliquer les motifs. On ne verra plus en vous que le
meurtrier de mon neveu, c'eſt-à-dire, du neveu
d'un homme que vous deviez aimer comme un
ſecond père. Vous l'avez tué dans ma maiſon &
preſque ſous mes yeux ; quelle horrible récom-
penſe de la tendreſſe & de l'attachement que je
vous ai marqués ! D'un autre côté, vous m'avez
mis dans la néceſſité de rompre tous les engagemens que j'ai pris avec votre famille, pour votre

éducation ; car vous devez voir qu'il ne sauroit y
avoir de liaison désormais entre nous. Ce n'est pas
pour un ingrat, qui s'est rendu l'assassin de mon
neveu, que j'irai prodiguer le reste de mes forces
& de ma vie ; je ne le pourrois pas même avec
bienséance. Enfin, quelle réception devez-vous
attendre de M. le duc, lorsqu'il sera informé de ce
qui vient d'arriver ? Il est déjà irrité de votre absence.
J'ai reçu, ce matin, une lettre de lui par un exprès.
Je connois son caractère : s'il a de la tendresse
pour vous, lorsqu'il vous voit attaché à votre
devoir, ne comptez pas qu'il laisse vos désordres
sans punition. Voilà, Monsieur, ajoutai-je, ce que
j'avois à vous dire, & ce qui m'a engagé à venir
vous parler ici pour la dernière fois. Tout autre
que moi n'y seroit venu peut-être que pour se saisir
de votre personne, & vous livrer aux mains de la
justice, qui punit, comme vous savez, les homi-
cides ; mais je sacrifie mes ressentimens au souvenir
des liens qui m'attachoient à vous. Retournez chez
monsieur votre père, & soyez assuré que je ne
ferai nulle poursuite contre votre vie.

En finissant ce discours, je feignis de vouloir
me faire amener mon cheval, & de me disposer
à partir. Il m'arrêta d'un air troublé & inquiet. Ne
m'abandonnez pas, me dit-il, si vous aimez ma
vie ; car je ne vous laisse voir que la moitié de
mes peines, & je ne sais de quoi elles peuvent

me rendre capable. Je lui répondis que je ne voyois point quelles ſi grandes peines il pouvoit avoir, hors celle du repentir. Ou repentir, ou déſeſpoir, reprit-il, elles font telles, que ſi vous êtes réſolu comme vous dites, de m'abandonner, & de me laiſſer retourner ſeul chez mon père, je prens dès ce moment le parti de ſortir du royaume, & d'aller par-tout où il plaira au ciel de me conduire. Hé bien, lui dis-je, je conſens à vous reconduire chez monſieur le duc. Je vous remettrai entre ſes mains. J'aurai ainſi répondu juſqu'à la fin, à la confiance avéc laquelle il s'étoit déchargé ſur moi de tous les ſoins paternels; plût à Dieu que vous ne m'euſſiez pas contraint de déteſter un titre que j'avois accepté ſi volontiers! Ma promeſſe le tranquilliſa un peu. Je le priai de m'attendre le reſte du jour au même lieu, & d'y prendre quelque repos juſqu'au lendemain, que je viendrois le rejoindre. Comme j'étois prêt à remonter à cheval, il me tira encore un moment à l'écart : Je crains, me dît-il, de vous offenſer de nouveau, en vous parlant de votre nièce; mais puiſque vous n'ignorez pas l'ardeur de ma paſſion pour elle, ayez la bonté de m'apprendre en quel état vous l'avez laiſſée. Je lui répondis naturellement qu'elle étoit en bonne ſanté à mon départ.

Je trouvai en effet, à mon retour, qu'elle

n'avoit point d'autre incommodité que beaucoup
d'affliction ; mais il en étoit bien autrement de
miladi R..... Le chirurgien en levant le premier
appareil, nous déclara que fa bleſſure étoit mortelle. Elle ne parut ni ſurpriſe, ni même fâchée
de cette nouvelle. Au contraire, s'étant tournée
vers moi, elle me dit qu'elle remercioit le ciel
de la retirer du monde plutôt qu'elle n'eſpéroit ;
qu'ayant deſiré la mort tant de fois, ſa préſence ne lui cauſoit point de frayeur ; qu'elle demandoit pardon à ma famille du trouble qu'elle y
avoit apporté ; que pour ce qui regardoit la mort
de M. de B...... elle nous conjuroit de ne pas
la rejeter ſur elle, parce qu'il n'y avoit rien eu
de criminel dans toutes ſes vues ; qu'elle n'avoit
.rien fait que par amitié pour Nadine, & par
compaſſion pour le marquis ; & qu'elle ſe promettoit de la bonté du ciel, qu'il ne puniroit
point ces deux foibleſſes, comme il punit les
crimes. Elle nous pria enſuite de recevoir ſes
deux dernières volontés : par l'une, elle faiſoit
Nadine héritière des deux tiers de tout ce qu'elle
poſſédoit ; & par l'autre, elle en léguoit la troi-
ſième partie aux pauvres & aux malades de la
paroiſſe de ma fille.

Elle mourut avant la fin de la nuit, dans des
douleurs très-vives. Je la plaignis ſincèrement.
Pour une femme de ſon rang & de ſon mérite,

sa vie avoit été extrêmement malheureuse. Sa mort ne l'étoit pas moins. Elle se l'étoit sans doute attirée par quelques démarches indiscrètes; mais il étoit aisé de voir qu'il y entroit moins de noirceur que de foiblesse. Elle n'avoit jamais su prendre d'empire sur ses passions, & elle s'étoit toujours laissée conduire par les caprices de l'amour ou de la haine. Tel est le caractère de la plupart des belles femmes, sur-tout de celles qui ont moins de raison & de vertu que de beauté. Leurs charmes, ces précieux dons du ciel, leur deviennent plus funestes qu'aux malheureux amans qu'elles mettent dans leurs fers. Toute leur vie se passe dans les agitations que leur cause le désir de plaire, ou le chagrin amer de se voir négligées. La passion la plus déréglée de leurs amans ne les expose pas à plus de vicissitude que leur propre légèreté. Mais s'il arrive avec cela qu'elles ayent reçu de la nature un cœur tendre, c'est le comble de l'infortune pour elles, parce qu'elles font alors tout ensemble la victime de leur propre foiblesse, & le jouet des idoles de leur cœur. Elles ont deux guides aveugles & bizarres; leur propre passion & celle des objets qu'elles chérissent. L'amour, qui est toujours un tyran cruel, les traite en esclaves, en même-tems qu'il les fait servir à étendre son pouvoir, & qu'il les emploie comme ses ministres.

Sa mort ne m'empêcha point de partir le lendemain au matin. Je laiſſai à mon gendre & à ma
fille le ſoin des funérailles, qui ſe firent ſimple-
ment, & à petit bruit. Le marquis m'attendoit,
avec le ſeul Briſſant; il avoit renvoyé les trois
autres perſonnes de ſa ſuite, de peur que je ne
ſoupçonnaſſe quelque choſe du deſſein qu'il avoit
eu. En chemin, il employa ce qu'il y a de plus
tendre dans les manières, & de plus preſſant
dans les expreſſions, pour obtenir que je ne me
plaigniſſe point de ſa conduite à monſieur ſon
père. Il me fit ſouvenir du reſpect qu'il avoit toujours eu pour moi, & de la docilité avec laquelle il avoit reçu tous mes conſeils. Pour me
convaincre de la ſincérité de ſon cœur, il me
confeſſa toutes ſes fautes, & même celles, me
dit-il, qu'il avoit eu deſſein de me cacher. Ce
fut alors qu'il m'apprit les meſures qu'il avoit
priſes pour enlever ma nièce ; mais il me pro-
teſta que ſa réſolution n'étoit pas de l'époufer
ſans mon conſentement & ſans celui de monſieur
le duc; qu'il l'auroit conduite dans un couvent,
pour rompre ſeulement ſon mariage avec M. de
B.....; qu'il ſeroit retourné enſuite à ſon devoir,
& que s'il eût tâché de me fléchir, ce n'eût été
que par ſes prières & par ſes larmes : que pourvu que je vouluſſe m'expliquer avec bonté ſur
ſon ſujet, il ne déſeſpéroit point d'amener mon-

ſieur

sieur le duc à ses desirs; qu'il s'étoit entretenu plusieurs fois avec lui sur son malheur d'Espagne, & que loin de lui reprocher sa passion pour dona Diana, il avoit regretté amèrement sa perte; que ma nièce lui plairoit infailliblement, si l'on pouvoit ménager une occasion de la lui faire voir; que ce n'étoit pas une chose difficile, ni pour laquelle je dusse avoir de l'éloignement; en un mot, que si je consentois à m'adoucir un peu, il ne doutoit pas qu'il ne pût parvenir à l'épouser par des voies honnêtes, avec l'approbation de monsieur le duc & de toute sa famille.

Je lui répondis, qu'il joignoit ensemble bien des choses qui ne s'accordoient guère; qu'il avoit besoin du pardon de monsieur son père, & qu'il parloit de lui demander des graces; qu'il me proposoit de s'allier avec ma famille, & qu'il avoit rompu les liens qu'il avoit avec moi; qu'il souhaitoit d'épouser ma nièce, & qu'il venoit de massacrer son mari. J'avois cru l'embarrasser par cette réponse; mais, sans paroître suspendu un seul moment, il reprit, avec une effusion de cœur qui me fit connoître mieux que jamais son excellent naturel: Il est vrai que je suis coupable, mais rien ne peut m'empêcher de compter eternellement sur votre bonté, sur celle de mon père, & sur celle de votre nièce. J'avoue que je fus vivement touché de cette tendre marque de confiance. Cependant, pour continuer de faire mon devoir & de le ramener au ſien, je lui dis que quoique je ne vouluſſe point lui ôter l'opinion qu'il avoit de l'amitié de monſieur le duc & de la mienne, je ſouhaitois néanmoins qu'il ne s'en fît point une fauſſe idée ; qu'il connoiſſoit monſieur le duc ; qu'il devoit le regarder comme un homme inflexible dans ſes juſtes volontés ; & que pour moi, s'il avoit appris à me connoître dans le commerce étroit que nous avions eu l'un avec l'autre, il ne ſe flatteroit pas de me voir relâcher un moment de ce que j'avois une fois regardé comme mon devoir. Vous êtes donc réſolu de m'abandonner, me dit-il triſtement ? Encore une fois, repliquai-je, je ſuis réſolu de faire mon devoir. Je ne pus cependant refuſer de lui promettre que je donnerois le meilleur tour qu'il ſeroit poſſible à ſon abſence, & au funeſte évènement que ſon imprudence avoit cauſé chez ma fille.

Nous trouvâmes une nombreuſe compagnie dans le château de monſieur le duc. C'étoit la fête du ſaint de la paroiſſe, qu'il ſe faiſoit un plaiſir de célébrer à la manière de la campagne. Il avoit invité toute la nobleſſe du voiſinage. Le marquis fut aſſiégé de complimens à notre arrivée. Je profitai de ce tems, pour entretenir monſieur le duc en particulier. Il apprit avec ſurpriſe

les premières nouvelles de l'aventure du marquis.
J'oubliai les intérêts de ma famille, pour ne lui
raconter la chose que de la manière la plus favorable à son fils. Il entrevit néanmoins l'excès de
ma complaifance, & il me fit connoî*re qu'il y
étoit fort fenfible : mais ayant continué de lui dire
que quelque attachement que je confervaffe pour
le marquis, je me croyois obligé par la bienféance
de renoncer à fa conduite & au foin de fon éducation, je commençai à l'affliger véritablement. Il
me demanda fi c'étoit bien férieufement que je
me cruffe obligé de prendre cette réfolution. Elle
me paroiffoit fi indifpenfable, que je ne tardai
point à lui répondre qu'il étoit également de
mou honneur & du fien que cette féparation fe
fît ; que la réputation du marquis n'en recevroit
nulle atteinte, parce que le public n'ignoroit
point de quelle manière j'en avois ufé avec lui
depuis la mort de mon neveu, & qu'on juge-
roit avec raifon, que lui en ayant marqué fi
peu de reffentiment, c'étoit un témoignage que
je ne lui en faifois point un crime ; mais que
cela n'empêchoit point qu'après un fi tragique
accident, nous ne duffions garder des mefures,
ne fût-ce que pour déférer en quelque chofe aux
idées populaires ; que je n'en aurois pas moins
de refpect pour fon illuftre maifon, ni en particulier moins d'affection pour le marquis ; que

D ij

je ne me priverois pas même du plaifir de le voir fouvent, & de lui renouveller le fouvenir de mes inftructions ; enfin, qu'à la réferve d'une liaifon auffi étroite que celle de vivre & de voyager enfemble, il n'y auroit nul changement dans mes fentimens & dans mes manières. J'ajoutai que mon intention d'ailleurs n'étoit pas de demeurer plus long-tems dans le monde ; que je foupirois après la folitude, d'où le defir de l'obliger m'avoit fait fortir ; que mon âge, mes dernières fatigues, & mes nouveaux chagrins me rendoient plus que jamais la retraite néceffaire ; que je promettois à Dieu d'y rentrer auffitôt que mon beau-frère auroit repris le chemin de l'Afie, & que je balançois même fi je tiendrois la promeffe que je lui avois faite, de le conduire jufqu'à Vienne.

M. le duc eut peine à goûter mes raifons. Il employa tout fon efprit pour en affoiblir la force ; & voyant qu'elles faifoient toujours la même impreffion fur moi, il me fit cette propofition. J'ai ici actuellement quinze ou feize perfonnes de qualité, qui ont de l'efprit & de l'ufage du monde. Confultons - les fur le cas où vous êtes. S'ils jugent, comme vous, que l'honneur ne vous permet point de demeurer plus long - tems avec mon fils, je cefferai de vous importuner par mes inftances. Je répondis en riant, que le refpect

qu'ils avoient pour lui ne manqueroit pas de
faire pencher la balance. Nullement, me dit-
il; j'intéresserai leur honneur à me dire naturellement ce qu'ils pensent. Je veux même que ma
voix & celle de mon fils soient comptées pour
rien. Ils seront nos juges; & si leurs sentimens se
partagent, nous nous réglerons sur la pluralité.
Je me rendis à sa volonté.

Il fit assembler sur le champ tout ce qu'il y
avoit d'étrangers chez lui. Il s'y en trouva treize,
la plupart d'une grande distinction. Monsieur le
duc commença par leur apprendre la mort de
mon neveu, avec toutes les circonstances de cet
accident. Il leur proposa ensuite notre difficulté;
& pour prévenir la complaisance & la faveur,
il pria chacun de donner sa voix en particulier
par écrit. Cette cérémonie extraordinaire fut terminée en un moment. De treize voix, douze me
furent favorables. Monsieur le duc souscrivit à
ce jugement. Il se contenta de m'en marquer
beaucoup de regret, dans les termes les plus
honnêtes & les plus tendres. Le marquis en fut
si chagrin, qu'il se retira sur le champ de l'assemblée. Je le suivis. En sortant, il me dit les larmes
aux yeux : Je me suis donc trompé cruellement,
Monsieur, en croyant avoir acquis un ami sincère & fidelle. Je le priai de m'écouter : Je vous
ai donné jusqu'à présent, lui répondis-je, toutes

D iij

les marques d'amitié qui ont dépendu de mon pouvoir, & le ciel m'est témoin qu'il n'y en a point que je ne fois encore difpofé à vous donner; je n'en excepte point ma vie. Si vous avez donc quelque reproche à me faire, il ne peut tomber que fur la réfolution que j'ai prife de me féparer de vous : or, examinez lequel de vous ou de moi eft le plus à plaindre, ou vous qui ne perdez en moi qu'un homme ordinaire, dont l'unique mérite eft la droiture & la probité; ou moi qui perds en vous un cher fils, dont le commerce faifoit la principale douceur de ma vie. Ce que je dis eft pour vous faire comprendre que je ne vous quitte point fans regret, ni fans de puif-fantes raifons. J'en ai même de plus fortes que celle que j'ai apportée à monfieur le duc, quoi-qu'elle ait paru fuffifante à tant d'honnêtes gens qui font chez vous. Faites donc affez de fond fur les affurances que je vous donne, pour vous per-fuader que ce n'eft ni mécontentement, ni dé-faut d'amitié, ni défiance de la vôtre, qui m'o-blige à vous quitter.

Comme je me trouvois feul avec lui, je le fis entrer dans le jardin, où nous nous afsîmes dans une allée couverte, & je continuai ainfi de lui parler. Recevez ici, mon cher mar-quis, les derniers fentimens de ma tendreffe, ou plutôt fes dernières expreffions, car le fenti-

ment n'en finira qu'avec ma vie. J'oublie pour
jamais les égaremens où vous êtes tombé, pour
n'avoir pas toujours suivi mes conseils ; j'en
accuse la vivacité de votre âge. J'oublie les
dernières douleurs que vous m'avez causées ; je
sais à quelle source je dois les rapporter. Votre
esprit est droit & sans artifice ; votre cœur est
sincère , bienfaisant, généreux ; il est tel qu'il
faut pour faire de vous le plus aimable & le
plus vertueux de tous les hommes. O Dieu !
m'écriai-je , en m'interrompant moi-même , pour
faire sur lui plus d'impression, pourquoi permet-
tez-vous que les plus parfaits ouvrages de vos
mains puissent être corrompus par les passions
& défigurés par le vice ! Sans ces cruels ennemis, que d'heureux naturels se porteroient à la
vertu par inclination ! que de fruits d'honneur ,
de sagesse & de modération n'en recueilleroit-
on pas pour l'avantage général de la société
humaine ! L'amour seul est capable de les dé-
truire. O mon cher marquis ! armez-vous de
courage contre cette honteuse foiblesse. Hélas !
je sais que le poison est dans le fond de votre
cœur. Voyez les effets funestes qu'il a déja pro-
duits ; en moins de six semaines il vous a fait
plonger vos mains trois fois dans le sang. L'a-
mour est violent ; il est injuste, il est cruel, il
est capable de tous les excès , & il s'y livre

D iv

fans remords. Délivrez-vous de l'amour , & je
vous vois prefque fans´ défaut. L'âge mûrira vos
vertus. Il vous apportera le mérite de les exercer avec connoiffance. Vous deviendrez honnête
homme par principes , c'eft-à-dire, d'une probité conftante & inébranlable ; car la raifon
fortifie la nature : & lorfqu'elles fe prêtent ainfi
leurs fecours , elles forment les grands hommes
& les vertus parfaites.

Je parlois au marquis avec un mouvement fi
animé , que je n'appercevois point un laquais qui
étoit près de moi , & qui n'ofoit m'interrompre.
Il venoit, par l'ordre de monfieur le duc, nous
prier de retourner à la falle. On nous y attendoit ,
pour être préfens au récit d'une hiftoire qui
devoit être racontée par un gentilhomme de la
compagnie. J'en avois moi-même fait naître l'occafion. Comme on s'entretenoit de la réfolution
que j'avois prife de quitter le marquis , & qu'on
admiroit qu'il m'eût manqué une des treize voix
pour l'approuver , celui qui m'avoit refufé la
fienne fe déclara hautement : C'eft moi, dit-il,
qui n'ai pas cru devoir être du fentiment des
autres ; mais vous ne ferez pas furpris, Meffieurs, de cette fingularité , fi vous avez la patience d'en vouloir entendre les raifons. Je me
fuis trouvé dans un cas femblable en quelque
chofe à celui dont il eft queftion ; & comme

j'ai pris un parti tout différent de celui pour lequel vous vous êtes déclarés, il m'a paru que mon opinion devoit être conforme à ma conduite. Il offrit à monsieur le duc de lui raconter son histoire ; elle étoit connue de quelques personnes de l'assemblée, qui la crurent assez intéressante pour proposer de nous faire avertir. Le gentilhomme se nommoit M. de Sauvebœuf ; il commença ainsi son récit.

Après la mort de mon père & de ma mère, j'étois demeuré seul héritier de ma famille, avec une sœur âgée d'environ six ou sept ans. J'en avois alors vingt-deux, & j'étois déjà capitaine de cavalerie. Mon emploi ne me permettant point de veiller à l'éducation de ma sœur, mon père avoit prié, en mourant, un riche gentilhomme de nos voisins qui avoit une fille à peu près du même âge, de les faire élever ensemble, & de tenir lieu de père à ma sœur, jusqu'à ce qu'elle eût atteint le tems de penser au mariage. Cet honnête gentilhomme, dont le nom étoit M. d'Erletan, entra de bon cœur dans les dernières intentions d'un ami. Il prit ma sœur chez lui, & il n'eut pas moins de tendresse pour elle que pour sa propre fille. Il avoit outre cet enfant, deux fils, d'un âge peu différent du mien. J'étois lié d'amitié avec eux. Il ne se passoit point d'année que je ne retournasse pour quelques mois dans la province ; &

m'ennuyant de demeurer feul chez moi , j'étois
continuellement chez meſſieurs d'Erletan. Ils m'y
obligeoient d'ailleurs par leurs honnêtetés. Je
prenois plaiſir aux différences ſenſibles que ſept
ou huit mois d'abſence me faiſoient appercevoir
tous les ans dans ma ſœur. Ses traits ſe déve-
loppoient , ſa taille commençoit à ſe former ; en
peu d'années elle devint aſſez aimable pour attirer
les yeux des jeunes d'Erletan. Ils prirent de la
paſſion pour elle , tous deux preſqu'en même
tems. L'aîné portoit le nom de leur maiſon , &
l'autre s'appelloit d'Olingry. Il étoit impoſſible
qu'étant l'un & l'autre avec la même inclination
dans le cœur, & n'ayant que les mêmes occaſions de la déclarer, ils ne ſe reconnuſſent pas
bientôt pour rivaux. Cette connoiſſance ne les
empêcha point d'être amis. Ils avoient toujours
été mieux enſemble , que ne le ſont communé-
ment des frères du même âge. Cependant comme
ils ne pouvoient prétendre tous deux à l'affection
de ma ſœur, ils ſe promirent mutuellement de
faire dépendre leur bonheur de ſon choix , &
ſon choix de leurs ſervices ; de ſorte que le malheureux devoit céder la place, ſans murmurer de
ſon ſort. Leur paſſion ſans doute étoit encore
bien loin de l'excès, lorſqu'ils faiſoient entr'eux
cet accord tranquille ; ou du moins ils connoiſſoient peu l'amour , s'ils ſe crurent capables de

l'obferver. Ils avoient ajouté au traité , qu'on
fe rendroit compte de bonne foi des progrès
qu'on auroit faits , & que de part & d'autre on
feroit difpofé à voir le triomphe d'un frère , fans
le regarder fous l'odieufe qualité de rival. Ma
fœur devint l'objet de tous leurs foins ; ils dref-
fèrent leurs attaques avec méthode. Leur amitié
fe foutint long-tems fi parfaite, qu'ils conféroient
enfemble fur les moyens de l'attendrir ; & quoiqu'ils paruffent agir diverfement , les deux fyf-
têmes étoient l'effet de leurs réfolutions communes. Ils furent même fidèles affez long-tems
à fe communiquer leurs plus fecrètes difpofitions,
mais cela ne dura qu'autant que leur fortune fut
égale , & que l'inclination de ma fœur tarda à
fe déclarer. L'aîné d'Erletan fut préféré par l'a-
mour. D'Olingry s'en apperçut. Il étoit vif &
violent ; peut-être même n'avoit-il pas des vues
auffi honnêtes que fon frère : l'événement du
moins a donné lieu de le juger. La froideur prit
bientôt entr'eux la place de l'amitié. D'Erletan
fut le premier qui parut plus réfervé ; c'étoit
moins par haine , que par confidération pour fon
frère. Il n'avoit nulle raifon de l'aimer moins ;
il vouloit lui épargner feulement le chagrin d'apprendre fa mauvaife fortune de la bouche d'un
rival heureux. Cependant d'Olingry , qui vit ce
changement dans la conduite de fon aîné , dé-

couvrit fans peine à quelle caufe il devoit l'attribuer. Il étoit trop emporté pour garder des
mefures ; il querella fon frère, en lui reprochant
fa diffimulation & fa mauvaife foi. Celui-ci lui
protefta en vain que fon déguifement venoit de
pure amitié. Il ne put appaifer par fes foumif-
fions, ce cœur fier, qui fe défefpéroit d'être
fupplanté, & qui prenoit toutes fes careffes pour
de nouvelles infultes.

Leurs affaires étoient dans cette fituation,
continua M. de Sauvebœuf, lorfque j'arrivai à
Erletan. La divifion des deux frères fut une des
premières chofes dont je m'apperçus. Je les aimois
tendrement : j'employai tous mes efforts pour
les réconcilier. L'opiniâtreté de leur haine me
rendit fi attentif à toutes leurs démarches, que
je découvris enfin la caufe fecrète qui les di-
vifoit. Je tremblai pour ma fœur, elle m'étoit
plus chère que moi-même. Je la priai, avec
inftance, de m'apprendre tout ce qu'elle favoit
de ce fatal myftère. Je ne remarquai que trop,
par fon embarras, qu'elle y étoit elle-même
intéreffée ; & quoique je tiraffe d'elle quelques
aveux vagues & incertains, il m'étoit aifé de
voir que la moitié de la vérité demeuroit au
fond de fon cœur. Mon inquiétude devint fi
forte, que je pris la réfolution de la tirer de
chez M. d'Erletan. Je ne me défiois point ab-

folument de fa fageffe, mais je la voyois expofée
à un danger inutile : elle n'étoit point un parti
affez riche pour l'aîné des deux frères ; & la
mauvaife humeur de d'Olingry me faifoit connoître manifeftement qu'il n'étoit point l'amant
favorifé. Je la priai donc de fe préparer au départ ; & pour ne rien faire qui fentît l'affectation, je repréfentai à M. d'Erletan le père, que
ma maifon & mes affaires ayant befoin d'un
guide, ma fœur étoit en âge d'en prendre la
conduite. D'Erletan l'aîné appréhenda que cet
éloignement ne lui fît perdre fa conquête. Ses
vues étoient pleines d'honneur ; il auroit époufé
ma fœur fans balancer, fi la crainte de déplaire
à fon père & un refte de confidération pour le
malheureux d'Olingry ne l'euffent arrêté. Se
voyant néanmoins à la veille d'être féparé d'elle,
& fe défiant de la violence de fon frère, l'amour
éteignit tous fes fcrupules. Il lui propofa de
l'époufer fecrètement avant fon départ ; elle y
confentit. Ils fe firent marier, le foir même,
par le curé de la paroiffe, dans la chapelle du
château. Quelqu'attention qu'eût fans ceffe d'O-
lingry à veiller fur leurs démarches, ils avoient
pris de fi juftes mefures, qu'il n'eut pas le moindre foupçon de leur mariage ; mais ils s'obfer-
vèrent moins après la cérémonie, de forte que
s'étant arrêtés dans un veftibule pour concerter

de quelle manière ils pourroient paſſer la nuit
enſemble, le mauvais génie de nos deux familles
l'amena aſſez proche d'eux, pour entendre une
partie de leur diſcours. Ma ſœur couchoit ordinairement dans une chambre, qui touchoit à
celle même de M. d'Erletan le père. Sa femme
de chambre, qui étoit dans le ſecret du mariage,
couchoit dans un cabinet voiſin. D'Erletan convint avec ma ſœur, qu'à l'heure où chacun ſe
met au lit, il ſe rendroit à ſa chambre, & qu'à
un certain ſignal elle lui feroit ouvrir ſa porte.
Ils ſe ſéparèrent enſuite, pour ne pas donner lieu
aux ſoupçons.

On a toujours rendu cette juſtice à d'Olingry,
qu'il n'avoit pas la·moindre connoiſſance de leur
mariage; ſans quoi il faudroit regarder la réſolution qu'il forma, comme un prodige d'horreur
& d'inhumanité. Il ſe figura ſans doute que ma
ſœur s'étoit laiſſée ſéduire par d'Erletan, & qu'elle
conſentoit au ſacrifice le plus honteux. La rage
de voir ſon frère ſi heureux, lui fit perdre toute
conſidération. Il réſolut d'emporter par adreſſe
ce qu'il croyoit que l'autre devoit auſſi à ſes
artifices; en un mot, il eſpéra qu'à la faveur du
ſilence & de l'obſcurité, il pourroit paſſer pour
d'Erletan, & occuper la place que ma ſœur lui
deſtinoit. Il ne manqua pas d'inventions, pour
le tenir éloigné pendant une partie de la nuit.

Son horrible deſſein réuſſit au-delà de ſes eſpérances. Ma ſœur aida elle-même à ſe tromper,
en lui recommandant le ſilence, dans la crainte
d'éveiller M. d'Erletan le père. D'Olingry ſe
rendit ainſi le plus criminel de tous les hommes,
en violant impunément les droits les plus ſacrés.
D'Erletan s'impatientoit, pendant ce tems-là,
de l'obſtacle imprévu qui l'avoit arrêté. Il ne ſe
vit pas plutôt libre, qu'il courut à la chambre
de ma ſœur, & qu'il donna le ſignal pour ſe
faire ouvrir. Il redoubla pluſieurs fois, pour être
entendu. Enfin la femme de chambre s'étant ap-
prochée de la porte, & ayant demandé doucement qui c'étoit, il crut ſe faire un mérite, en
marquant par des termes fort vifs le chagrin qu'il
avoit eu de ne pouvoir venir plutôt. Cette femme,
qui croyoit d'Erletan entre les bras de ſa maitreſſe, le repouſſa rudement ; & s'imaginant
même que c'étoit d'Olingry, elle le railla mali-
gnement ſur l'eſpérance qu'il avoit de s'introduire
chez ma ſœur : elle lui dit quelques paroles of-
fenſantes ſur la folie & l'inutilité de ſes prétentions. Tout cela ſe paſſoit dans l'obſcurité. D'Erletan, piqué juſqu'au vif, ſe retira en maudiſſant
l'inconſtance des femmes. Sa colère alla juſqu'à
lui perſuader que le deſſein de ma ſœur étoit de
prendre avec lui des airs de hauteur & d'empire,
& qu'elle avoit voulu, la première nuit de ſes

noces, lui faire faire un essai d'esclavage. Il n'y a point d'excès, où l'amour irrité ne puisse se porter. Il retourna dans sa chambre , plein de ressentiment , & en formant mille projets de vengeance.

Lorsque la passion de d'Olingry fut satisfaite, il quitta ma sœur assez froidement , sous prétexte de ne pas l'exposer, en demeurant jusqu'au jour avec elle. Il alla s'applaudir ailleurs du succès de son crime, ou peut-être en sentoit-il déja le remords. Le reste de la nuit se passa tranquillement. Le lendemain matin , étant descendu par hasard pour aller prendre l'air au jardin , je rencontrai ma sœur dans un sallon , seule , & qui fondoit en larmes. Ma présence parut redoubler sa douleur. Dans la vive émotion que me causa ce spectacle , je lui en demandai la cause avec empressement. Elle fut embarrassée à me répondre. Ce n'est rien , me dit-elle ; ce sont des accès de tristesse , qui me saisissent quelquefois. Comme son air & ses soupirs la trahissoient , j'eus le pressentiment de quelqu'aventure funeste; & je la pressai si fort , en mêlant les caresses & les reproches, qu'elle consentit à m'ouvrir son cœur, à condition, me dit-elle, que je garderois un secret inviolable. Je lui promis tout ce qu'elle voulut. Tant de précautions me faisoient attendre un étrange secret. Enfin, elle me découvrit son

amour

amour pour l'aîné d'Erletan, & son mariage, qui s'étoit fait la veille. Je l'ai reçu, continua-t-elle, cette nuit dans ma chambre, il m'a comblée de caresses ; je me croyois la plus heureuse de toutes les femmes. Comme il a été obligé de me quitter vers le jour, je me suis levée plutôt qu'à l'ordinaire, par le seul empressement de le revoir. Je viens de le rencontrer ici. O, mon frère, ajouta-t-elle en renouvelant ses soupirs, que les hommes sont faux & méchans! Lorsque j'allois au-devant de lui, les bras ouverts, pour l'embrasser avec toute ma tendresse, il m'a repoussée d'un air méprisant, il m'a fait les menaces les plus effrayantes ; enfin, il m'a traitée avec une dureté qui me fait mourir. Je me suis jetée à ses genoux pour l'arrêter ; mais loin d'être ému par mes pleurs, il m'a écartée de lui si rudement, que je suis tombée par terre, & il a eu la barbarie de m'abandonner dans cet état. Oh ! me dit-elle en pouvant à peine prononcer, il faut que je meure ; mon cœur est brisé cruellement ; il m'est impossible de vivre avec la peine que je souffre. Je fus saisi de ce discours, jusqu'à demeurer quelque tems immobile. Ma rage peut mieux être conçue qu'exprimée. Le traître, m'écriai-je: Quoi ! il vous a indignement poussée par terre, & il a eu la cruauté de vous y laisser ! Ah ! fût-il au fond des enfers, je lui arracherai le cœur de mes propres mains. Elle fit inutilement des efforts

Tome III.   E

pour m'arrêter, en me repréſentant que je lui avois
juré le ſecret ; que tout barbare qu'il étoit, elle
l'aimoit encore, & qu'elle lui pardonneroit même
ſa mort. Je m'échappai de ſes mains, réſolu de
plonger mon épée dans le cœur du lâche d'Erletan,
ſans lui donner même le tems de tirer la ſienne.
La première perſonne que je rencontrai fut M. d'Erletan le père, qui me demanda ſi je n'avois pas vu
ſon fils aîné. Non, lui répondis-je d'un air furieux ;
mais je le cherche ; & ſi vous le voyez avant moi,
vous verrez un lâche & un traître. A quoi tient-il,
ajoutai-je en portant la main ſur mon épée, que
je ne te perce toi-même de mille coups, pour avoir
donné la vie à cet exécrable monſtre ! M. d'Erletan
fut ſi effrayé de mon action, qu'il demeura ſans
réplique. Je le conſidérai un moment, avec un
regard troublé. Enfin, mes yeux s'éclaircirent. Ce
bon vieillard me fit pitié. J'eus honte d'avoir
outragé un homme, qui nous avoit ſervi de père
à moi & à ma ſœur. Ah ! lui dis-je en l'embraſſant,
pardonnez, pardonnez à mon tranſport. Je ſuis un
malheureux de vous avoir inſulté mal-à-propos.
C'eſt votre indigne fils qui va me payer pour tout,
ajoutai-je en voulant le quitter. Il employa toute
ſa force pour m'arrêter. Il me conjura de lui apprendre ce qui cauſoit le trouble où il me voyoit,
en m'aſſurant que ſi ſon fils m'avoit offenſé, il
l'obligeroit à me faire dès réparations dont je

ferois content. M'avoir offenfé, repris-je! Le lâche n'oferoit; il n'eft capable que d'infulter des femmes. Il a outragé ma fœur, & fon châtiment ne tardera guère. Ma fureur étoit telle, que je voulois m'échapper abfolument des mains de ce malheureux père. Cependant il obtint de moi que je lui expliquerois du moins en peu de mots l'injure faite à ma fœur. Votre fils l'a époufée, lui dis-je, & il l'a.... Epoufé votre fœur, interrompit-il avec furprife! Oui, ma fœur, continuai-je, qui eft d'auffi ancienne & d'auffi honnête maifon que vous, & dont l'alliance ne feroit point déshonneur à un prince; il l'époufa hier au foir, & il l'a traitée aujourd'hui comme il n'appartient qu'à un lâche & à un malhonnête homme. Je vous ferai juftice, répliqua-t-il promptement: s'il l'a époufée, c'eft une affaire finie, je prétends qu'il en ufe bien avec elle. Mais je vous conjure, ajouta-t-il, par la mémoire de votre père, de me laiffer prendre plus de connoiffance de cette affaire. Je vous engage ma foi que vous ferez content de la juftice que je vous ferai. Je punirai mon fils, je le mettrai dans fon devoir: je ne vous demande qu'un délai de quelques momens. Ses inftances furent fi vives & fi preffantes, qu'elles eurent le pouvoir de me calmer un peu. Je lui promis de me retirer dans ma chambre, & de lui accorder le tems de faire fes efforts pour faire prendre de meilleures manières à fon fils.

E ij

Pendant que ce funeſte mal-entendu m'alloit faire égorger l'aîné d'Erletan , ſon coupable frère apprit par un domeſtique , quelque choſe de ce qui s'étoit paſſé entre ſon père & moi. Il venoit ſans doute pour en être mieux inſtruit, lorſque je m'en retournai à ma chambre. Je le rencontrai ſur l'eſcalier ; il rougit en me voyant , & il me demanda s'il étoit arrivé quelque choſe de nouveau dans la maiſon. J'étois encore trop plein de mon reſſentiment , pour en faire un myſtère à perſonne. Je lui racontai l'hiſtoire du mariage de ma ſœur, & de la conduite barbare de ſon frère, en accompagnant ma narration de toutes les marques de ma colère & de ma haine contre d'Erletan. Je faiſois peu d'attention aux mouvemens que ce récit pouvoit produire ſur ſon viſage ; mais à peine eus-je fini , qu'il s'écria d'un ton plus funeſte que je ne puis le dire : Juſte ciel ! quelles horreurs ! par qui cette ſanglante tragé-die commencera-t-elle ! Il me quitta ſans ajouter un ſeul mot. Occupé comme je l'étois de mes peines , je ne remarquai point ce qu'il devint. Je me renfermai dans ma chambre, où je de-meurai juſqu'à ce qu'on vînt m'avertir , pour aſ-ſiſter à la plus terrible & à la plus touchante de toutes les ſcènes. Meſſieurs, nous dit M. de Sau-vebœuf, vous êtes dans un moment à la cataſ-trophe.

D'Olingry, continua-t-il, n'eut pas befoin
d'une plus grande explication pour connoître
fon crime, ni pour en voir tout d'un coup les
horribles conféquences. Il comprit qu'il n'y avoit
qu'un feul moyen de les éviter : c'étoit de confeffer fa faute à ma fœur, & de l'engager au filence
pour leur commun intérêt. Il réfolut de tenter
cette voie, avant que de fe porter à des extrémités qu'il méditoit déjà. Il alla donc la trouver.
Il demanda à l'entretenir feule. Quoiqu'il fût naturellement hardi, il ne s'expliqua qu'en tremblant.
Ma fœur m'a dit, avant fa mort, que quelqu'é-
loignée qu'elle fût de s'imaginer la perfidie dont
il venoit s'accufer, elle avoit tremblé elle-même
en voyant l'air égaré de fes yeux & la pâleur
de fon vifage, au moment qu'il commença à
parler. Elle lui épargna la peine d'achever fon
récit ; trois mots fuffifoient pour le faire entendre. Elle jeta un cri perçant, qui attira près
d'elle tous ceux qui étoient dans les chambres
voifines ; ils la trouvèrent dans un évanouiffement
qui différoit fort peu de la mort. D'Olingry
crut devoir fe retirer. Lorfqu'elle eut un peu
rappelé fes efprits, elle s'abandonna à tous les
mouvemens de la douleur & du défefpoir. Son
cher d'Erletan lui étoit ravi pour toujours ; elle
s'étoit plainte de fa rigueur, & ç'étoit elle maintenant qui fe trouvoit fi coupable, qu'elle de-

voit éviter éternellement sa présence; elle l'appeloit néanmoins à son secours, elle prononçoit son nom mille fois ; de sorte que ses femmes, qui ignoroient de quoi il étoit question, se crurent obligées de le faire avertir. On le chercha long-tems sans le pouvoir trouver. Il s'étoit enfoncé dans le bois, avec son père, pour s'entretenir de ses chagrins. D'Erletan avoit le cœur bon & généreux ; & malgré sa colère, qui lui paroissoit juste, il aimoit encore éperdument ma sœur. Quoique tous les discours de son père n'eussent pu fléchir son esprit, & le porter à la réconciliation, il ne put apprendre l'état où elle étoit, & qu'elle désiroit si ardemment de le voir, sans être ému de la plus tendre compassion. Il accourut à elle. Son père le laissa aller seul, s'imaginant que le moment de la paix étoit venu. Il s'approcha de sa femme, d'un air plus soumis que s'il eût été réellement l'offenseur. Elle, qui le croyoit instruit de son malheur & de sa honte, & qui n'attribuoit qu'à cette connoissance la manière dont il l'avoit traitée le matin, paroissoit de son côté tremblante & humiliée ; de sorte que cette étrange entrevue n'auroit pu être expliquée que par d'Olingry, le misérable auteur de tant d'infortunes. Cependant s'il n'échappa rien d'assez clair à ma sœur, pour porter d'odieuses lumières dans l'esprit de son mari,

l'obfcurité même de fes expreffions fut un nouveau
tourment pour lui. Il ne pouvoit concevoir pourquoi elle refufoit fes careffes , & la main qu'il
lui offroit pour fe réconcilier , dans le tems
même qu'elle paroiffoit contente de le revoir tendre & amoureux. Il découvroit en elle un mêlange de joie & de défefpoir , d'horreur & de
tendreffe pour lui. Elle fouhaitoit de le voir fans
ceffe , & elle lui parloit de fe féparer pour toujours. Toutes ces contrariétés l'épouvantoient.
C'étoit d'Olingry feul qui pouvoit les éclaircir ;
le moment en approchoit. Ce malheureux ne
s'étoit point écarté fi loin , qu'il n'eût entendu
toute la converfation de d'Erletan & de fon
époufe ; il en fut touché vivement. Dieu feul
connoît fi ce fut repentir ou défefpoir. Il pria
fon père de faire appeler pour un moment fon
aîné , fous quelques prétextes ; & étant entré
dans la chambre lorfqu'il l'en eut vu fortir , il
conjura ma fœur, qui parut effrayée de fa préfence , de l'écouter pour la dernière fois. Il lui
dit , que n'ayant pas perdu un mot de la converfation qu'elle venoit d'avoir avec fon mari ,
il avoit obfervé qu'il n'avoit aucune connoiffance , ni même aucun foupçon du malheur de la
nuit précédente ; qu'il étoit donc aifé de remé-
dier au mal , en le cachant par un éternel filence ; qu'elle n'avoit qu'à fe répondre d'elle-mêm

& de fa femme de chambre , & à vivre tranquillement avec fon frère ; que pour ce qui le
regardoit lui-même, outre fon propre intérêt &
l'honneur de la famille qui l'obligeoient au fecret , il fe mettroit hors d'état de le révéler ,
en allant s'enfévelir dans un monaſtère pour le
reſte de fa vie. Ma fœur eut peine à fouffrir
qu'il achevât. Elle lui répondit , fans jeter les
yeux fur lui , que c'étoit trop qu'il l'eût couverte de honte , & qu'il eût ruiné tout le bonheur
de fes jours par un crime dont il étoit feul coupable ; qu'elle n'avoit pas deſſein de le devenir
autant que lui en fuivant fon damnable confeil ,
& en portant ce qu'il avoit fouillé, dans les bras
d'un autre ; qu'elle abandonnoit à la fortune fa
vie & fa deſtinée , & qu'elle n'étoit jalouſe que
de fon innocence. Penfez-y bien , Madame , reprit-il , vous n'avez qu'un moment pour y penfer.
Mon parti eſt pris , lui dit ma fœur ; & le mien
auſſi , ajouta-t-il en fortant. Il trouva fon frère
dans une chambre voifine. Il le tira à l'écart.
Là , après lui avoir reproché, en termes fanglans ,
fa perfidie dans fon mariage fecret , & dans toute
la conduite de fon amour, il lui déclara nettement qu'il avoit fouillé fon lit la nuit précédente ;
& comme d'Erletan, dans le premier tranfport
où le jeta cette funeſte nouvelle , paroiſſoit
porter la main à fon épée , il le prévint d'un

coup de poignard qu'il tenoit préparé. Quoique le
coup fût profond, la fureur de d'Erletan empêcha
qu'il n'en fût affoibli sur le champ. Il eut assez de
force pour tirer son épée, & pour la passer au
travers du corps de son meurtrier. Il est vrai que
d'Olingry ne fit nul mouvement pour l'éviter.
Les domestiques qui accoururent au bruit, le
virent tomber, & l'entendirent prononcer quelques paroles en mourant, par lesquelles il marquoit de la joie de ce que son frère s'étoit chargé du crime de sa mort, comme il lui repro-
choit de l'être déjà de celui de son inceste. Il
expira presqu'aussitôt. Un horrible mêlange de
pleurs & de cris s'étant répandu dans la maison,
je mis la tête hors de ma chambre, où j'étois
renfermé depuis deux heures. Je vis un laquais hors
d'haleine, qui venoit m'avertir de descendre. Oh !
Monsieur, me dit-il, tous mes maîtres sont
égorgés. Je courus, ou plutôt je me précipitai
dans l'escalier. J'apperçus les deux frères étendus,
l'un mort, l'autre expirant. Leur père tout éperdu, s'efforçoit de leur donner quelques secours
inutiles. Approchez, M. de Sauvebœuf, me dit
d'Erletan d'une voix foible, approchez. Venez
voir expirer le plus criminel & le plus malheureux de tous les hommes. Quoique j'ignorasse
encore la cause de ce triste accident, je ne pus
me défendre de quelques mouvemens de com-

paſſion. D'Erletan, ſans me donner le tems de parler, m'apprit en peu de mots ſon malheur & le crime de ſon frère. Je frémis d'horreur. Il s'en apperçut. Je ne ſais, continua-t-il, ſi je mérite votre haine ; mais par où ai-je pu m'attirer celle du ciel ? Hélas ! qu'avois-je fait dans toute ma vie, pour en être traité ſi cruellement ! Je l'exhortai à ſe réconcilier avec Dieu. Ah ! me dit-il, la manière dont il me traite, me fait trop voir que je n'ai point de miſéricorde à en eſpérer. Ma ſœur entra dans cet inſtant, en perçant le ciel de ſes cris, & en s'arrachant les cheveux. Mais lorſqu'il ouvroit les bras pour la recevoir, elle s'arrêta, & lui-même parut avoir honte du mouvement qu'il avoit fait. Je mourrai donc ſans t'embraſſer, lui dit-il ; cette conſolation ne m'eſt pas même permiſe. O crime déteſtable ! O malheureux frère ! Elle, de ſon côté, le regardoit avec des yeux égarés, & elle paroiſſoit n'avoir plus le pouvoir de prononcer une parole. Elle tourna deux ou trois fois autour de lui, comme ſi elle eût voulu s'approcher, pendant qu'il s'efforçoit de remuer la tête, pour la ſuivre de ſes regards. Il ſembloit qu'une main inviſible la retînt, ou qu'elle fût au bord d'un affreux précipice, dont la vue l'epouvantoit. Enfin, ne pouvant plus reſiſter à des mouvemens ſi violens, elle tomba proche de lui ſans connoiſſance. Il recueillit toutes ses forces pour saisir une de ses mains, sur laquelle il tint sa bouche collée pendant deux ou trois minutes. Au nom de Dieu, me dit-il, prenez soin d'elle, & empêchez-la de mourir. On s'occupoit pendant ce tems-là à bander sa plaie. Il avoit été trop troublé pour y faire attention; mais lorsqu'on voulut l'emporter dans un lieu plus commode : Non, non, s'écria-t-il en arrachant tous ses linges, mon dessein n'est pas de vivre. Il tendit les bras pour embrasser son père, & ses derniers mots furent la prière qu'il lui fit, de me donner sa sœur en mariage, & de me faire son héritier. Lorsque je lui eus vu rendre le dernier soupir, je me retirai pour prendre soin de ma sœur. Elle revint à elle; mais ses yeux me parurent si éteints, & ses forces si épuisées, que je désespérai de sa vie. Elle languit pendant quelque tems dans des défaillances continuelles, & elle mourut assez tôt pour être enterrée dans le même tombeau que son mari. M. de Sauvebœuf finit son histoire, en nous disant qu'il s'étoit marié depuis avec mademoiselle d'Erletan. Vous voyez, Monsieur, ajouta-t-il en s'adressant à moi, que j'ai eu de bonnes raisons pour n'être pas du sentiment de la compagnie par rapport à vous. Le motif qui vous fait quitter M. le marquis, n'est pas plus fort que celui qui pouvoit m'empêcher d'épouser la sœur de

M. d'Erletan. J'ai cru que mon propre exemple, qui a été approuvé par toutes les personnes de ma connoissance, m'autorisoit à vous conseiller de prendre la même conduite. Je fis remarquer à M. de Sauveboeuf qu'il y avoit quelque différence entre les deux cas ; & son histoire n'ébranla point ma résolution.

Comme j'étois persuadé qu'en me séparant, rien ne m'obligeoit de rompre les mesures de la bienséance & de l'amitié, je passai encore quelques jours chez monsieur le duc. J'y serois même demeuré plus long-tems, si je n'eusse été obligé de retourner chez ma fille, pour l'aider à sortir d'une affaire fort embarrassante. Un jour que j'étois à souper avec monsieur le duc, un laquais de mon gendre arriva à toute bride, & demanda à me remettre promptement une lettre. C'étoit ma fille qui m'écrivoit. Elle me marquoit que la nuit précédente, on avoit attaché à sa porte un billet, par lequel on la menaçoit de mettre le feu à sa maison, si dans le terme de quatre jours elle ne faisoit porter deux mille écus dans un endroit écarté qu'on lui assignoit. Elle n'étoit point la seule, à qui cette menace eût été faite. Quantité de gentilshommes & de riches fermiers avoient eu le même malheur depuis trois ou quatre mois ; & ceux qui avoient trop aimé leur argent, s'étoient vus ruiner effectivement par des incendies. Monfieur le duc m'offrit tout fon monde, pour défendre la maifon de ma fille; mais après avoir confidéré férieufement cette affaire, je jugeai que c'étoit à l'adreffe qu'il falloit avoir recours plutôt qu'à la force. Je réfolus de me rendre inceffamment fur le lieu. Il y avoit deux jours de route ordinaire jufqu'à la terre de ma fille; mais un jour fuffifoit par la pofte. Ainfi je crus qu'il feroit affez tôt de partir le lendemain.

Je fis mes adieux le foir à monfieur le duc. Comme nous touchions au dernier moment de notre féparation, le marquis me tint compagnie pendant une partie de la nuit. Je lui renouvellai mes confeils pour toute la conduite de fa vie. Je lui fis une peinture exacte de fon propre caractère, fans ménager fes défauts, & fans lui cacher fes bonnes qualités. Je parcourus avec lui toutes les fituations où peut fe trouver une perfonne de fon rang & de fa naiffance. Je lui en fis appercevoir les dangers, & je lui montrai le vice prefque toujours à côté du chemin. Enfin j'ouvris devant fes yeux la carrière de la vertu. Voilà, lui dis-je, où vous pouvez marcher avec gloire & avec joie. La nature & l'inftruction vous prêtent leur fecours. Je ne connois perfonne à qui la fageffe doive coûter moins qu'à vous. Quels feroient vos obftacles! Quelques paffions infenfées

peuvent-elles entrer en concurrence avec les plus
puiffans de tous les motifs? Vous feront - elles
oublier votre naiffance, éteindre vos lumières, &
combattre vos heureufes inclinations? Je vous parle
en particulier de l'amour. C'eft la feule foibleffe
qui vous expofera toujours au danger. Je fais qu'il
eft maître à préfent de votre cœur; mais parlons
naturellement, manquez-vous de remedes? Vous
allez voir combien il m'en refte encore à vous
offrir. Laiffez-moi defcendre au fond de ce cœur,
dont vous croyez la guérifon fi défefpérée. J'y
oppoferai aux attraits d'une femme, les charmes
de la vertu & de l'innocence; aux folles joies des
fens, l'avantage ineftimable de favoir ufer de fa
raifon; aux tranfports d'une poffeffion de quelques
momens, la longue & douce tranquillité qui eft le
fruit de la modération & de la fageffe. Je ne vous
nomme point ici des biens chimériques, ou qui
vous foient inconnus : vous les avez goûtés, avant
que de vous laiffer vaincre par votre paffion ;
comment avez-vous pu confentir à les perdre?
Je pardonne à une ame commune, de chercher fa
félicité dans les plaifirs de l'amour; ils l'élèvent
en quelque forte au - deffus de fa portée, en
lui ouvrant des fources de joie, auxquelles
elle n'auroit rien trouvé d'égal dans fa baffeffe
naturelle. Mais une grande ame fe ravale &
s'avilit par les paffions amoureufes. Elle eft faite

pour une efpèce de plaifirs plus délicats. Sa félicité
eft d'un autre ordre. Elle la trouve en elle-même,
par fes réflexions, par fon goût pour la vérité,
l'honneur, la bonté & la juftice ; pourquoi en
chercheroit-elle une moins digne d'elle au-dehors ?
Elle fent qu'elle peut s'en affurer la durée ; pourquoi la feroit-elle dépendre d'une chofe auffi
fragile que la beauté des femmes, ou auffi légère
que leur humeur, qui eft encore plus fujette à
changer que leur beauté ? Non, mon cher marquis,
il ne fauroit y avoir de vraie grandeur d'ame dans
un efclave de l'amour : une tendreffe exceffive
femble exclure la fermeté ; les flatteries & les
careffes amolliffent le courage ; les jaloufies, les
inquiétudes troublent la férénité de l'efprit ; le
foin de plaire détruit l'attention néceffaire aux
entreprifes importantes ; enfin, le goût du plaifir
des fens eft oppofé directement à celui de la vérité,
& tôt ou tard il entraîne après foi la ruine même
de la vertu.

Le marquis écouta cette morale avec fa docilité
ordinaire ; mais malgré mes déclamations contre
l'amour, il me pria de lui apprendre, avant que
de le quitter, ce que M. le duc penfoit de fon
inclination pour ma nièce. Cette queftion me fit
juger que je devois attendre peu de fruit de mon
difcours. Cependant je lui répondis, fans marquer
de mécontentement, que M. le duc ne m'en avoit

point parlé comme d'une chose sérieuse, & que personne en effet ne la prendroit jamais que pour un égarement; qu'il étoit fâcheux seulement qu'elle eût produit de si tristes effets; mais que j'en étois consolé, s'ils servoient du moins à son instruction. Ce furent mes dernières paroles, auxquelles je ne lui laissai pas le tems de répondre. Je montai dans ma chaise de poste, avant la pointe du jour.

Fin du treizième Livre.

LIVRE

LIVRE QUATORZIEME.

JE réfléchis beaucoup, en chemin, fur la démarche que je venois de faire. Le ciel fait que mon premier fentiment en fut un de reconnoiffance, pour la faveur qu'il m'avoit accordée en rompant à la fin mes liens. Il fait auffi que je n'avois pas trompé le marquis, lorfque je l'avois affuré de mon tendre attachement & du regret que je fentois à le quitter. Cependant ce regret tomboit peut-être moins fur la féparation même, que fur les raifons pour lefquelles je m'y croyois obligé, c'eft-à-dire, que j'euffe fouhaité de toute mon ame d'être dans un âge, & dans une difpofition d'efprit, qui m'euffent permis de continuer mes fervices au duc & au marquis ; mais la fituation où je me trouvois ne pouvant s'accorder avec cet engagement, j'étois ravi dans le fond du cœur de me revoir en liberté. Les motifs de bienféance, qui m'avoient fervi de prétexte, n'étoient pas mes motifs les plus puiffans, quoiqu'ils euffent paru fuffire pour juftifier ma retraite. Mon âge en étoit encore un plus foible. Je ne manquois ni dé force, ni de fanté. Je veux révéler ici le reffort fecret qui m'avoit fait agir.

Tome III.   F

Il se passoit depuis peu, dans mon ame, une nouvelle scène, qui en augmentoit extrêmement le trouble, ou plutôt qui m'en faisoit sentir un d'une nature extraordinaire, & qui m'avoit été inconnu jusqu'alors. J'avois éprouvé, dans le cours de ma vie, des pertes de tous les genres, & j'avois passé par conséquent par tous les degrés de la douleur; mais, ayant toujours vécu dans l'éloignement du vice, je n'avois jamais perdu cette espèce de satisfaction intérieure qui est le partage de l'innocence. J'avois cru devoir regarder toutes mes infortunes comme une épreuve du ciel, parce que je n'avois jamais senti de remords qui m'eussent averti qu'elles fussent un châtiment. Cette disposition de cœur est d'un secours admirable pour les malheureux, dans les transports même qui ressemblent le plus au désespoir. Or, j'avois perdu depuis quelque tems cette douce consolation de mes peines. La mort de miladi R..... troubloit le repos de ma conscience. Je m'en accusois à tous momens, comme d'un crime auquel j'avois du moins contribué. Premièrement, disois-je, c'est moi qui l'ai tirée d'Angleterre; & devois-je attendre si tard à reconnoître qu'une action de cette nature offensoit le ciel & blessoit le devoir? Quel droit avois-je d'ôter cette dame à son mari, & de l'aider à rompre tous les engagemens du mariage?

Quelle étrange compassion, que celle qui s'exerce en commettant un crime, & qui offense mortellement un innocent pour consoler une infidelle ? D'ailleurs, continuois - je , qui m'assurera que le sentiment qui me faisoit agir, & que j'appelois alors pitié, n'étoit point une passion déréglée ? Il est vrai que je l'ai vaincue à la fin ; mais l'ai-je toujours combattue ? Et s'il ne faut qu'un moment à l'amour pour répandre son poison, qui peut me répondre que le motif de mon cœur, en servant miladi, n'étoit point la secrète espérance de se satisfaire plus facilement, lorsqu'elle seroit éloignée de son mari ? Ainsi, c'est peut-être un amour criminel qui m'a porté à l'enlèvement d'une femme mariée. Quelle autre raison pouvois-je avoir de lui procurer une retraite chez ma fille ? Pourquoi aurois-je pris tant d'intérêt à la fortune d'une inconnue ? Ai-je oublié mes agitations, mes soupirs, mes larmes, & puis-je croire que tout cela se soit accordé avec l'innocence ? Pour ce qui regarde le funeste accident de sa mort, il est certain que je ne l'ai pu prévoir, & que je n'aurois rien épargné pour l'éviter. Mais en suis-je beaucoup moins coupable ? N'a-t-il pas eu sa source dans les foiblesses dont je viens de m'accuser ? En un mot, si je n'avois aimé miladi R— plus qu'il ne m'étoit permis par le devoir, setoit-elle sortie d'Angleterre ? Auroit-elle demeuré chez ma fille, & y auroit-elle péri misérablement ? C'est donc sur moi que retombe, & le désordre de sa fuite, & le crime de sa mort.

Soit foiblesse d'esprit, soit vif sentiment de religion, je trouvois dans ces réflexions un sujet terrible d'inquiétude. Si j'étois coupable, il falloit faire ma paix avec le ciel par la pénitence. Si je ne l'étois point, il falloit appaiser du moins le cri de ma conscience en me guérissant de mes scrupules ; & je concluois de l'un & de l'autre, que la solitude m'étoit devenue plus nécessaire que jamais. Mon lecteur voit maintenant aussi clair que moi, dans le secret de mon ame. Je ne sais quel jugement il portera de mes délicatesses & de mes craintes en matière de crime & de vertu ; mais ce qui me persuade aujourd'hui que je ne dois point me repentir de m'être jugé si sévérement moi-même, c'est que plus je vois la mort de près, plus je suis satisfait de cette rigueur. Elle augmente la confiance que j'ai au souverain juge, & elle diminue ma frayeur aux approches de l'éternité.

J'arrivai le soir chez ma fille. Tout le monde y étoit dans l'alarme, comme si la flamme eût déjà été appliquée aux murs de la maison. Je me fis expliquer le cas exactement, & sur-tout le lieu où l'on exigeoit que les deux mille écus

fuſſent portés. C'étoit à un quart de lieue du
village, dans une plaine vaſte & découverte,
au pied d'un vieil ormeau qui étoit feul, à cinq
ou fix pas d'un petit fentier. J'allai fur le champ
reconnoître la place. Elle me parut bien choifie
pour la ſûreté des voleurs. Il auroit été difficile
de les faire obferver, fans qu'ils s'en apperçuſſent.
Cependant je m'avifai d'un expédient qui trompa
leur prévoyance. Comme le tems, qu'ils avoient
marqué, étoit la nuit qui devoit fuivre celle où
nous étions, je fis creufer fur le champ, à
vingt pas de l'arbre, une foſſe aſſez grande pour
cacher fix hommes. La terre, qu'on en avoit
ôtée, fut difperfée de côté & d'autre fur des
terres labourées. Je retournai chez ma fille, &
je fis prendre à fix hommes réfolus chacun un
fufil, avec des provifions pour paſſer le reſte de
la nuit & le jour fuivant dans la foſſe. Je les
y envoyai avant le jour; & je leur donnai ordre
de ne point attaquer les voleurs, qu'ils ne fuffent au pied de l'arbre, & qu'ils ne leur euſſent
vu prendre leur proie. Je ferois allé moi-même
avec eux, fi ma fille ne m'eût affuré que je pouvois me repofer fur fes deux gardes-chaſſe, qui
étoient les braves du canton. Le foir de l'exécution, je mis entre les mains de mon valet les
deux mille écus dans une bourfe, pour les porter
au pied de l'arbre. Je lui recommandai de ne

point s'arrêter à confidérer les environs, & de ne
pas même tourner la tête à fon retour. Voici quel
fut le fuccès de mon ftratagême. Vers onze
heures ou minuit, mes gens virent trois perfonnes, qui s'avançoient dans le fentier, & qui paroiffoient venir d'un petit hameau qui étoit au
bout de la plaine. Lorfqu'ils furent vis-à-vis de
l'arbre, deux paffèrent outre ; le troifième s'arrêta, en difant affez haut pour être entendu de
la foffe, qu'il étoit preffé d'un befoin naturel.
Il alla fe mettre au pied de l'arbre ; & feignant
de fatisfaire à fon befoin, il prit la bourfe,
qu'il mit dans fa poche. Un de mes gens tira
deffus, & lui caffa les reins. Il eut tort ; on
auroit pu le prendre auffi facilement que les
deux autres, qui furent enveloppés en un moment.
Ils furent reconnus pour des payfans des environs. Mes gens les amenèrent à la maifon de
ma fille. Je les interrogeai féparément. Je trouvai, à la fin, qu'il n'y avoit que le bleffé qui
fût coupable. C'étoit un vieux fcélérat, qui paffoit
pour être riche, & qui s'étoit fans doute en-
richi par la méthode dont il avoit ufé à l'égard
de ma fille. Ses deux compagnons ne le connoif-
foient pas pour ce qu'il étoit. Il les avoit engagés
à aller boire, avec lui, au hameau d'où mes
gens les avoient vu venir, afin de pouvoir, fans
affectation, prendre la bourfe à fon retour. Il avoit

été si maltraité par le coup de fusil qu'il avoit reçu, que nous le laissâmes mourir chez nous par pitié. Il vécut néanmoins encore huit jours. Ce tems auroit suffi pour le faire punir par les mains de la justice ; & la roue, ou le feu, étoit sans doute le moindre supplice auquel il auroit dû s'attendre.

L'automne commençoit à s'avancer. Amulem étant toujours dans le dessein de se rendre à Vienne avant l'hiver, nous réglâmes sérieusement le tems de notre départ, & nous prîmes même un tems si court, qu'il ne paroissoit plus qu'aucun obstacle pût le retarder. Mais le ciel avoit ordonné que je ne ferois point le voyage d'Allemagne ; de sorte que les dernières mesures furent aussi inutiles que les précédentes. La cause qui les fit rompre ne fut pas plus avantageuse au duc de..... & à Amulem qu'à moi. Nous eûmes part, tous trois selon notre mesure, au chagrin d'une aventure fort désagréable ; mais le mien ne fut pas sans fruit, puisqu'il servit à avancer le moment de ma retraite, & à me la faire trouver encore plus douce. C'est ce qui me reste à raconter, pour conclure ces mémoires.

Comme je me défiois toujours de la passion & de l'humeur entreprenante du marquis, j'avois pris la résolution de mettre Nadine hors de ses atteintes, avant mon départ. Le couvent me sembloit un asyle assuré. J'en choisis un à quel-

ques lieues de Paris, qui se nomme H..... Outre
que la supérieure étoit de ma connoissance, je
savois qu'on y élève quantité de jeunes personnes, dont la compagnie empêcheroit ma nièce
de s'ennuyer de la clôture. J'y fis un voyage,
pour m'accorder avec les religieuses sur la pension. Mon neveu Muleid m'accompagna par curiosité. La situation de la maison nous parut
belle & saine. Nous visitâmes ; avec plaisir, tout
ce qu'il est permis aux religieuses de montrer
aux personnes de notre sexe. Mais rien ne fut
plus agréable pour Muleid, que la vue d'une
centaine de jeunes pensionnaires, parmi lesquelles
il y en avoit quelques-unes d'une beauté extraordinaire. Ce fut à l'église que nous eûmes ce spectacle : elles étoient rangées avec ordre, & toutes
si élégamment parées, que je m'étonnai qu'on
leur permît cette affectation dans une solitude.
Muleid les considéra avec une ~~atten~~tion extrême.
Je ne doute point que cette vue ne lui réveillât
l'idée du harem de son père, & ne lui inspirât
peut-être le desir d'en avoir un bientôt pour lui-
même. Il me parla beaucoup, en retournant chez
ma fille, de la bonne grace de ces jeunes demoiselles. Je le raillai un peu sur son admiration, & je lui dis en badinant, que s'il n'eût
point été si près de son départ, je me serois bien
gardé de l'exposer ainsi au danger de devenir

amoureux. Etant de retour chez ma fille , je
difpofai ma nièce à partir. Elle étoit bien remife
de toutes les fuites de la mort de fon mari ; &
loin de marquer de l'averfion pour le couvent,
elle me témoigna qu'elle y alloit avec inclination , fur-tout lorfqu'elle eut appris de fon
frère qu'elle n'y manqueroit point d'amufemens
& de compagnie. Muleid fouhaita d'y retourner
avec elle ; & pour lui marquer plus d'amitié,
toute la famille prit auffi le parti de la conduire.
Ma fille , qui avoit l'humeur fort gaie , ayant
entendu parler Muleid avec beaucoup d'éloges
des agrémens de quelques penfionnaires , lui
propofa de déguifer fon fexe pour avoir la liberté
d'entrer avec elle dans le couvent. Il confentit
à cette propofition. J'eus beau m'y oppofer , &
la condamner même du ton le plus férieux , je fus
obligé de céder aux raifonnemens de ma fille ,
à qui ma tendreffe laiffoit prendre peut-être un
peu trop d'afcendant fur moi. Muleid fut donc
travefti en fille. Il étoit dans un âge , qui rendoit
fon déguifement peu difficile. Les religieufes n'eurent
pas le moindre foupçon de fon fexe. Il entra
dans le couvent avec liberté , pendant deux
jours, qui lui donnèrent le tems non-feulement
d'obferver les plus jolies perfonnes , mais de lier
connoiffance avec quelques-unes d'entr'elles. Je
n'aurois jamais penfé néanmoins qu'il eût été ca-

pable d'y prendre de la paffion. Outre qu'il avoir
mal réuffi à copier les manières françoifes, il
étoit naturellement férieux ; & je croyois toujours
fon cœur en Turquie par fouvenir & par inclination. Sa figure étoit pourtant fort revenante ;
& l'air turc, qu'il confervoit, ne faifoit point
déshonneur à fa nation. Après qu'Amulem &
lui eurent fait de tendres adieux à Nadine, nous
retournâmes chez ma fille. Nous prefsâmes tellement nos équipages, qu'en quatre jours tout
fut prêt pour le départ. La veille même du
jour marqué, Muleid déclara à fon père qu'il
fe trouvoit fi mal, qu'il n'étoit point en état
d'entreprendre le voyage.

Il fe plaignit d'un air fi naturel, qu'il nous
perfuada facilement de fa maladie. On fit appeler le médecin, qui n'en découvrit point les fimp-
tômes ; mais la principale foi étant dûe au malade,
nous doutâmes fi peu de fon incommodité, que
nous différâmes notre départ pour attendre fa
guérifon. Ce n'étoit néanmoins qu'un artifice,
pour fe procurer le moyen de fatisfaire fon cœur.
Il étoit devenu réellement amoureux d'une jeune
demoifelle de quinze ou feize ans, qui s'appelloit Thérèfe : je ne la nommerai ici que par
fon nom de baptême, pour ménager fa famille,
à qui cette aventure a caufé beaucoup de chagrin.
J'ignore ce qu'il avoit pu fe promettre d'elle ;

au commencement de son amour ; car il y avoit
peu d'apparence qu'une jeune fille, qui avoit été
élevée dans un couvent depuis son enfance, prêtât
facilement l'oreille à un amant d'une religion &
d'un pays différens. Il avoit fait fond sans doute
sur le secours de Nadine, à qui il s'étoit déjà
ouvert en confidence. Enfin, la maladie de Muleid
étoit son premier amour, c'est-à-dire, un amour
violent. Il nous le déguisa pendant huit jours
avec beaucoup d'adresse, sous le nom de colique,
de maux de tête & d'estomac. Un soir, qu'il
avoit fait semblant de s'aller coucher de bonne
heure, en se plaignant plus qu'à l'ordinaire, j'envoyai, avant que de me mettre au lit, pour être
informé de son état ; mon valet de chambre revint
me dire qu'il n'étoit point chez lui. Je le renvoyai
s'instruire mieux de ce qui pouvoit être arrivé. Il
apprit, après quelques recherches, que Muleid
étoit sorti secrètement ; qu'il avoit fait seller deux
chevaux, & qu'il étoit parti avec un laquais françois
de ma fille. Cette nouvelle m'obligea d'aller trouver
sur le champ son père. Il en fut aussi surpris que
moi, & personne ne put s'imaginer dans la maison
quelle étoit la raison de son départ.

Il se passa quelques semaines, avant que nous
pussions avoir les moindres lumières sur ce qu'il
étoit devenu. Nous le fîmes chercher de toutes
parts. Amulem n'avoit que ce fils ; sa tendresse &

son inquiétude pour lui le rendirent malade.
J'envoyai dans tous les lieux, où je l'avois mené
depuis son arrivée en France ; j'envoyai même en
Hollande, où nous avions demeuré quelques mois
ensemble. Tous .mes soins furent inutiles. Il y
avoit déjà plus d'un mois que nous étions dans cet
embarras, lorsque je reçus une lettre de la supérieure du couvent où j'avois mis Nadine. Elle me
marquoit que M. le marquis de.... fils de M. le
duc de.... étoit venu deux ou trois fois voir ma
nièce, sans se faire connoître ; qu'elle n'avoit pas
fait difficulté de lui en accorder la permission ;
mais que ses visites devenant plus fréquentes , elle
s'étoit informée de son nom ; qu'il avoit refusé de
le dire ; qu'elle l'avoit appris d'ailleurs malgré lui ,
& que s'imaginant que ce n'étoit pas sans quelque
raison d'amour qu'il revenoit si souvent, elle vouloit
savoir de moi quelle conduite je souhaitois qu'elle
tînt à son égard.

Je ne pouvois m'imaginer par quel moyen la
demeure de ma nièce étoit venue à la connoissance
du marquis. Je savois que son père l'avoit mené à
Paris , & je ne doutois presque nullement que la
vue de la cour & le tumulte des plaisirs ne lui
fissent perdre le souvenir de Nadine. En attendant
que je pusse délibérer à loisir sur ce nouveau contre-
tems, j'écrivis toujours à la supérieure , que s'il
continuoit ses visites, je la priois de lui répondre

honnêtement, qu'elle ne pouvoit accorder à fes penfionnaires la liberté d'en recevoir fi fouvent. Enfin, comme je ne pouvois m'ôter de l'efprit que Muleid étoit à Paris, je pris cette occafion de l'y aller chercher moi-même, avec deffein de voir en même tems le marquis, pour tâcher encore une fois de lui infpirer un peu plus de modération. Je ne différai point à partir. Je rendis ma première vifite au duc. J'aurois pu le prier d'employer fon autorité, pour arrêter les amoureufes pourfuites du marquis ; mais deux raifons m'en empêchoient. L'une étoit la crainte de caufer trop de chagrin au jeune amant, s'il apprenoit que je l'euffe expofé aux févères réprimandes de fon père ; & l'autre, qui n'étoit guère moins forte, étoit l'opinion que je n'avois que trop de fujet d'avoir des fentimens du duc fur cet article. Je n'avois pas attendu fi tard à lui en parler d'une manière férieufe ; mais puifque je fais profeffion de fincérité dans ces mémoires, je ne cacherai point que je n'avois point été fatisfait de fes réponfes. Il avoit toujours pris la chofe, en homme infiniment au-deffus de toutet mes craintes. Il ne voyoit dans l'attachement de fon fils, qu'une galanterie de jeuneffe, qui fervoit à l'amufer. S'il y trouvoit quelque péril, ce n'étoit fans doute que pour ma nièce. La haute naiffance du marquis lui paroiffoit un préfervatif contre la foi & la durée de tous les engagemens. J'avois

donc peu de fond à faire sur son secours ; aussi ne
lui en parlai-je pas le moins du monde. En la
quittant, je passai dans l'appartement du marquis,
& je me crus encore en droit d'en user assez
familièrement pour entrer sans le faire avertir. Je
laisse au lecteur à juger quel fut mon étonnement,
lorsqu'en ouvrant la porte, j'apperçus Muleid qui
jouoit au trictrac avec lui. Ils furent tous deux
aussi interdits que moi. Cependant je pris un air
riant, pour leur dire que je me tenois fort heureux
de trouver ainsi, sans m'y attendre, mon cher fils
& mon neveu. Le marquis vint m'embrasser avec
ardeur. Muleid parut plus embarrassé. Je lui fis
quelques tendres reproches, de l'inquiétude où il
avoit jeté son père & toute la famille. Il s'excusa
assez mal, sur ce que le marquis l'avoit tenu si
occupé de plaisirs, qu'il n'avoit pu trouver un
moment pour nous écrire. Je lui demandai s'il
étoit guéri parfaitement, & s'il seroit bientôt en
état d'entreprendre le voyage d'Asie. Il me pria
de lui laisser prendre encore quelque tems l'air de
Paris, dont il me dit qu'il se trouvoit bien. Je ne
pus lui refuser cette faveur. Je le priai seulement
d'écrire quelquefois à son père, & de ménager sa
santé. Je dînai avec eux à l'hôtel. Après le dîner,
ayant tiré le marquis à l'écart, je lui dis que la
supérieure du couvent où étoit ma nièce, se
plaignoit de ce qu'il lui avoit fait violer plus d'une

fois fa règle ; qu'il ne lui étoit pas permis d'admettre
les jeunes gens qui venoient vifiter fes penfionnaires ; qu'elle l'avoit reçu d'abord , en faveur
de fon nom , qu'il avoit tâché inutilement de
cacher ; mais qu'elle étoit bien réfolue , dans la
fuite, d'obferver un peu plus fcrupuleufement fes
devoirs. Il comprit aifément ce que je voulois lui
faire entendre par ce détour. Comme fon deſſein
étoit déjà concerté avec Muleid , il me répondit
d'un air de fincérité, dont je fus la dupe, qu'il feroit
au défefpoir de chagriner la fupérieure ; & qu'il me
promettoit , ou de ne plus aller voir ma nièce, ou
d'y aller fi rarement, que les règles les plus févères
n'en feroient point bleſſées. Je paſſai le reſte du
jour avec lui & mon neveu ; & n'ayant rien qui
pût me retenir à Paris, j'en partis le lendemain pour
aller rendre une vifite à ma nièce.

Je demandai à parler d'abord à la fupérieure.
Elle me raconta ce qui s'étoit paſſé dans les vifites du marquis, ou du moins ce qu'elle en
avoit appris de la religieufe qui avoit accompagné Nadine , fuivant la coutume des couvens. Il
n'y étoit rien arrivé , me dit-elle en langage de
cloître, qui pût ternir du moindre fouffle le
miroir de la pudeur. Mais cette bonne fupérieure
ignoroit que fa religieufe étoit une infidelle,
qui la trahiſſoit, après s'être laiſſée gagner par
l'adreſſe du marquis. Elle me dit enfuite que

mon autre nièce étoit une fort aimable perfonne ;
& que toutes les fois qu'elle venoit au couvent ,
elle y étoit reçue de toute la communauté avec
beaucoup de fatisfaction. De quelle nièce parlez-
vous, ma mère, lui dis - je avec furprife ? Hé,
de votre autre nièce, reprit - elle, que vous
amenâtes ici avec celle qui nous eft reftée. Oui,
continua-t-elle, c'eft une jeune demoifelle d'un
mérite infini. Quoiqu'elle ait encore quelque chofe
d'étranger dans les manières, elle eft d'une douceur & d'un efprit qui lui ont gagné le cœur
de toutes nos fœurs, & fur-tout d'une de nos
petites penfionnaires, qui n'eft jamais fi contente
que lorfqu'elle la voit ici. Ce difcours étoit trop
clair pour me paroître obfcur. Malgré le chagrin qu'il me caufa, je ne pus m'empêcher de
rire de la crédulité de ces bonnes religieufes ,
qui continuoient de prendre Muleid pour une
fille : car je ne pouvois pas douter que ce ne
fût lui qui les eût ainfi trompées, fous le nom de
ma nièce. J'eus de l'embarras à répondre. Cependant je me déterminai à la remercier, en général , des fentimens de fa communauté pour
tout ce qui m'appartenoit ; & après lui avoir
recommandé de ne plus laiſſer voir Nadine au
marquis, je lui fis part de quelques bonnes réflexions, fur la néceffité de veiller de près à la
conduite de toutes fes penfionnaires. La vifite
que

que je fis à Nadine, fut courte. Je brûlois d'envie de retourner chez ma fille, pour finir l'inquiétude d'Amulem, & pour lui communiquer
ce que je favois de Muleid. Ce qui me fit peine,
ce fut de lui trouver, par rapport à la petite
penfionnaire dont je jugeois que fon fils étoit
amoureux, les mêmes fentimens à-peu-près que
le duc de..... avoit par rapport à ma nièce ; c'eſt-
à-dire qu'Amulem, charmé d'avoir retrouvé fon
fils, fe mit à rire de fon amour, & ne put s'empêcher même de me dire qu'il lui fouhaitoit un
heureux fuccès. Vous allez bien vîte, lui dis-je,
& vous vous imaginez être à Amafie. D'ailleurs,
quel fuccès pouvez - vous ici fouhaiter à votre
fils, qui ne foit contraire à vos propres defirs ?
Croyez - vous qu'il puiffe obtenir quelque chofe
d'une fille françoife, fans devenir auparavant bon
chrétien ? Qu'il le devienne, à la bonne heure ,
devenez - le vous - même, & faites apporter vos
biens d'Afie en France. Nous réuffirons peut-être,
après cela, à rendre Muleid heureux. Non, me
répondit Amulem : je vous ai dit mille fois que
je ne quitterai point ma religion, bonne ou
mauvaife, & que je ne fouffrirai pas non plus
que Muleid la quitte ; mais s'il pouvoit engager fa petite maitreffe à nous fuivre en Afie,
nous la ferions turque. C'eſt ce qu'il ne fau. pas
que vous efpériez, repris-je. Mon neveu s'ex-

poferoit même beaucoup à l'entreprendre ;
fi vous me croyez capable de vous donner
bon confeil , vous lui ordonnerez de qui
promptement Paris. Je le fis entrer à la fin d
mon fentiment. Il écrivit à Muleid de nous ve
rejoindre auffitôt qu'il auroit reçu fa lettre ; n
nous eûmes lieu de reconnoitre que l'autorité
ternelle n'eft pas plus refpectée chez les tur
que parmi quantité de jeunes françois.

Le marquis & Muleid avoien t formé le p
étrange deffein qu'on puiffe s'imaginer ; c'é
d'enlever chacun leur maitreffe , & de s'en
enfemble en Turquie. Mon neveu avoit f
doute été l'inventeur de ce glorieux projet ;
il étoit allé chez le marquis en quittant la n
fon de ma fille , & il avoit commencé par
apprendre le lieu où demeuroit fa fœur. Ils étoi
convenus de s'aider mutuellement dans le
amours. Muleid avoit loué une chambre à Pai
& s'étant pourvu d'habits de fille , il avoit
au couvent de Nadine autant de fois qu'il l'av
voulu : il s'étoit fait connoître à mademoife
Thérefe , par le fecours de ma nièce , & il av
fort avancé fes affaires en peu de tems. C'é
hui qui s'étoit chargé de leur faire la propofit
d'aller en Turquie ; car quoique le marquis
rendu plufieurs vifites à Nadine , il n'avoit
toujours eu le plaifir de l'entretenir libreme

C'étoit depuis peu, qu'il avoit eu l'adreſſe de ſéduire la ſurveillante ; il l'avoit gagnée juſqu'au
point de l'engager à les ſuivre hors de ſon couvent. Ils alloient donc ainſi tour à tour voir leurs
maitreſſes ; celui qui étoit de jour, portoit une
lettre de l'abſent, & lui rapportoit la réponſe.
Mademoiſelle Théreſe étoit une petite étourdie,
qui avoit plus de charmes qu'il n'en faut pour
faire deux filles aimables ; je ne ſais ſi elle avoit
entendu parler du harem, mais il ne parut point
dans la ſuite, que cette idée l'épouvantât. Elle
entra de tout ſon cœur dans le deſſein du voyage
d'Amaſie, & ſon affection pour Muleid ne cédoit
rien à celle de Nadine pour le marquis.

Telle étoit la ſituation de leurs affaires, lorſque mon neveu reçut la lettre de ſon père. Le
ſeul effet qu'elle produiſit, fut de leur faire hâter l'exécution de leur deſſein. Ils prirent des meſures fort juſtes, pour ſe procurer des valets
fidelles, des échelles, des chaiſes de poſte, & tout
ce qui étoit néceſſaire pour l'enlèvement. Muleid
ne manquoit point d'argent, & le marquis avoit
recueilli de ſon côté la meilleure ſomme qu'il
avoit pu. Ils ſe rendirent au couvent, la nuit
dont ils étoient convenus, & ils enlevèrent leurs
maitreſſes par-deſſus les murs du jardin, avec la
religieuſe qui s'attachoit à leur fortune. On s'ap-
erçut le lendemain de leur évaſion. Comme le

G ij

couvent eft dans une campagne, & que la fupérieure manquoit de monde pour les faire fuivre, elle fe contenta de faire prendre la pofte
à deux domeftiques ; l'un pour aller donner avis
de cet accident au père de mademoifelle Thérèfe, & l'autre, pour m'apporter la même nouvelle. Ce trifte meffage me fut annoncé après-
midi. On ne m'apprit point le nom des auteurs
de l'enlèvement ; mais je n'eus pas befoin d'efforts pour me l'imaginer. Je me doutai même
tout d'un coup, que puifque le marquis & mon
neveu en étoient venus à cette violence, c'étoit
pour quitter le royaume, & peut-être pour prendre le chemin de la Turquie. Comme il n'étoit
pas croyable qu'ils euffent voulu rifquer de traverfer toute la France, pour aller s'embarquer
à Marfeille, je me figurai qu'ils auroient pris la
route d'Allemagne. Cette penfée me fit efpérer
de pouvoir les rejoindre, parce que la terre de
ma fille, comme je l'ai dit plufieurs fois, eft
vers la frontière. Cependant, comme ils euffent
pu prendre auffi le parti de paffer en Angleterre, j'envoyai à Calais & dans les autres ports,
quelques perfonnes fages, que je fis partir en
diligence. Je montai moi-même à cheval, fans
perdre un moment, & je gagnai bientôt le
grand chemin de la pofte d'Allemagne.

J'avois avec moi, trois hommes bien armés.

Ayant pris langue à la première poste, je fus qu'il étoit passé, environ trois heures auparavant, deux chaises suivies de quatre hommes, mais qu'elles ne trouvoient pas toujours autant de chevaux qu'il étoit néceffaire. Je conçus que mes jeunes gens n'avoient pas eu la précaution de se faire préparer des relais, & je formai l'efpérance de les rejoindre avant la fin du jour. Cependant, s'étant apperçus eux - mêmes de la faute qu'ils avoient faite, ils y fuppléèrent vers la frontière, en forçant toujours leurs guides de faire double poste avec les mêmes chevaux. Ils gagnèrent par-là, non - feulement d'avancer fort vîte, mais encore de retarder ma courfe, parce qu'il arriva dans quelques endroits, que les chevaux me manquèrent à moi-même. Il me fut donc impoffible de les joindre avant la nuit. Mais s'étant arrêtés, pour en paffer une partie à Mons, qui eft la première ville des états de l'empereur, j'y entrai le lendemain avant leur départ. Quoique je duffe peut-être appréhender quelque chofe, de la réfolution de deux jeunes gens fi entreprenans, je ne voulus point caufer au marquis le chagrin de fe voir arrêter par d'autres mains que les miennes. Ainfi, fans prendre de fecours, comme il m'auroit été facile, j'allai defcendre avec mes trois hommes, dans l'hôtellerie même où ils étoient logés.

G iij

On me dit qu'ils n'étoint point encore le
Quoiqu'ils fuſſent quatre, je tremblois de crai
qu'ils n'euſſent occupé que deux lits. Je m'en
formai adroitement. On me répondit, que
des jeunes meſſieurs étoit avec une des den
ſelles, mais que les deux autres étoient cha
dans une chambre ſéparée. Hélas! diſois-je
moi-même, eſt-ce ma nièce? Elle a été mari
en auroit-elle eu moins de modeſtie? Je me
conduire au haſard, vers la chambre de c
qui avoit couché ſeule. Je fus charmé d'app
cevoir en entrant, les derniers habits que j'a
vu porter à Nadine. Graces au ciel! m'écriai
elle a du moins un reſte de vertu & de pud
Comme elle avoit eu ſoin le ſoir, de faire
mer ſa porte avec la clef par l'hôteſſe, elle
effrayée, en s'éveillant, d'appercevoir un hom
J'approchai de ſon lit, & je la priai doucement
ne pas s'épouvanter. Elle ne m'eut pas plu
reconnu, qu'elle s'évanouit. Lorſqu'elle fut un
revenue, elle ſe leva, ſans que je puſſe l'arrêter
elle ſe jeta à mes genoux en fondant en larmes. J
relevai malgré elle, & je l'obligeai de ſe recouch
elle ne prononçoit pas une ſeule parole.

Je pris ſes mains avec beaucoup de douc
J'obſervois de ne la pas regarder, de peur de
déconcerter trop. Ah! ma chère nièce, lui diſ
eſt-il bien vrai que je vous retrouve à Mons

pouvoir d'un jeune homme qui n'eſt pas votre mari! Eſt-ce un charme, ou un poiſon, qui vous a fait oublier votre devoir? Qu'avez-vous fait! Qu'allez-vous devenir! Expliquez-moi du moins quels ſont vos deſſeins. Ah! ſi vous pouviez en avoir d'innocens, vous ne les auriez pas cachés à votre père, ni à moi; vous ne vous ſeriez pas ſauvée la nuit par-deſſus les murs d'un couvent; vous ne ſeriez pas maintenant dans une auberge, abandonnée à tous les deſirs d'un homme qui a perdu de vue, comme vous, la vertu & la ſageſſe. Où eſt-il? dites-moi. Que je crains bien qu'il n'ait déjà paſſé la nuit avec vous!

Ce ſoupçon, que je montrois exprès, lui fit enfin ouvrir la bouche. J'avoue, me dit-elle en pleurant, que j'ai fait la plus grande de toutes les fautes; mais c'eſt ſeulement en conſentant à ſuivre M. le marquis, car je prie Dieu de m'accabler de tous ſes châtimens, ſi j'ai ſouffert la moindre choſe qui bleſſe la pudeur. Que pouvois-je faire, ajouta-t-elle en redoublant ſes larmes? Vous ne ſavez que trop que je l'aime; il m'a promis de m'épouſer, & de venir paſſer ſa vie avec moi dans notre maiſon d'Amaſie. Eſt-il poſſible, répliquai-je, qu'avec autant d'eſprit que vous en avez, vous n'ayez pas reconnu la témérité d'une telle promeſſe? Quelle apparence y avoit-il qu'il pût être ſincère, lorſqu'il s'engageoit à une choſe qu'il ne ſauroit tenir?

G iv

Avez-vous oublié ce qu'il eſt né, & juſqu'où
crédit de ſon père peut s'étendre ? Mais quan
vous auriez pu vous promettre de traverſer tou
l'Allemagne ſans être pourſuivie & arrêtée, quel
aſſurance aviez-vous qu'il ne vous eût pas aba
donnée en Turquie même, lorſqu'il auroit obter
de vous les faveurs qui guériſſent bientôt l'amou
Ah ! ſi vous ſaviez, interrompit-elle, avec quel
tendreſſe il m'aime, vous n'auriez pas de lui ce
idée-là. Je ſuis ſûre qu'il perdroit la vie pour m
Allez, lui dis-je, vous êtes une jeune imprudent
qui ignorez encore la ſéduction dont les amans
vent uſer. Préparez-vous promptement à retour
en France avec moi, & remerciez le ciel, qui n'a
permis que vous ſoyez tombée tout-à-fait dans
précipice. Je lui demandai ſi le marquis ne lui av
pas fait inſtance pour paſſer la nuit avec elle ; e
me répondit ingénument qu'il lui en avoit fait
propoſition, mais qu'il n'avoit pas inſiſté, ap
la déclaration qu'elle lui avoit faite de n'y c
ſentir jamais avant leur mariage. Et mademoiſ
Thérèſe, repris-je, a-t-elle été auſſi délicate a
votre frère ? Je ne ſais pas, me dit-elle, je c
qu'ils ſont enſemble dans la même cham
Pendant que nous parlions ainſi, & que ma be
commençoit à la raſſurer ; j'entendis la voix
marquis, qui appeloit ſon valet de chambre. I
faiſoit que s'éveiller, bien éloigné ſans doute

me croire ſi près de lui. J'ordonnai à ma nièce de s'habiller. Tandis qu'elle ſe levoit, j'apperçus la reli-gieuſe qui l'avoit ſuivie, & qui avoit couché cette nuit à ſon côté, mais qui s'étoit cachée juſqu'alors dans les draps, pour ſe dérober à mes yeux. Je lui fis quelques vifs reproches de ſa mauvaiſe conduite, & de la part qu'elle avoit eue à une ſi mépriſable action. Elle ne me répondit rien.

Tout ce que je viens de raconter n'étoit que le prélude d'une ſcène plus digne d'attention: Le marquis, ayant appelé ſon valet de chambre, fut ſurpris d'apprendre de lui que j'étois dans la maiſon. Ce n'eſt pas que ce garçon m'eût vu entrer; mais il avoit parlé ſans doute à mes gens, à qui je n'avois eu nulle raiſon de recommander le ſilence. A peine ma nièce étoit-elle habillée, que le jeune amant ſe préſenta à la porte de ſa chambre, avec un viſage ſi conſterné, que ſa triſteſſe devoit être extrême, s'il étoit l'image de ſon ame. Il vint néanmoins droit à moi : Je me rends juſtice, Mon-ſieur, me dit-il. Je ſuis coupable, je l'avoue. Mais ſi vous ne pardonnez pas cette faute à la violence d'une paſſion dont je ne ſuis pas le maître, il faut que vous m'ôtiez la vie ſans pitié. N'eſpérez pas m'arracher votre nièce, ſans m'avoir auparavant percé le cœur. Je défendrai, juſqu'au dernier ſoupir, les droits que ſa bonté m'a donnés ſur elle. Mon cher marquis, lui répondis-je d'un ton paifible, ce n'eft point dans une auberge, ni en vous perçant le cœur, que je veux vous les difputer. Votre raifon & votre générofité feront mes plus fortes armes. Je ne m'étonne point de l'excès où vous vous êtes laiffé emporter par l'amour ; je connois de longue main votre viva- cité. Mais je ne connois pas moins la bonté & l'honnêteté de votre naturel ; ce font des fentimens que vous pouvez bien perdre de vue pour un moment, mais que vous ne fauriez éteindre. Croyez-moi, retournons tranquillement en France. Si vous ne pouvez vaincre votre paffion, c'eft en fléchiffant monfieur votre père, que vous devez nous faire voir qu'elle eft toute-puiffante, & qu'elle vous rend capable de tout. Obtenez, s'il eft poffible, ma nièce par cette voie ; c'eft la feule qui foit digne de vous, d'elle & de moi. Il ne répliqua pas un feul mot. Il demeura appuyé fur le dos d'une chaife, les yeux baiffés, comme s'il eût médité profondément. Je le pris par la main, & je le priai de m'accompagner à la chambre de Muleid. Il fe laiffa emmener fans réfiftance.

Muleid étoit inftruit auffi de mon arrivée ; & il penfa m'échapper par une fubtilité dont je ne l'aurois pas cru capable. Ayant appris que j'étois dans la chambre de fa fœur, il avoit donné ordre qu'on mît promptement les chevaux à fa chaife de pofte, pendant qu'il s'habilloit ; de forte que fi

j'eusse tardé un peu plus long-tems à le venir voir,
je ne l'aurois plus trouvé, ni lui, ni sa maitresse.
Ma présence le déconcerta donc extrêmement. Il
attendit que je m'expliquasse le premier. Je lui
dis en peu de mots, que son père étoit si mal
satisfait de sa conduite, que je ne savois pas trop
bien comment il feroit sa paix avec lui ; que je
ne lui conseillois pas d'ailleurs de remettre le
pied en France, s'il ne vouloit y être exposé à de
très-dangereuses affaires ; qu'un turc, qui s'avise
d'enlever une fille chrétienne dans un couvent, se
réconcilie difficilement avec la justice ; enfin, que
s'il me croyoit, il laisseroit retourner mademoiselle
Thérèse avec nous, & qu'il attendroit son père
à Mons. Cette petite personne, que je n'avois
point encore vue, mais qui me parut alors extrêmement jolie, prit avec beaucoup de feu la parole
pour son amant : elle me répondit que ce que je
disois de la sévérité de la justice étoit vrai, quand
une demoiselle étoit enlevée malgré elle ; mais
qu'il n'en étoit pas de même à son égard ; qu'elle
avouoit que c'étoit de son gré que Muleid l'avoit
enlevée ; & que loin de retourner en France elle
ne vouloit jamais se séparer de lui un seul moment.
Hé bien, lui dis-je, ma belle enfant, vous demeurerez avec lui. Je n'ai pas droit ici de vous faire
violence. Mais je vous apprends néanmoins que
vous ne sortirez pas de Mons, que votre famille

ne vous ait accordé fon confentement. Je vais prier monfieur le gouverneur de vous configner aux portes de la ville. Elle me répliqua d'un petit ton déjà à demi-turc, que j'étois le maître de l'arrêter à Mons, mais qu'elle me défioit de lui faire quitter Muleid. Pour lui, il fe contenta de me dire, qu'étant forti heureufement de France & n'ayant pas deffein d'y retourner, il en redoutoit peu les loix; & qu'à l'égard de fon père, pour lequel il n'avoit jamais manqué de refpect, il efpéroit qu'il ne lui feroit point un crime d'une paffion amou-reufe. Je les priai tous de fe rendre avec moi, dans la chambre de ma nièce. J'y fis apporter à déjeû-ner. Muleid & mademoifelle Thérèfe mangèrent de très-bon appétit. Le marquis & Nadine ne touchèrent à rien. Ils fe regardoient d'un air trifte & languiffant, comme deux victimes deftinées au facrifice. J'étois attendri de leurs peines, & j'aurois fouhaité de pouvoir les rendre heureux au prix de mon fang; mais c'étoit une chofe abfolument impoffible. Je fus furpris de ne pas voir la religieufe avec nous. Je la fis appeler. On me dit qu'elle étoit fortie de l'hôtellerie. J'eus d'abord un foupçon qui fe trouva jufte. La crainte que je ne la fiffe arrêter & reconduire à fon couvent, l'avoit fait fuir pour affurer fa liberté. Je ne me crus point obligé de la faire chercher, ni en droit de lui faire la moindre violence.

Lorſque nous eûmes achevé de déjeûner, je fis cette propoſition à mademoiſelle Thérèſe : Comme je ne puis vous laiſſer partir avec mon neveu ſans le conſentement de vos parens, voyez, lui dis-je, Mademoiſelle, lequel vous choiſirez de ces deux partis, ou d'être conſignée aux portes de la ville juſqu'à ce que votre famille ſoit informée du lieu où vous êtes, ou, ce qui vous ſeroit plus honorable, d'entrer pour quelque tems dans un couvent de cette ville. Elle me répondit, que pour éviter une conſignation publique, elle entreroit volontiers pour quelques jours dans un couvent ; mais qu'elle craignoit qu'on ne l'y retînt enſuite malgré elle. Muleid, d'ailleurs, n'étoit nullement pour le couvent. J'avois eſpéré néanmoins qu'elle pourroit tourner de ce côté-là ; car l'autre parti étoit une extrémité, pour laquelle j'avois de la répugnance. Je pris Muleid en particulier ; ſi vous voulez, lui dis-je, m'engager votre parole que vous ne quitterez point Mons avec votre maitreſſe avant que d'avoir reçu de mes nouvelles, je vous laiſſerai ici tous deux en liberté, juſqu'à ce que je puiſſe, ou revenir moi-même, ou vous écrire. Quoique je parlaſſe fort bas dans la même chambre, mademoiſelle Thérèſe, qui prêtoit l'oreille à tout, entendit une partie de mon diſcours ; elle ſe preſſa de répondre

d'un air fort affuré, que fi je voulois me con-
tenter de fa parole, elle me promettoit de ne
point fortir de Mons jufqu'à nouvel ordre:
qu'elle étoit fort en repos du côté de fa famille,
parce qu'elle étoit bien fûre qu'on ne pouvoit
l'ôter à Muleid, qui étoit fon mari, & avec qui,
ajouta-t-elle, elle avoit déja paffé une nuit comme
fa femme. J'admirai la vivacité de cette petite
créature, & j'eus peine à me perfuader qu'elle fût
jamais un meuble bien tranquille dans un férail.
Je crus néanmoins avoir affez fait pour elle, en
prenant cette précaution. Je me contentai de répéter à Muleid, que je pouvois l'affurer de l'indignation de fon père, s'il manquoit à fa promeffe.

Je m'imaginois, après cela, qu'il ne me reftoit
plus qu'à partir avec le marquis & ma nièce;
mais l'ouvrage le plus férieux & le plus difficile
reftoit encore à faire. J'avois ordonné que nos
chevaux & la chaife fuffent prêts pour partir à
midi, dans le deffein d'arriver le foir chez ma
fille; ce qui eft aifé en courant la pofte. Lorfqu'on vint avertir que les chevaux attendoient,
& que j'invitai le marquis à defcendre, je fus
furpris de le voir demeurer affis fur fa chaife,
& baiffer les yeux fans me répondre. Je renou-
velai ma prière, & je me levai moi-même pour
lui montrer le chemin. Arrêtez, Monfieur, me
dit-il, arrêtez. Avez-vous cru que je puiffe perdre

fi facilement l'efpérance d'être à votre nièce, &
qu'après avoir tout rifqué pour elle, je me prive
ainfi tout d'un coup du fruit de mes peines, ou,
fi vous le voulez, du fruit de mes fautes ? Non,
non ; vous pouvez prendre ma vie, que je ne
veux pas défendre contre vous, mais vous ne
m'enleverez pas aifément le tréfor de mon cœur.
Ecoutez-moi bien, Monfieur, ajouta-t-il, je fais
ferment devant ma chère Nadine, de ne l'abandonner que par la mort. Je lui répondis en
foutiant, que le vent diffipe les fermens amoureux dans l'air, & que Jupiter les compte pour
rien. Venez, ma nièce, continuai-je en parlant
à Nadine ; M. le marquis ne refufera pas du
moins de vous fuivre. Voyant que je la prenois
par la main pour la conduire dehors, il me
repouffa fi violemment, que je faillis de tomber ;
& l'enlevant entre fes bras, il s'affit fur une chaife,
où il la tenoit fur fes genoux. Elle fe mit à
pleurer ; & lui, comme fi la vue de fes larmes
eût redoublé fa furie, fe mit à m'accabler de
reproches durs & piquans. Il me traita d'homme
barbare & de cœur fans amitié, qui lui avoit
toujours prêché une morale contraire à ma propre
pratique. Il me dit qu'outre cent témoignages
qu'il avoit de ma dureté, il fe fouvenoit toujours de l'air fec & railleur avec lequel je lui
avois parlé de fa paffion, lorfque j'avois renoncé

à vivre avec lui ; qu'il ne l'oublieroit jamais ; que
je me trompois fort fi je le prenois pour un
enfant, ou fi je continuois de me regarder comme
une perfonne qui avoit de l'autorité fur lui ; que
le règne de ma férule étoit paffé ; que je me
flattois, auffi mal-à-propos, d'avoir quelque empire fur ma nièce ; que fon père vivant encore,
elle n'avoit point de compte à me rendre de fa
conduite ; qu'elle avoit été mariée ; que je l'avois
déjà traitée affez cruellement, en la mariant avec
M. de B...... malgré fes pleurs & fa répugnance,
& qu'elle devoit me regarder plutôt comme fon
tyran, que comme fon oncle.

J'écoutai ces invectives avec patience. Ma
nièce, qui fentit néanmoins qu'elles pouvoient
m'offenfer, fe dégagea de fes bras, pour me demander pardon en fe jettant à mes genoux. Je
lui dis que fi elle confervoit pour moi un peu
plus de refpect que le marquis, il falloit me le
marquer, en me fuivant fans différer ; elle m'affura qu'elle étoit prête à me fuivre. Mais ce fut
alors que ne fe poffédant plus, il vint la reprendre
une feconde fois, en jurant effroyablement qu'il
fauroit bien la défendre, & contre elle - même
& contre moi. Je fus épouvanté de fon action.
Je ne voyois guère d'autre remède à cette
furie, que la douceur ; car il n'étoit point
queftion de fe battre, & encore moins d'appeller

ler un fecours étranger. Je n'étois pas même affuré que j'euffe pu l'obtenir, dans une ville qui n'eft pas foumife à la France, & où les mariages clandeftins ne font point contraires aux loix : ajoutez que c'étoit le plus fenfible outrage que je puffe faire au marquis. Je ne m'arrêtai donc pas un moment à cette penfée. Il a le cœur excellent, difois-je en moi-même; ne défefpérons de rien. Il y a toujours de la reffource avec les bons naturels.

Tandis que je faifois ces réflexions, il adreffoit mille chofes touchantes à ma nièce. Vous confentez donc à m'abandonner, lui difoit-il! Vous voulez me ravir une occafion d'être à vous, que je ne retrouverai jamais! O Dieu! fur quoi faut il compter, fi vous oubliez ainfi tous vos fermens? Ne m'avez-vous pas juré que la vue même de la mort ne vous empêcheroit point de vous donner à moi? Quelle opinion voulez-vous que j'aie de votre conftance? Comment puis-je croire que vous ferez plus fidelle à m'aimer, que vous ne l'êtes à me fuivre? Vous me trahiffez, je le vois trop bien. Peut-être fouhaitez-vous ma mort au moment que je parle, pour avoir la liberté de retourner à votre oncle. Voilà donc tout le progrès que j'avois fait dans votre cœur. O ciel! quel prix pour tant d'amour & de fidélité!

Tome III.   H

Je l'interrompis, en le priant de me prêter un moment d'attention. Il me répondit que j'étois son ennemi, son persécuteur, & qu'il ne vouloit plus m'écouter. Je ne vous demande, lui dis-je, qu'un moment. Vous allez être convaincu, si vous voulez m'entendre, non-seulement que je vous aime, & que je ne suis point si barbare que vous pensez, mais que je souhaite sérieusement votre bonheur. Rentrons en France; je vous promets de parler de votre passion à monsieur le duc, de la manière la plus forte. Vous me dicterez vous-même mes expressions. Ce sera ensuite à vous à soutenir votre cause, & à faire valoir l'ardeur de vos sentimens. Il vous accorda, en Espagne, la liberté d'épouser dona Diana; pourquoi ne pourroit-il pas consentir à la même chose en faveur de ma nièce? Le cas n'est-il pas à-peu-près le même? Allez, faites-vous un mérite auprès de lui de votre soumission. Le cœur d'un père n'est jamais impitoyable. Au reste, vous ne devez douter ici nullement de ma sincérité. Vous avez trop d'esprit pour ne pas reconnoître que si j'avois quelque dessein de vous nuire, je n'aurois pas besoin de recourir à l'artifice. Comptez que je serois le plus fort à Mons, & qu'il ne m'est pas difficile d'y obtenir du secours, s'il faut en venir à la violence pour remettre ma nièce dans son devoir

Cette dernière expreſſion affligea Nadine. Elle me dit, en m'interrompant, que ſi elle s'étoit écartée de ſon devoir, elle étoit prête d'y rentrer. Elle s'adreſſa enſuite à ſon amant, pour lui perſuader de ſuivre mon conſeil ; & elle ajouta que ſi elle ne pouvoit le perdre ſans mourir, elle aimoit encore mieux la mort, que de manquer au devoir & à l'honneur. Je lui ſus bon gré de cette fermeté. Le marquis parut s'ébranler. Je ſaiſis ce moment, pour les prendre tous deux par la main & pour les conduire à leur chaiſe. Nous partîmes enfin de Mons, en y laiſſant Muleid & mademoiſelle Thérèſe.

Je ne ſais de quoi les deux amans s'entretinrent, pendant quelques lieues qu'ils firent enſemble dans la même chaiſe ; mais lorſque nous fûmes à l'endroit où nous devions quitter la grande route de la poſte, pour prendre celle de la maiſon de ma fille, le marquis me déclara qu'il alloit ſe ſéparer de nous & ſuivre le chemin de Paris. Je ne m'oppoſai point à cette réſolution. Vous devez être content, me dit-il, de mon obéiſſance. Je vous laiſſe votre nièce, quoique je puſſe être plus fort ici qu'à Mons, & la tirer peut-être encore une fois de vos mains. Mais je reſpecte ſes volontés, & je compte que vous m'accorderez deux choſes : la première, de ne point la remettre dans un couvent ; l'autre,

H ij

de venir me rejoindre inceſſamment à Paris, pour exécuter la parole que vous m'avez donnée. A ces deux conditions , ajouta-t-il , je vais vous demander pardon de ce qui s'eſt paſſé , & vous prier de me rendre votre amitié. Je lui promis, en l'embraſſant , de faire ce qu'il déſiroit. En effet , j'y étois réſolu. Je ne voyois plus d'autre moyen de finir cette affaire , qu'en y intéreſſant aſſez le duc ſon père , pour lui faire prendre ſoin à lui - même de régler ou de ſatisfaire la paſſion de ſon fils. Je me ſéparai de lui , avec ma nièce , pour retourner chez ma fille.

Amulem ceſſa d'être affligé de l'enlèvement de mademoiſelle Thérèſe , lorſque je lui appris qu'il avoit réuſſi heureuſement , & que ſon fils étoit hors de péril. Vous ſouvenez - vous , me dit-il , que vous m'aidâtes à en faire autant à ſon âge? Oui , lui répondis-je ; mais c'étoit pour une femme , ſur laquelle votre empereur, à qui vous l'enleviez , n'avoit pas plus de droit que vous ; au lieu que votre fils vient de ravir injuſtement le bien d'autrui, & de faire un tort ir-réparable à la famille de ſa maitreſſe. Ses parens, reprit Amulem , conſentiront peut - être à nous la laiſſer. On eſt quelquefois aſſez content de trouver l'occaſion de ſe défaire d'une fille. Vous verrez , me dit-il en riant , que le fardeau va me demeurer ſur les bras. Il penſoit plus juſte que je ne l'euſſe cru. J'écrivis par la poſte au père de mademoiſelle Thérèſe, qui étoit un bon gentilhomme de Picardie, chargé d'une nombreuſe famille. Je ne lui déguiſai rien de l'état & des diſpoſitions de ſa fille; & lui cachant ſeulement le lieu où elle étoit, je lui fis entendre, que s'il vouloit la reprendre entre ſes mains, il n'étoit pas impoſſible de la tirer de celles de ſon amant. Il me fit une longue réponſe, dont la concluſion étoit, que le malheur de ſa fille lui paroiſſant irréparable, puiſqu'elle s'étoit déja livrée à ſon amant, il étoit d'avis de la lui laiſſer; qu'il ne doutoit point qu'elle ne pût être auſſi heureuſe avec un turc qu'avec un autre homme; ou que s'il arrivoit qu'elle ne le fût pas, ce ſeroit ſon châtiment; qu'il me prioit ſeulement d'obtenir de mon beau-frère, qu'elle ne fût point gênée ſur la religion. Je fis voir cette lettre à Amulem, qui en fut fort ſatisfait. Il me promit de ne jamais permettre qu'on l'inquiétât du côté de la conſcience. L'impatience qu'il avoit de revoir ſon fils, le fit penſer auſſitôt au départ. Il s'attendoit toujours que je lui tiendrois compagnie juſqu'à Vienne; mais je lui fis comprendre que l'action de Muleid ne me le permettoit plus, & que je ne pouvois accompagner ſi long-tems un jeune homme qui enlevoit une maitreſſe, ſans que je

H iij

paruſſe être de moitié dans l'entrepriſe. Je m'engageai néanmoins à le conduire lui-même juſqu'à
Mons. Je ne lui demandai que le tems de faire
le voyage de Paris, pour répondre à l'attente & à
l'empreſſement du marquis. Avant que de partir,
je marquai à Muleid par deux mots de lettre, que
ſa maitreſſe lui étoit accordée, & qu'il pouvoit
attendre tranquillement l'arrivée de ſon père à
Mons.

Mon voyage de Paris n'étoit pas une entrepriſe
de petite importance. La ſeule penſée de m'ouvrir
de nouveau, ſur une affaire que le duc avoit rejetée
pluſieurs fois en badinant, me cauſoit de la peine
& de l'inquiétude; cependant j'étois réſolu de lui
en parler avec tant de force & d'un air ſi ſérieux,
que je l'obligerois à la regarder du même œil que
moi. J'allai trouver d'abord le marquis. Il eut beaucoup de joie de me voir. Nous touchons à l'heure
critique, lui dis-je; je vais vous ouvrir les avenues.
C'eſt à vous, après cela, de bien ménager vos
intérêts, & de ne pas vous manquer à vous-même.
Il me propoſa d'être avec moi, dans l'entretien
que j'allois avoir avec ſon père. Cela ne me parut
point à propos. Je me fis annoncer au duc.

Je fus introduit dans le moment. Après les
premières civilités, je lui expliquai naturellement
le ſujet de ma viſite. Je le priai d'abord d'être
bien perſuadé que j'avois employé, pour guérir

M. le marquis, tout ce que la fageffe, & même l'artifice, peuvent mettre en ufage. Je lui repré-fentai que fa paffion duroit depuis près d'un an, qu'elle avoit jeté des racines fi profondes, que je n'y voyois prefque plus de remède ; qu'elle m'avoit coûté un nombre infini de peines & de foins, la vie de mon neveu, & depuis un certain tems tout mon repos ; que fi ma nièce n'eût point embraffé le chriftianifme, je l'euffe infailliblement renvoyée en Turquie ; mais que j'ignorois même fi cette voie m'eût réuffi mieux, puifque le marquis avoit été capable d'y vouloir aller lui-même. Je lui appris là-deffus l'hiftoire de l'enlèvement, la fuite de fon fils avec Nadine, & fon deffein en fortant du royaume ; que j'avois été affez heureux pour l'arrêter à Mons, & pour le faire retourner en . France ; mais que je n'avois pu obtenir fon retour, qu'à condition que je viendrois folliciter en fa faveur. Ne croyez pas, Monfieur, continuai-je, qu'en lui promettant de vous entretenir de fa paffion, j'aie eu d'autres vues que de vous rendre fervice dans fa perfonne ; je fais à quel rang le ciel a borné ma nièce, & ce ne fera jamais par mes defirs qu'elle en fortira ; mais je vous prie de confidérer, que dans la médiocrité même de notre fortune, l'honneur & le repos nous font chers, & qu'après avoir fait tant d'efforts pour ramener M. le marquis au devoir, j'ai lieu d'efpérer que

H iv

vous voudrez bien y employer auſſi vos ſoins. Il
ſe prépare à venir vous parler lui-même. Ne
doutez pas qu'avec beaucoup de reſpect pour ſon
père, vous ne lui trouviez une fermeté au-deſſus
de ſon âge. Si j'oſe vous donner un conſeil, vous
prendrez la peine de préparer votre réponſe, & de
la rendre telle, qu'elle puiſſe, ou le ſatisfaire, ou le
réprimer entièrement.

Il m'écouta d'un air auſſi ſérieux, que j'avois
tâché de rendre le mien. Vous me ſurprenez, me
dit-il, en m'apprenant l'enlèvement de votre nièce
& la fuite du marquis ; je le croyois pendant ce
tems-là dans mes terres, où il m'avoit demandé
la permiſſion d'aller paſſer quelques jours. Je vois
que ſa paſſion eſt violente ; mais quelle réponſe
me conſeillez-vous de lui faire ? Je répondis, que
toutes les reſſources de ma prudence étoient
épuiſées, & que ſi j'euſſe ſu quelque nouveau
moyen de le guérir, je n'aurois pas manqué de
l'employer. Je veux le faire appeler en votre préſence, reprit-il ; & je lui dirai tout ce que le ciel
m'inſpirera. Cette confiance aux lumières du ciel
me parut d'un goût ſingulier. Il le fit appeler
effectivement. Le marquis me parut entrer d'un
air timide. Il prit néanmoins le premier la parole :
Je ne doute pas, Monſieur, dit-il à ſon père, que
vous ne ſoyez maintenant inſtruit de mes peines.
Elles ſont bien redoublées, par la crainte que j'ai

de vous en caufer peut-être à vous-même. Mais fi
le ciel ne punit que les fautes volontaires , j'efpère
que je trouverai en vous la même indulgence. Le
duc lui répondit, qu'en effet il avoit appris de moi
qu'il étoit amoureux ; qu'il n'étoit pas trop fur-
prenant qu'il le fût à fon âge ; qu'il falloit feulement
favoir un peu fe modérer, & qu'on n'en étoit pas
moins honnête homme. Le marquis ne fut point
fatisfait d'une réponfe fi peu concluante : il repartit
pourtant, d'un ton refpectueux, que la modération
étoit une vertu bien difficile avec beaucoup
d'amour, & qu'il en étoit fi peu capable, que s'il
n'eût compté fur l'affection d'un fi bon père,
il auroit déjà fuccombé à fes peines mortelles. Fort
bien, me dit le duc en fouriant ; il s'exprime d'un
air tendre & perfuafif ; je me doute qu'il parle fur
ce ton à votre nièce. Cette raillerie étoit peu du
goût du marquis. Il reprit encore : Je ne fais,
Monfieur, quelle idée vous avez de ma paffion ;
mais il eft certain que fi vous n'avez pas quelque
bonté pour moi, il eft impoffible que je vive. La
mort me fera bien moins horrible, que l'agitation
continuelle où je fuis. Si monfieur de Renoncour
vous a découvert ce qui m'eft arrivé depuis huit
jours, vous avez pu voir que ma conduite eft celle
d'un homme abfolument hors de lui-même, &
qui ne peut être confolé que par votre compaffion.
Eh bien, lui dit M. le duc, que demandez-vous

de moi ? Ah ! mon père , répliqua le marquis ,
que je demande de vous ? Monſieur de Renonco
ne vous l'a-t-il pas dit ? & ne le voyez-vous
bien vous-même ? Non , par ma foi , répondit
duc , car je vous crois trop raiſonnable pour vc
loir épouſer votre maitreſſe , & trop ami de mc
ſieur de Renoncour pour vouloir vivre avec c
ſans l'avoir épouſée. Je vous jure , continua-t-
que ſi votre belle étoit nièce ou fille de monſi
de Renoncour , qui eſt un homme de qualité ,
vous la donnerois de bon cœur pour vous ſatisfai
mais on m'a dit qu'elle n'eſt que la nièce de ſ
épouſe , & la fille d'un turc : y penſez-vous
vouloir m'allier avec Mahomet & l'alcoran ?
que je puis faire de mieux pour votre conſo
tion , ajouta-t-il en riant , c'eſt de vous conſeil
d'attendre du moins que je ſois mort. Vous ſe
le maître alors de faire une ſottiſe ; mais je
conſentirai point pendant ma vie. Telles furt
les inſpirations que M. le duc reçut du ciel.

La ſituation du marquis m'inſpiroit une vı
pitié. Je vis des larmes couler le long de
joues. Il ſe tourna vers moi. Monſieur , me dit-
vous ne dites rien en ma faveur ; ce n'eſt pas
ce que vous m'aviez promis. Je lui répond
qu'il n'avoit aucun reproche à me faire ; & c
monſieur le duc voudroit bien rendre témoignaj
que je lui avois fait une vive peinture de ſa p

son. Il se jeta aux pieds de son père : Que faut-il donc que je fasse pour vous fléchir, s'écria-t-il en soupirant, & à qui aurai-je recours, si eelui qui m'a donné la vie me refuse sa pitié ? Ces paroles furent prononcées d'un ton si tendre, que le duc, malgré l'air de plaisanterie avec lequel il avoit parlé jusqu'alors, me parut extrêmement touché. Il le fit relever en l'embrassant. Mon cher fils, lui dit-il, dans le fond ta tristesse m'afflige ; mais tu me demandes une chose impossible. Je sais que le duc de Saint.... épousa la femme de chambre de sa femme, & le maréchal de Bassompierre une femme perdue; mais quoiqu'il n'y ait nulle comparaison à faire d'elles à Nadine, leur exemple ne sauroit m'ébranler. Je t'aime néanmoins avec une tendresse infinie, & j'ai regret de ne pouvoir te satisfaire. Promets-moi que tu ne penseras plus à cette folle passion, & je suis prêt à t'accorder tout ce que tu désires. Le marquis assura que s'il n'obtenoit point Nadine, il ne désiroit que la mort. L'aime-t-elle, reprit le duc, en s'adressant à moi ? & puis, sans attendre ma réponse, il se tourna vers son fils, comme s'il eût eu quelque chose de favorable à inférer de-là ; si elle t'aime, lui dit-il, elle consentira à tout pour être à toi. Epouse-la en secret pour quelques années, à condition qu'elle entrera dans un couvent lorsque je jugerai à propos de te marier dans les formes. Je ne pus m'empêcher de faire entendre férieufement à monfieur le duc, qu'une raillerie de cette nature ne convenoit, ni à l'honneur du marquis, ni à la vertu de ma nièce. Il avoit ce jour-là tant d'inclination pour la raillerie, qu'il m'en fit une à moi-même fur mes scrupules.

Cependant, pour terminer notre principale affaire d'une manière qui pût affurer mon repos, je dis au marquis : vous voyez, Monfieur, que j'ai rempli mon engagement. Je fuis venu à Paris, j'ai expliqué toute l'ardeur de votre paffion à monfieur le duc ; il ne dépend point de moi que vous foyez plus heureux : c'eft la faute de la fortune, qui vous a fait naître trop grand. Je compte donc que vous allez travailler à devenir tranquille. Nous le ferons auffi beaucoup davantage ; car vous n'ignorez pas que les paffions d'une jeune femme, telle que ma nièce, caufent de grands dérangemens dans une famille.

Je pris congé du duc & de lui, & je fortis de la chambre. Il me fuivit prefque auffitôt. Je voudrois être né payfan, me dit-il les larmes aux yeux, j'aurois du moins un père qui reffentiroit les tendreffes du fang, & qui ne prendroit pas plaifir à me rendre malheureux. Que me revient-il de ma naiffance, finon d'être contraint dans toutes mes inclinations ? Mes gens font plus heureux que moi. Que je devrois vous haïr, continua-

l en me regardant, pour m'avoir arrêté à
ons! je vivrois à préfent dans le plus parfait
nheur; je ferois près de Nadine, je l'adore-
s, j'en ferois aimé. O Dieu! que je ferois heu-
ıx! Il ajouta mille chofes que fa douleur lui
piroit, en maudiffant fa grandeur, & tous les
cs & pairs du royaume. Je ne lui avois jamais
répandre tant de larmes. Je l'exhortai encore
courage & à la patience. Lorfque je lui par-
. de le quitter, il refufa de me laiffer fortir.
ı! me dit-il, permettez que je vous entretien-
: de mes peines. Vous allez voir Nadine, & je
meure ici loin d'elle! quelle horrible vie vais-
mener! Dites-lui du moins que je meurs pour
le; que je n'ai plus de bonheur à prétendre
us une vie qu'il faut paffer fans elle; que je
: ferai que languir triftement ,jufqu'à la mort.
lites - lui....... Il s'arrêta, comme s'il eût été
appé de quelque réflexion nouvelle: Non, re-
it-il tout d'un coup, ne lui dites rien, mais
:cordez-moi la dernière grace que j'ai à vous
emander, après quoi je ceffe pour jamais d'im-
ortuner votre amitié. Souffrez que je parte avec
ous, & que j'aille dire le dernier adieu à Nadi-
e. Je lui répondis, que monfieur le duc s'étant
xpliqué d'une manière à lui ôter toute efpérance,
: voyage me paroiffoit inutile, ou ne ferviroit
u'à lui préparer de nouvelles peines. Il me preffa

néanmoins ſi vivement, que je fus obligé d'y
conſentir, à condition qu'il obtiendroit la permiſſion de ſon père. Il l'obtint : nous partîmes
enſemble.

Je ne doute point que Nadine, le voyant
arriver avec moi, ne ſe flattât que le ſuccès de
mon voyage avoit répondu à ſes deſirs. Je ne la
laiſſai pas long-tems dans l'erreur. Monſieur
le marquis, lui dis-je, vient vous voir pour la
dernière fois. Marquez - lui toute la reconnoiſſance que vous lui devez, pour l'honneur qu'il
vous fait ; mais ſongez qu'il n'eſt plus queſtion
d'amour, ni pour vous, ni pour lui. Il s'approcha d'elle d'un air reſpectueux, & il lui baiſa
la main. Il fit quelques plaintes générales du
malheur de ſon ſort, auxquelles elle répondit
avec modeſtie. Je compris, par la réſerve avec
laquelle il parloit en préſence de la famille,
que ſon eſpérance étoit de l'entretenir en particulier ; mais n'ayant point envie de lui en laiſſer la liberté, j'affectai de demeurer toujours dans
la ſalle, comme ſi je n'euſſe point eu d'autre
deſſein que de lui tenir compagnie. Enfin le ſoir
approchant, & concevant ſans doute qu'il ſeroit
continuellement obſervé, il prit une réſolution,
à laquelle je ne m'attendois point. Il me pria de
faire appeler mon gendre, ma fille & Amulem,
qui étoient ſortis de la ſalle, & il me dit en

leur préfence: Je fuis bien-aife, Monfieur, de vous découvrir publiquement le motif que j'ai eu pour vous accompagner ici. Depuis que mon père s'eft expliqué fi pofitivement, la connoif-fance que j'ai de fon humeur m'a fait défefpérer de le fléchir; mais s'il a droit de s'oppofer à ma paffion, il n'aura jamais le pouvoir de l'éteindre. Je prens Dieu à témoin qu'elle durera autant que ma vie, & je jure par tout ce qu'il y a de plus faint, que je ne prendrai jamais d'autre en-gagement. Si le ciel m'ôte du monde avant mon

...e mourrai avec ce fentiment dans le cœur; ... mon père avant moi, je viendrai offrir ... votre nièce un empire auffi abfolu fur ..., qu'elle l'... nant fur mon ame. ...-vous à ... continua-t-il en ... ma nièc... ...pérer que tandis ...n de vou... ...ner de langueur ...vous con... ...uvenir de mon ...peu de ... ...os promeffes? Il ...n; & e... ...ns les fiennes, ...gt un ... ...qu'elle, ni moi, ...perçu... ...e fit voir après ...buff... ...e fois la main ... ...il, me puniffe ... ...couroux, fi je j'ordonnai à Nadine de lui remettre la bague : mais il se leva sans attendre un moment, & prenant lui-même le chemin des écuries, il fit préparer sur le champ ses chevaux. Mes instances furent inutiles, pour lui faire passer la nuit au château. Il partit sans proférer un mot, hors la prière qu'il me fit, de permettre qu'il écrivît quelquefois à ma nièce.

Elle s'étoit retirée pendant ce tems à sa chambre, d'où l'on eut beaucoup de peine à la faire descendre pour le souper. Elle n'avoit plus le diamant du marquis au doigt. Je la priai de me le faire voir, & l'ayant envoyé quérir, je fus incertain si je lui permettrois de le conserver ; il ne valoit pas moins de mille écus. Elle me parut si triste, que je n'eus pas le cœur de l'affliger davantage en le lui ôtant. J'affectai même de ne point parler du marquis, & de ne nous entretenir que du départ d'Amulem, qui vouloit prendre le chemin de Mons dès le lendemain. Il s'étoit pourvu d'un carrosse & de six chevaux. Une partie de la famille se mit dans celui de ma fille, & l'autre dans le sien, pour lui tenir compagnie, & pour aller dire adieu à Muleid. Nous arrivâmes le lendemain au soir à Mons. Amulem fut charmé de la beauté de mademoiselle Thérèse. Il ne paroissoit pas que son affection eût diminué pour son amant. Elle eût souhaité,

haité, difoit-elle, d'être déjà à Amafie. Je fis compliment à Amulem fur ce qu'il ne perdoit rien en nous laiffant Nadine, puifqu'il avoit retrouvé fitôt une autre fille. Nous nous féparâmes avec mille marques de regret & d'amitié, après que j'eus bien recommandé à mademoiſelle Thérèſe de demeurer attachée du moins au chriſtianiſme, & à Muleid de lui en accorder toujours la liberté. Cette jeune perſonne avoit à peine feize ans. Son père l'avoit abandonnée, comme j'ai dit, à fa deſtinée. Je ne fais fi cette indifférence fera approuvée de tous, mes lecteurs.

Fin du quatorzième Livre.

LIVRE QUINZIEME.

Lorsque j'eus pris quelques jours de repos
pour me remettre de l'agitation de tant d'événemens, je commençai à réfléchir fur ma propre
condition. Il étoit tems d'exécuter mes projets
de retraite. Je me voyois libre. Combien d'obftacles & de chaînes avois-je rompus ! J'en remerciai le ciel, avec le plus vif fentiment de mon
ame; & fans différer davantage, j'écrivis au père
prieur de l'abbaye de...... pour le prier de me
faire préparer mon ancien appartement. L'unique
inquiétude qui pouvoit me troubler encore, étoit
pour Nadine. J'avois regret de la laiffer après
moi, fans établiffement & fans état arrêté. Elle
n'étoit point à plaindre du côté de la fortune,
la générofité de miladi R..... l'avoit rendue affez
riche pour fe paffer de fecours ; mais elle étoit
encore dans l'âge le plus tendre. Elle étoit bonne & fans artifice. Je craignois de la laiffer expofée à tous les périls qui environnent fans ceff
une jeune perfonne, fur-tout lorfqu'elle joint u
bon naturel à une grande beauté ; fans compter que je n'étois pas encore tranquille à l'é-
gard du marquis; car quel fond pouvois-je faire

ir la modération d'un jeune homme , dont la
ivacité m'étoit connue , & qui ne favoit pas
rendre plus d'empire fur lui-même ! J'aurois
ouhaité qu'il fe préfentât quelque nouvelle occafion
le la marier ; cependant ce fouhait même , je ne le
ormois pas fans répugnance. Je ne fuis point bar-
>are. Je favois quelle violence cette aimable enfant
l'étoit déjà faite pour époufer M. de B..... Mon
cœur en avoit faigné. Je ne voulois pas être toujours fon tyran. Sa douceur , fon refpect pour
mes volontés , & tant de charmes naturels que je
ne pouvois m'empêcher d'admirer , méritoient un
meilleur fort. Après avoir long-tems médité là-
deffus , je m'imaginai que l'air de la ville pourroit mettre un peu de changement dans fes inclinations , & lui faire oublier le marquis. Les
impreffions , qui fe font par les yeux , font plus
fortes que celles de la mémoire: La vue d'un nouvel
amant, difois-je , affoiblira peu à peu fes premières
chaînes. J'en parlai à mon gendre & à ma fille.
D..... eft une bonne ville , qui n'eft point éloignée de leur maifon. Je leur confeillai d'y aller
paffer l'hiver avec leur famille. La réfolution fut
prife à l'inftant. Nadine l'apprit ; mais elle en
avoit déjà formé une , qu'il lui tardoit d'exécuter,
& dont elle vint le jour d'après me faire l'ouverture.

Elle me dit qu'après avoir réfléchi férieufement

sur l'état de son cœur, & sur celui de ses espérances, elle ne prévoyoit pour elle qu'une vie
amère & malheureuse ; qu'elle auroit mauvaise
grace de vouloir me déguiser son affection extrême pour le marquis ; qu'elle n'avouoit que cet
amant occuppit seul tous les endroits sensibles
de son ame ; mais qu'étant néanmoins assez raisonnable pour reconnoître l'impossibilité d'être à
lui, elle avoit promis au ciel de n'être à personne ; que sa résolution étoit d'entrer, pour toute
sa vie, dans un couvent ; qu'elle me prioit d'en
choisir un moi-même, & de différer le moins
qu'il me seroit possible ; qu'elle avoit formé ce
dessein dès notre premier retour de Mons ; qu'elle
y avoit été confirmée par la dernière visite du
marquis, & par le serment qu'il lui avoit fait
de se conserver à elle ; qu'elle le connoissoit
assez pour être assurée qu'il ne deviendroit point
parjure, mais qu'elle voyoit si bien que dans
quelque situation qu'il pût se trouver, il ne lui
seroit jamais permis de l'épouser, qu'elle se croyoit
obligée d'entrer dans le cloître, pour lui rendre la
liberté de disposer de lui ; que tout dur que ce
sacrifice étoit pour elle, elle sentoit une joie
délicate de pouvoir donner cette preuve d'une
extrême tendresse à son amant ; qu'elle ne doutoit pas néanmoins qu'il ne fît bien des efforts
pour s'y opposer, mais qu'il seroit aisé de lui

cacher fon deffein & le lieu de fa retraite, jufqu'au tems du dernier engagement.

Je ne manquai point de lui repréfenter tout
ce que je crus propre à lui faire perdre ce deffein. Je ne me contentai pas même de lui faire
jeter les yeux fur le monde, pour lui faire appercevoir mille plaifirs innocens qu'elle alloit
perdre ; je la pris auffi du côté de la religion.
Une victime, lui dis-je, offerte à Dieu par des
motifs fi profanes, ne fauroit jamais être agréable à fes yeux. C'eft à votre amant que vous
vous facrifiez ; quel compte le ciel doit-il vous
en tenir ? Vous fentirez toutes les peines du cloître : vous n'en aurez pas la feule douceur, qui
eft l'imagination du moins qu'un genre de vie fi
auftère & fi fingulier fera récompenfé ; vous aurez déjà reçu votre récompenfe, par cette fatisfaction délicate que vous prétendez fentir à donner une telle preuve d'amour au marquis ; & lorfque cette tendre vapeur viendra à fe diffiper,
vous vous trouverez livrée à vous-même, aveo
auffi peu de confolation de la part des hommes
que de celle de Dieu. Mes remontrances furent
beaucoup plus longues ; mais elles n'eurent pas
affez de force pour altérer fa réfolution. Elle me
déclara même nettement, que fi je refufois de
lui procurer l'entrée de quelque monaftère, elle
retourneroit au couvent d'où le marquis l'avoit

enlevée. Je paſſe ſur mille efforts d'amitié & de
careſſes, que ma fille & mon gendre firent pour
l'ébranler. Sa conſtance triompha de tout. Je fus
obligé de lui chercher une maiſon religieuſe, où
elle pût être agréablement. Elle vouloit que
je lui choiſiſſe une campagne ; mais j'exigeai
abſolument qu'elle fût dans une ville. Je me déterminai pour la célèbre abbaye de..... où la plupart des religieuſes ſont des filles de condition,
& où l'on reçoit d'ailleurs, pour adoucir la clo-
ture, un grand nombre de penſionnaires. Je me
rendis avec elle à cette abbaye. Le marché fut
conclu aiſément. Mon deſſein étoit de la reconduire chez ma fille avant que de l'y laiſſer entrer, ne l'ayant amenée que pour reconnoître le
lieu. Mais je la preſſai inutilement de retourner.
Non, non, me dit-elle ; on ne ſort jamais du
tombeau. Voici le mien. J'y veux être enſévelie
dès ce moment.

Elle pria l'abbeſſe de lui faire ouvrir la porte
intérieure. Je l'accompagnai juſqu'aux derniers
lieux où il eſt permis à notre ſexe d'entrer. Elle
s'arrêta pour me donner le dernier embraſſement.
Il me fut impoſſible de retenir mes larmes. Elle
affecta d'abord de montrer plus de fermeté que
moi ; mais ſes yeux ſe groſſirent malgré elle, &
elle en répandit en abondance. Adieu, mon cher
oncle, me dit-elle en me ſerrant dans ſes bras ;

ayez pitié de votre malheureuſe nièce. Souvenez-vous quelquefois d'elle , comme vous feriez
d'une perſonne morte, qui vous auroit été chère.

Comme j'étois fort attendri de ſes pleurs, &
que je ne ſavois pas préciſément quelle en étoit
la cauſe , je priai madame l'abbeſſe de ſe retirer ,
& de nous laiſſer ſeuls un moment. Je répétai
alors une partie de ce que je lui avois dit chez
ma fille. Conſultez bien vos forces , ajoutai-je ;
n'écoutez pas trop une paſſion déſeſpérée , qui
va vous expoſer peut-être à d'amers repentirs.
Une vie heureuſe & tranquille ne ſauroit être
le fruit d'une réſolution violente. Conſidérez ces
grilles armées de fer , & ces murs épais qui
vont vous retenir malgré vous. Je tremble, ma
chère nièce , pour le bonheur de vos jours. Les
larmes , que vous me voyez répandre , viennent
de mon inquiétude & de ma tendreſſe pour
vous.

Elle me répondit, que les ſiennes ne venoient,
ni de la vue des grilles que je lui montrois, ni
de ſes craintes pour l'avenir ; mais qu'elle me
prioit de les pardonner au ſentiment d'une
douleur dont je n'ignorois pas la cauſe. Ah ! continua-t-elle , quelle va être l'affliction du marquis , lorſqu'il apprendra qu'il me perd, & que
c'eſt moi-même qui me dérobe à lui ? Mon
Dieu ! que ſeroit-ce , s'il alloit tourner ſon déſeſ-

I iv

poir contre lui-même ? Comment puis-je en effet
l'abandonner, après tant de fermens ! Ne fuis-je
pas bien misérable de trahir un amant fi tendre,
& qui m'aime plus que fa fortune & fa propre vie !
Dites-le-moi vous-même, mon cher oncle, ajouta-
t-elle, n'eft-ce pas le comble de la dureté ! & le
ciel me pardonnera-t-il ma perfidie ? Pour ce qui
regarde vos fermens, lui répondis-je, fi vous en
avez fait au marquis, je ne crois pas qu'ils vous
lient beaucoup ; vous aviez, l'un & l'autre, fort
peu de droit de les faire. Mais je ne puis vous laifler
dans le défordre où vous êtes. Il faut abfolument
que vous retourniez avec moi chez ma fille. Il eft
toujours tems d'entrer ici ; mais il ne le fera pas
toujours d'en fortir. Mes raifonnemens furent des
paroles perdues. Elle pria l'abbeffe de s'approcher ; & m'ayant embraffé une feconde fois,
fans ouvrir la bouche, elle entra dans ce lieu de
filence & d'oubli, pour n'en fortir jamais.

Je m'arrêtai feul dans un parloir voifin, où
je me mis à rêver, en admirant fa réfolution.
Je m'y ferois néanmoins oppofé malgré elle, &
j'aurois trouvé affurément le moyen de l'arrêter, fi je n'euffe fait réflexion que fon ardeur
pourroit fe refroidir avant l'engagement. Le
noviciat dure plus d'une année ; & j'avois deffein
avec cela, de prier l'abbeffe de ne fe pas preffer
de lui faire prendre l'habit religieux. Ma rêverie

dura long-tems dans ce parloir. Jamais le monde
ne m'avoit paru si petit & si méprisable qu'il me
le paroissoit alors. Voyez, disois-je, une passion
amoureuse suffit pour le faire haïr. Une jeune
femme, un enfant de seize ans, l'abandonne
sans retour! Elle le sacrifieroit tout entier à son
amant, & elle a la force de sacrifier son amant
même avec lui; à quoi? à un vain fantôme de
délicatesse & de générosité d'amour. Le monde
est donc quelque chose de bien foible & de
bien impuissant! Ses biens & ses plaisirs, qu'on
appelle des chaînes pesantes, ne doivent donc
le paroître qu'à des ames lâches, qui n'ont pas
une étincelle de courage pour les rompre? Comment dois-je le regarder, moi qui ne l'ai connu
que par ses amertumes & ses disgraces! moi
qui suis au bord du tombeau, & qui serai bientôt obligé de le quitter par la nécessité de la
nature, quand je ne serois pas porté à le haïr
par l'expérience de ses misères & par les lumières
de ma raison! O chère solitude! ajoutai-je, avec
une espèce de transport; doux asyle d'un cœur
agité trop long-tems par les caprices du monde
& par les passions, me serez-vous bientôt rendu!
Ne me sera-t-il pas permis de faire du moins
un essai du repos, avant que de passer à l'éternelle tranquillité du tombeau!

Je demandai encore à voir un moment ma

nièce à la grille. Elle y vint. Ses yeux étoient encore humides de pleurs. Adieu, lui dis-je, adieu, ma chère Nadine. Je vais suivre votre exemple ; & suivant les apparences, c'est pour la dernière fois que je vous parle. Adieu, ma chère enfant. Je vais prier le ciel de rendre la paix à votre cœur, & de vous faire trouver ici plus de bonheur, que dans le malheureux monde que vous avez quitté. Puissiez-vous apprendre à goûter la solitude, puisque vous la choisissez pour le partage de vos jours ! Puissiez-vous donner à votre sacrifice une intention pure & chrétienne, & des vues dignes du maître que vous allez servir ! C'est de lui-même qu'il faut attendre cette faveur. Il l'accorde quand il lui plaît. Sa main s'ouvre & se ferme, par des jugemens d'une profondeur infinie. Je le solliciterai sans cesse pour ma chère nièce, avec toute l'ardeur de mon ame. Adieu, tendre victime, que ne puis-je dire de l'amour divin ! O ciel ! ajoutai-je, quand vous rendrez-vous le maître d'un cœur si bon & si tendre ? quand lui ferez-vous sentir que sa félicité consiste à vous servir & à vous aimer ?

Elle répondit peu de choses à ce long discours. Elle me pria de faire ses amitiés à sa famille, & de prendre soin que le marquis ne fût point informé du lieu de sa retraite. Je la quittai , en lui recommandant de m'écrire , & de me marquer sincèrement ses dispositions, s'il arrivoit qu'elle prît quelque dégoût pour la solitude. Je retournai chez ma fille. Elle fut fort surprise de me voir arriver seul. Je lui racontai toute l'histoire de mon voyage, dont elle fut touchée jusqu'aux larmes. Je lui dis que mon tour étoit venu , & que j'allois au premier jour imiter ma chère nièce. J'ajoutai que je prévoyois toutes les difficultés & les objections que son amitié m'alloit faire , mais que c'étoit une résolution si déterminée , qu'elle ne devoit rien espérer de ses prières & de ses instances. Je lui fis même promettre qu'elle me laisseroit absolument tranquille sur cet article.

Cependant , il se présenta encore deux légers obstacles , qui reculèrent de quelques semaines l'exécution de mon dessein. J'avois trouvé, en arrivant chez ma fille , une réponse du père prieur de...... à la lettre que je lui avois écrite huit jours auparavant, pour le prier de me recevoir une seconde fois dans son abbaye. Il m'accordoit ma demande , avec sa civilité ordinaire. Je m'occupai pendant quelques jours à recueillir mes livres , & à faire mes adieux à nos voisins. Un jour, au moment que je m'y attendois le moins & que je ne pensois plus qu'à partir , je reçus une lettre du vicomte de.... frère du prince de R...... par laquelle il me prioit, en qualité de parent, de me rendre au château de B..... où tous ses parens & ses alliés devoient s'assembler, pour une affaire qui concernoit l'honneur de sa maison.

J'avois entretenu si peu de liaison avec eux, quoique liés d'assez près par le sang, que je balançai si je retarderois mon départ pour le satisfaire. Cependant, comme j'étois le seul de mon nom qui pût se rendre à B....., les enfans du feu comte de..... mon oncle étant à peine au-dessus de l'enfance, je résolus d'entreprendre encore ce voyage. J'arrivai au château de B..... où je trouvai qu'une partie de la compagnie étoit déjà rassemblée. Madame la princesse de R...... étoit morte depuis huit jours ; & sa fille aînée peu de tems avant elle. J'appris cette nouvelle en arrivant. Le prince de R..... étoit d'une foiblesse d'esprit, qui le rendoit incapable de prendre soin de ses affaires ; de sorte que le vicomte son frère avoit été obligé de se substituer à sa place, dans l'affaire importante dont il étoit question, & c'étoit lui qui devoit présider en quelque sorte à l'assemblée. En attendant l'arrivée de plusieurs personnes qui manquoient encore, je me fis instruire du fond de l'aventure, pour laquelle nous étions appelés. Voici ce qu'on me raconta.

Monſieur le prince de R......, chef de l'illuſtre famille de B......, avoit eu quatre filles de ſon épouſe, ſans en avoir aucun enfant mâle. Il étoit, comme je l'ai dit, d'un eſprit foible juſqu'à l'imbécillité, uniquement occupé de ſes dévotions, & dominé impérieuſement par ſa femme, qui avoit toutes les qualités directement oppoſées. C'étoit une dame qui avoit ſu prendre les airs convenables à ſa naiſſance, quoiqu'elle eût paſſé la plus grande partie de ſa vie dans la province. Elle aimoit le jeu, la dépenſe & les parties de plaiſir. La galanterie même ne lui étoit pas inconnue. Elle avoit beſoin de ces paſſe-tems, pour ſe conſoler de la froideur ſtupide d'un mari, qui n'étoit pas capable d'honnêteté, ni de complaiſance pour elle. Telles étoient ſes occupations, lorſqu'un gentilhomme voiſin de Saint-O..., qui ſe nommoit le comte de B..., entreprit de s'inſinuer dans ſa faveur. Il paſſoit pour le gentilhomme de la province le mieux fait & de la meilleure mine; il n'étoit pas riche, & ſa pauvreté avoit peut-être été la première cauſe de ſon amour pour la princeſſe, qui jouiſſoit pour le moins de ſoixante mille livres de rente. Il avoit été marié, & il lui reſtoit de ſa femme un fils unique, qu'il faiſoit appeler le baron de L...., homme d'une figure déſagréable, & auquel la nature n'avoit épargné aucun des plus inſupportables déſagrémens. Le comte de B.... eut l'adreſſe de s'intro-

duire dans la maison de la princesse de R.... Il
la prit par tous ses foibles, il la flatta, il fut fait
le passionné; en peu de tems il se mit au-dessus de
la concurrence, & supplanta tous ses rivaux. La
princesse ne voyoit plus que par ses yeux. Bientôt
elle ne fit plus rien que par ses mains. Il se chargea
de l'administration de ses biens, & du gouvernement de son domestique. Il ne lui manquoit que
le nom de mari, pour être maître absolu de
dame & de toute la maison. Si le comte eût su
se borner, il eût peut-être tiré de ce commerce des
avantages plus solides; mais l'ambition & l'intérê
l'aveuglèrent. Il commença par se rendre odieux
dans la famille, par la manière haute & fière
dont il traitoit les domestiques. L'intendant sur-
tout, qui étoit homme d'esprit & d'honneur,
souffroit impatiemment les airs d'autorité de cet
étranger. Il n'osoit adresser ses plaintes, ni à la
princesse qui étoit l'esclave de son amant, ni au
prince, que le comte traitoit en imbécille, ni aux
jeunes demoiselles, qui avoient été élevées dans une
crainte & un respect infinis pour leur mère. L'aînée
commençoit néanmoins à sentir la dureté du joug;
mais elle en étoit plus à plaindre, de le sentir sans
pouvoir l'éviter. La tyrannie du comte alla si
loin, qu'il perdit toute mesure & tout ménagement
à l'égard du prince. Il lui fit affront plusieurs fois
en public, il régla la petite somme qu'il devoit avoir

à dépenſer pour ſes plaiſirs , & il s'en faiſoit un , en compagnie , de lui offrir quelquefois un ou deux louis d'or , que l'autre recevoit reſpectueuſement comme une grace. Mais c'étoit encore trop peu que cet empire, pour les deſirs du comte. Il avoit formé un projet de plus haute importance , auquel il rapportoit depuis long-tems tous les ſoins qu'il rendoit à la princeſſe. C'étoit de faire épouſer à ſon fils l'aînée des demoiſelles , & de tranſporter ainſi dans ſa famille le titre & les biens de la maiſon de B..... Il ménageoit ce deſſein avec toute l'adreſſe dont il étoit capable. Loin de le propoſer à la princeſſe , il l'avoit amenée au point de lui en faire la propoſition elle - même. Il affecta d'abord d'en être ſurpris , & de la regarder comme une choſe au-deſſus de ſes eſpérances. Ce déſintéreſſement la confirmoit dans l'eſtime qu'elle croyoit lui devoir ; de ſorte qu'elle vint, non pas peut-être à ſouhaiter ce mariage plus que lui, mais à marquer hautement ſes intentions à cet égard, pendant qu'il ne faiſoit que les entretenir ſecrète-ment par ſes artifices. L'intendant fut un des pre-miers , qui ſut cette nouvelle. Sa haine pour le comte , autant que ſon zèle pour ſes maîtres , le porta à traverſer de toutes ſes forces cet odieux complot. Il s'adreſſa d'abord à la jeune demoi-ſelle , qu'on deſtinoit au baron de L..... Elle ignoroit encore le coup qu'on alloit lui porter.

Sa furprife fut extrême, & fon indignation encore plus grande; il l'entretint autant qu'il put dans ces fentimens. Comme ce fut par lui-même que je me fis raconter cette hiftoire, je puis la mettre dans fa bouche, pour épargner au lecteur l'ennui d'un récit trop fimple, & dénué d'action & de fentimens.

Je fis fentir vivement à ma jeune maitreffe, me dit l'intendant, le fort qu'on lui préparoit, & la honte qui rejailliroit fur toute la maifon de B..., fi les titres & les richeffes de la principale branche paffoient à des étrangers dont elle ne pouvoit recevoir aucun luftre. Je lui repréfentai d'ailleurs dans quelles mains elle alloit tomber, en époufant un vilain homme, qui ne pouvoit même être fouffert en compagnie à caufe de fes infirmités dégoûtantes, & dont une fille du commun auroit peut-être refufé la main. J'exagérai la tyrannie du comte, fes airs méprifans, fur-tout à l'égard du prince, pour lequel il manquoit de refpect en toute occafion; & quoique je n'ofaffe lui apprendre tout ce que je favois de fon commerce avec la princeffe, je ne laiffai pas de lui faire entendre adroitement quantité de chofes qu'elle ignoroit, & qui lui causèrent la dernière furprife. Après lui avoir communiqué une partie de mon horreur pour le comte & pour fon fils, je lui donnai quelques confeils fur la manière dont elle devoit fe conduire.

On

On ne manquera point, lui dis-je, Mademoiſelle, de vous faire bientôt la propoſition du mariage. Si vous en avez l'éloignement que vous devez, je ſuis d'avis que vous la receviez d'abord avec mépris & avec dédain, plutôt qu'avec colère. Si l'on revient à la charge, comme on ne manquera pas d'y revenir, l'unique réponſe que vous puiſſiez faire, c'eſt que dans une affaire de cette importance, où il s'agit de l'honneur de la maiſon de B..., vous êtes réſolue de ne rien entreprendre ſans avoir conſulté toute votre illuſtre famille. Enfin, je la priai de m'avertir de la manière dont on en uſeroit avec elle, afin que je puſſe lui donner mes avis dans l'occaſion. Il ne ſe paſſa pas long-tems ſans qu'elle en eût beſoin. La princeſſe l'ayant fait appeler, lui déclara ouvertement qu'elle avoit diſpoſé d'elle en faveur du baron de L..., & qu'il falloit qu'elle ſe préparât à l'épouſer. Cette jeune demoiſelle, frappée apparemment du ton impérieux de ſa mère, qu'elle étoit accoutumée à reſpecter, n'eut pas la force d'exécuter les réſolutions que je lui avois fait prendre. Elle n'eut pas même celle de lui faire la moindre réponſe. Elle la quitta, avec une révérence fort ſoumiſe, & elle me fit avertir auſſitôt de me rendre dans ſon appartement. Je la trouvai toute en pleurs. Elle me raconta ce qui venoit de lui arriver avec ſa mère, ſans me cacher la foibleſſe qu'elle avoit eue de n'oſer lui répondre. Je fus

Tome III. K

irrité, dans le fond, de cette timidité à contre-
tems; & pour exciter un peu sa hardieſſe, j'affectai
de regarder ſon mariage comme abſolument certain,
& de la plaindre d'une néceſſité ſi fâcheuſe. Elle
me pria d'avoir pitié d'elle, & de la ſauver d'une
choſe qu'elle craignoit plus que la mort. Quel
moyen, lui dis-je, de vous ſauver, lorſque vous
prenez plaiſir vous-même à vous perdre? Je ne
doute point, Mademoiſelle, ajoutai-je, que le
baron de L.... n'ait ſu vous paroître aimable,
puiſque vous n'avez point eu le courage de le
refuſer. Comptez qu'il a fait dans votre cœur,
des progrès que vous ne connoiſſez peut-être
point encore, mais qui ſont réels & très-avancés,
car il n'y a que cette raiſon qui ait pu vous inſpirer
tant de timidité. S'il eſt donc vrai que vous l'aimez,
le reſpect que j'ai pour vous ſaura bien m'empêcher
de me plaindre de votre mariage, ou de vous en
parler comme d'une tache pour votre honneur &
pour celui de votre maiſon. Je la mis par ce
diſcours, dans la diſpoſition de tout entreprendre.
Elle me dit qu'elle étoit prête de retourner vers ſa
mère, s'il le falloit, & de lui déclarer qu'elle
choiſiroit la mort plutôt que le baron. Non,
repris-je, il faut attendre qu'il s'en offre une autre
occaſion : mais ſi le baron vient vous parler de
galanterie & d'amour, c'eſt ſur lui-même qu'il
faudra faire tomber directement vos mépris.

Traitez-le avec une hauteur, qui puiſſe lui ôter
la penſée d'y revenir. Elle me le promit. Je la
quittai, pour lui laiſſer préparer ſes termes. Le
baron vint en effet la voir en particulier. Il lui
parla comme un homme qui étoit deſtiné à
l'honneur d'être ſon mari, & qui, n'ayant point
d'inquiétude ſur ſon ſort, ſouhaitoit ſeulement de
le rendre plus agréable, en obtenant le cœur de
ſon épouſe avec ſa main. Elle écouta ſon compliment, ſans le regarder. Elle lui dit enfin, lorſqu'il
eut achevé de parler, qu'elle avoit voulu l'entendre,
parce qu'elle n'auroit jamais pu ſe douter de ſon
inſolence; mais que puiſqu'il s'étoit oublié juſqu'à
ce point, elle alloit appeler du monde, & le faire
jeter par les fenêtres. Il voulut répondre, & juſtifier
ſa hardieſſe par l'ordre qu'il avoit reçu de la princeſſe & de ſon père. Elle ne fit que lui jeter un
coup d'œil mépriſant, & appeler en effet quelques
domeſtiques. Il ſortit de ſa chambre avec beaucoup
de honte, pour aller ſe plaindre à ſon père de la
fierté avec laquelle il avoit été traité. Le comte,
qui étoit lui-même extrêmement fier, fut piqué
juſqu'au vif de l'infortune de ſon fils. Il communiqua ſon reſſentiment à la princeſſe, qui fit donner
ordre ſur le champ à ſa fille de la venir trouver.
Elle vengea le baron, par\les reproches durs &
humilians dont elle l'accabla; elle la menaça des
derniers effets de ſa colère; & pour concluſion

K ij

elle lui protefta, que fi elle continuoit de s'op|
le moins du monde à fes volontés, elle l'enferm
pour toute fa vie dans un couvent, & qt
fubftitueroit fa cadette au droit d'aîneffe. L'ii
tunée demoifelle trembloit de toute fa force
fortant de cette terrible converfation. Co
j'avois appris qu'elle avoit reçu la vifite du ba
& que peu après elle avoit été appelée par fa n
je m'étois imaginé une partie de la vérité, & j'
dans fa chambre à l'attendre. Sa confterna
paroifloit fur fon vifage. Elle me dit qu'elle
perdue; qu'elle venoit d'être traitée comme
miférable; qu'on avoit été jufqu'à la menace
lui ôter les droits de fa naiffance, & de la m
dans un couvent; qu'elle étoit tentée d'y
volontairement, pour prévenir des malheurs qu
ne croyoit pas pouvoir éviter. Je lui répe
qu'elle perdoit trop tôt courage, & je lui dema
fi elle n'avoit rien oppofé au difcours de fa r
Rien, me dit-elle; elle m'auroit affurément
traitée, fi j'avois ofé lui répondre. Je vois b
repris-je, qu'il faut vous rendre fervice m:
vous-même. En premier lieu, foyez perfuadée
la menace de vous priver de vos droits, & de
mettre malgré vous dans un couvent, eft une
chimère. Vos droits ne dépendent, ni de la |
ceffe, ni du comte: Pour ce qui regarde les v
du baron, qu'on veut vous forcer de recei

recevez-les, pour conferver la paix, mais ne relâ-
chez rien du mépris que vous lui avez marqué. Il
fe rebutera peut-être, lorfqu'il verra votre conftance
à le rejeter. Si l'on vous preffe d'en venir à la
conclufion, j'écrirai à monfieur le vicomte votre
oncle, & à vos plus proches parens. Il n'eft pas
poffible qu'ils vous laiffent opprimer fi indignement, & qu'ils ne s'oppofent point pour leur
propre honneur, aux injuftes deffeins du comte.
Elle me promit de fuivre exactement mes confeils.
Je n'aurois pas tardé fi long-tems à donner avis à
monfieur.le vicomte de tout ce qui .fe paffoit, fi
mon attachement pour la maifon ne m'eût fait
craindre d'y mettre la divifion & le trouble. J'étois
réfolu d'attendre à l'extrémité, pour recourir à ce
remède. J'ai eu tort, continua l'intendant ; car les
défordres que j'appréhendois de-là, ne pouvoient
guère être plus funeftes que ceux qui font arrivés
depuis, & que je dois peut-être attribuer à mon
filence. Le baron renouvela fes vifites, par l'ordre
de la princeffe. Elle l'amena elle-même dans la
chambre de fa fille, à qui elle commanda de le
recevoir, comme un homme qui devoit être fon
mari. Elle les laiffa feuls. Mademoifelle de R....
écouta les galanteries du baron, fans répondre ; &
elle continua de tenir la même conduite, dans les
vifites qu'il lui rendoit deux ou trois fois le jour.
La princeffe en fut informée. Elle lui en fit un

K iij

nouveau crime, & ſes perſécutions furent ſi violentes, que le chagrin que cette malheureuſe
demoiſelle en conçut, lui cauſa une maladie de
langueur, qui la mit en deux ou trois mois au
tombeau. Cette mort ne fit point ouvrir les yeux
à la princeſſe. Au contraire ; elle s'applaudit d'être
défaite de ſon aînée, & elle ſe promit de trouver
plus de facilité dans ſa ſeconde fille. Son deſſein
ne fit donc que changer d'objet, & les ſoupirs
intéreſſés du baron ſe tournèrent facilement vers
une nouvelle maitreſſe. Mademoiſelle de R.... en
entrant dans tous les droits de ſa ſœur, devint
auſſi l'héritière de toutes ſes peines. Ce changement
me cauſa beaucoup de chagrin. J'étois obligé de
recommencer tous mes efforts pour mettre cette
jeune demoiſelle dans les mêmes ſentimens que
j'avois tâché d'inſpirer à ſa ſœur. Elle étoit beaucoup plus jeune, & je craignois d'avoir moins de
facilité à réuſſir ; cependant mon zèle ſurmonta
les difficultés. Je l'enflammai tellement, par le
récit des peines qu'on avoit cauſées à ſa ſœur
aînée, qu'elle jura de garder encore moins de
ménagement avec le baron, & même avec la
princeſſe ſa mère. En effet, l'occaſion s'étant pré-
ſentée de déclarer ſes ſentimens au baron, elle le
fit avec une hauteur qui lui auroit fait perdre
toute eſpérance, s'il n'eût été ſoutenu par la princeſſe & par le comte. Cette dame, qui vouloit le

mariage à quelque prix que ce fût, & qui avoit
reconnu par l'exemple de sa première fille, qu'il
n'est pas toujours à propos d'employer la violence,
essaya d'abord de gagner celle-ci par des voies
plus douces. Elle ne lui parla pas tout d'un coup
des vues qu'elle avoit sur elle. Elle lui prodigua
ses caresses & sa confiance. Elle la mit dans tous
ses plaisirs. Elle la prenoit souvent, avec le comte
& le baron, pour passer la nuit au jeu, ou à
table, en partie quarrée. Là, par les libertés
qu'elle accordoit au comte en sa présence, elle
tâchoit de lui inspirer le goût de l'amour ; & le
baron ne s'épargnoit point, pour lui faire imiter
l'exemple de sa mère. Elle auroit succombé infailliblement, si je n'eusse pris soin tous les jours
de la fortifier par mes conseils. L'horreur, que
j'avois pour son amant me tenoit lieu d'éloquence.
Je fis tant d'impression sur elle, qu'elle résolut de
rompre entièrement un commerce, qui n'alloit à
rien moins qu'à la déshonorer. Elle refusa les
nouvelles parties de plaisir qu'on lui vint proposer,
& elle bannit absolument le baron de sa présence.
La princesse, étonnée d'un changement si imprévu,
en soupçonna la cause. Les fréquentes conversations
que j'avois eues avec sa fille, m'avoient rendu
suspect au comte. La résolution fut prise de se
défaire de moi, en me donnant mon congé. Ce
fut le comte lui-même, qui eut la hardiesse de se

charger de cette commiffion. Je le redoutois peu.
J'avois pour moi, mon innocence & la droiture de
mes intentions. Il fut furpris de m'entendre répondre
à fes premières paroles, que je n'avois rien à
démêler avec lui ; que je ne reconnoiffois point
d'autres maîtres que le prince & la princeffe, &
que j'admirois qu'un étranger voulût fe mêler de
me faire la loi, dans une maifon où l'ancienneté
de mes fervices me donnoit plus de droits qu'il
n'en auroit jamais. Vous vous oubliez, Monfieur
l'intendant, me dit-il ; & vous me forcerez de
vous mettre malgré vous dans le devoir. Mon
devoir, lui répondis-je, feroit de délivrer la princeffe d'un homme tel que vous. Il perdit toute
contenance à cette réponfe, & je le vis prêt à fe
jeter fur moi d'un air furieux. Arrêtez, lui dis-je
en portant la main fur mon épée, fi vous ne voulez
que je vous puniffe, d'un feul coup, de toutes les
injuftices que je vous ai vu commettre ici. Il fe
retira, dans la crainte que je ne fuffe plus méchant
que lui. Je compris bien qu'après un éclat de cette
nature, la princeffe ne me fouffriroit pas plus
long-tems au château. Je réfolus de prévenir fes
ordres, en m'éloignant volontairement ; mais
avant que de la quitter, je lui rendis un fervice,
pour lequel je m'imagine qu'elle n'eut pas beaucoup
de reconnoiffance. Je montai à fa chambre. Je lui
appris le démêlé que j'avois eu avec le comte, &

le deffein où j'étois de la quitter, & lorfqu'elle alloit répondre apparemment qu'elle y confentoit, je l'interrompis, pour la prier de m'écouter. Je lui repréfentai le fcandale de fa conduite dans le commerce public qu'elle entretenoit avec le comte. Je lui dis que fes domeftiques mêmes en avoient honte, & que cette feule raifon auroit fuffi pour m'obliger à me retirer ; mais j'infiftai particulièrement fur l'horrible injuftice qu'elle commettoit à l'égard de fes filles. Vous avez mis la première au tombeau, lui dis-je ; & fon fort eft plus heureux que celui que vous préparez à la feconde. Il eft impoffible, Madame, que le ciel laiffe réuffir un deffein fi coupable, & je m'étonne que vous n'appréhendiez point fes châtimens. Je vous ai rendu fervice auffi long-tems que je l'ai pu. Je me fuis oppofé fecrètement aux mauvaifes pratiques du comte, & j'ai tâché de détourner la ruine que vous allez faire tomber fur votre famille. Mais puifque mes bonnes intentions font fi mal reconnues, & que vous vous fervez de la bouche même de l'ennemi de votre maifon pour vous priver de votre plus fidèle ferviteur, adieu, Madame, je vous quitte. J'ai méprifé les ordres du comte mais je veux prévenir les vôtres. Le feul fervice que je vous rendrai encore, & dont je fuis bien-aife de vous avertir, fera de porter à monfieur le vicomte la nouvelle du défordre où vous vivez,

& de lui apprendre le tort que vous voulez faire à l'héritière de la maison de B. ... Je me retirai sur le champ, sans lui donner le tems de me répondre. Un valet m'apprit, en descendant l'escalier, que le comte me cherchoit le pistolet à la main : Oui ? dis-je : nous verrons qui sera le plus terrible. Je pris moi-même un pistolet dans ma chambre, & cherchant les traces du comte, je le vis au fond de la cour. Il m'apperçut aussi ; je remarquai que me voyant armé, il cacha doucement son pistolet sous son justaucorps. Monsieur le comte, lui dis-je en m'approchant de lui, apprenez qu'il vous est plus aisé de prendre de l'empire sur une femme que sur des hommes. Je quitte le château, non pas pour suivre vos ordres que je méprise beaucoup, mais pour fuir votre vue, que je ne saurois souffrir. Si je n'ai pas l'autorité d'arrêter vos injustices, j'aurai soin du moins de les publier, & d'en donner avis à ceux qui peuvent y mettre ordre. Je m'éloignai de lui, sans qu'il osât répondre un mot, ni montrer même le bout de son pistolet.

Cependant j'avois regret, en m'éloignant, de laisser mademoiselle de R..... sans conseil & sans secours. Je prévoyois que la crainte de manquer son dessein engageroit le comte à en précipiter l'exécution ; & du caractère dont je le connoissois, je ne doutai point qu'au défaut de l'artifice, il n'employât la violence. Le sensible intérêt que

je prenois au danger de cette demoiselle, m'empêcha de quitter le bourg, pour être à portée
de lui offrir du moins les secours dont je serois
capable. J'écrivis seulement par la poste à M. le
vicomte, & je l'instruisis de l'entreprise que la
princesse & le comte avoient formée au préjudi-
ce d'une maison à laquelle j'étois si attaché. Je
lui marquai aussi le malheur que j'avois eu d'être
obligé de quitter le service de la princesse, &
le motif qui me faisoit demeurer à B..... en attendant les ordres qu'il lui plairoit de m'envoyer.
Comme j'avois au château plusieurs domestiques
qui m'étoient affectionnés, j'entretins par leur
moyen, une liaison secrète avec mademoiselle de
R... Je lui fis savoir que j'avois écrit à son oncle,
& qu'il ne tarderoit pas vraisemblablement à
prendre quelque voie pour la secourir. Elle me
fit une triste réponse par écrit. La princesse, me
marquoit - elle, l'étoit allée trouver immédia-
tement après mon départ, & lui avoit déclaré
qu'il falloit épouser le baron de L...... aussitôt
qu'un courier, qui devoit partir sur le champ,
seroit revenu de la ville épiscopale, où elle l'envoyoit demander les dispenses. C'étoit tout au
plus un délai de trois jours. Je crus mademoiselle de R..... perdue. Il ne me restoit point d'autre ressource que de l'exhorter à une généreuse
résistance, en lui représentant plus vivement que

jamais ce qu'elle devoit à elle-même & à sa famille. Enfin le courier revint avec les dispenses. J'en fus informé aussitôt, par un billet de la demoiselle. Mais dans le tems que je croyois ses affaires désespérées, le ciel y mit un grand changement, par l'accident le plus triste & le plus imprévu. La princesse mourut d'une attaque subite d'apoplexie. Il étoit visible que ce coup partoit de la providence du ciel, & tout autre que le comte en auroit été effrayé. Il n'est pas moins certain que si j'en eusse été instruit assez promptement, j'aurois donné du secours à mademoiselle de R...... Quand il auroit fallu employer la violence pour la tirer des mains de ses persécuteurs, il m'auroit été facile d'attrouper quelques paysans, qui se feroient unis de bon cœur pour délivrer leur jeune maitresse; mais si le ciel n'avoit pas permis que le mal devînt aussi grand qu'on pouvoit le craindre, il vouloit nous laisser assez d'embarras pour exercer long-tems notre patience. Le comte étoit seul avec la princesse, lorsqu'elle fut atteinte de l'apoplexie qui la fit mourir en un moment. Loin d'appeler les domestiques à son secours, il prit le parti de cacher sa mort, jusqu'à l'exécution du dessein qu'il méditoit. Il sortit de sa chambre, dont il tira la clef après lui, & sans perdre un moment, il fit épouser mademoiselle de R..... à son fils. Il

eut befoin pour cela, d'employer des violences
inouies. La demoifelle ayant refufé conftamment
d'y confentir, il la fit prendre par fes gens, qui
la portèrent malgré fes cris à la chapelle. Le
baron & le chapelain s'y étoient déjà rendus.
Le comte prit lui-même la main de mademoifelle de R...... qui s'efforçoit de la retirer, & la
préfenta à fon fils. Elle tomba dans un profond
évanouiffement, qui lui fit perdre l'ufage de fes
fens. On ne laiffa point d'achever la cérémonie,
& de fe flatter que ce mariage pafferoit pour un
lien légitime. La tyrannie du comte ne fe borna
point-là. Il jugea bien que fi le mariage ne fe
confommoit point avant que la mort de la princeffe fe fût répandue, il couroit rifque de perdre le fruit de fes peines ; mademoifelle de R....
auroit réclamé contre la violence, & ne fe feroit jamais prêtée à fes defirs. Il la fit donc porter au lit nuptial, dans l'état où elle étoit, c'eft-
à-dire, fans force & fans connoiffance ; & le
baron fe hâta de s'y mettre avec elle. Mais la
juftice de Dieu avoit arrêté que le comte demeu-
reroit chargé du crime de fon entreprife, &
qu'il n'en recueilleroit point le fruit. Mademoifelle
de R..... revint à elle. Elle envifagea avec horreur, tout ce qui venoit d'arriver. Elle retrouva
bientôt affez de force pour fe dégager des mains
du baron, qui étoit au défefpoir de ne s'être pas

preffé davantage. Elle fortit d'avec lui, fans être
fa femme, & elle alla s'enfermer feule dans fa
chambre. Cependant le comte, voyant qu'il ne
pouvoit cacher plus long-tems la mort de la
princeffe, en inftruifit toute la maifon. Le bruit
s'en répandit en un moment dans le bourg. Je
l'appris de la bouche de quelques payfans. Pendant que je méditois fur cette aventure inopinée,
je reçus un billet de mademoifelle de R.....
par lequel elle me racontoit fon malheur, &
me demandoit mon fecours. Je lui confeillai,
par une réponfe que je fis fur le champ, de fe
dérober du château à l'entrée de la nuit, & de
me venir joindre dans un petit bois qui touche
au jardin, où je l'attendrois avec des chevaux.
J'ajoutois que s'il lui paroiffoit impoffible de s'é-
vader fans la connoiffance du comte, elle prît la
peine de me le faire favoir auffitôt, & que je trouverois affez de fecours pour la mettre en liberté
malgré lui. Elle me marqua qu'elle croyoit pouvoir fe rendre dans le bois. J'allai l'y attendre
avec quelques payfans bien armés. Elle y vint feule,
n'ayant ofé fe confier à perfonne. Elle fe mit derrière moi fur mon cheval, & nous prîmes la
route de Béthune, pour gagner la terre du vicomte de..... fon oncle. La nuit étoit obfcure &
les chemins gliffans, ce qui m'empêchoit d'avancer auffi vîte qu'il eût été néceffaire. Son éva-

fion ne fut pas long-tems ignorée du comte. Sa fureur fut égale à fa furprife. Il ne douta point qu'elle n'eût fui par mon fecours, car il n'avoit pu ignorer que j'étois demeuré dans le voifinage. Il fit monter à cheval tout ce qu'il y avoit de domeftiques au château, & il fe mit avec eux fur nos traces. Nous marchions tranquillement, mademoifelle de R... & moi, lorfqu'un des payfans qui nous accompagnoient, m'avertit qu'il entendoit le bruit de plufieurs chevaux. Je prêtai l'oreille ; il devint plus clair à mefure qu'ils avançoient. Je fuis certain, dis-je à mademoifelle de R.... que nous fommes pourfuivis. Je périrai plutôt que de vous laiffer retomber entre les mains de vos tyrans. Cependant, comme je m'imaginois bien qu'ils étoient en plus grand nombre que nous, je crus qu'il falloit joindre, s'il étoit poffible, l'adreffe à la réfolution. Nous n'avions malheureufement, aux environs, ni bois, ni haies, qui puffent nous fervir de retraite. Il fallut nous borner à nous écarter du chemin ; nous quittâmes nos chevaux dans les terres labourées. Je priai mademoifelle de R..... d'avancer feule une centaine de pas plus loin, & de s'y affeoir à terre, afin qu'elle ne pût être apperçue dans l'obfcurité ; & je lui recommandai de ne revenir à nous, que lorfqu'elle entendroit ma voix. Pour moi, je laiffai un de mes quatre hommes à garder nos chevaux ; & retournant vers le chemin, je mis ventre à terre avec mes compagnons, pour obferver le nombre & la contenance de ceux qui nous pourfuivoient. Nous avions des fufils & des piftolets. En un moment, nous les découvrîmes à dix pas. Ils n'étoient que cinq, avec le comte à leur tête. Le baron n'y étant point, je jugeai qu'ils s'étoient partagés en plufieurs bandes, pour fuivre divers chemins. J'étois réfolu de les laiffer paffer tranquillement, voyant qu'ils n'avoient apperçu, ni nous, ni nos chevaux : mais un de mes payfans, qui avoit quelque fujet particulier de reffentiment contre le comte, ne trouva point à propos de perdre cette occafion de fe venger. Il lui lâcha un coup de fufil, fans m'avoir averti de fon deffein. Heureufement qu'il avoit moins d'adreffe que de colère ; la balle ne bleffa perfonne. J'étois perfuadé qu'après cette action nos ennemis alloient tomber fur nous ; & je me hâtois de me lever, pour me mettre en état de me défendre. Mais le comte aimoit trop la vie, pour l'expofer au danger. Soit qu'il nous prît pour des voleurs, foit qu'il ne confultât que fa crainte, il tourna bride tout d'un coup, & fe fauva au grand galop avec fes compagnons. Nous lui accordâmes toute la liberté qu'il paroiffoit defirer pour s'enfuir. Je retournai vers nos chevaux, & j'appelai à haute voix mademoiselle de R....., qui avoit pensé mourir de frayeur au bruit du coup de fusil. Elle rit elle-même de sa crainte, lorsqu'elle eut appris la bravoure du comte. Nous arrivâmes le lendemain au soir chez M. le vicomte de..... Il avoit reçu la lettre, par laquelle je l'avois informé des désordres du château de B.... & il se préparoit à s'y rendre lui-même avec quelques - uns de ses amis. Il apprit, avec indignation, les nouveaux effets de l'audace du comte & du baron. Il lui parut d'abord que cette affaire devoit se terminer par la mort du père & du fils ; & sans doute qu'il se fût assez hâté pour les trouver encore à B.... si ses amis ne l'eussent point empêché de suivre le premier mouvement de sa colère. Mais en le priant d'y faire une réflexion plus sérieuse, ils l'ont fait entrer dans leur sentiment, qui a été d'assembler ses parens & ses amis, pour délibérer en commun sur les moyens de tirer satisfaction de cette injure. Ce n'est que d'hier, que nous sommes arrivés à B...., ajouta l'intendant, & vous n'avez pas de peine à croire que le comte & le baron se sont bien gardés de nous y attendre.

Cette histoire a fait trop de bruit dans la province, pour être ignorée de personne. Je passai quatre jours au château de B..... On y agita dans l'assemblée, si l'honneur du vicomte demandoit une réparation par les armes. Mon âge me

Tome III. L

procura d'opiner le premier. J'ouvris l'opinion pacifique. Elle fut suivie du plus grand nombre. Mes raisons ne furent point tirées de l'horreur que doivent inspirer les combats particuliers, ni de leur opposition aux loix du christianisme ; cette morale auroit été peu goûtée d'une multitude de jeunes gentilshommes, qui étoient dans des principes tout différens. J'insistai seulement sur ce que cette affaire me paroissoit de nature à devoir être terminée par la justice civile. M. le comte de...... s'étoit fait aimer de la princesse ; c'étoit un cas des plus communs. Il avoit souhaité de faire épouser à son fils l'héritière de la maison de B..... : ce mariage n'auroit point été un avantage pour cette maison, mais c'en étoit un si grand pour le comte, qu'on ne pouvoit lui faire un crime de l'avoir désiré. Il ne restoit à excuser que la manière brusque dont il s'y étoit pris ; la circonstance de la mort de la princesse, & le péril où il étoit de voir avorter ses desseins, sembloient la rendre pardonnable. Enfin, dis-je à l'assemblée, il me semble que les injures qui viennent du mépris & de la haine, sont les seules qui demandent d'être vengées par le sang ; & je ne vois rien, dans toute la conduite du comte & du baron à l'égard de la maison de B...., qui me paroisse venir de l'une ou de l'autre de ces deux sources. Je conclus donc que si le comte s'obstinoit à vouloir que le mariage de mademoiselle de R..... & de son fils pasfât pour constant, il falloit résister à ses prétentions, & tâcher de les faire déclarer nulles devant les tribunaux ordinaires. Cet avis l'emporta.

Si l'on s'imagine un homme altéré, qui cherche avidement à rassasier sa soif, & qui s'impatiente de l'éloignement d'une source d'eau, à laquelle il s'efforce d'arriver, on aura quelque idée de l'ardeur avec laquelle je retournai vers ma solitude. Je ne demeurerai point ici vingt-quatre heures, dis-je à ma fille en arrivant chez elle. Votre maison est une mer sans fin d'embarras & d'inquiétudes. Ce petit endroit du monde m'a causé seul autant de peines, que l'Europe & l'Asie que j'ai parcourues. Je l'avoue, me répondit-elle, mais vous avez toujours eu une fille tendre qui les partageoit. Que va-t-elle devenir, à présent qu'elle n'aura plus son père ? & de quel œil peut-elle voir l'empressement qu'il a de la quitter ? Ne m'accusez pas, repliquai-je, d'une indifférence que je n'ai pas pour vous. Vous connoissez trop bien le cœur de votre père. Confessez vous-même qu'il est tems que je me cache dans la retraite, pour y jouir d'un peu de repos. Que ferois-je ici ? Il est vrai, je ne suis pas encore décrépit ni tremblant ; mais croyez-vous que je ne commence point à sentir le dépérissement de

l'âge, & qu'il ne se passe pas bien des choses au-
dedans de ce corps, qui m'avertissent que je
touche à la caducité ? Soyez sûre, ma chère fille,
que quelque tendresse qu'on ait pour un père, c'est
une triste chose que de le voir accablé de vieil-
lesse & d'infirmités. Si c'est sincèrement qu'on
l'aime, on s'afflige : si l'on n'est pas d'un naturel si tendre, on s'ennuie du spectacle. La vieil-
lesse est dégoûtante. Elle est chagrine & incommode. J'ai remarqué que le sentiment filial s'éteint,
en quelque sorte, à mesure que les forces d'un
père s'affoiblissent & diminuent ; il manque, si
j'ose parler ainsi, peu-à-peu d'aliment. De-là
vient qu'on se console si vîte de la mort d'un
vieillard. En vérité, s'écria ma fille, si c'est-là
l'idée que vous avez de moi, j'ai à me louer
extrêmement de votre tendresse & de votre estime. Non, ma chère fille, repris-je ; chère Julie !
je ne pense pas si mal de ton cœur. Je sais qu'il
est d'une trempe extraordinaire ; il est tel que celui de ton père, & tel qu'étoit celui de ta mère.
Comment serois-tu dure & ingrate ! Tu es l'enfant
de ma tendresse, & le fruit du plus parfait de
tous les amours. Ce n'est donc pas à toi que j'ai eu
dessein d'appliquer mes reproches ; je me suis laissé
entraîner par mes réflexions. Mais je répète en
général, qu'il n'est point d'un homme sage de
paroître aux yeux du monde, lorsqu'il est devenu

la proie de la vieilleſſe. On lui fait grace, ſi on le ſupporte. Tous les égards qu'on a pour lui ſont des raiĺleries ou des faveurs. Les bonnêtes gens ne l'inſultent point ; mais ils s'applaudiſſent de leur bonté quand ils le plaignent ; & croyez-moi, c'eſt un triſte perſonnage que celui d'exciter la com-paſſion. D'un autre côté, ſi l'on ajoute à ces vues, qui ſont purement humaines, toutes les raiſons qui ſe prennent du chriſtianiſme, on trouvera qu'un vieillard attaché au monde eſt un prodige de folie & d'aveuglement. Je ne veux point d'au-tre preuve que ſon eſprit baiſſe & retourne à une eſpèce d'enfance. Graces au ciel, le mien ſe ſou-tient encore. Je vois que je ſuis inutile ici-bas, ou que ſi je ſuis capable d'y faire quelque bien, ce n'eſt plus qu'à moi-même. C'eſt donc le ſeul ſoin dont il faut que je m'occupe ; & le bien que je veux me faire, c'eſt de me procurer, à quelque prix que ce ſoit, le ſouverain, l'unique, le plus néceſſaire, & le plus important de tous les biens.

Je tins parole à ma fille. Je ne demeurai que vingt-quatre heures dans ſa maiſon. Notre ſépara-tion ne fut pas des plus douloureuſes, parce qu'elle ſe promettoit de me venir voir quelquefois à l'ab-baye de...., & que je ne me retranchois pas non plus la liberté d'aller de tems en tems paſſer deux ou trois jours chez elle. Mon gendre m'accompa-

gna sur la route. Ce fut lui qui fit naître le second
incident dont j'ai parlé, qui retarda encore de quelques jours le moment de ma retraite. Nous étions
dans son carrosse. Il avoit plu si fort depuis trois
semaines, que les chemins étoient rompus ; de
sorte que malgré les efforts de six puissans chevaux, nous n'avancions qu'avec une extrême difficulté. Lorsque nous fûmes dans la forêt de Senlis, nos roues s'enfoncèrent tellement, que nous
fûmes obligés de descendre à terre, pour soula-
ger le carrosse, & de marcher à pied environ une
demi-lieue, dans un sentier qui régnoit le long
des arbres. Je marchois avec assez de feu, pour
un homme de mon âge ; ce qui m'empêcha de
remarquer que le marquis, qui me suivoit dans le
sentier, s'étoit arrêté. Je fus surpris, en me tournant, de ne le pas appercevoir. Je l'appelai par
son nom. Il étoit à cent pas, pour le moins,
derrière moi ; & comme les arbres qui le ca-
choient ne lui permettoient pas non plus de m'entendre, je retournai sur mes pas pour le découvrir. Je le joignis enfin ; il étoit demeuré à s'entretenir avec une femme de bonne figure & fort
bien mise, qu'on auroit pu prendre pour une
bourgeoise du premier rang, si elle eût été un
peu moins crottée. Je lui demandai par quel hasard il avoit fait une si belle rencontre. Il me
dit qu'ayant tourné la tête en marchant, il l'a-

voit vue, qui s'avançoit derrière lui avec beaucoup de peine, & que la curiofité de connoître
ce que ce pouvoit être qu'une femme, qui fe
trouvoit feule à pied au milieu d'une forêt, l'a-
voit porté à s'arrêter. Avez - vous appris d'elle,
lui dis-je, ce que vous defiiez de favoir ? Oui,
me répondit-il ; c'eft une dame flamande. Elle a
eu le malheur de perdie fon mari, qui eft mort
de maladie en venant à Paris avec elle. Les fiais
qu'elle a été obligée de faire pour prendre foin
de lui, ont tellement épuifé fa bourfe, qu'elle
eft contrainte d'aller à pied jufqu'à Paris, où
elle fe promet de trouver des reffources parmi
fes connoiffances. Je fuis fâché, ajouta-t il, que
notre route ne nous mène pas fi loin ; je lui of-
frirois une place dans mon carroffe. Je lui fis
auffi quelques honnêtetés, qu'elle reçut fort civilement. Elle continua de marcher avec nous.
Lorfque nous trouvâmes à propos de remonter
en carroffe, le marquis lui dit que nous avions
tout au plus deux lieues à faire dans le chemin
de Paris, mais que ce feroit un petit délaffement pour elle, fi elle vouloit prendre une place
avec nous. Elle ne fe fit pas preffer beaucoup
pour monter. A peine étions-nous cinquante pas
plus loin, que nous vîmes venir à notre rencontre quelques perfonnes à cheval, que nous re-
connûmes pour des archers de la maréchauffée.

L iv

Nous ne fûmes pas surpris de les voir, fachant
que la forêt de Senlis est pour ainsi dire leur
domaine, ou du moins le principal champ de
leurs exploits. Mais ce qui nous étonna, ce fut
de voir arrêter notre carrosse, & l'un des gardes
venir a la portière. Il nous fit neanmoins des
excuses de leur procédé. Vous savez, Messieurs,
nous dit-il, à quoi notre emploi nous oblige.
Apprenez-nous si vous n'avez été insultés par personne dans la forêt. Nous répondîmes que non, &
nous demandâmes s'il y étoit arrivé nouvellement
quelque désordre. Il en arrive tous les jours, reprit l'archer. On y a tue trois personnes, depuis
moins d'une semaine ; & quantité d'autres y ont
été dépouillées. On nous a donné des avis certains, que la bande est composée d'onze hommes & d'une femme ; & l'on raconte des choses
étranges de cette femme, qui commet seule plus
de mal que ses onze compagnons. Il nous rapporta, là-dessus, la manière dont cette infame
s'y prenoit pour détrousser les passans, & souvent
pour les tuer. Elle est à pied, nous dit-il, &
vêtue proprement. Elle porte sous le bras, une
boîte, moins pesante qu'incommode par sa grandeur. Lorsqu'elle apperçoit un cavalier qui passe
dans ce chemin, elle se laisse appercevoir. Il y a
peu d'hommes, qui voyant une femme d'un certain air, au milieu d'une forêt, ne se laissent

tenter à la curiosité de s'approcher d'elle, & de lui demander ce qu'elle y fait. Elle répond, comme elle le juge à propos ; & se plaignant de sa lassitude, elle donne occasion au passant de lui offrir la croupe de son cheval. C'est ce qu'elle desire : elle l'accepte ; & pour se préparer plus de facilité à faire son coup, elle prie son cavalier de prendre devant lui sa boîte, afin qu'il ait les mains occupées. Alors, elle prend son tems pour lui enfoncer, par derrière, ou dans le côté, un large poignard dont elle est toujours pourvue. Nous avons su tout ce détail, d'un malheureux, que nous trouvâmes hier mourant dans cette forêt. Il avoit péri par les mains de cette malheureuse, qui l'avoit laissé pour mort. Nous aurions peut-être pu nous saisir d'elle, car elle ne devoit pas être fort éloignée; mais, étant en trop petit nombre pour nous exposer à en venir aux mains avec ses onze compagnons, nous remîmes à prendre mieux nos mesures aujourd'hui. Nous sommes actuellement cinq ou six escouades, qui battons de tous côtés la forêt ; de sorte que si la bande y est encore, il sera difficile qu'elle nous échappe.

Nous nous regardions, le marquis & moi, pendant tout ce récit. Nous jetions aussi, de tems en tems, les yeux sur notre compagne. Elle affectoit une contenance si ferme, que cela confondoit nos foupçons; car le lecteur s'imagine bien quelle avoit dû être notre première penſée, en entendant parler l'archer. Tout ce que nous connoiſſions de cette femme s'accordoit avec ſa narration. Elle avoit même la boîte avec elle, & elle l'avoit miſe à nos pieds dans le carroſſe. Je prévins le marquis, qui me paroiſſoit prêt à parler. Je lui ſerrai la main; & me tournant vers l'archer, je lui dis qu'il nous feroit plaiſir de ſuivre notre carroſſe avec ſon eſcouade, juſqu'à la ſortie de la forêt, pour nous ſervir d'eſcorte. Il le fit volontiers. Lorſqu'il ſe fut écarté de la portière, je mis la main ſur l'épaule de ma voiſine, qui étoit avec moi dans le fond, & je la priai honnêtement de me confeſſer la vérité, ſi elle ne vouloit point être livrée à la maréchauſſée. Elle comprit bien que l'artifice feroit inutile. Elle nous avoua que c'étoit elle-même dont il étoit queſtion, & elle ſe réduiſit à nous prier ardemment de lui ſauver la vie. Vous n'en êtes pas digne, lui dis-je; mais puiſque votre bonne étoile vous a fait tomber entre nos mains, nous ſerions fâchés de faire ici le métier d'archers. Ne craignez donc rien pour votre vie, nous nous contenterons de vous faire mettre en lieu de ſûreté. Ayant atteint le bout de la forêt, je congédiai nos gardes. Je dis au marquis à l'oreille, que nous nous écartions ſi peu de votre route en paſſant

par Paris, qu'il me fembloit à propos de prendre ce chemin, pour nous défaire de cette malheureufe femme, en la faifant mettre pour le
refte de fes jours à la Salpetrière ou à Bicêtre.
Le marquis donna fes ordres à fon cocher. Je
me tournai enfuite vers notre héroïne, & je la
priai, pour le bon office qu'elle recevoit de nous,
de nous raconter par quelles aventures elle fe
trouvoit engagée dans un genre de vie fi déteftable. Elle me répondit qu'elle fatisferoit volontiers notre curiofité. Voici fon récit.

Tout mon malheur, nous dit-elle, vient
d'avoir été cruellement trahie par plufieurs amans.
J'étois née d'une honnête famille, avec de bonnes inclinations. J'étois naturellement généreufe
& bienfaifante; & me fentant incapable de tromper, j'avois la même opinion de tous ceux avec
lefquels je vivois. Je n'étois point abfolument
fans beauté. Un jeune homme, des voifins de
notre demeure, me trouva digne d'être aimée;
il s'attacha fi fort à moi, qu'il réuffit à me toucher
le cœur. Je le crus tendre & fidelle. Il me jura
de m'époufer, & fur cet efpoir, je confentis à
tous fes defirs. Le fruit de nos amours ne tarda
point à paroître; mais lorfque je le preffai d'ac-
complir notre mariage pour me fauver de l'infamie, je fus furprife de l'entendre répondre
froidement que fon père lui avoit acheté un

emploi dans les troupes , & qu'il étoit obligé de joindre le régiment. Mon défefpoir fut extrême Cependant il falloit l'étouffer , pour l'intérêt de mon honneur. Je vis partir mon perfide , qui ne donna pas même une larme à ma douleur. Je demeurai feule , avec la honte d'avoir été trompée , & la crainte d'un père extrémement févère, qui ne pouvoit être long - tems à s'appercevoir de ma mauvaife conduite. Mon épouvante fut teile, à l'approche de mes couches, que je réfolus de quitter la maifon paternelle ; & pour me mettre à l'abri de la misère , je volai à mon père environ dix mille écus, qui étoient la meilleure partie de fon bien , qu'il avoit acquis par le commerce. Je me rendis à Paris avec cette fomme. J'y pris une chambre & une fervante. Le tems de mes couches étant arrivé , je fus délivrée heureufement d'un garçon , qui mourut peu après. La tranquillité revint dans mon efprit & dans mon humeur. Je parus dans les promenades publiques & aux fpectacles. J'y reçus des civilités de plufieurs galans de profeffion ; & je fentis que malgré la tromperie cruelle que j'avois effuyée , mon cœur courroit volontiers le rifque d'un nouvel engagement. J'étois déterminee feulement à m'y prendre avec plus de precaution. C'étoit le feul fruit que je voulois tirer de mon expérience. Il fe préfenta bientôt un amant , tel

qu'il me sembloit que je l'aurois choisi , s'il
s'en étoit présenté mille. Dieu ! qu'il paroissoit
tendre & généreux ! J'oubliai toutes les résolutions que j'avois faites, de le mettre à l'épreuve.
J'en devins folle , jusqu'au point de me rendre
à la troisième visite. Il ne parut point disposé à
abuser de sa victoire. Au contraire , il affecta
de me faire voir de l'augmentation dans sa tendresse. Il ne pouvoit être un moment sans moi ;
il me fit consentir à le recevoir dans ma maison,
pour vivre ensemble sous le nom d'époux. Je
lui demandai à quoi il tenoit que nous ne le
devinssions réellement. Il feignit d'avoir besoin
de quelques jours pour y penser. Enfin , il revint me donner sa foi , & nous fûmes mariés
avec les cérémonies de l'église. Ma bonté , ou
plutôt , mon aveuglement ne me permit pas
même de m'informer quels étoient son bien & sa
famille. Il vivoit à mes dépens, & je ne croyois
pas acheter ma satisfaction trop cher. Elle dura
quinze jours. Un dimanche , que j'étois allée à
la messe, il profita de mon absence pour enlever mon argent & mes bijoux ; de sorte que
je me trouvai , à mon retour , dépouillée de
tout, jusqu'à mes habits. Ma servante avoit été
de concert avec lui. Ils avoient pris la fuite
ensemble. Je tombai évanouie , à la vue de mes
pertes ; & je demeurai si long-tems dans cet état,

que c'eſt un miracle que j'en ſois revenue. Il
étoit preſque nuit , lorſque je recouvrai la connoiſſance. L'état où je me voyois réduite étoit ſi
déſeſpérant , que je n'avois plus d'autre parti que
de me donner la mort. Je répandois un ruiſſeau
de larmes , en pouſſant des cris & des ſoupirs.
Le bruit que je faiſois attira dans ma chambre
un étranger , qui deſcendoit d'une chambre plus
haute , où il étoit venu pour quelques affaires.
Ma porte étoit entr'ouverte ; il entra : Je ſerois
ravi , Madame, me dit-il , d'être capable de vous
rendre ſervice dans l'excès de triſteſſe où vous
êtes. Je lui racontai mon infortune. Il en parut
touché. Comme je lui avois dit qu'on m'avoit
enlevé juſqu'au dernier ſou , il eut la généroſité
de m'offrir quelqu'argent , que la néceſſité m'o-
bligea d'accepter. Il fit plus ; il prit ſoin de me
faire apporter à ſouper , & il me tint compagnie
pendant toute la ſoirée. En me quittant, il me
demanda la permiſſion de revenir le lendemain.
Je regardai cette rencontre , comme le plus
grand bonheur qui pût m'arriver dans une con-
jonéture ſi triſte. Je le revis , le lendemain,
ſuivant ſa promeſſe. Il me fit un préſent plus
conſidérable que la veille , & il m'aſſura que je
ne manquerois de rien , tant que je voudrois
conſentir à recevoir quelque choſe de lui. Ses
viſites & ſes libéralités ne ſe relâchèrent point.

Il me fit entendre à la fin qu'il me trouvoit aimable, & que ses soins n'étoient pas tout-à-fait
désintéressés. Je consultai mon cœur. Il me sembloit qu'après deux trahisons, aussi noires que
celles que j'avois éprouvées, je ne devois plus
prendre de confiance aux sermens des hommes.
Qu'est-ce qui pouvoit désormais me répondre de
leur fidélité ? J'avois été trompée par deux personnes, dont j'avois été idolâtre. Pouvois-je attendre plus de sincérité & de constance de ceux
qui me seroient indifférens ? Car je ne me sentois
plus de disposition à aimer, & je me croyois guérie,
pour toute ma vie, de cette funeste passion. Mon
nouvel amant ne se rebuta point, quoique je
lui découvrisse ingénument le sujet de ma froideur. Il m'en aima davantage, parce qu'il vit
que je n'étois pas encore capable de tromper. Il
continua de me presser par ses assiduités & ses
caresses, mais encore plus efficacement par ses
liberalités. Il m'aime sincérement, disois-je en
moi-même ; il n'y a que l'amour qui puisse le
rendre si constant & si libéral. Je n'ai rien à
risquer, puisqu'il ne me reste plus rien à perdre.
Engageons-nous pour la troisième fois. Je par-
vins ainsi peu-à-peu à l'aimer ; & je m'applaudissois d'autant plus de ce nouvel amour, qu'il
me sembloit que c'étoit de ma part un engagement de raison, qui ne seroit pas sujet par con-

féquent aux funeftes fuites d'un tranfport aveugle
& déréglé. Je ne tardai pas long-tems à me
rendre, après ces réflexions. Je trouvai, dans mon
amant, toute la tendreffe & la complaifance
qu'une femme peut defirer pour être heureufe.
Nous pafsâmes dans cette union environ trois
femaines, à la fin defquelles il me propofa de
faire un voyage en province, pour aller mettre
ordre à quelques affaires de famille. Je fus la
première à lui demander, fi fes parens me ver-
roient de bon œil avec lui. Il me dit qu'il étoit
le maître de fa conduite. Ma délicateffe, fur fa
réputation, parut lui plaire. Je me croyois donc
la mieux aimée de toutes les femmes. Nous
partîmes pour fa ville natale. Nous y demeurâmes
quelques jours. Il paroiffoit impatient de retourner à Paris. Je ne l'étois pas moins. Nous en
reprîmes la route, comptant d'y arriver après
une abfence d'environ quinze jours. Perfides
hommes ! s'écria la fcélérate ; que ne puis-je en
éteindre toute la race ! Le troifième jour de notre
marche, étant à dix lieues de Paris, nous nous
arrêtâmes, le foir, avec les marques de notre
affection ordinaire. Je paffai toute la nuit dans
un profond fommeil. Le matin, m'étant éveillée
vers les neuf heures, je ne fentis point mon
amant à mon côté. Je me figurai que me voyant
dormir tranquillement, il étoit allé faire préparer

notre chaife, afin qu'elle fût prête à mon réveil.
Je me levai, je le fis appeler; on m'apprit qu'il
étoit parti trois ou quatre heures auparavant.
Parti ! m'écriai-je. Oui , Madame, il eft parti
dans la chaife, & il nous a dit que vous aviez
deffein de paffer ici quelques jours. J'étois fans
un fou. Il avoit emporté la malle même où étoient
mes habits. Il eft vrai qu'ils me venoient de lui;
mais enfin c'étoient mes habits. L'unique grace,
qu'il m'eût faite , avoit été de payer la dépenfe
de l'auberge. O ciel ! continua - t - elle , une
femme ne fauroit mourir de rage , puifque j'eus
la force de réfifter à la mienne. Ce fut alors que
je fouhaitai que tous les hommes enfemble n'euffent qu'une vie , & que j'euffe le pouvoir de la
leur arracher avec mes dents & mes ongles. Je
mordois mes propres bras de défefpoir. Je quittai
l'hôtellerie comme une furieufe , & je me mis à pied
à la pourfuite de mon perfide , fans confidérer
que je n'avois nul efpoir de le rejoindre. Je marchai, cinq ou fix lieues, avec une action qui
m'empêchoit de fentir ma laffitude. Mais une
traite fi longue épuifa tout d'un coup mes forces.
Je fus obligée de m'affeoir , à l'entrée d'une forêt.
Je m'écartai de quelques pas du chemin , pour
me cacher aux yeux des paffans. Là , je maudis
tout le genre humain, & je fis des imprécations
contre les hommes depuis Adam jufqu'à nous.

Tome III. M

J'invoquai la mort. Je livrai mon traître à toutes les furies ; enfin je m'abandonnai aux cris & aux larmes avec une violence qui acheva de m'affoiblir , & qui me mit hors d'état de conti-nuer mon chemin. La nuit prit la place du jour. Je crus qu'il me seroit impossible de gagner un lieu , qui pût me servir de retraite. Tandis que j'étois dans cette inquiétude , & que l'obscurité la redoubloit , j'entendis le bruit de quelques passans. Je me traînai vers eux , pour leur de-mander du secours , ou pour les prier du moins de me servir de guides. C'étoit-là que je devois trouver la consommation de mon mauvais sort. Ces passans étoient des voleurs attroupés , qui cherchoient leur proie. Ils me reçurent néan-moins fort humainement. Mais je compris en un moment , par leurs discours , dans quelles mains j'étois tombée. Dois-je vous le confesser ? ajouta notre historienne , je ne regardai point cette aventure comme un malheur. Dans la fureur qui me faisoit souhaiter du mal à tous les hommes, je me vis sans regret au milieu de douze personnes, dont la profession étoit de nuire au genre humain. Je les trouvai plus ouverts & plus sincères , que les perfides qui m'avoient trompée : ils tirèrent de leur sac quelque partie de leurs provisions, qu'ils me firent prendre avec beaucoup de douceur. Je fus présente , dès cette première nuit , au dé

pouillement de plufieurs voyageurs ; & loin d'en
être effrayée , je n'aurois pas été fâchée qu'ils
leur euffent ôté même la vie , tant ma haine
contre les hommes étoit déja endurcie. Lorfque
l'heure fut venue de quitter le grand chemin ,
ils me conduifirent, avec eux , dans la plus épaiffe
partie de la forêt où étoit leur cabane. S'ils n'y
avoient pas toutes les commodités de la vie , ils
ne manquoient pas non plus du néceffaire. On
alluma des lampes, pour fe reconnoître à la lumière. Tandis que la curiofité les portoit à confidérer de près mon vifage, j'apperçus parmi eux
le fecond de mes infidelles ; je veux dire celui
qui m'avoit époufée dans les formes , & qui s'é-
toit fauvé de Paris avec ma fervante. Mes tranfports , qui n'étoient pas encore éteints , fe ral-
lumèrent à cette vue plus furieufement que jamais. Je fautai fur une bayonnette, & je l'en-
fonçai quatre ou cinq fois dans fon cœur, avant
qu'il eût pu prévoir le coup. Traître ! lui dis-je
en le frappant, puiffent tous ceux qui te reffem-
blent être exterminés encore plus cruellement.
Tous fes compagnons fe regardèrent avec admiration , en s'écartant de moi , pour attendre la
fin de cette tragédie. Je jetai la bayonnette à
terre. Meffieurs, leurs dis-je , je viens de délivrer
la terre & vous , du plus lâche de tous les
hommes. J'ai fait ce que vous auriez dû faire

vous-mêmes, si vous aviez connu ses crimes comme moi. Là-dessus je leur racontai le tour cruel qu'il m'avoit joué, & de peur qu'ils ne se défiassent d'une femme, qui devoit leur paroître sans doute assez résolue, je les assurai que depuis quatre heures que j'étois avec eux, je les estimois déja plus que tous les hommes ensemble, & que je consentois de bon cœur à passer ma vie parmi eux. L'accord fut scellé de part & d'autre. Il y a trois mois que je suis dans leur compagnie, & je puis me flatter d'avoir su m'attirer quelque considération de toute la bande. Ce n'est pas tout d'un coup, que je me suis mise à exercer aussi le métier. Je demeurai les premières semaines, seule dans la cabanne, pendant qu'ils alloient à la petite guerre ; & mon occupation étoit de préparer le souper pour leur retour. Mais la haine contre les hommes, qui ne me donnoit point de relâche, & les discours qu'ils tenoient en ma présence, m'enflammèrent tellement, que je leur proposai de m'associer à leurs entreprises. Je devins aguerrie, en moins de tems qu'ils ne se l'imaginoient. Mes essais me firent honneur ; & j'ai tenu depuis, un des premiers rangs dans la bande, par ma hardiesse & par le succès qui m'a toujours accompagnée. Tous les hommes, que j'ai tués, sont autant de victimes que j'ai sacrifiées à ma fureur, plutôt

qu'à mon avarice & à l'envie de m'enrichir. Voilà,
Meſſieurs, ajouta cette malheureuſe, l'hiſtoire
que vous avez voulu entendre. J'ai toujours fort
bien prévu que notre troupe ſeroit diſſipée, ou
ſaiſie à la fin par la maréchauſſée, & que nous
aurions le ſort commun des voleurs. J'avoue que
cette penſée m'a quelquefois effrayée. C'eſt un
bonheur pour moi d'être tombée dans vos mains,
puiſque vous m'avez promis de mettre ma vie en
ſûreté ; & la plus grande marque que je puiſſe
vous donner de ma reconnoiſſance, nous dit cette
effrontée en finiſſant, c'eſt de vous remettre mes
armes. Elle tira en même-tems de ſes poches,
deux petits piſtolets, & un large poignard des
plis de ſa juppe. Je frémis en les voyant, de
l'imprudence que j'avois eue de ne pas les luï
ôter, avant qu'elle eût commencé ſon récit ; car
il lui auroit été facile aſſurément d'en uſer contre
nous, pendant que nous lui prêtions notre attention.
Etant arrivés à Paris, j'envoyai chercher un des
directeurs de la Salpetrière, à qui j'appris ſon
hiſtoire, après lui avoir fait promettre de ne ſe
ſervir de cette connoiſſance, que comme d'une
bonne raiſon pour la tenir enfermée le reſte de
ſes jours. Nous fûmes ainſi délivrés d'elle, &
nous nous rendîmes ſans obſtacle à l'abbaye de.....

Je puis commencer à compter de ce jour, le
tems de mon repos & de la paix de mon cœur.
M....

S'il m'est encore arrivé d'avoir quelque léger sujet de trouble, c'est la délicatesse de l'amitié, ou la tendresse du sang, qui l'a fait naître. Le ciel, content des épreuves auxquelles il m'a mis si long-tems, a épargné ma foiblesse ces dernières années; il m'a traité comme un vieillard épuisé de forces, qui n'est plus propre au combat, & à qui ses seuls desirs tiennent lieu désormais de mérite pour se présenter à la récompense. C'en est un bien foible, sans doute, aux yeux d'un maître redoutable, qui a droit d'exiger tant de ses créatures? mais sa miséricorde est le fond consolant de mes espérances. Il ne m'a pas conservé si long-tems pour me perdre. Il ne m'a point fait sentir si vivement qu'il est le seul bien de mon cœur, pour me priver un jour de ce qu'il m'a fait aimer, & pour m'éloigner de sa présence, après me l'avoir fait regarder comme ma seule félicité.

Soit par un effet de la disposition de mon esprit, soit réellement par la situation naturelle du lieu, l'abbaye de...... me paroît le plus charmant séjour du monde. Les bâtimens en font magnifiques. Les jardins y répondent par leur beauté & leur étendue. L'art n'y a rien épargné pour orner la nature. On y trouve des bois, des fontaines; & presque dans toutes les saisons, des fleurs & de la verdure. J'ai toujours aimé

ces ornemens simples de la terre, qui sont pour
ainsi dire, les restes de notre première innocence.
Je trouve une douceur infinie à les cultiver de
mes propres mains. La première chose, dont je
m'occupai en arrivant, fut à faire un partage de
toutes les heures du jour, pour me tenir continuellement éloigné de l'oisiveté. La lecture, la
conversation, & la promenade sont les chefs
principaux de mes occupations. Je ne me fais
pas un simple amusement de la lecture. Je lis,
pour m'instruire ou pour m'édifier. Je me sers
des nouvelles lumières que je m'efforce d'acquérir,
pour étendre & perfectionner les idées que j'ai
toujours eues de la vertu & de l'honneur. Mes
sentimens s'échauffent à cette vue ; mon cœur
s'attache plus que jamais au devoir, & mon esprit ne se lasse point de le soutenir par de continuelles réflexions, qui le fortifient en multipliant
ses motifs. Les sciences humaines ne flattent plus
mon goût. Si elles produisent quelques fruits,
l'âge ne me permet plus de les recueillir. C'est
être oisif, que de s'occuper d'un travail inutile.
Je me renferme dans les connoissances de la
religion & de la morale, qui sont à présent les
seules de mon ressort, & qui sont sans doute
les plus solides, puisque l'utilité en dure éternellement.

Pour la conversation, je ne m'en procure

M iv

guère d'autre , que celles des folitaires avec lefquels je demeure. Quoique la plupart n'aient que
des lumières bornées , ils ont le fens droit. La
folitude les rend férieux & attentifs. Ils ne font
point diftraits par les objets des paffions. Leur
raifon profite du filence de leur imagination. S'ils
ne font point capables d'une converfation fine &
délicate , ils raifonnent jufte & ils penfent folidement.

La promenade fait ma troifième occupation.
Je marche , en confidérant les ouvrages de la
nature , & j'admire leur variété. J'aide , par mes
foins, à la naiffance & à l'accroiffement de quelques fleurs & de quelques fruits , dont j'ai pris
la direction. Je promène mes regards fur le
payfage tranquille qui m'environne. Je mefure des
yeux la diftance du ciel à la terre ; & je gémis
quelquefois de la pefanteur qui m'empêche de
m'élever à cette région de félicité. Le refte de
mon tems eft occupé par la prière. Je pris cet
ordre de vie dès que le marquis, mon gendre,
m'eut quitté pour retourner à fa terre , & j'efpère
le fuivre fidellement jufqu'à ma dernière heure.
Quelques mois fe pafsèrent , fans que j'entendiffe
parler du marquis mon élève , & de ma nièce
Nadine. J'interprétai avantageufement ce filence ,
dans l'un & dans l'autre. Ils font tranquilles,
difois-je ; l'abfence a produit fon effet ordinaire

Cependant, un jour que j'étois à travailler paifiblement dans mon petit jardin, je fus extrêmement furpris d'y voir entrer le marquis. Il m'embraffa avec tranfport. Je le conduifis à mon appartement, & je lui demandai fi c'étoit un refte d'amitié & de fouvenir, qui m'attiroit l'honneur de fa vifite. Il ne me diffimula point qu'avec le plaifir de me voir, il avoit été amené par l'efpérance d'apprendre de moi dans quel lieu ma nièce s'étoit retirée. Je ne doute point, me dit-il, qu'elle ne foit retournée dans quelque couvent; mais je vous avoue, ajouta-t-il, que lui ayant écrit plufieurs fois chez madame votre fille, où je la croyois toujours, je m'étois flatté du moins, que quelque part qu'elle fût, on lui feroit tenir mes lettres. Elle ne les a pas reçues affurément, puifque je n'en ai point eu de réponfe. Je voudrois favoir quel droit madame la marquife croit avoir fur des lettres qui viennent de moi, & qui ne font pas pour elle. Comme il me paroiffoit un peu irrité, je lui répondis doucement, qu'il accufoit ma fille, peut-être mal-à-propos; & qu'il pouvoit être vrai, ou qu'elle n'eût pas reçu fes lettres, ou que les ayant reçues, elle les eût envoyées à Nadine, qui n'avoit pas jugé que la bienféance lui permît d'y répondre. Non, non, reprit-il; j'ai paffé chez madame votre fille, & non-feulement elle a

confeſſé qu'elle a reçu mes lettres ; mais elle me
les a rendues ſans les avoir ouvertes. De quoi
vous plaignez-vous donc, lui dis-je ? Si vous ne
trouvez pas, répondit-il, que j'aie eu lieu de
me plaindre, c'eſt ſans doute que vous me con-
damnez ; & dans cette ſuppoſition, je n'ai pas
un mot à répliquer. Mais pourquoi me trouve-
riez-vous coupable pour avoir écrit à vôtre nièce,
puiſque vous n'ignorez pas les promeſſes que
je lui ai faites, & que je ne perdrai jamais la
volonté de les exécuter ? Je ne laiſſai pas d'être un
peu embarraſſé à lui trouver une bonne réponſe.
Mais.... lui dis-je en héſitant un peu, vous ſavez
bien que ces ſortes de promeſſes, qui marquent
à la vérité beaucoup de bonté de votre part, ne
changent rien à la ſituation de ma nièce, & qu'elle
n'en eſt pas plus autoriſée à entretenir un commerce
de lettres, qui ne convient peut-être pas à une
perſonne ſage & retenue. Vous ne me l'avez
pourtant pas interdit, reprit-il encore d'un air
affligé, lorſque je vous en ai demandé la permiſſion
à vous-même. Il eſt vrai, répliquai-je, que je ne
m'expliquai alors que par mon ſilence ; mais c'eſt
que mon amitié me faiſoit craindre de vous cauſer
du chagrin. Je vois donc trop bien, ajouta-t-il, que
non-ſeulement vous m'ôterez la ſatisfaction d'écrire,
mais que vous ne m'accorderez pas même celle
de ſavoir où Nadine s'eſt retirée. Je lui dis froi-

dement qu'elle pouvoit avoir changé de demeure, depuis que j'étois dans cette abbaye, & que je pouvois l'affurer, qu'il y avoit trois mois que je n'avois point reçu de fes nouvelles. Il me tourna brufquement le dos à cette réponfe, & il fortit malgré moi, en me répétant plufieurs fois que je me jouois encore de fa crédulité ; mais qu'il fauroit bien la retrouver, fût-elle enfermée au fond d'un cachot par ma dureté. Il remonta à cheval dans l'inftant ; & toutes mes prières ne purent l'arrêter.

Quoiqu'il n'y eût point d'apparence qu'il découvrît le lieu où ma nièce étoit, j'écrivis à ma fille, pour la prier de fe rendre à fon abbaye, & de recommander plus que jamais à l'abbeffe d'être exacte fur le fecret. J'étois bien-aife d'ailleurs qu'elle vît Nadine, & qu'elle pût m'apprendre de fes nouvelles. Ma fille fit ce voyage auffitôt. Elle vint me voir moi-même à fon retour, & j'eus lieu d'être content de fa relation. Nadine commençoit à goûter fa retraite. Elle ne foupiroit plus. Ses pleurs étoient taris. Elle parloit encore du marquis ; mais fa paffion fe changeoit peu-à-peu en une tendre amitié. En un mot, fi elle étoit entrée dans le cloître par défefpoir, il y avoit fujet d'efpérer que l'inclination pourroit l'y retenir. Je bénis le ciel de ce changement, fur-tout lorfque ma fille ajouta, qu'elle étoit une des plus ferventes novices, & que l'abbeffe ne ceffoit point de fe

louer de ſon zèle & de ſa piété. Je reçus, peu de
tems après, une lettre d'elle. La douceur de ſon
ſtyle acheva de me perſuader que ſon cœur n'avoit
pas perdu la paix ſans reſſource. Elle paroiſſoit
déſirer avec ardeur le tems de ſe lier par des vœux.
Elle parloit de ſes agitations, comme d'une choſe
qu'elle commençoit à voir dans l'éloignement.
Elle faiſoit l'éloge des douceurs d'une vie tranquille & ſolitaire; enfin, j'apperçus dans ſa lettre
tous les ſymptômes d'une guériſon commencée,
que le tems achèveroit de perfectionner. Je lui fis
une longue réponſe, pour fortifier de ſi heureuſes
diſpoſitions. La paix de mon propre cœur en fut
ſenſiblement augmentée. Il n'y avoit que le marquis, dont le ſouvenir me cauſât encore quelque
amertume. Il m'étoit toujours cher, & ſon bonheur
étoit la ſeule choſe qui manquât à la perfection du
mien.

　Il revint à l'abbaye, environ deux mois après ſa
dernière viſite. Quoiqu'il dût me connoître aſſez,
pour être aſſuré que je ne conſervois aucun reſſentiment de la manière dont il m'avoit quitté la
dernière fois qu'il m'avoit vu, il m'aborda de l'air
d'une perſonne qui a quelque choſe à ſe reprocher.
Il me fit des excuſes, de la chaleur avec laquelle
il m'avoit parlé. Je ne les écoutai, que pour
admirer la bonté de ſon cœur. Il fallut s'entretenir
auſſitôt de Nadine. Il m'apprit triſtement qu'il avoit

envoyé dans la plupart des couvens du royaume,
& que tous ses soins n'avoient eu nul succès.
Comme il me paroissoit excessivement affligé, &
que son but étoit sans doute d'exciter ma compassion, qu'il connoissoit facile à émouvoir, je lui
dis que j'allois lui rendre un service auquel il ne
s'attendoit pas.

Que feriez-vous, continuai-je, si Nadine vous
étoit infidelle ? Il me répondit, qu'il mourroit de
douleur, ou peut-être de sa propre main. Mais,
ajouta-t-il, il est impossible qu'elle le soit. Que pense-
riez-vous, repris-je, si sans être infidelle, c'est-à-dire
si continuant de vous aimer toujours avec beaucoup
de tendresse, elle renonçoit à l'espérance que vous
lui avez donnée d'être à vous ? Je dirois.... mais
je ne dirois rien, repartit-il en s'interrompant, car
vous m'annoncez des choses impossibles. Je suis sûr
qu'elle m'aime, & qu'elle est convaincue que je
l'adore. Elle ne voudroit pas me désespérer, comme
elle sait bien qu'elle le feroit en m'abandonnant.
Permettez, lui dis-je, que je m'explique davantage.
Ma nièce vous aime tendrement sans doute. Elle
seroit la plus ingrate de toutes les femmes, si après
tant de témoignages de votre sincère affection &
de votre constance, elle n'avoit pas pour vous le
juste retour qu'elle vous doit. Mais elle a reconnu
que son amour produit le même effet par rapport
à vous, que feroit la haine d'un autre. Il trouble

votre repos, il dérange votre fortune, il vous fait
oublier l'élévation pour laquelle vous êtes né,
il vous écarte de la foumiffion que vous devez à
votre père. Elle a été effrayée de fe trouver la caufe
de tant de défordres ; & par un effort même
d'amour, elle a pris la réfolution de facrifier fa
tendreffe à vos intérêts. De quoi pouvez-vous
l'accufer ? Je regarde fon procédé comme un
exemple admirable de générofité, qui doit lui
attirer éternellement votre eftime. On voit affez
de gens qui font violence à leur cœur, quand ils
s'apperçoivent que leurs paffions nuifent à leur
fortune ; mais où en trouve-t-on, qui facrifient
leur fortune & leur paffion tout enfemble aux
intérêts de l'objet qu'ils aiment ? Ce défintéreffe-
ment eft fi étrange, que je le regarde comme un
prodige, dans une jeune perfonne de l'âge de ma
nièce. Si je vous difois encore qu'elle ne fe borne
point-là ; qu'elle veut vous remettre dans toute
la liberté dont vous pourriez croire que vos promeffes & vos fermens vous ont privé, & que pour
vous rendre ce fervice, elle facrifie la fienne, ne
conviendriez-vous pas que c'eft peut-être le dernier effort du cœur humain, un effort qui ne
paroîtroit pas vraifemblable dans un roman ? Voilà
néanmoins, mon cher marquis, ce que ma nièce
a fait pour vous. Lifez la lettre qu'elle m'écrit,
ajoutai-je en lui préfentant la lettre de Na-

dine. Vous verrez à qui cette chère enfant s'immole, & vous jugerez s'il est vrai qu'elle vous aime.

Il lut la lettre. Il me la rendit sans parler; & il se jeta sur une chaise, en levant les mains & les yeux au ciel avec un mouvement extraordinaire. Les pleurs coulèrent en un moment de ses yeux, sans qu'il songeât à les essuyer. Je m'assis près de lui. Vous devriez donner ces larmes, lui dis-je, à l'estime & à l'admiration plutôt qu'à la douleur. Je n'ose ajouter que la joie même devroit y avoir quelque part. Cependant il y a peu de personnes qui n'en ressentissent de cette seule pensée, que leur mérite, ou leur bonheur, a fait naître une des plus belles & des plus généreuses passions qui furent jamais. C'est un plaisir que les richesses & la grandeur ne donnent point; un plaisir de la nature, qui n'est attaché à nulle condition, & qui est unique en quelque sorte, en ce qu'il part d'une cause qui n'est propre qu'à lui. On me sert par intérêt, on me loue par flatterie, on me caresse par artifice; mais pour l'amour, il n'est accordé qu'à moi: le seul motif qu'on puisse avoir de m'aimer, est que je suis aimable. En vain voudroit-on déguiser une passion réelle, ou contrefaire une passion sincère. Mille marques trahissent le cœur. En fait d'amour & de haine, il y a des preuves qui ne sont point équivoques. Je tâchois ainsi de colorer

& d'assoupir le désespoir du marquis, par des raisonnemens vagues, mais flatteurs. Il les écoutoit, sans me répondre. Il s'occupoit sans doute des résolutions qu'il avoit à prendre. Savez-vous, mon cher marquis, ajoutai-je, le parti qui vous reste à suivre ? C'est de tirer, s'il est possible, assez de force de l'exemple de ma nièce, pour retrancher de votre passion ce qu'elle a de douloureux pour vous-même. Vous retrouverez par-là votre repos, & vous satisferez toujours votre cœur, en y conservant pour ma nièce la tendresse & l'estime que vous croyez qu'elle mérite. Quand vous serez dans cette situation, je ne ferai plus difficulté de vous conduire moi même au lieu de sa retraite, & de vous procurer, à l'un & à l'autre, la satisfaction de vous voir & de vous entretenir avec innocence. Vous l'aimerez comme votre sœur. Elle vous recevra avec l'affection qu'on a pour un frère ; & moi que vous avez appelé quelquefois votre père, & qui regarde Nadine comme ma fille, j'entrerai dans vos sentimens, je partagerai vos innocentes caresses : nous serons ainsi l'image de la plus pure & de la plus parfaite union, dont trois cœurs soient capables.

Je fus la dupe du marquis dans cette occasion. Je ne fis point attention, en lui laissant lire la lettre de ma nièce, que le lieu de sa demeure étoit marqué avec la date. Il jeta les yeux dessus,

&

& il n'eut garde de l'oublier. Après avoir écouté long-tems mes discours avec beaucoup de patience, & sans autre marque d'émotion que ses larmes, il me quitta honnêtement. Je lui demandai s'il retournoit à Paris. Il me répondit ambigument qu'il passeroit quelque tems dans la province ; mais ce ne fut pas dans celle que je m'imaginois. Il alla droit au château, que son père avoit à quelques lieues de l'abbaye. Il ne s'y arrêta que pour prendre avec lui quelques valets, & il se rendit delà directement à C...... où est le couvent de ma nièce. Avant que de demander à lui parler, il lui écrivit une longue lettre, pour la préparer à sa visite. Il ignoroit que c'est la coutume des couvens, que la supérieure ouvre & lit les lettres qui sont adressées à ses religieuses. L'abbesse ouvrit donc la sienne, qu'il avoit envoyée par un de ses gens, & elle se trouva dans un extrême embarras après cette lecture. Comme le marquis y parloit de la visite qu'il devoit faire le même jour à ma nièce, elle ne savoit si elle devoit le refuser ou l'admettre, l'un offensoit le marquis, qui portoit un nom à mériter du respect, & l'autre exposoit beaucoup sa jeune novice. Cependant le laquais attendoit la réponse. Elle se détermina à lui faire dire, que si son maître prenoit la peine de venir au couvent, il y seroit vu avec beaucoup de satisfaction. Le marquis ne tarda pas un moment à s'y

rendre, & il prit cette réponfe, pour une marque
de l'affection de Nadine. Il fut furpris néanmoins,
en entrant dans le parloir, de fe voir attendu à
la grille par un vifage inconnu. C'étoit l'abbeffe
même. Elle lui témoigna de la reconnoiffance,
pour l'honneur qu'il lui faifoit de venir dans
l'abbaye ; & pendant quelque tems elle ne l'entretint que de chofes indifférentes, fans ofer lui
parler la première de ma nièce. Il n'eut pas la
patience d'effuyer long-tems un fi fâcheux entretien. Il demanda s'il ne lui feroit pas permis de
voir Nadine. L'abbeffe employa toute fon induftrie, pour lui faire entendre honnêtement,
que ce n'étoit pas la coutume des maifons religieufes, que les étrangers y entretinffent les novices à la grille. Comment, novice! s'écria le
marquis. L'abbeffe m'a raconté depuis, qu'il
fut prêt à s'évanouir à cette nouvelle. Il laiffa
échapper mille plaintes contre la rigueur de fon
fort & l'infidélité de ma nièce. Il fe leva de fa
chaife ; il fe promena à grands pas dans la falle;
il s'affit & fe leva encore, en pleurant & en
gémiffant ; de forte que l'abbeffe, qui avoit le
cœur fenfible, comme l'ont toutes les religieufes,
fe trouva extraordinairement attendrie. Enfin, il
revint à elle, & il la conjura de la manière la
plus preffante de lui faire voir Nadine ; fut-ce
en fa préfence, ne fut-ce que pour un moment.

Elle ne crut pas qu'il lui fût permis de le refuſer. Elle la fit appeler.

Ma nièce ne s'attendoit nullement à cette viſite. Son étonnement fut ſi grand, à la vue du mar-quis, qu'elle jeta un cri perçant à la porte, ſans avoir la force d'avancer. L'abbeſſe fut obligée de l'aller prendre elle-même, & de l'amener à la grille par la main. Le jeune marquis fut ſi tou-chant, dans ſes plaintes & dans ſes reproches, qu'il fit verſer des larmes même à l'abbeſſe. Nadine l'écouta avec modeſtie. Ses réponſes furent ſages & tendres. Elle lui raconta naturellement, par quels motifs elle s'étoit déterminée à la vie reli-gieuſe. Elle le remercia de l'affection dont il l'avoit honorée. Elle le pria même de la conſerver, autant que ſon propre repos & l'état qu'elle avoit embraſſé pouvoient le permettre, & elle lui pro-teſta qu'il n'y auroit jamais de diminution dans la ſienne. Cette courageuſe femme ſe fit violence, dans ce moment, juſqu'à ne point laiſſer échap-per une larme ; de ſorte que celle qui cauſoit tant de pleurs, étoit la ſeule qui n'en répandît point. Leur converſation dura près d'une heure. Le marquis ne ſe poſſédoit point, lorſqu'elle vou-lut ſe retirer. Il la pria de ſouffrir du moins ſes viſites. Elle s'excuſa ſur les obligations de ſa règle; & elle lui dit que c'étoit un plaiſir dont elle ſe priveroit juſqu'au tems de ſon engagement, où elle feroit charmée de le voir affifter. Il ne put rien obtenir d'elle au-delà de ces dernières paroles, & d'une promeffe générale de l'aimer & de l'eftimer toute fa vie.

L'abbeffe m'a dit que les larmes, que fa novice avoit eu le courage de retenir, coulèrent en abondance après le départ du marquis. Elle paffa trois ou quatre jours fans voir perfonne, jufqu'à ce que la force de fon ame & le fecours du ciel lui firent reprendre peu-à-peu les apparences de la tranquillité. Je ne fais ce que devint le marquis, pendant fix femaines. Je ne le revis dans ma folitude, qu'après ce long terme. J'avois été informé de la vifite qu'il avoit rendue à ma nièce. Ce fut la première chofe dont il me parla lui-même. Il me parut que fes peines étoient beaucoup diminuées, & qu'il s'exprimoit plus tranquillement fur la perte de fes efpérances. Je commençai à me promettre de le voir affez remis avant la fin de l'année, pour le prier d'affifter avec moi à la profeffion de Nadine, où il me dit qu'elle l'avoit invité. Ses reproches ne tomboient plus fur elle. Il admiroit au contraire la grandeur de fon courage, & il ne parloit qu'avec raviffement de la delicateffe & du defintereffement de fon amour. Mais il fe plaignoit amèrement de la rigueur du ciel, qui l'obligeoit de renoncer à la poffeffion d'un tel cœur, après avoir été affez heureux pour

la félicité de la voir; & que n'ayant plus
[...] d'autre bien, il y bornerait tous ses plaisirs & son [...]

vent, pour l'ignorer. Je reçus une lettre de l'abbeffe, par laquelle elle m'en donnoit avis, &
elle me prioit au nom de ma nièce d'y affifter
avec ma famille. Je la fis voir au marquis. J'irai,
me dit-il avec un grand foupir, j'irai, n'en doutez pas ; heureux fi je puis laiffer la vie au pied
du même autel, où elle va fe facrifier ! Mon
gendre & ma fille m'étant venus prendre dans
leur carroffe, il s'y mit avec nous. Le fien ne
laiffa pas de nous accompagner, avec une fuite
convenable. Etant arrivé à C...... je voulus voir
ma nièce avant le jour de la cérémonie ; & je
ne pus réfifter à la prière que me fit le marquis,
de l'y mener avec moi. Cette chère victime
parut à la grille, dans un ajuftement où je ne
l'avois point encore vue. Je fus ébloui de fes
charmes. Jamais elle ne m'avoit paru plus aimable,
que fous cette trifte livrée de mort & de pénitence. Le repos de la folitude donne au teint
des religieufes une fraîcheur & un air d'embon-
point, dont tout l'art des dames ne fauroit approcher dans le monde. Elle fut furprife de voir le
marquis avec moi ; car, quoiqu'elle eût fouhaité
qu'il fût préfent à fa profeffion, elle n'avoit ofé
lui écrire, ni me propofer de le faire pour elle.
Je lui dis : Vous êtes donc à la veille, ma chère
nièce, de ce grand jour qui va vous féparer éternellement du monde ! Rien n'eft donc capable

d'ébranler vos réfolutions ! Elle me répondit que la cérémonie, qu'elle alloit faire, n'étoit qu'un renouvellement extérieur de ce qui étoit conclu depuis un an dans fon cœur. Il eft encore tems néanmoins, repris-je, de vous défaire de vos liens, s'ils peuvent vous devenir incommodes. Examinez de nouveau le fond de votre ame. Confultez vos forces. Songez que le ciel n'accepte que les offrandes volontaires. L'offrande eft faite, répliqua-t-elle d'un ton ferme ; & s'il fuffit qu'elle foit volontaire pour être acceptée, je ne doute point que le ciel n'ait reçu la mienne avec miféricorde. Le marquis nous écoutoit, fans ofer lever les yeux fur elle. Cependant il trouva quelque chofe de fi dur pour lui dans ces derniers mots, qu'il ne put s'empêcher de l'interrompre avec un foupir : Ah ! Madame, lui dit-il, eft-il poffible que l'état où vous me réduifez, ne vous caufe pas le moindre regret ! Vous m'ôtez donc la feule confolation qui pourroit flatter une exceffive douleur, & vous me remettez dans la néceffité d'avoir recours à la mort, pour me délivrer de mes peines ! Elle tourna les yeux vers lui, pour lui répondre, que s'il avoit toujours la bonté de conferver quelque affection pour elle, il n'y avoit rien d'affligeant pour lui dans l'expreffion qu'elle avoit employée ; que fon facrifice étoit fans doute libre & volontaire ; mais qu'il n'ignoroit pas de

N iv

quoi le ciel s'étoit servi pour lui inspirer, cette
volonté ; qu'elle avoit deux motifs, qui lui faisoient regarder la solitude avec joie ; l'un , d'avoir
su lui marquer qu'elle n'étoit peut-être pas indigne de l'estime qu'il avoit eue pour elle, pa
la promptitude avec laquelle elle s'étoit rendu
justice , lorsqu'elle avoit reconnu qu'il étoit im
possible qu'elle fût à lui , & l'autre , d'avoir été
assez heureuse pour expliquer cette impossibilité
comme une marque de vocation à la vie religieuse
& d'avoir obtenu du ciel la force d'y répondre
sans balancer. Le marquis ne se fit plus entendre
que par ses soupirs. Notre conversation étant
finie , je baisai la main de ma nièce ; & je la
présentai moi-même au jeune amant , qui pensa
rendre l'ame , en faisant la même chose.

Le lendemain qui étoit le jour de la cérémonie, il me parut si pressé de sa douleur, que je ne
lui conseillai point de se rendre avec nous à
l'église. Il demeura seul dans sa chambre , où
je vins le rejoindre le plutôt qu'il me fut possible.
Je le trouvai dans un abattement, que je réussi-
rois mal à exprimer. Son visage étoit pâle , &
ses yeux mouillés de larmes. Je le consolai par
toutes les raisons, dont j'avois reconnu qu'il étoit
le plus touché. Nous passâmes encore quelques
jours à C....., pendant lesquels nous cûmes plusieurs fois le plaisir de voir ma nièce. Le mar-

quis étoit de toutes nos vifites ; mais il y portoit
fa triftesse. Il y parloit peu. Il regardoit Nadine
en foupirant. Il paroisoit ému, lorfqu'il l'entendoit parler. Il fe levoit quelquefois tout - d'un-
coup ; & il fe remettoit auffitôt fur fa chaife,
comme s'il eût eu honte de ce mouvement involontaire. Il fembloit qu'il fût au bord d'une
mer profonde, qui le féparoit d'elle ; & que la
voyant dans l'éloignement, il fe portât vers elle
par fes defirs, tandis qu'il fe confumoit de la
douleur de n'en pouvoir approcher.

Nous retournâmes enfemble à ma folitude. Je
l'y retins pendant quelques femaines ; & je l'engageai à fe rendre à Paris, lorfque je le crus en
état de paroître dans le monde avec bienféance.
Du caractère dont je connois ce tendre & aimable
jeune homme, je ne doute point qu'il ne conferve
le fouvenir de ma nièce jufqu'au tombeau.

Mes jours fe font passés depuis ce tems-là,
dans une parfaite tranquillité. Je fuis, avec conftance, l'ordre de mes exercices. Les perfonnes,
avec lefquelles je vis, fupportent charitablement
mes foiblesses & les infirmités de mon âge. La
mort que j'attens à toute heure, ne me caufe
nul effroi ; je la regarde comme le commencement d'une vie plus heureufe. Chaque moment
qui m'en approche, me paroît autant de gagné
fur mes efpérances. Je compte les heures avec

une joie avide ; & mes fentimens changeront beaucoup, fi je n'entens pas fonner volontiers la dernière.

Le ciel permet que j'aie quelquefois l'occafion d'exercer de bonnes œuvres. Il y a quelques mois que deux perfonnes de qualité du voifinage prirent querelle fur un différent fort léger. Leurs amis prévinrent le combat particulier qu'ils méditoient, & me prièrent de leur fervir de médiateur. Je me chargeai avec joie, de cette entreprife. L'offenfé me coûta beaucoup à pacifier. Je lui repréfentois en vain que fa haine & fes projets de vengeance excédoient l'offenfe légère qu'il avoit reçue ; qu'il y avoit de l'injuftice par conféquent dans fes defleins, & qu'en ne confidérant même que les loix du monde, l'excès auquel il vouloit fe porter ne feroit point approuvé des honnêtes gens. Mes raifonnemens ne l'ébranloient point. Un trait de morale, qui m'échappa dans l'entretien que j'avois avec lui, le difpofa tout d'un coup à la paix. Ne voyez-vous pas, lui dis-je, que votre honneur n'étant point bleffé effentiellement dans cette querelle, tout l'avantage eft de votre côté ? Votre ennemi s'eft abaiffé au-deffous de vous en vous offenfant, car celui qui fait une offenfe à quelqu'un, lui accorde une véritable fupériorité en lui donnant le pouvoir de la pardonner. Cette réflexion fut tellement de

fon goût , qu'il confentit fur cette feule raifon ,
à fe réconcilier.

Mais, quelques mois après , je me trouvai engagé dans une aventure plus nuifible à mon repos , & qui me fit encore éprouver les fentimens
d'une vive compaffion.

J'avois appris du procureur de l'abbaye, qu'un
petit château voifin , fitué dans un lieu affez dé-
fert , & fans autre dépendance qu'un fort beau
parc, avoit été loué , depuis la mort du préfident
de R....., qui l'avoit habité long-tems, à deux
jeunes parifiens, qui fe difoient frères. L'aîné,
qui n'avoit pas plus de vingt-huit ans, ne tarda
point à rendre une vifite au prieur. Dans les premières explications, il lui dit, qu'ayant perdu fon
père , & trouvant fa fucceffion dans un grand
défordre , il prenoit le parti de venir paffer quelques années en province , pour fe donner le tems de
réparer fa fortune ; qu'il avoit loué , des héritiers du
préfident de R...., le château voifin, avec tous les
meubles ; qu'un jeune frère qui ne faifoit que fortir du collège , & trois ou quatre domeftiques,
étoient les feuls compagnons de fa folitude ; mais
qu'il demandoit au prieur la permiffion de le voir
quelquefois, lui & fes religieux, & que, pendant
les fréquens voyages qu'il feroit obligé de faire
à Paris , il prendroit la liberté de mettre fon
frère fous leur protection. Il ajouta que ce frère

étoit d'une santé si délicate, qu'elle ne lui permet—
toit guère de s'éloigner du château, & que l'espérance de la fortifier dans une campagne, où
l'air paroissoit excellent, avoit autant contribué
que la nécessité de leurs affaires, à les déterminer pour le séjour de la province.

Après lui avoir fait une réponse civile, le
prieur, dont les attentions n'ont pas de bornes
pour moi, se fit un devoir de me le présenter,
en lui apprenant les raisons pour lesquelles il se
croyoit obligé à cette politesse. Je vis un jeune
homme d'une physionomie assez noble, accompagnée néanmoins, d'un peu de contrainte ;
sur-tout lorsque m'ayant répété ce qu'il avoit dit
au prieur, je l'assurai que si, pendant son absence,
il craignoit quelque chose pour un frère aussi jeune qu'il nous représentoit le sien, j'aurois toujours
une chambre à lui offrir dans mon appartement,
& que toute l'abbaye veilleroit à sa santé. Il me
répondit, que loin de me causer la moindre incommodité, il ne demandoit pour son frère qu'une
attention générale, dans les occasions où sa jeunesse pouvoit l'exposer à quelque danger. Le père
prieur l'ayant retenu à dîner, il soutint la conversation avec assez d'esprit & de décence ; mais
j'observai qu'il avoit peine à soutenir mes regards,
& qu'il paroissoit gêné, lorsque mes discours
s'adressoient directement à lui. En sortant de ta-

ble, il parla d'une affaire preſſante, qui l'obligeoit à nous quitter. On lui laiſſa la liberté
qu'il deſiroit. Le prieur, après l'avoir conduit
aſſez loin, revint me dire auſſitôt qu'il étoit invité à dîner pour le lendemain chez les deux
frères, & qu'il n'avoit pu ſe diſpenſer de le promettre. Il ajouta, qu'il lui paroiſſoit ſurprenant
que ce jeune homme ne m'eût pas fait la même
propoſition. J'en ſuis moins ſurpris que vous, lui
répondis-je avec un ſourire. Mon âge commence à m'exclure du commerce des jeunes gens. En
effet, je n'attribuois l'air d'embarras que j'avois
remarqué à M. de Node, (c'eſt le nom ſous lequel il s'étoit fait annoncer) qu'au reſpect dont
on ne ſe défend guère pour les triſtes apparences de
la vieilleſſe.

Le prieur ne manqua point à ſon engagement.
Il revint vers le ſoir extrêmement ſatisfait des
deux frères. La peinture qu'il me fit du plus jeune, (qu'on nommoit le chevalier) étoit ſi charmante, qu'elle me parut exagérée. Il ne parloit
point de ſa figure, me dit-il, qui étoit celle d'un
ange ; mais il ne pouvoit louer aſſez ſon eſprit,
ſa douceur, & l'excellence de ſon naturel. Dans
une converſation, qui avoit duré la plus grande partie du jour, & qui lui avoit ſemblé trop
courte, il avoit raconté aux deux frères mes
principales aventures. Le chevalier en avoit été ſi

touché, qu'il lui étoit échappé plufieurs fois des
larmes. Il y avoit mêlé des réflexions & des fentimens qui furpaffoient un âge fi tendre, car on
ne pouvoit lui donner plus de quinze ou feize
ans. Ses manières, le fon de fa voix, l'air intéreffant qui étoit répandu dans fa phyfionomie,
toute fa perfonne avoit pénétré d'admiration le
bon prieur. Il employa un quart-d'heure à me
faire ce récit. Quel malheur, ajouta-t-il, qu'un
jeune homme d'une fi belle efpérance manque
de fanté ou plutôt de force! On ne le croiroit
pas malade à le voir : mais il eft affligé d'une
foibleffe de jambes, qui ne lui permet pas de
fortir du château.

Je félicitai le prieur, de la fatisfaction dont je
le voyois rempli. Il me demanda fi je n'aurois
pas la curiofité de voir un enfant fi aimable. Il y
a peu d'apparence, lui dis-je, que je cherche à me
faire des amis de cet âge, ou à m'introduire dans
une maifon où l'on n'a marqué aucune envie de
me voir. En vain répliqua-t-il, que le récit de
mon hiftoire avoit fait regretter à l'aîné des deux
frères de ne m'avoir pas invité, & defirer au
chevalier de faire connoiffance avec moi. Je le
fis fouvenir des raifons qui m'attachoient à ma
retraite, & qui ne me laiffoient plus d'autres
goûts. Il ceffa de me preffer, mais, rappelé par
fon inclination, il retourna au château dès le jour

ſuivant. Ses viſites continuèrent juſqu'au départ
de l'aîné, qui ne devoit pas être abſent plus de
quinze jours, & qui lui recommanda inſtamment
ſon frère. Ce fut un nouveau prétexte pour ſes
aſſiduités. Il ne quittoit plus le chevalier pendant
le jour ; & le ſoir, à ſon retour, il venoit m'en‑
tretenir de toutes les perfections qu'il découvroit
dans ſon caractère. Il lui avoit renouvelé l'offre
d'un logement dans l'abbaye ; & je n'avois pas
d'éloignement moi‑même à l'y recevoir auprès
de moi. Une chaiſe à porteurs qui me ſervoit à
traverſer les cours dans le mauvais tems, répon‑
doit à toutes les objections de la maladie. Mais
rien n'avoit pu le faire conſentir à cette propo‑
ſition, & les quinze jours ſe paſsèrent ſans aucu‑
ne marque de changement.

Le ſeizième jour au ſoir, je reçus un billet de
lui, par lequel il me prioit, avec les plus fortes
inſtances, d'accepter un dîner au château pour
le lendemain. Je lui répondis ſur le champ, que
j'étois fort ſenſible à cette politeſſe, mais que
dans mes idées de retraite, je me faiſois une loi
de ne pas chercher de plaiſir au dehors. Le prieur
qui n'ignoroit pas l'invitation, & qui attendoit
ma réponſe, avec ordre de la lire, entra dans
ma chambre, & me fit un reproche de mon re‑
fus. Vous ne ſavez pas, me dit‑il, dans quel état
j'ai laiſſé M. le chevalier. Il vous prioit à dîner

pour demain, & je doute qu'il vive jufqu'au jour.
J'arrive du château. On lui a remis une lettre
qui le jette dans une mortelle affliction. Il pleure
il fe défefpère. Il s'eft évanoui deux fois dans me
bras. Ses premiers mouvemens lui ont fait défirer de vous voir. Je lui ai repréfenté que rien
ne pourroit vous engager à fortir fi tard de l'abbaye. Il vouloit s'y faire tranfporter fur le champ;
mais doutant même fi vous approuveriez une vifite nocturne, je lui ai confeillé de modérer fon
impatience jufqu'à demain, en lui faifant efpérer
que vous ne réfifterez pas à quelques lignes preffantes. Votre réponfe, que je viens de lire, va
l'accabler. Je balance à la rendre au porteur. Je
vous exhorte plutôt, au nom du plus aimable enfant du monde, à lui promettre que vous le verrez demain avec moi.

Je me fentis plus touché de la bonté du père,
que de la douleur d'un jeune homme, dont je jugeois que les plus grandes peines ne pouvoient venir que d'une affaire de cœur, ou de quelqu'autre
paffion déréglée. Cette idée fuffifant même pour
me faire rejeter la vifite qu'on me propofoit,
j'infiftai fur ma réponfe, & je déclarai civilement
qu'il ne me convenoit plus d'entrer dans les
égaremens d'autrui. Cependant, après avoir loue
le bon naturel du prieur, je lui dis, de fort
bonne foi, que l'aventure me paroiffoit digne de

fo.1

ɔn zèle , & qu'avec autant d'amitié qu'il en avoit
our le jeune chevalier, il étoit plus capable que
ɔoi , de fervir à fa confolation. J'ajoutai que
ette entreprife n'avoit rien qui blefsât fon ca-
aɕère , puifqu'il y pouvoit employer les motifs
le la religion , dont je craignois que le jeune
ɔomme n'eût befoin pour régler fes defirs , &
ɋui étoient , pour toutes fortes de maux, le plus
ɩalutaire de tous les remèdes. Il prit ce confeil
ɑuffi férieufement que je le donnois. Oui , me
ɖit-il, je veux paffer la nuit au château. Votre
refus y portera la défolation. J'en arrêterai du
moins les effets , & peut-être approfondirai-je
la caufe du mal.

Il y retourna auffitôt. Le lendemain à fept heures du matin , on m'annonça fa vifite dans mon
cabinet, où j'étois encore en robe-de-chambre.
J'avois fu que mes porteurs avoient été appelés
au château dès la pointe du jour , & je m'étois
défié d'une partie de la vérité : mais je ne m'attendois pas au fpectacle que j'eus tout d'un coup,
en voyant paroître un jeune homme, dont la figure & les graces l'emportoient fur toutes les def-
criptions du prieur. Quoiqu'il eût le vifage fort
abattu, & les yeux rouges de larmes, le mouvement qu'il fit pour me retenir fur mon fiége ,
& la confufion de fe trouver devant moi, rendoient un éclat merveilleux à fon teint. Je l'embraf-

Tome III. O

fai, avec un compliment fort fincère fur le plaifir que je prenois à le voir, & quelques excufe:
de m'être refufé à fon invitation. Il fe déroba de
mes bras, pour fe jetter fur un fauteuil; & fi
tournant vers le prieur, il lui dît que tout pénétré qu'il étoit de fon amitié, il ne pouvoit s'expliquer devant lui. Ce père ne fit pas difficulté
de fortir. J'avoue que je demeurai alors, dans
l'attente de quelque ouverture extraordinaire. Les
larmes du chevalier recommencèrent à s'ouvrir
'un paffage, & furent accompagnées de quelque:
fanglots. Enfuite, il me conjura de l'écouter.

C'étoit une fille. Hélas! il n'étoit qu'une malheureufe fille, l'objet de la haine du ciel, & le
jouet du plus perfide de tous les hommes. Sa
confiance devoit m'étonner dans une première vifite,
me dit-elle, fi je ne favois pas qu'elle avoit appri:
du père prieur que j'étois homme d'une naiffance
diftinguée, auffi exercé à la vertu qu'à l'infortune, & capable, par conféquent, de lui donner des fecours qu'elle n'attendoit plus que de
moi. Elle me raconta ainfi fon hiftoire en peu
de mots.

· Elle étoit d'une ancienne maifon, mais née
fans biens, & demeurée orpheline dès l'enfance.
Le monftre qui violoit tous les, droits pour la
trahir, étoit fils d'un riche financier, dont la
femme avoit pris pour elle tous les fentimens

d'une mère, & l'avoit fait élever fort foigneufement. Après la mort de cette généreufe femme,
n'ayant pas trouvé les mêmes difpofitions dans
fon mari, elle n'avoit eu pour reffource que l'affection de leur fils, qui, fe couvrant du mafque
de la générofité, avoit continué de fournir à la
dépenfe de fon éducation, dans un couvent d'où
elle n'étoit pas fortie. Il ne lui déguifoit pas qu'il
avoit conçu beaucoup de tendreffe pour elle; &
s'il ne l'avoit pas trompée dès le premier moment, fon deffein étoit alors de l'époufer. Les
difficultés qu'il craignoit de la part de fon père,
étoient le feul obftacle qui fembloit le retenir.
Trop jeune encore pour connoître la défiance,
elle s'applaudiffoit de fon bonheur, & tous fes foins
fe rapportoient à fe rendre digne de fon amant.
A peine étoit-elle entrée dans fa quinzième année,
qu'il lui avoit parlé de mariage avec des defirs
plus vifs & des efpérances plus prochaines. Elle
confeffoit qu'elle n'avoit commencé qu'alors à fentir le pouvoir de l'amour. Il s'en étoit apperçu,
fans doute, puifqu'il avoit pris ce tems pour lui
repréfenter plus vivement que jamais ce qu'il
avoit à craindre du reffentiment de fon père, &
pour lui propofer un mariage fecret en province,
fous le déguifement où je la voyois. Elle n'y avoit
confenti qu'après de longues réfiftances. C'étoit
dans cette vue, qu'ils avoient loué le château

qu'ils étoient venus occuper. Depuis deux mois
qu'ils y demeuroient, il avoit retardé leur mariage fous divers prétextes ; & quoiqu'il eût fouvent tenté fa vertu , il n'y avoit jamais employé
que la tendreffe & les empreffemens de l'amour.
Elle avoit eu la force d'y réfifter. Enfin , il étoit
parti dans la réfolution de finir ce qu'il nommoit fon tourment. Il n'avoit demandé que quinze jours , pour revenir avec toutes les permiffions
eccléfiaftiques. Cependant..... ah ! Monfieur, vous
perfuaderez-vous jamais ce que vous allez entendre ! Cependant.... Son difcours, qu'elle avoit
continué jufqu'ici d'un ton affez calme, fut interrompu par une fi grande abondance de larmes & de fi fréquens fanglots , que, dans la
crainte de quelque accident, je me levai pour
appeler du fecours. Mais elle m'arrêta de fes
deux mains ; & les joignant devant moi, avec
une action toute paffionnée, écoutez-moi, Monfieur, au nom du ciel ! écoutez-moi, & fauvez
une malheureufe du dernier défefpoir ! Je reçus
hier deux lettres ; l'une du perfide, qui me fait
des excufes de fon retardement, & qui me promet d'être ici dans trois jours, avec un prêtre
& les permiffions ; l'autre de fon valet de chambre, que je me fuis attaché par mes bienfaits,
& qui me marque avec horreur, que fon maître
s'eft marié le jour même.

Je la crus réellement mourante, après cette explication. Son courage qui s'étoit foutenu par l'efpoir de me faire entrer dans fes intérêts, l'abandonna tout d'un coup. Une pâleur mortelle fe répandit fur fon vifage ; & penchant la tête fur fon fein, elle demeura fans mouvement & fans connoiffance. Ce n'étoit néanmoins qu'un évanouiffement. Je m'approchai d'elle ; je l'exhortai à rappeler fes forces. Mon efpérance étoit de pouvoir la tirer de cet état, fans la participation de mes domeftiques ; mais, après y avoir perdu mes foins, je m'avançai à la porte de mon antichambre dans le deffein d'appeler quelqu'un. Heureufement, le prieur ne s'étoit pas éloigné. Je le preffai de rentrer, & de feconder mon zèle. Son inquiétude devint fi vive, en voyant fon chevalier fans aucune marque de vie, que fe fouvenant des fecours qu'il lui avoit vu donner au château dans les mêmes occafions, il s'empreffa beaucoup pour ouvrir fon juftaucorps, & pour le délivrer de tout ce qui lui ferroit le cou. Cette officieufe ardeur me fit fourire. Comme je le connoiffois fort honnête homme, je lui confeillai de fe modérer, & je l'avertis qu'il pourroit regretter d'avoir pouffé trop loin fes fervices. Enfin, la jeune perfonne ouvrit les yeux ; & retrouvant la force de parler, après avoir pouffé quelques foupirs, elle me demanda, d'un ton fort touchant, fi je l'abandonnerois dans fa déplorable fituation. Non, Mademoiselle, lui répondis-je, fi c'eft un fentiment de vertu & d'honneur qui vous fait defirer d'en fortir.

Ma réponfe fit faire deux pas en arrière au prieur. Il me regarda d'un air interdit ; & le bon fens dont il étoit rempli lui faifant comparer, en un moment, toutes les circonftances, il reconnut bientôt que le chevalier, qui lui avoit paru fi aimable, étoit une fille, qui ne l'étoit pas moins. Il voulut fe retirer, avec autant d'effroi que de confufion ; mais je l'arrêtai. Vous demeurerez, lui dis-je. Il n'eft pas queftion de vous armer ici d'une farouche vertu. Gardez-vous, encore plus, de faire éclater cette aventure. L'importance eft de prévenir le fcandale qui feroit inévitable, fi le fexe de mademoifelle étoit connu. Pour moi, qui me repofe fur mon âge & mes principes, je commence par vous déclarer, que dans la réfolution où je fuis de la fervir, je me fais fon gardien pendant quelques jours. Mon appartement n'étant point dans la clôture de l'abbaye, vous ferez à couvert de toute forte de blâme ; & fi nous fommes capables de nous taire, on ne verra, dans le parti que je prends de la retenir avec moi, qu'une fuite de mes premières offres, qui ont été connues de tout le monde. Je ne m'explique point encore fur ce que je penfe à faire pour elle. Mais il eft important qu'elle m'apprenne, fi les domeftiques qui la fervent au château, font dans le fecret de fon aventure.

Elle m'affura que fon fexe n'étoit connu que de fa femme de chambre, qui étoit dans le même déguifement qu'elle, & du valet de chambre de M. de Node, qu'il avoit emmené à Paris ; qu'elle faifoit un fond extrême fut la fidélité de ces deux perfonnes ; & que fi j'avois la générofité de lui accorder un afile, elle me prioit de trouver bon que fa femme de chambre y fût près d'elle. C'eft mon deffein, lui dis-je, & votre premier foin doit être de revêtir cet arrangement de quelques couleurs favorables. En effet, l'ordre fut donné fur le champ, pour faire venir la femme de chambre à l'abbaye. On n'eut pas befoin d'autre prétexte que le rétabliffement de monfieur le chevalier, qui commençoit à fe trouver les jambes moins foibles, depuis qu'il étoit forti du château. Il étoit tems de renoncer à cette feinte. Je les mis en poffeffion d'une chambre, dont je pouvois me priver fans incommodité ; & craignant que le tems ne me manquât pour le projet que j'avois déja conçu, je me hâtai de prendre le chemin de Paris dans ma chaife de pofte.

Le defir de fauver une fille charmante, qui ne me paroiffoit pas digne de fon malheur, m'a- voit infpiré d'aller au-devant de M. de Node,

& d'employer toute la force de l'honneur & de
la raifon, pour lui faire honte de fes infames
vues ; car il n'étoit pas difficile de les pénétrer
dans toute leur noirceur. Je le rencontrai, le
fecond jour de ma marche. Il changeoit de chevaux à la pofte. Une forte d'eccléfiaftique, que je
découvris dans la même chaife, étoit apparemment le miniftre qu'il vouloit faire fervir à fon impofture. Je defcendis fans affeftation ; & m'approchant d'eux, je feignis, avec quelques marques
d'étonnement, de reconnoître M. de Node. Sa
furprife fut beaucoup plus réelle, & venoit, fans
doute, du reproche de fon cœur, comme l'air
de contrainte que je lui avois remarqué dans
notre première entrevue. Cependant il ne fit pas
difficulté de répondre à mes politeffes, ni même
de defcendre, lorfque j'eus ajouté, qu'ayant vu
la veille monfieur le chevalier, j'étois en état de
lui rendre compte de fa fanté. Il me fuivit dans
une chambre de l'hôtellerie, où je le priai d'entrer avec moi. Nous nous affîmes. Je fis apporter
quelques rafraîchiffemens.

Quoique j'euffe peine à contenir mon indignation, ce ne fut qu'après quelques éloges de
fon frère, pendant lefquels je le vis changer vingt
fois de couleur, que j'entrai dans l'explication
que j'avois méditée. Je pris un ton ferme, pour
lui dire que le ciel & la terre étoient déclarés

contre lui ; que je ne lui confeillois point de
faire un pas de plus dans la même route ; qu'il
y trouveroit fa perte , au lieu de la criminelle
fatisfaction qu'il s'y promettoit , & que je n'étois
parti que pour lui rendre le fervice de l'en informer. Cet exorde le jeta dans une profonde
confternation. Il demeura quelques momens fans
répondre, les yeux baiffés , & le vifage fi pâle ,
que je le crus prêt à s'évanouir. Cependant ,
comme je n'avois pas touché au fond de fes vues,
un moment de réflexion lui fit juger que des
accufations fi vagues pouvoient être défavouées ;
& comprenant néanmoins qu'elles portoient fur
quelque découverte , qu'il ne pouvoit s'imaginer,
il prit le parti de s'envelopper dans une réponfe
obfcure. Il me dit qu'il n'entendoit rien à mon
langage , & qu'il devinoit encore moins mes intentions ; mais que s'il étoit queftion du chevalier, qui pouvoit s'être rendu coupable de quelque indifcrétion pendant fon abfence , il venoit
dans le deffein de le reconduire à Paris.

L'artifice me parut fi groffier, qu'il me fit
rompre toutes les mefures. Ecoutez-moi, repris-je ;
& voyez s'il manque quelque chofe à nos informations. Vous êtes marié depuis quatre jours. Le
chevalier eft une jeune fille d'un fang noble, que
vous êtes réfolu de tromper , après avoir inutile-

ment tenté de la féduire. Je frémis de l'horrible impofture que vous méditez. Elle ne l'ignore plus. Le ciel, qui veille fur fon innocence, lui a fait trouver un afile & des protecteurs. En un mot, votre affreux fyftême de profanation & de libertinage eft dévoilé jufqu'au fond. C'eft à vous d'éviter le châtiment des hommes par une prompte fuite, & celui du ciel par le repentir. C'eft à vous encore, d'examiner quelle reconnoiffance vous croirez devoir à ceux qui vous donnent cet avis, & par quelles actions vous pouvez efpérer de vous rétablir dans leur eftime.

M. de Node, à qui je n'oubliai pas de faire fentir auffi que fon véritable nom n'étoit pas ignoré, appuya les deux coudes fur une table voifine, pencha la tête, & fe couvrant le front des deux mains, demeura quelque tems dans cette pofture, livré, fans doute, à de profondes méditations. Je lui laiffai tout le tems qu'il paroiffoit defirer. Enfin, fe relevant d'un air plus libre, il me remercia du fervice que je lui avois rendu; mais il me pria d'entendre un récit qu'il croyoit capable de le juftifier. Je lui promis i'attention qu'il me demandoit.

Rofette, me dit-il, puifque vous connoiffez fon fexe, ne doit fa beauté qu'à la nature; mais elle a l'obligation de tout fon mérite à ma mère, qui l'ayant fauvée d'un fort peu conforme à fa naiffance, n'a rien épargné pour fon éducation. Je l'ai vue croître dans le fein de ma famille. Je me fuis accoutumé à ne rien trouver de fi charmant qu'elle ; & , malgré la différence de nos âges , j'ai cru découvrir qu'elle étoit fenfible à mon inclination. Mon père, à qui fes richeffes avoient fait concevoir des vues fort ambitieufes en ma faveur, s'apperçut de mes fentimens. Il força ma mère d'en éloigner l'objet. Rofette n'avoit pas neuf ans. Elle me fut enlevée , avec une cruelle adreffe à me cacher fa demeure. Ma mère avoit eu la permiffion de la mettre dans un couvent. Je découvris cette retraite à force de foins ; mais je fis des efforts inutiles pour en obtenir l'accès, & je paffai trois ans à me confumer de regret & d'amour. Cette innocente paffion m'a garanti de tous les défordres de la jeuneffe.

La mort de ma mère fut une nouvelle difgrace pour Rofette. Mon père , qui l'avoit prife en averfion , depuis fes premières craintes, refufa de fournir aux frais de fon entretien. A quelles humiliations ne demeuroit-elle pas expofée, fi la force d'un intérêt fi cher ne m'eût pas fait découvrir fa fituation ? J'employai tout ce que je pus dérober à mes befoins , pour lui faire un

fort digne de fon mérite , & des vues que j'a-
vois fur elle. Ma mère m'avoit laiffé peu de bien,
& je n'aurois pas eu la hardieffe d'en demander
compte à mon père ; mais ne connoiffant point
d'autre bonheur que de faire celui de Rofette,
j'étois affez riche pour elle & pour moi, de ce
que je retranchois continuellement à mes plaifirs.
Le titre de fon protecteur , & quelques explications que j'eus avec les fupérieures du couvent,
fur la nature de mes intentions , me firent obtenir
la liberté de la voir. Sa reconnoiffance , & le
fouvenir de fes premières années , l'ayant difpofée
à m'accorder fa tendreffe , elle reçut mes fermens,
& je me crus le plus heureux de tous les hommes
en obtenant les fiens.

Mes prétentions ne feroient pas allées plus
loin , jufqu'à la mort de mon père. Je connoiffois une partie de fes vues pour ma fortune; &
depuis plufieurs années , j'avois réuffi fort heureufement à les éluder. Mais , foit qu'il fût choqué
de ma réfiftance , ou qu'on l'eût informé de mes
engagemens, il me parla de foumiffion avec tant
de hauteur, que je défefpérai de foutenir plus
long - tems le même rôle. On lui avoit propofé
pour moi, un parti confidérable, avec l'affurance
d'une charge du premier ordre. Il me déclara
que fi je me refufois à fes volontés, je ne devois

tendre de lui qu'une éternelle indignation. Ce
it alors, qu'après avoir communiqué à Rofette
ne partie de mes peines, je lui propofai de quit-
:r Paris, & de nous unir inféparablement par
n mariage fecret. Tout étoit fincère dans mes
éfolutions. Eh! comment aurois-je manqué de
onne foi pour le bonheur de ma vie? Je comp-
ois de faire paffer mon évafion pour l'effet des
erfécutions de mon père, fur-tout avec le foin
que j'ai pris de répandre que j'allois porter
nes chagrins dans les pays étrangers; & je me
lattois qu'il la regarderoit lui-même comme le
défefpoir d'un fils, qui aimoit mieux s'éloigner
de fa préfence, que de manquer de refpect pour
fes ordres. J'empruntai dix mille écus d'un ami,
le feul à qui j'aie confié mes deffeins & le choix
que j'avois déjà fait de ma demeure. Je faifois
entrer dans mes vues, de retourner à Paris après
mon mariage, de faire ma paix avec mon père,
& de me dérober, par intervalles, fous le prétexte
de quelques nouveaux voyages. Il ne manquoit
au fuccès de ce plan, qu'une facilité que je n'ai
pas trouvée dans les prêtres de province. On m'a
demandé des explications auxquelles je ne m'étois
pas attendu. Cet obftacle m'a déconcerté. Cependant on me faifoit efpérer qu'après un féjour de
trois mois, les difficultés pourroient diminuer. Je

vivois tranquillement dans cette espérance, lorsqu'une lettre de mon confident m'a forcé de
retourner à Paris. Il m'écrivoit en termes obscurs,
mais si pressans, qu'ils m'ont fait entrevoir quelque
évènement d'importance, dont Rosette ne devoit
pas être informée. Je ne l'ai quittée néanmoins,
qu'avec sa participation ; & prenant occasion des
circonstances, je lui ai promis, à mon départ,
d'amener de Paris quelque prêtre moins difficile, dont j'achéterois les services à force d'argent, si je ne pouvois les obtenir par d'autres
voies.

M. de Node avoit fait cette partie de sa narration, d'un air composé ; mais ses remords paroissant
l'agiter, à mesure qu'il approchoit du dénouement,
il s'arrêta, comme s'il eût cherché ses expressions.
Qui croira jamais, reprit-il en levant les yeux au
ciel, qu'une passion fondée sur l'estime, & conduite
avec tant d'innocence, ait été capable de me porter
tout d'un coup à la plus coupable résolution !
J'ouvre les yeux sur mon crime ; & je n'avois pas
attendu ce moment, pour en trouver la punition
dans les reproches de mon cœur. Plaignez-moi,
puisqu'elle doit aller jusqu'à m'ôter, sans retour,
le bonheur même que j'avois cru m'assurer par un
aveugle projet. Il m'en coûtera la vie. Mais,
achevez de m'entendre.

J'arrive à Paris. Je vais defcendre chez mon confident, qui m'informe auffitôt de la mort de mon père. J'aurois eu peine à ne pas regarder cet accident comme une faveur du ciel, fi je n'euffe appris, au même inftant, que mon père furieux de mon abfence, & peut-être inftruit de celle de Rofette, ne m'avoit laiffé tout fon bien qu'à deux conditions, dont il avoit affuré l'effet par toutes les mefures d'une barbare prudence : l'une, que je n'euffe point époufé Rofette ; l'autre, que dans l'efpace de trois mois, je ferois marié à la jeune perfonne qu'il m'avoit propofée Quelle horrible explication! Ce n'eft pas tout d'un coup, néan-moins, que mon défefpoir m'a conduit aux plus aveugles emportemens. Mais, après avoir trop véri-fié mon malheur, après avoir reconnu qu'il falloit perdre Rofette, ou me priver d'une immenfe for-tune, &, par conféquent, du pouvoir de la rendre heureufe, je confeffe que la raifon, l'honneur & la religion même n'ont pu tenir contre la force de ma paffion. J'ai pris le parti de feindre que j'entrois volontiers dans toutes les difpofitions de mon père, & je n'ai marqué d'empreffement que pour la célé-bration de mon mariage. Quelques jours m'ont fuffi pour mes arrangemens. Je me fuis marié, en maudiffant ma chaîne ; & dans le moment même où j'ai quitté le pied de l'autel, je me fuis dérobé à tous les témoins de cet affreux facrifice. Une lettre, que je me fuis hâté d'écrire à celle que je n'ofe nommer ma femme, doit lui avoir appris qu'elle ne me reverra jamais, & que je la détefterai toute ma vie, pour s'être prévalue contre moi, des cruelles volontés d'un père.

Je fuis parti, reprit-il en me regardant d'un œil timide. Je vous rencontre. Vous m'affurez que Rofette eft informée de mon trifte fort. Hélas ! que penfe-t-elle de moi ? Me croit elle capable de l'abandonner, de vivre fans elle, de ne pas mettre tout mon bonheur à faire le fien ! Ordonnez vous-même de ma vie & de ma conduite. Je me foumets à tout ce que vous ferez pour elle & pour moi.

Il ne m'apprenoit point, dans ce récit, quel ufage il vouloit faire de l'eccléfiaftique dont il s'étoit fait accompagner ; & je jugeai même, aux apparences, que ce n'étoit qu'un valet, déguifé fous l'habit d'un homme d'églife. Mais, comme il étoit inutile d'exiger l'aveu d'un crime avoué, je lui en épargnai la honte. Il ne m'appartient pas, lui dis-je, de vous reprocher votre noir deffein, ni d'entrer dans les horreurs que vous m'avez éclaircies. Rofette, puifque vous lui donnez ce nom, eft en sûreté ; j'en rends graces au ciel pour elle. Vous devez perdre l'efpérance de la voir, c'eft

:'eſt une liberté que vous n'obtiendrez, ni d'elle, ni de moi. Elle eſt ſans bien, dites-vous, & vous êtes en poſſeſſion du vôtre : voyez ce que vous croyez devoir à la malheureuſe confiance que vous lui aviez inſpirée pour vous. Je me déclare ſon protecteur, & je lui en promets de plus puiſſans, auſſi long-tems qu'elle conſervera de l'attachement pour la vertu. J'ajoutai, que s'il avoit quelque choſe de plus à me communiquer, ſes lettres pouvoient m'être adreſſées à l'abbaye où je faiſois ma demeure.

Il ne me fit aucune réponſe, & ſes regards marquoient une mortelle conſternation. Cependant, lorſqu'il m'entendit donner l'ordre de mettre les chevaux à ma chaiſe, il me tint quelques diſcours paſſionnés, auxquels je ne répondis que par des exhortations vagues à rentrer dans les bornes de la religion & de l'honneur. Comme je me diſpoſois à partir, il me pria plus tranquillement, de recevoir une bourſe, qui me parut contenir deux ou trois cens louis, pour les beſoins de Roſette, me dit-il, à laquelle il ſe ſouvenoit d'avoir laiſſé peu d'argent. Je le diſpenſai de cette libéralité, en l'aſſurant qu'elle ne manqueroit de rien ſous ma protection; mais l'avenir vous regarde, ajoutai-je; & vous ne devez pas oublier non plus, que les frais du château tombent uniquement ſur vous.

Tome III. P

Nous nous séparâmes. En arrivant à l'abbaye, je n'eus pas de peine à faire entrer mademoiselle Rosette dans la résolution d'oublier un homme qui ne pouvoit plus être à elle, & de le mépriser même, pour avoir entrepris de la tromper si cruellement. J'allai au-devant de toutes ses craintes, par l'offre que je lui fis de la conduire dans un couvent, & d'y fournir à sa subsistance aussi long-tems qu'elle se rendroit digne de mes soins. C'étoit retrancher quelque chose à la douceur de ma situation ; mais je ne pouvois faire un meilleur usage de mon superflu. Elle se défendit modestement de m'engager dans cette dépense, en se réduisant à me demander ma protection, pour prendre le voile & renoncer tout-à-fait au monde. Je lui fis reconnoître aisément, qu'un dessein de cette nature demandoit un esprit plus tranquille & d'autres réflexions. Ma fille, que je fus obligé d'employer pour lui procurer une retraite, desira de la voir, & fit ensuite par inclination ce qu'elle n'avoit commencé qu'à ma prière. Elle se chargea de la présenter aux supérieures ; & j'appris bientôt qu'avec sa générosité ordinaire, au lieu de prendre pour moi l'engagement de la pension, elle l'avoit pris pour elle-même.

Mais le tendre différend, que nous eûmes là-dessus, fut terminé huit jours après, par une visite de M. de Nole, qui m'apportoit pour Rosette, un contrat de rente perpétuelle, du fonds de cent mille francs, qu'il avoit conftitués fous fon nom. Je ne fis pas difficulté de le recevoir ; & je l'envoyai au couvent, dès le même jour, avec de juftes félicitations.

Ma fille ayant comme fuccédé à mes foins, il fe paffa dix mois entiers, pendant lefquels je n'eus pas d'autre commerce avec Rofette, que celui de quelques civilités, que je lui faifois faire dans l'occafion. Un jour, je la vis arriver dans le carroffe de ma fille. Après les plus affectueux remerciemens, elle me préfenta une lettre, que je ne pus lire fans une extrême furprife. M. de Node lui écrivoit que la petite vérole venoit de lui enlever fa femme; que n'ayant jamais vécu avec elle, il fe croyoit difpenfé des bienféances ordinaires du veuvage, & que dans la confiance de retrouver à fa chère Rofette les fentimens qu'elle avoit eus pour lui, il n'attendoit que fes ordres pour fe rendre auprès d'elle, & lui faire oublier, par un heureux mariage, des excès qui n'avoient pu mériter fa haine, puifqu'elle n'avoit pu les attribuer qu'à l'amour.

Je ne fis pas la moindre objection contre un parti qui me parut décidé dans le cœur de mademoifelle Rofette. Elle voulut me parler « des » obligations qu'elle avoit à M. de Node, de fon » caractère, qu'elle connoiffoit dans le fond, mal-

P ij

» gré.... » Je l'interrompis : un bon caractère, lui dis-je, peut se relever des plus mortelles chûtes, & les derniers procédés de M. de Node font d'un bon augure pour le sien. Ainsi je ne condamne point votre facilité à lui pardonner. Mais songez, Mademoiselle, que le pouvoir qu'il vous reconnoît sur lui, vous rend aussi comptable de sa vertu, que de son bonheur & du vôtre. Elle me promit de ne pas oublier cette leçon.

Ils se marièrent deux mois après. Je reçois quelquefois de leurs nouvelles, & leurs lettres me trompent, s'ils ne vivent pas heureusement.

F I N.

SUITE

Des Mémoires & Aventures d'un Homme de qualité qui s'est retiré du monde :

OU

HISTOIRE

DU CHEVALIER

DES GRIEUX,

ET DE

MANON LESCAUT.

AVIS de l'Auteur des Mémoires d'un Homme de qualité.

QUOIQUE j'eusse pu faire entrer dans mes mémoires, les aventures du chevalier des Grieux, il m'a semblé que n'y ayant point un rapport nécessaire, le lecteur trouveroit plus de satisfaction à les voir séparément. Un récit de cette longueur auroit interrompu trop long-tems le fil de ma propre histoire. Tout éloigné que je suis de prétendre à la qualité d'écrivain exact, je n'ignore point qu'une narration doit être déchargée des circonstances, qui la rendroient pesante & embarrassée. C'est le précepte d'Horace :

Ut jam nunc dicat, jam nunc debentia dici,
Pluraque differat, ac præsens in tempus omittat.

Il n'est pas même besoin d'une si grave autorité, pour prouver une vérité si simple ; car le bon sens est la première source de cette règle.

Si le public a trouvé quelque chose d'agréable & d'intéressant dans l'histoire de ma vie, j'ose lui promettre qu'il ne sera pas moins satisfait de cette addition. Il verra, dans la conduite de M. des Grieux, un exemple terrible de la force des passions. J'ai à peindre un jeune aveugle, qui refuse d'être heureux, pour se précipiter volontairement dans les dernières infortunes ; qui, avec toutes les qualités dont se forme le plus brillant

P iv

mérite , préfere par choix une vie obfcure & va-
gabonde à tous les avantages de la fortune & de
la nature ; qui prévoit fes malheurs , fans vouloir
les éviter ; qui les fent & qui en eft accablé , fans
profiter des remèdes qu'on lui offre fans ceffe, &
qui peuvent à tous momens les finir ; enfin, un
caractère ambigu , un mélange de vertus & de
vices , un contrafte perpétuel de bons fentimens
& d'actions mauvaifes. Tel eft le fond du tableau
que je préfente. Les perfonnes de bon fens ne re-
garderont point un ouvrage de cette nature ,
comme un travail inutile. Outre le plaifir d'une
lecture agréable, on y trouvera peu d'évènemens
qui ne puiffent fervir à l'inftruction des mœurs ;
& c'eft rendre, à mon avis, un fervice confidérable au public , que de l'inftruire en l'amufant.

On ne peut réfléchir fur les préceptes de la
morale , fans être étonné de les voir tout à la fois
eftimés & négligés ; & l'on fe demande la raifon
de cette bizarrerie du cœur humain, qui lui fait
goûter des idées de bien & de perfection, dont il
s'éloigne dans la pratique. Si les perfonnes d'un
certain ordre d'efprit & de politeffe , veulent
examiner quelle eft la matière la plus commune
de leurs converfations, ou même de leurs rêveries
folitaires , il leur fera aifé de remarquer qu'elles
tournent prefque toujours fur quelques confidérations morales. Les plus doux momens de leur vie

font ceux qu'ils paffent, ou feuls, ou avec un ami,
à s'entretenir à cœur ouvert des charmes de la
vertu, des douceurs de l'amitié, des moyens
d'arriver au bonheur, des foibleffes de la nature
qui nous en éloignent, & des remèdes qui peuvent
les guérir. Horace & Boileau marquent cet entretien, comme un des plus beaux traits, dont ils
compofent l'image d'une vie heureufe. Comment
arrive-t-il donc qu'on tombe fi facilement de ces
hautes fpéculations, & qu'on fe retrouve fitôt au
niveau du commun des hommes ? Je fuis trompé,
fi la raifon que je vais en apporter, n'explique
bien cette contradiction de nos idées & de notre
conduite : c'eft que tous les préceptes de la morale
n'étant que des principes vagues & généraux, il eft
très-difficile d'en faire une application particulière au détail des mœurs & des actions. Rendons
la chofe fenfible par l'exemple. Les ames bien
nées fentent que la douceur & l'humanité font des
vertus aimables, & font portées d'inclination à les
pratiquer ; mais font-elles au moment de l'exercice ? elles demeurent fouvent fufpendues. En
eft-ce réellement l'occafion ? Sait-on bien quelle
en doit être la mefure ? Ne fe trompe-t-on point
fur l'objet ? Mille difficultés arrêtent. On craint
de devenir dupe en voulant être bienfaifant & libéral ; de paffer pour foible, en paroiffant trop
tendre & trop fenfible ; en un mot, d'excéder ou

de ne pas remplir aſſez des devoirs, qui ſont renfermés d'une manière trop obſcure dans les no-
tions générales d'humanité & de douceur. Dans
cette incertitude, il n'y a que l'expérience, ou
l'exemple, qui puiſſe déterminer raiſonnablement
le penchant du cœur. Or, l'expérience n'eſt point
un avantage, qu'il ſoit libre à tout le monde de ſe
donner; elle dépend des ſituations différentes,
où l'on ſe trouve placé par la fortune. Il ne reſte
donc que l'exemple, qui puiſſe ſervir de règle à
quantité de perſonnes dans l'exercice de la vertu.
C'eſt préciſément pour cette ſorte de lecteurs,
que des ouvrages tels que celui-ci peuvent être
d'une extrême utilité, du moins lorſqu'ils ſont
écrits par une perſonne d'honneur & de bon ſens.
Chaque fait qu'on y rapporte eſt un degré de lumière, une inſtruction qui ſupplée à l'expérience;
chaque aventure eſt un modèle, d'après lequel on
peut ſe former : il n y manque, que d'être ap-
pliqué aux circonſtances où l'on ſe trouve. L'ouvrage entier eſt un traité de morale, réduit agréablement en exercice.

Un lecteur ſévère s'offenſera peut-être de me
voir prendre la plume à mon âge, pour écrire des
aventures de fortune & d'amour; mais ſi la réflexion que je viens de faire eſt ſolide, elle me
juſtifie; ſi elle eſt fauſſe, mon erreur ſera mon
excuſe.

HISTOIRE

DE

MANON LESCAUT.

PREMIÉRE PARTIE.

JE fuis obligé de faire remonter mon lecteur
u tems de ma vie, où je rencontrai pour la
remière fois le chevalier des Grieux. Ce fut en-
iron fix mois avant mon départ pour l'Efpagne.
Quoique je fortiffe rarement de ma folitude, la
omplaifance que j'avois pour ma fille m'engageoit quelquefois à divers petits voyages, que
abrégeois autant qu'il m'étoit poffible. Je reve-
ois un jour de Rouen, où elle m'avoit prié d'al-
er folliciter une affaire au parlement de Nor-
nandie, pour la fucceffion de quelques terres
uxquelles je lui avois laiffé des prétentions du
ôté de mon grand-père maternel. Ayant repris
non chemin par Evreux, où je couchai la pre-

mière nuit, j'arrivai le lendemain pour dîner à
Paffy, qui en eft éloigné de cinq ou fix lieues.
Je fus furpris, en entrant dans ce bourg, d'y
voir tous les habitans en alarme. Ils fe précipi-
toient de leurs maifons, pour courir en foule à
la porte d'une mauvaife hôtellerie, devant laquelle étoient deux chariots couverts. Les chevaux
qui étoient encore attelés, & qui paroiffoient ex-
cédés de fatigue & de chaleur, marquoient que
ces deux voitures ne faifoient qu'arriver. Je m'arrêtai un moment, pour m'informer d'où venoit
le tumulte ; mais je tirai peu d'éclairciffement
d'une populace curieufe, qui ne faifoit nulle attention à mes demandes, & qui s'avançoit toujours vers l'hôtellerie, en fe pouffant avec beaucoup de confufion. Enfin, un archer revêtu d'une
bandoulière, & le moufquet fur l'épaule, ayant
paru à la porte, je lui fis figne de la main de
venir à moi. Je le priai de m'apprendre le fujet
de ce défordre. Ce n'eft rien, Monfieur, me dit il;
c'eft une douzaine de femmes publiques, que je
conduis avec mes compagnons, jufqu'au Havre-
de-Grace, où nous les ferons embarquer pour
l'Amérique. Il y en a quelques-unes de jolies, &
c'eft apparemment ce qui excite la curiofité de
ces bons payfans. J'aurois paffé après cette explication, fi je n'euffe été arrêté par les exclamations
d'une vieille femme, qui fortoit de l'hôtellerie

en joignant les mains, & criant que c'étoit une
chofe barbare, une chofe qui faifoit horreur &
compaffion. De quoi s'agit-il donc, lui dis-je ?
Ah ! Monfieur, entrez, répondit-elle, & voyez
fi ce fpectacle n'eft pas capable de fendre le
cœur ? La curiofité me fit defcendre de mon cheval, que je laiffai à mon palfrenier. J'entrai avec
peine en perçant la foule, & je vis en effet quelque chofe d'affez touchant. Parmi les douze filles,
qui étoient enchaînées fix à fix par le milieu du
corps, il y en avoit une dont l'air & la figure
étoient fi peu conformes à fa condition, qu'en
tout autre état je l'euffe prife pour une perfonne
du premier rang. Sa trifteffe, la faleté de fon
linge & de fes habits l'enlaidiffoient fi peu, que
fa vue m'infpira du refpect & de la pitié. Elle
tâchoit néanmoins de fe tourner, autant que fa
chaîne pouvoit le permettre, pour dérober fon
vifage aux yeux des fpectateurs. L'effort qu'elle faifoit pour fe cacher étoit fi naturel, qu'il paroiffoit venir d'un fentiment de modeftie. Comme
les fix gardes, qui accompagnoient cette malheureufe bande, étoient auffi dans la chambre, je
pris le chef en particulier, & je lui demandai
quelques lumières fur le fort de cette belle fille. Il
ne put m'en donner que de fort générales. Nous
l'avons tirée de l'hôpital, me dit-il par ordre de
M. le lieutenant général de police. Il n'y a pas d'ap-

parence qu'elle y eût été renfermée pour de bonnes actions. Je l'ai interrogée plusieurs fois sur la
route , elle s'obstine à ne me rien répondre. Mais
quoique je n'aie pas reçu ordre de la ménager
plus que les autres, je ne laisse pas d'avoir quelques égards pour elle ; parce qu'il me semble
qu'elle vaut un peu mieux que ses compagnes.
Voilà un jeune homme, ajouta l'archer, qui pourroit vous instruire mieux que moi sur la cause de
sa disgrace. Il l'a suivie depuis Paris , sans cesser
presque un moment de pleurer. Il faut que ce
soit son frere ou son amant. Je me tournai vers
le coin de la chambre , où ce jeune homme étoit
assis. Il étoit enseveli dans une rêverie profonde. Je n'ai vu la plus vive image de la
douleur. Il étoit vêtu fort simplement ; mais on dis-
tingue au premier coup d'œil, un homme qui a de
la naissance et de l'éducation. Je m'approchai de lui.
Il se leva ; & je découvris dans ses yeux, dans sa figure & dans tous ses mouvemens, un air si fin & si
noble, que je me sentis porté naturellement à lui
vouloir du bien. Que je ne vous trouble point, lui
dis-je en m'asseyant près de lui. Voulez-vous bien
satisfaire la curiosité que j'ai de connoître cette
belle personne, qui ne me paroît point faite pour
le triste état où je la vois? Il me répondit honnêtement qu'il ne pouvoit m'apprendre qui elle
étoit sans se faire connoître lui-même, & qu'il

avoit de fortes raifons pour fouhaiter de demeurer inconnu. Je puis vous dire néanmoins, ce que
ces miférables n'ignorent point, continua-t-il en
montrant les archers ; c'eft que je l'aime avec une
paffion fi violente, qu'elle me rend le plus infortuné de tous les hommes. J'ai tout employé à
Paris, pour obtenir fa liberté. Les follicitations,
l'adreffe & la force m'ont été inutiles ; j'ai pris
le parti de la fuivre, dût-elle aller au bout du
monde. Je m'embarquerai avec elle. Je pafferai
en Amérique. Mais, ce qui eft de là dernière inhumanité, ces lâches coquins, ajouta - t - il en
parlant des archers, ne veulent pas me permettre d'approcher d'elle. Mon deffein étoit de les
attaquer ouvertement, à quelques lieues de Paris.
Je m'étois affocié quatre hommes, qui m'avoient
promis leur fecours pour une fomme confidérable. Les traîtres m'ont laiffé feul aux mains, &
font partis avec mon argent. L'impoffibilité de
réuffir par la force m'a fait mettre les armes bas.
J'ai propofé aux archers de me permettre du
moins de les fuivre, en leur offrant de les récompenfer. Le defir du gain les y a fait confentir. Ils
ont voulu être payés, chaque fois qu'ils m'ont accordé la liberté de parler à ma maitreffe. Ma bourfe s'eft épuifée en peu de tems ; & maintenant
que je fuis fans un fou, ils ont la barbarie de me
repouffer brutalement, lorfque je fais un pas vers

elle. Il n'y a qu'un inſtant, qu'ayant oſé m'en approcher malgré leurs menaces, ils ont eu l'inſolence de lever contre moi le bout du fuſil. Je ſuis obligé, pour ſatisfaire leur avarice & pour me mettre en état de continuer la route à pied, de vendre ici un mauvais cheval qui m'a ſervi juſqu'à préſent de monture.

Quoiqu'il parût faire aſſez tranquillement ce récit, il laiſſa tomber quelques larmes en le finiſſant. Cette aventure me parut dès plus extraordinaires & des plus touchantes. Je ne vous preſſe pas, lui dis-je, de me découvrir le ſecret de vos affaires; mais ſi je puis vous être utile à quelque choſe, je m'offre volontiers à vous rendre ſervice. Hélas! reprit-il, je ne vois pas le moindre jour à l'eſpérance. Il faut que je me ſoumette à toute la rigueur de mon ſort. J'irai en Amérique. J'y ſerai du moins libre avec ce que j'aime. J'ai écrit à un de mes amis, qui me fera tenir quelques ſecours au Havre-de-Grace. Je ne ſuis embarraſſé que pour m'y conduire, & pour procurer à cette pauvre créature, ajouta-t-il en regardant triſtement ſa maitreſſe, quelque ſoulagement ſur la route. Hé bien, lui dis-je, je vais finir votre embarras. Voici quelqu'argent que je vous prie d'accepter. Je ſuis fâché de ne pouvoir vous ſervir autrement. Je lui donnai quatre louis d'or, ſans que les gardes s'en apperçuſſent; car je jugeois

eois bien que s'ils lui favoient cette fomme, ils
ii vendroient plus chèrement leurs fecours. Il
ie vint même à l'efprit de faire marché avec eux,
our obtenir au jeune amant la liberté de parler
ontinuellement à fa maitreffe jufqu'au Havre. Je
is figne au chef de s'approcher, & je lui en fis
a propofition. Il en parut honteux, malgré fon
ffronterie. Ce n'eft pas, Monfieur, répondit-il
l'un air embarraffé, que nous refufions de le
aiffer parler à cette fille; mais il voudroit être
ans ceffe auprès d'elle; cela nous incommode;
il eft bien jufte qu'il paye pour l'incommodité.
Voyons donc, lui dis-je, ce qu'il faudroit pour
vous empêcher de la fentir. Il eut l'audace de me
demander deux louis. Je les lui donnai fur le
champ : mais prenez garde, lui dis-je, qu'il ne
vous échappe quelque friponerie; car je vais laiffer mon adreffe à ce jeune homme, afin qu'il
puiffe m'en informer, & comptez que j'aurai le
pouvoir de vous faire punir. Il m'en coûta fix
louis d'or. La bonne grace & la vive reconnoiffance avec laquelle ce jeune inconnu me remercia, achevèrent de me perfuader qu'il étoit né
quelque chofe, & qu'il méritoit ma libéralité. Je
dis quelques mots à fa maitreffe, avant que de
fortir. Elle me répondit avec une modeftie fi
douce & fi charmante, que je ne pus m'empêcher de faire, en fortant, mille réflexions

Tome III. Q

fur le caractère incompréhenfible des femmes.

Etant retourné à ma folitude, je ne fus point informé de la fuite de cette aventure. Il fe paffa près de deux ans, qui me la firent oublier tout-à-fait ; jufqu'à ce que le hafard me fit renaître l'occafion d'en apprendre à fond toutes les cir-conftances. J'arrivois de Londres à Calais, avec le marquis de..... mon élève. Nous logeâmes, fi je m'en fouviens bien, au lion d'or, où quelques raifons nous obligèrent de paffer le jour entier & la nuit fuivante. En marchant l'après-midi dans les rues, je crus appercevoir ce même jeune homme, dont j'avois fait la rencontre à Paffy. Il étoit en fort mauvais équipage ; & beaucoup plus pâle que je ne l'avois vu la première fois. Il portoit fur les bras un vieux porte-manteau, ne faifant qu'arriver dans la ville. Cependant, comme il avoit la phyfionomie trop belle pour n'être pas reconnu facilement, je le remis auffitôt. Il faut, dis-je au marquis, que nous abordions ce jeune homme. Sa joie fut plus vive que toute expref-fion, lofqu'il m'eût remis à fon tour. Ah ! Mon-fieur, s'écria-t-il en me baifant la main, je puis donc encore une fois vous marquer mon immor-telle reconnoiffance. Je lui demandai d'où il ve-noit. Il me répondit qu'il arrivoit par mer, du Havre-de-Grace, où il étoit revenu de l'Amé-rique peu auparavant. Vous ne me paroiffez pas fort bien en argent, lui dis-je ; allez-vous-en au lion d'or où je fuis logé, je vous rejoindrai dans un moment. J'y retournai en effet, plein d'impatience d'apprendre le détail de fon infortune & les circonftances de fon voyage d'Amérique. Je lui fis mille careffes, & j'ordonnai qu'on ne le laifsât manquer de rien. Il n'attendit point que je le preffaffe de me raconter l'hiftoire de fa vie. Monfieur, me dit-il, vous en ufez fi noblement avec moi, que je me reprocherois comme une baffe ingratitude, d'avoir quelque chofe de réfervé pour vous. Je veux vous apprendre, non - feulement mes malheurs & mes peines, mais encore mes défordres & mes plus honteufes foibleffes. Je fuis fûr qu'en me condamnant, vous ne pourrez pas vous empêcher de me plaindre.

Je dois avertir ici le lecteur que j'écrivis fon hiftoire prefqu'auffitôt après l'avoir entendue, & qu'on peut s'affurer par conféquent que rien n'eft plus exact & plus fidelle que cette narration. Je dis fidelle jufque dans la relation des réflexions & des fentimens, que le jeune aventurier exprimoit de la meilleure grace du monde. Voici donc fon récit, auquel je ne mêlerai, jufqu'à la fin, rien qui ne foit de lui.

J'avois dix-fept ans, & j'achevois mes études de philofophie à Amiens, où mes parens, qui font d'une des meilleures maifons de P...., m'a-

voient envoyé. Je menois une vie si sage & si
réglée, que mes maîtres me proposoient pour
l'exemple du collège. Non que je fisse des efforts
extraordinaires pour mériter cet éloge ; mais j'ai
l'humeur naturellement douce & tranquille : je
m'appliquois à l'étude par inclination, & l'on me
comptoit pour des vertus quelques marques d'a-
version naturelle pour le vice. Ma naissance, le
succès de mes études, & quelques agrémens ex-
térieurs m'avoient fait connoître & estimer de
tous les honnêtes gens de la ville. J'achevai mes
exercices publics avec une approbation si géné
rale, que monsieur l'évêque, qui y assistoit, me
proposa d'entrer dans l'état ecclésiastique, où je
ne manquerois pas, disoit-il, de m'attirer plus de
distinction que dans l'ordre de Malte, auquel mes
parens me destinoient. Ils me faisoient déjà porter la croix, avec le nom de chevalier des Grieux.
Les vacances arrivant, je me préparois à retourner chez mon père, qui m'avoit promis de m'envoyer bientôt à l'académie. Mon seul regret, en
quittant Amiens, étoit d'y laisser un ami, avec
lequel j'avois toujours été tendrement uni. Il étoit
de quelques années plus âgé que moi. Nous
avions été élevés ensemble ; mais le bien de sa
maison étant des plus médiocres, il étoit obligé
de prendre l'état ecclésiastique, & de demeurer
à Amiens après moi, pour y faire les études qui

conviennent à cette profession. Il avoit mille
bonnes qualités. Vous le connoîtrez par les meilleures, dans la suite de mon histoire, & sur-tout
par un zèle & une générosité en amitié, qui sur-
passent les plus célèbres exemples de l'antiquité.
Si j'eusse alors suivi ses conseils, j'aurois toujours
été sage & heureux. Si j'avois du moins profité de
ses reproches dans le précipice où mes passions
m'ont entraîné, j'aurois sauvé quelque chose du
naufrage de ma fortune & de ma réputation. Mais
il n'a point recueilli d'autre fruit de ses soins,
que le chagrin de les voir inutiles, & quelquefois durement récompensés, par un ingrat qui
s'en offensoit & qui les traitoit d'importunités.

J'avois marqué le tems de mon départ d'Amiens.
Hélas! que ne le marquois-je un jour plutôt!
j'aurois porté chez mon père toute mon innocence. La veille même de celui que je devois quitter cette ville, étant à me promener avec mon
ami, qui s'appeloit Tiberge, nous vîmes arriver
le coche d'Arras, & nous le suivîmes jusqu'à l'hôtellerie où ces voitures descendent. Nous n'avions
pas d'autre motif que la curiosité. Il en sortit quelques femmes, qui se retirèrent aussitôt. Mais il en
resta une, fort jeune, qui s'arrêta seule dans la cour,
pendant qu'un homme d'un âge avancé, qui paroissoit lui servir de conducteur, s'empressoit pour
faire tirer son équipage des paniers. Elle me pa-

rut fi charmante, que moi, qui n'avois jamais
penfé à la différence des fexes, ni regardé une
femme avec un peu d'attention : moi, dis-je, dont
tout le monde admiroit la fageffe & la retenue,
je me trouvai enflammé tout d'un coup jufqu'au
tranfport. J'avois le défaut d'être exceffivement
timide & facile à déconcerter ; mais loin d'être
arrêté alors par cette foibleffe, je m'avançai vers
la maitreffe de mon cœur. Quoiqu'elle fût encore
moins âgée que moi, elle reçut mes politeffes,
fans paroître embarraffée. Je lui demandai ce qui
l'amenoit à Amiens, & fi elle y avoit quelques
perfonnes de connoiffance. Elle me répondit ingénument, qu'elle y étoit envoyée par fes parens,
pour être religieufe. L'amour me rendoit déjà fi
éclairé, depuis un moment qu'il étoit dans mon
cœur, que je regardai ce deffein comme un coup
mortel pour mes defirs. Je lui parlai d'une manière qui lui fit comprendre mes fentimens; car
elle étoit bien plus expérimentée que moi : c'étoit
malgré elle qu'on l'envoyoit au couvent , pour
arrêter fans doute fon penchant au plaifir, qui
s'étoit déjà déclaré, & qui a caufé dans la fuite
tous fes malheurs & les miens. Je combattis la
cruelle intention de fes parens, par toutes les
raifons que mon amour naiffant & mon éloquence fcholaftique purent me fuggérer. Elle n'affecta
ni rigueur, ni dédain. Elle me dit, après un mo-

ment de filence, qu'elle ne prévoyoit que trop
qu'elle alloit être malheureufe ; mais que c'étoit
apparemment la volonté du ciel, puifqu'il ne lui
laiffoit nul moyen de l'éviter. La douceur de fes
regards, un air charmant de trifteffe en pronon-
çant ces paroles, ou plutôt l'afcendant de ma
deftinée, qui m'entraînoit à ma perte, ne me
permirent pas de balancer un moment fur ma
réponfe. Je l'affurai que fi elle vouloit faire quelque fond fur mon honneur, & fur la tendreffe
infinie qu'elle m'infpiroit déjà, j'employerois ma
vie pour la délivrer de la tyrannie de fes parens,
& pour la rendre heureufe. Je me fuis étonné
mille fois en y réfléchiffant, d'où me venoit alors
tant de hardieffe & de facilité à m'exprimer ;
mais on ne feroit pas une divinité de l'amour,
s'il n'opéroit fouvent des prodiges. J'ajoutai mille
chofes preffantes. Ma belle inconnue favoit bien
qu'on n'eft point trompeur à mon âge : elle me
confeffa que fi je voyois quelque jour à la pouvoir mettre en liberté, elle croiroit m'être rede-
vable de quelque chofe de plus cher que la vie.
Je lui répétai que j'étois prêt à tout entreprendre ; mais n'ayant point affez d'expérience pour
imaginer tout d'un coup les moyens de la fervir,
je m'en tenois à cette affurance générale, qui ne
pouvoit être d'un grand fecours pour elle & pour
moi. Son vieil argus étant venu nous rejoindre,

Q iv

mes esférances alloient échouer, si elle n'eût eu
affez d'esprit pour suppléer à la stérilité du mien.
Je fus surpris, à l'arrivée de son conducteur,
qu'elle m'appelât son cousin, & que sans paroître déconcertée le moins du monde, elle me dît
que puisqu'elle étoit assez heureuse pour me rencontrer à Amiens, elle remettoit au lendemain
son entrée dans le couvent, afin de se procurer
le plaisir de souper avec moi. J'entrai fort bien
dans le sens de cette ruse : je lui proposai de se
loger dans une hôtellerie, dont le maître, qui
s'étoit établi à Amiens, après avoir été long-
tems cocher de mon père, étoit dévoué entièrement à mes ordres. Je l'y conduisis moi-même,
tandis que le vieux conducteur paroissoit un peu
murmurer, & que mon ami Tiberge, qui ne
comprenoit rien à cette scène, me suivoit sans
prononcer une parole. Il n'avoit point entendu
notre entretien. Il étoit demeuré à se promener
dans la cour, pendant que je parlois d'amour à
ma belle maîtresse. Comme je redoutois sa sagesse,
je me défis de lui par une commission, dont je
le priai de se charger. Ainsi, j'eus le plaisir, en
arrivant à l'auberge, d'entretenir seule la souve-
raine de mon cœur. Je reconnus bientôt que j'é-
tois moins enfant que je ne le croyois. Mon cœur
s'ouvrit à mille sentimens de plaisir, dont je n'a-
vois jamais eu l'idée. Une douce chaleur se répan-

dit dans toutes mes veines. J'étois dans une efpèce de tranſport, qui m'ôta pour quelque tems
la liberté de la voix, & qui ne s'exprimoit que
par mes yeux. Mademoiſelle Manon Leſcaut, c'eſt
ainſi qu'elle me dit qu'on la nommoit, parut fort
ſatisfaite de cet effet de ſes charmes. Je crus appercevoir qu'elle n'étoit pas moins émue que moi.
Elle me confeſſa qu'elle me trouvoit aimable, &
qu'elle ſeroit ravie de m'avoir obligation de ſa
liberté. Elle voulut ſavoir qui j'étois, & cette
connoiſſance augmenta ſon affection; parce qu'é-
tant d'une naiſſance commune, elle ſe trouva flattée d'avoir fait la conquête d'un amant tel que moi.
Nous nous entretînmes des moyens d'être l'un à
l'autre. Après quantité de réflexions, nous ne trouvâmes point d'autre voie que celle de la fuite. Il
falloit tromper la vigilance du conducteur, qui
étoit un homme à ménager, quoiqu'il ne fût qu'un
domeſtique. Nous réglâmes que je ferois préparer
pendant la nuit une chaiſe de poſte, & que je
reviendrois de grand matin à l'auberge, avant
qu'il fût éveillé; que nous nous déroberions ſecrètement, & que nous irions droit à Paris, où
nous nous ferions marier en arrivant. J'avois environ cinquante écus, qui étoient le fruit de mes
petites épargnes; elle en avoit à-peu-près le double. Nous nous imaginâmes, comme des enfans
ſans expérience, que cette ſomme ne finiroit

jamais, & nous ne comptâmes pas moins sur le
succès de nos autres mesures.

Après avoir soupé, avec plus de satisfaction
que je n'en avois jamais ressenti, je me retirai
pour exécuter notre projet. Mes arrangemens
furent d'autant plus faciles, qu'ayant eu dessein
de retourner le lendemain chez mon père, mon
petit équipage étoit déjà préparé. Je n'eus donc
nulle peine à faire transporter ma malle, & à
faire tenir une chaise prête pour cinq heures du
matin, qui étoit le tems où les portes de la ville
devoient être ouvertes; mais je trouvai un obstacle
dont je ne me défiois point, & qui faillit à
rompre entièrement mon dessein.

Tiberge, quoiqu'âgé seulement de trois ans
plus que moi, étoit un garçon d'un sens mûr, &
d'une conduite fort réglée. Il m'aimoit avec une
tendresse extraordinaire. La vue d'une aussi jolie
fille que mademoiselle Manon, mon empressement à la conduire, & le soin que j'avois eu de
me défaire de lui en l'éloignant, lui firent naître
quelques soupçons de mon amour. Il n'avoit
osé revenir à l'auberge où il m'avoit laissé, de
peur de m'offenser par son retour; mais il
étoit allé m'attendre à mon logis, où je le trouvai en arrivant, quoiqu'il fût dix heures du soir.
Sa présence me chagrina. Il s'apperçut facilement
de la contrainte qu'elle me causoit. Je suis sûr,

me dit - il fans déguifement , que vous méditez
quelque deffein que vous me voulez cacher ; je
le vois à votre air. Je lui répondis affez brufquement que je n'étois pas obligé de lui rendre
compte de tous mes deffeins. Non , reprit - il ;
mais vous m'avez toujours traité en ami , & cette
qualité fuppofe un peu de confiance & d'ouverture. Il me preffa fi fort & fi long-tems de lui
découvrir mon fecret , que n'ayant jamais eù de
réferve avec lui , je lui fis l'entière confidence
de ma paffion. Il la reçut avec des marques de
mécontentement qui me firent frémir. Je me repentis fur-tout de l'indifcrétion , avec laquelle je
lui avois découvert le deffein de ma fuite. Il me
dit qu'il étoit trop parfaitement mon ami , pour
ne pas s'y oppofer de tout fon pouvoir ; qu'il
vouloit me repréfenter d'abord tout ce qu'il
croyoit capable de m'en détourner ; mais que fi
je ne renonçois pas enfuite à cette miférable réfolution , il avertiroit des perfonnes qui pourroient l'arrêter à coup fûr. Il me tint là-deffus un
difcours férieux , qui dura plus d'un quart-d'heure ,
& qui finit encore par la menace de me dénoncer,
fi je ne lui donnois ma parole de me conduire
avec plus de fageffe & de raifon. J'étois au défefpoir de m'être trahi fi mal - à - propos. Cependant , l'amour m'ayant ouvert extrêmement
l'efprit depuis deux ou trois heures , je fis atten-

tion que je ne lui avois pas découvert que mon
projet devoit s'exécuter le lendemain, & je résolus
de le tromper à la faveur d'une équivoque. Tiberge, lui dis-je, j'ai cru jusqu'à présent que vous étiez
mon ami, & j'ai voulu vous éprouver par cette
confidence. Il est vrai que j'aime, je ne vous ai
pas trompé ; mais pour ce qui regarde ma fuite,
ce n'est point une entreprise à former au hasard.
Venez me prendre demain à neuf heures ; je vous
ferai voir, s'il se peut, ma maîtresse, & vous
jugerez, si elle mérite que je fasse cette démarche pour elle. Il me laissa seul, après mille
protestations d'amitié. J'employai la nuit à mettre
ordre à mes affaires ; & m'étant rendu à l'hôtellerie de mademoiselle Manon, vers la pointe
du jour, je la trouvai qui m'attendoit. Elle étoit
à sa fenêtre, qui donnoit sur la rue ; de sorte
que m'ayant apperçu, elle vint m'ouvrir elle-
même. Nous sortîmes sans bruit. Elle n'avoit
point d'autre équipage que son linge, dont je
me chargeai aussitôt. La chaise étoit en état de
partir : nous nous éloignâmes promptement de la
ville. Je rapporterai dans la suite quelle fut la
conduite de Tiberge, lorsqu'il s'apperçut que je
l'avois trompé. Son zèle n'en devint pas moins
ardent. Vous verrez à quel excès il le porta, &
combien je devrois verser de larmes, en songeant
quelle en a toujours été la récompense.

Nous nous hâtâmes tellement d'avancer, que nous arrivâmes à Saint-Denis avant la nuit. J'avois couru à cheval, à côté de la chaife, ce qui ne nous avoit guère permis de nous entretenir qu'en changeant de chevaux ; mais lorfque nous nous vîmes fi proche de Paris, c'eft-à-dire, prefque en fûreté, nous prîmes le tems de nous rafraîchir, n'ayant rien mangé depuis notre départ d'Amiens. Quelque paffionné que je fuffe pour Manon, elle fut me perfuader qu'elle ne l'étoit pas moins pour moi. Nous étions fi peu réfervés dans nos careffes, que nous n'avions pas la patience d'attendre que nous fuffions feuls. Nos poftillons & nos hôtes nous regardoient avec admiration ; & je remarquai qu'ils étoient furpris de voir deux enfans de notre âge, qui paroiffoient s'aimer jufqu'à la fureur. Nos projets de mariage furent oubliés à Saint-Denis ; nous fraudâmes les droits de l'églife, & nous nous trouvâmes époux fans y avoir fait réflexion. Il eft fûr que du naturel tendre & conftant dont je fuis, j'étois heureux pour toute ma vie, fi Manon m'eût été fidelle. Plus je la connoiffois, plus je découvrois en elle de nouvelles qualités aimables. Son efprit, fon cœur, fa douceur & fa beauté, formoient une chaîne fi forte & fi charmante, que j'aurois mis tout mon bonheur à n'en fortir jamais. Terrible changement ! Ce qui fait mon défef-

poir a pu faire ma félicité. Je me trouve le plus
malheureux de tous les hommes, par cette même
conſtance, dont je devois attendre le ſort du
monde le plus doux, & les plus parfaites récom-
penſes de l'amour.

Nous prîmes un appartement meublé à Paris.
Ce fut dans la rue V...., & pour mon malheur
auprès de la maiſon de M. de B....., célèbre
fermier général. Trois ſemaines ſe paſsèrent,
pendant leſquelles j'avois été ſi rempli de ma
paſſion, que j'avois peu ſongé à ma famille, &
au chagrin que mon père avoit dû reſſentir de
mon abſence. Cependant, comme la débauche
n'avoit nulle part à ma conduite, & que Manon ſe comportoit auſſi avec beaucoup de retenue, la tranquillité où nous vivions ſervit à me
faire rappeler peu-à-peu l'idée de mon devoir.
Je réſolus de me réconcilier, s'il étoit poſſible,
avec mon père. Ma maitreſſe étoit ſi aimable,
que je ne doutai point qu'elle ne pût lui plaire,
ſi je trouvois moyen de lui faire connoître ſa
ſageſſe & ſon mérite; en un mot, je me flattai
d'obtenir de lui la liberté de l'épouſer, ayant
été déſabuſé de l'eſpérance de le pouvoir ſans
ſon conſentement. Je communiquai ce projet à
Manon; & je lui fis entendre qu'outre les motifs
de l'amour & du devoir, celui de la néceſſité
pouvoit y entrer auſſi pour quelque choſe, car

nos fonds s'étant extrêmement altérés, je commençois à revenir de l'opinion qu'ils étoient inépuisables. Manon reçut froidement cette proposition. Cependant, les difficultés qu'elle y opposa n'étant prises que de sa tendresse même, & de la crainte de me perdre, si mon père n'entroit point dans notre dessein, après avoir connu le lieu de notre retraite, je n'eus pas le moindre soupçon du coup affreux qu'on se préparoit à me porter. A l'objection de la nécessité, elle répondit qu'il nous restoit encore de quoi vivre quelques semaines, & qu'elle trouveroit après cela des ressources dans l'affection de quelques parens, à qui elle écriroit en province. Elle adoucit son refus par des caresses si tendres & si passionnées, que moi qui ne vivois que pour elle, & qui n'avois pas la moindre défiance de son cœur, j'applaudis à toutes ses réponses & à toutes ses résolutions. Je lui avois laissé la disposition de notre bourse & le soin de payer notre dépense ordinaire. Je m'apperçus, peu après, que notre table étoit mieux servie, & qu'elle avoit acheté quelques ajustemens d'un prix considérable. Comme je n'ignorois pas qu'il devoit nous rester à peine douze ou quinze pistoles, je lui marquai mon étonneme nt de cette augmenta tion apparente de notre opulence. Elle me pria, en riant, d'être sans embarras. Ne vous ai-je pas

promis, me dit-elle, que je trouverois des reffources? Je l'aimois avec trop de fimplicité pour
m'alarmer facilement.

Un jour que j'étois forti l'après-midi, & que
je l'avois avertie que je ferois dehors plus long-
tems qu'à l'ordinaire, je fus étonné qu'à mon
retour, on me fit attendre deux ou trois minutes à la porte. Nous n'étions fervis que par une
petite fille, qui étoit à-peu-près de notre âge.
Etant venue m'ouvrir, je lui demandai pourquoi
elle avoit tardé fi long-tems? Elle me répondit
d'un air embarraffé, qu'elle ne m'avoit point entendu frapper. Je n'avois frappé qu'une fois; je
lui dis : mais fi vous ne m'avez pas entendu, pourquoi êtes-vous donc venue m'ouvrir? Cette queftion la déconcerta fi fort, que n'ayant point
affez de préfence d'efprit pour y répondre, elle
fe mit à pleurer, en m'affurant que ce n'étoit
point fa faute, & que Madame lui avoit défendu d'ouvrir la porte jufqu'à ce que M. de B.....
fût forti par l'autre efcalier, qui répondoit au
cabinet. Je demeurai fi confus, que je n'eus pas
la force d'entrer dans l'appartement. Je pris le
parti de defcendre fous pretexte d'une affaire,
& j'ordonnai à cette enfant de dire à fa maîtreffe
que je retournerois dans le moment, mais de
ne pas faire connoître qu'elle m'eut parlé de
M. de B......   .

                                        Ma

Ma confternation fut fi grande, que je verfai
ces larmes en defcendant l'efcalier, fans favoir
encore quel fentiment en étoit la fource. J'entrai dans le premier café ; & m'y étant affis près
d'une table, j'appuyai la tête fur mes deux mains,
pour y développer ce qui fe paffoit dans mon
cœur. Je n'ofois rappeler ce que je venois d'entendre. Je voulois le confidérer comme une illufion ; & je fus près deux ou trois fois de retourner au logis, fans marquer que j'y euffe fait attention. Il me paroiffoit fi impoffible que Manon
m'eût trahi, que je craignois de lui faire injure
en la foupçonnant. Je l'adorois, cela étoit sûr,
je ne lui avois pas donné plus de preuves d'a-
mour, que je n'en avois reçu d'elle ; pourquoi
l'aurois-je accufée d'être moins fincère & moins
conftante que moi ? Quelle raifon auroit-elle eu
de me tromper ? Il n'y avoit que trois heures
qu'elle m'avoit accablé de fes plus tendres careffes, & qu'elle avoit reçu les miennes avec
tranfport ; je ne connoiffois pas mieux mon cœur
que le fien. Non, non, repris-je, il n'eft pas
poffible que Manon me trahiffe. Elle n'ignore pas
que je ne vis que pour elle. Elle fait trop bien
que je l'adore. Ce n'eft pas-là un fujet de me haïr.

Cependant la vifite & la fortie furtive de M.
de B.... me caufoient de l'embarras. Je rappelois
auffi les petites acquifitions de Manon, qui me

Tome III. R

sembloient surpasser nos richesses présentes. Cela paroissoit sentir les libéralités d'un nouvel amant. Et cette confiance, qu'elle m'avoit marquée pour des ressources qui m'étoient inconnues ! J'avois peine à donner à tant d'énigmes un sens aussi favorable que mon cœur le souhaitoit. D'un autre côté, je ne l'avois presque pas perdue de vue, depuis que nous étions à Paris. Occupations, promenades, divertissemens, nous avions toujours été l'un à côté de l'autre : mon Dieu ! un instant de séparation nous auroit trop affligés. Il falloit nous dire sans cesse que nous nous aimions ; nous serions morts d'inquiétude sans cela. Je ne pouvois donc m'imaginer presque un seul moment, où Manon pût s'être occupée d'un autre que de moi. A la fin, je crus avoir trouvé le dénouement de ce mystère. M. de B....., dis-je en moi-même, est un homme qui fait de grosses affaires, & qui a de grandes relations ; les parens de Manon se seront servis de cet homme, pour lui faire tenir quelqu'argent. Elle en a peut-être déjà reçu de lui ; il est venu aujourd'hui lui en apporter encore. Elle s'est fait sans doute un jeu de me le cacher, pour me surprendre agréablement. Peut-être m'en auroit-elle parlé, si j'étois rentré à l'ordinaire, au lieu de venir ici m'affliger. Elle ne me le cachera pas du moins, lorsque je lui en parlerai moi-même.

Je me remplis fi fortement de cette opinion, qu'elle eut la force de diminuer beaucoup ma trifteffe. Je retournai fur le champ au logis. J'embraffai Manon avec ma tendreffe ordinaire. Elle me reçut fort bien. J'étois tenté d'abord de lui découvrir mes conjectures, que je regardois plus que jamais comme certaines ; je me retins, dans l'efpérance qu'il lui arriveroit peut-être de me prévenir, en m'apprenant tout ce qui s'étoit paffé. On nous fervit à fouper. Je me mis à table d'un air fort gai ; mais à la lumière de la chandelle, qui étoit entr'elle & moi, je crus appercevoir de la trifteffe fur le vifage & dans les yeux de ma chère maitreffe. Cette penfée m'en infpira auffi. Je remarquai que fes regards s'attachoient fur moi, d'une autre façon qu'ils n'avoient accoutumé. Je ne pouvois démêler fi c'éroit de l'amour ou de la compaffion, quoiqu'il me parût que c'étoit un fentiment doux & languiffant. Je la regardai avec la même attention ; & peut-être n'avoit-elle pas moins de peine à juger de la fituation de mon cœur par mes regards. Nous ne penfions, ni à parler, ni à manger. Enfin, je vis tomber des larmes de fes beaux yeux : perfides larmes ! Ah Dieu ! m'écriai-je, vous pleurez, ma chère Manon : vous êtes affligée jufqu'à pleurer, & vous ne me dites pas un feul mot de vos peines. Elle ne me répondit que par quel-

R ij

ques foupirs, qui augmentèrent mon inquiétude.
Je me levai en tremblant, je la conjurai, avec
tous les empreffemens de l'amour, de me découvrir le fujet de fes pleurs ; j'en verfai moi-
même, en effuyant les fiennes ; j'étois plus mort
que vif. Un barbare auroit été attendri des témoignages de ma douleur & de ma crainte. Dans
le tems que j'étois ainfi tout occupé d'elle, j'entendis le bruit de plufieurs perfonnes, qui montoient
l'efcalier. On frappa doucement à la porte. Manon
me donna un baifer : & s'échappant de mes bras,
elle entra rapidement dans le cabinet, qu'elle
ferma auffitôt fur elle. Je me figurai qu'étant un peu
en défordre, elle vouloit fe cacher aux yeux des
étrangers qui avoient frappé. J'allai leur ouvrir
moi-même. A peine avois-je ouvert, que je me
vis faifi par trois hommes, que je reconnus pour
pour les gens de mon père. Ils ne me firent
point de violence ; mais, deux d'entr'eux m'ayant
pris par les bras, le troifième vifita mes poches,
dont il tira un petit couteau, qui étoit le feul
fer que j'euffe fur moi. Ils me demandèrent pardon de la néceffité où ils étoient de me manquer
de refpect ; ils me dirent naturellement qu'ils
agiffoient par l'ordre de mon père, & que mon
frère aîné m'attendoit en bas dans un carroffe.
J'étois fi troublé, que je me laiffai conduire,
fans réfifter & fans répondre. Mon frère étoit

effectivement à m'attendre. On me mit dans le carroſſe auprès de lui ; & le cocher, qui avoit ſes ordres, nous conduiſit rapidement juſqu'à Saint-Denis. Mon frère m'embraſſa tendrement ; mais il ne me parla point ; de ſorte que j'eus tout le loiſir, dont j'avois beſoin, pour rêver à mon infortune.

J'y trouvai d'abord tant d'obſcurité, que je ne voyois pas de jour à la moindre conjecture. J'étois trahi cruellement ; mais par qui ? Tiberge fut le premier qui me vint à l'eſprit. Traître ! diſois-je, c'eſt fait de ta vie, ſi mes ſoupçons ſe trouvent juſtes. Cependant je fis réflexion qu'il ignoroit le lieu de ma demeure, & qu'on ne pouvoit par conſéquent l'avoir appris de lui. Accuſer Manon, c'eſt de quoi mon cœur n'oſoit ſe rendre coupable. Cette triſteſſe extraordinaire, dont je l'avois vue comme accablée, ſes larmes, le tendre baiſer qu'elle m'avoit donné en ſe retirant, me paroiſ-ſoient bien une énigme ; mais je me ſentois porté à l'expliquer comme un preſſentiment de notre malheur commun ; & dans le tems que je me déſeſpérois de l'accident qui m'arrachoit à elle, j'avois la crédulité de m'imaginer qu'elle étoit encore plus à plaindre que moi. Le réſultat de ma méditation fut de me perſuader, que j'avois été apperçu dans les rues de Paris, par quelques perſonnes de ma connoiſſance, qui en avoient donné

avis à mon père. Cette penſée me conſo[l]
comptois d'en être quitte pour des reproch[s]
pour quelques mauvais traitemens, qu'il m[e]
droit eſſuyer de l'autorité paternelle. Je r
de les ſouffrir avec patience, & de pron
tout ce qu'on exigeroit de moi, pour me
ter l'occaſion de retourner plus promptem
Paris, & d'aller rendre la vie & la joie à ma
Manon.

Nous arrivâmes en peu de tems à Saint
nis. Mon frère, ſurpris de mon ſilence, s'im
que c'étoit un effet de ma crainte. Il entrep
me conſoler, en m'aſſurant que je n'avois r
redouter de la ſévérité de mon père, pourv
je fuſſe diſpoſé à rentrer doucement dans l
voir, & à mériter l'affection qu'il avoit pour
Il me fit paſſer la nuit à Saint - Denis, av
précaution de faire coucher les trois laquais
ma chambre. Ce qui me cauſa une peine ſen
fut de me voir dans la même hôtellerie
m'étois arrêté avec Manon, en venant d'A[?]
à Paris. L'hôte & les domeſtiques me reçç
rent, & devinèrent en même - tems la véri
mon hiſtoire. J'entendis dire à l'hôte : Ah !
ce joli monſieur qui paſſa, il y a ſix ſema
avec une petite demoiſelle qu'il aimoit ſi
Qu'elle étoit charmante ! les pauvres enfans,
me ils ſe careſſoient ! Pardi, c'eſt dommage [?]

les ait féparés. Je feignois de ne rien entendre,
& je me laiſſois voir le moins qu'il m'étoit poſſible. Mon frère avoit à Saint-Denis une chaiſe
à deux dans laquelle nous partîmes de grand matin ; & nous arrivâmes chez nous le lendemain
au ſoir. Il vit mon père avant moi, pour le prévenir en ma faveur, en lui apprenant avec quelle
douceur je m'étois laiſſé conduire ; de ſorte que
j'en fus reçu moins durement, que je ne m'y
étois attendu. Il ſe contenta de me faire quelques
reproches généraux, ſur la faute que j'avois com-
miſe en m'abſentant ſans ſa permiſſion. Pour ce
qui regardoit ma maitreſſe ; il me dit que j'avois
bien mérité ce qui venoit de m'arriver, en me
livrant à une inconnue ; qu'il avoit eu meilleure
opinion de ma prudence ; mais qu'il eſpéroit que
cette petite aventure me rendroit plus ſage. Je
ne pris ce diſcours, que dans le ſens qui s'accordoit avec mes idées. Je remerciai mon père
de la bonté qu'il avoit de me pardonner, & je
lui promis de prendre une conduite plus ſoumiſe
& plus réglée. Je triomphois au fond du cœur :
car de la manière dont les choſes s'arrangeoient,
je ne doutois point que je n'euſſe la liberté de
me dérober de la maiſon, même avant la fin de
la nuit.

On ſe mit à table pour ſouper ; on me railla
ſur ma conquête d'Amiens, & ſur ma fuite avec

R iv

cette fidelle maitreſſe. Je reçus les coups de bonne grace. J'étois même charmé qu il me fût permis
de m'entretenir de ce qui m'occupoit continuellement l'eſprit. Mais quelques mots lâchés par
mon père, me firent prêter l'oreille avec la der-
nièle attention. Il parla de perfidie, & de ſervice intéreſſé, rendu par monſieur B..... Je demeurai interdit, en lui entendant prononcer ce
nom, & je le priai humblement de s'expliquer
davantage. Il ſe tourna vers mon frere, pour lui
demander s'il ne m'avoit pas raconté toute l'hiſtoire. Mon fière lui répondit que je lui avois paru
ſi tranquille ſur la route, qu'il n'avoit pas cru
que j'euſſe beſoin de ce remède pour me guérit
de ma folie. Je remarquai que mon père balan-
çoit s'il achèveroit de s'expliquer. Je l'en ſuppliai
ſi inſtamment, qu'il me ſatisfit, ou plutôt, qu'il
m'aſſaſſina cruellement par le plus horrible de
tous les récits.

Il me demanda d'abord ſi j'avois toujours eu
la ſimplicité de croire que je fuſſe aimé de ma
maitreſſe. Je lui dis hardiment que j'en étois ſi
sûr, que rien ne pouvoit m'en donner la moindre défiance. Ha, ha, ha, s'écria-t-il en riant
de toute ſa force, cela eſt excellent ! Tu es une
jolie dupe, & j'aime à te voir dans ces ſenti-
mens-là. C'eſt grand dommage, mon pauvre chevalier, de te faire entrer dans l'ordre de Malte.

puifque tu as tant de difpofition à faire un mari
patient & commode. Il ajouta mille railleries de
cette force , fur ce qu'il appeloit ma fottife &
ma crédulité. Enfin , comme je demeurois dans le
filence , il continua de me dire que fuivant le
calcul qu'il pouvoit faire du tems depuis mon
départ d'Amiens , Manon m'avoit aimé environ
douze jours : car, ajouta-t-il , je fais que tu partis d'Amiens , le 28 de l'autre mois ; nous fommes au 29 du préfent : il y en a onze que monfieur B..... m'a écrit ; je fuppofe qu'il lui en ait
fallu huit pour lier une parfaite connoiffance avec
ta maitreffe ; ainfi qui ôte onze & huit , de tren-
te-un jours qu'il y a depuis le 28 d'un mois jufqu'au 29 de l'autre , refte douze, un peu plus ou
moins. Là - deffus , les éclats de rire recommencèrent. J'écoutois tout avec un faififfement de
cœur, auquel j'appréhendois de ne pouvoir réfifter
jufqu'à la fin de cette trifte comédie. Tu fauras
donc , reprit mon père , puifque tu l'ignores ,
que monfieur B..... a gagné le cœur de ta princeffe ; car il fe moque de moi, de prétendre me
perfuader que c'eft par un zèle défintéreffé pour
mon fervice , qu'il a voulu te l'enlever. C'eft bien
d'un homme tel que lui , de qui d'ailleurs je ne
fuis pas connu, qu'il faut attendre des fentimens fi
nobles. Il a fu d'elle que tu es mon fils ; & pour
fe délivrer de tes importunités , il m'a écrit le lieu

de ta demeure & le défordre où tu vivois, en me faifant entendre qu'il falloit main-forte pour s'affurer de toi. Il s'eft offert de me faciliter les moyens de te faifir au collet ; & c'eft par fa direction & celle de ta maitreffe même, que ton frère a trouvé le moment de te prendre fans verd. Félicite - toi maintenant de la durée de ton triomphe. Tu fais vaincre affez rapidement, chevalier ; mais tu ne fais pas conferver tes conquêtes.

Je n'eus pas la force de foutenir plus long-tems un difcours, dont chaque mot m'avoit percé le cœur. Je me levai de table, & je n'avois pas fait quatre pas pour fortir de la falle, que je tombai fur le plancher fans fentiment & fans connoiffance. On me les rappela par de prompts fecours. J'ouvris les yeux pour verfer un torrent de pleurs, & la bouche pour proférer les plaintes les plus triftes & les plus touchantes. Mon père, qui m'a toujours aimé tendrement, s'employa avec toute fon affection pour me confoler. Je l'écoutois, mais fans l'entendre. Je me jetai à fes genoux ; je le conjurai, en joignant les mains, de me laiffer retourner à Paris, pour aller poignarder B.... Non, difois-je, il n'a pas gagné le cœur de Manon ; il lui a fait violence ; il l'a féduite par un charme ou par un poifon, il l'a peut-être forcée brutalement. Manon m'aime. Ne le fais-je pas bien ? il l'aura menacée, le poignard à la main, pour la contraindre de m'abandonner. Que n'aura-t-il pas fait pour me ravir une li charmante maitreffe : O dieux ! dieux ! feroit-il poffible que Manon m'eût trahi & qu'elle eût ceffé de m'aimer !

Comme je pailois toujours de retourner promptement à Paris, & que je me levois même à tous momens pour cela, mon père vit bien que dans le tranfport où j'étois, rien ne feroit capable de m'arrêter. Il me conduifit dans une chambre haute, où il laiffa deux domeftiques avec moi, pour me garder à vue. Je ne me poffédois point. J'aurois donné mille vies, pour être feulement un quart-d'heure à Paris. Je compris que m'étant déclaré fi ouvertement, on ne me permettroit pas aifément de fortir de ma chambre. Je mefurai des yeux, la hauteur des fenêtres. Ne voyant nulle poffibilité de m'échapper par cette voie, je m'adreffai doucement à mes deux domeftiques. Je m'engageai, par mille fermens, à faire un jour leur fortune, s'ils vouloient confentir à mon évafion. Je les preffai, je les careffai, je les menaçai; mais cette tentative fut encore inutile. Je perdis alors toute efpérance. Je réfolus de mourir, & je me jetai fur un lit avec le deffein de ne le quitter qu'avec la vie. Je paffai la nuit & le jour fuivant dans cette fituation. Je refufai la nourriture qu'on m'apporta le lendemain. Mon père vint me voir l'après-midi. Il eut la bonté de flatter mes peines par les plus

douces confolations. Il m'ordonna fi abfolument
de manger quelque chofe, que je le fis par refpect
pour fes ordres. Quelques jours fe pafsèrent pendant lefquels je ne pris rien qu'en fa préfence &
pour lui obéir. Il continuoit toujours de m'apporter
les raifons qui pouvoient me ramener au bon fens,
& m'infpirer du mépris pour l'infidelle Manon. Il
eft certain que je ne l'eftimois plus : comment
aurois-je eftimé la plus volage & la plus perfide
de toutes les créatures ? Mais fon image, les traits
charmans que je portois au fond du cœur, ⸧
fubfiftoient toujours. Je me fentois bien. Je puis
mourir, difois-je, je le devrois même, après tant
de honte & de douleur; mais je fouffrirois mille
morts, fans pouvoir oublier l'ingrate Manon.

Mon père étoit furpris de me voir toujours fi
fortement touché. Il me connoiffoit des principes
d'honneur; & ne pouvant douter que fa trahifon
ne me la fît méprifer, il s'imagina que ma conftance
venoit moins de cette paffion en particulier, que
d'un penchant général pour les femmes. Il s'attacha
tellement à cette penfée, que ne confultant que fa
tendre affection, il vint un jour m'en faire l'ouverture. Chevalier, me dit-il, j'ai eu deffein jufqu'à
préfent de te faire porter la croix de Malte; mais je
vois que tes inclinations ne font point tournées de
ce côté-là. Tu aimes les jolies femmes. Je fuis
d'avis de t'en chercher une qui te plaife. Explique-

moi naturellement ce que tu penfes là-deſſus. Je
lui repondis que je ne mettois plus de diſtinction
entre les femmes , & qu'après le malheur qui venoit de m'arriver, je les déteſtois toutes également.
Je t'en chercherai une, reprit mon père en fouriant,
qui reſſemblera à Manon , & qui fera plus fidelle.
Ah! ſi vous avez quelque bonté pour moi, lui
dis-je, c'eſt elle qu'il faut me rendre. Soyez sûr,
mon père , qu'elle ne m'a point trahi ; non , elle
n'eſt pas capable d'une ſi noire & ſi cruelle lâcheté.
C'eſt le perfide B... qui nous trompe , vous, elle, &
moi. Si vous faviez combien elle eſt tendre & ſincère, ſi vous la connoiſſiez, vous l'aimeriez vous-même. Vous êtes un enfant, repartit mon père. Comment pouvez-vous vous aveugler juſqu'à ce point,
après ce que je vous ai raconté d'elle ? C'eſt elle-
même , qui vous a livré à votre frère. Vous devriez
oublier juſqu'à fon nom , & profiter, ſi vous êtes fage, de l'indulgence que j'ai pour vous. Je recon-
noiſſois trop clairement qu'il avoit raiſon. C'étoit
un mouvement involontaire, qui me faiſoit prendre ainſi le parti de mon infidelle. Hélas, repris-je
après un moment de ſilence , il n'eſt que trop vrai
que ie fuis le malheureux objet de la plus lâche
de toutes les perfidies. Oui , continuai-je en verſant
des larmes de dépit, je vois bien que je ne fuis
qu'un enfant. Ma crédulité ne leur coûtoit guère
à tromper. Mais je fais bien ce que j'ai à faire pour

me venger. Mon père voulut favoir quel étoit
deſſein. J'irai à Paris, lui dis-je, je mettrai 1
à la maiſon de B.... & je le brûlerai tout vif
la perfide Manon. Cet emportement fit rire
père, & ne ſervit qu'à me faire garder plus ét
ment dans ma priſon.

J'y paſſai ſix mois entiers, pendant le pre
deſquels il y eut peu de changement dans
diſpoſitions. Tous mes ſentimens n'étoient qu
alternative perpétuelle de haine & d'am
d'eſpérance ou de déſeſpoir, ſelon l'idée
laquelle Manon s'offroit à mon eſprit. Tant
ne conſidérois en elle que la plus aimable de t
les filles, & je languiſſois du deſir de la rev
tantôt je n'y appercevois qu'une lâche & pe
maitreſſe, & je faiſois mille ſermens de r
chercher que pour la punir. On me donna
livres, qui ſervirent à rendre un peu de tranqu
à mon ame. Je relus tous mes auteurs. J'ac
de nouvelles connoiſſances. Je repris un
infini pour l'étude. Vous verrez de quelle u
il me fut dans la ſuite. Les lumières, que je d
à l'amour, me firent trouver de la clarté
quantité d'endroits d'Horace & de Virgile
m'avoient paru obſcurs auparavant. Je f
commentaire amoureux ſur le quatrième liv
l'Énéide; je le deſtine à voir le jour, & je
flatte que le public en ſera ſatisfait. Hélas! di

en le faifant, c'étoit un cœur tel que le mien, qu'il falloit à la fidelle Didon.

Tiberge vint me voir un jour dans ma prifon. Je fus furpris du tranfport avec lequel il m'embraffa. Je n'avois point encore eu de preuves de fon affection, qui puffent me la faire regarder autrement que comme une fimple amitié de collège, telle qu'elle fe forme entre de jeunes gens qui font à-peu-près du même âge. Je le trouvai fi changé & fi formé, depuis cinq ou fix mois que j'avois paffés fans le voir, que fa figure & le ton de fon difcours m'infpirèrent du refpect. Il me parla en confeiller fage, plutôt qu'en ami d'école. Il plaignit l'égarement où j'étois tombé. Il me félicita de ma guérifon qu'il croyoit avancée ; enfin, il m'exhorta à profiter de cette erreur de jeuneffe, pour ouvrir les yeux fur la vanité des plaifirs.

Je le regardai avec étonnement. Il s'en apperçut. Mon cher chevalier, me dit-il, je ne vous dis rien qui ne foit folidement vrai, & dont je ne me fois convaincu par un férieux examen. J'avois autant de penchant que vous vers la volupté ; mais le ciel m'avoit donné, en même tems, du goût pour la vertu. Je me fuis fervi de ma raifon pour comparer les fruits de l'un & de l'autre, & je n'ai pas tardé long-tems à découvrir leurs différences. Le fecours du ciel s'eft joint à mes réflexions. J'ai conçu, pour le monde, un mépris auquel il n'y a rien

d'égal. Devineriez-vous ce qui m'y retient, ajouta-t-il;
& ce qui m'empêche de courir à la solitude ? C'est
uniquement la tendre amitié que j'ai pour vous. Je
connois l'excellence de votre cœur & de votre
esprit; il n'y a rien de bon dont vous ne puissiez
vous rendre capable. Le poison du plaisir vous a
fait écarter du chemin. Quelle perte pour la vertu !
Votre fuite d'Amiens m'a causé tant de douleur,
que je n'ai pas goûté depuis, un seul moment de
satisfaction. Jugez-en par les démarches qu'elle
m'a fait faire. Il me raconta qu'après s'être apperçu
que je l'avois trompé, & que j'étois parti avec ma
maitresse, il étoit monté à cheval pour me suivre;
mais qu'ayant sur lui quatre ou cinq heures d'avance,
il lui avoit été impossible de me joindre : qu'il étoit
arrivé néanmoins à Saint-Denis, une demi-heure
après mon départ, qu'étant bien certain que je me
serois arrêté à Paris, il y avoit passé six semaines à
me chercher inutilement; qu'il alloit dans tous les
lieux où il se flattoit de pouvoir me trouver, &
qu'un jour enfin il avoit reconnu ma maitresse à la
comédie; qu'elle y étoit dans une parure si écla-
tante, qu'il s'étoit imaginé qu'elle devoit cette fortune à un nouvel amant, qu'il avoit suivi son carosse
jusqu'à sa maison, & qu'il avoit appris d'un domestique, qu'elle étoit entretenue par les libéralités
de monsieur B.... Je ne m'arrêtai point-là, continua-t-il. J'y retournai le lendemain pour apprendre
d'elle-même

lle-même ce que vous étiez devenu : elle me
.tta brufquement , lorfqu'elle m'entendit parler
vous , & je fus obligé de revenir en province
is aucun autre éclairciffement. J'y appris votre
enture & la confternation extrême qu'elle vous a
ufée ; mais je n'ai pas voulu vous voir , fans être
fûré de vous trouver plus tranquille.

Vous avez donc vu Manon , lui répondis-je en
upirant ? Hélas ! vous êtes plus heureux que moi ,
ii fuis condamné à ne la revoir jamais. Il me fit
:s reproches de ce foupir , qui marquoit encore
: la foibleffe pour elle. Il me flatta fi adroitement
r la bonté de mon caractère & fur mes inclinations,
i'il me fit naître , dès cette première vifite , une
rte envie de renoncer comme lui à tous les plaifirs
i fiècle pour entrer dans l'état eccléfiaftique.

Je goûtai tellement cette idée , que lorfque
me trouvai feul , je ne m'occupai plus d'autre
.ofe. Je me rappelai les difcours de M. l'évê-
le d'Amiens , qui m'avoit donné le même con-
il , & les préfages heureux qu'il avoit formés
i ma faveur , s'il m'arrivoit d'embraffer ce parti.
i piété fe mêla auffi dans mes confidérations. Je
énerai une vie fainte & chrétienne , difois-je
m'occuperai de l'étude & de la religion , qui
: me permettront point de penfer aux dange-
ux plaifirs de l'amour. Je mépriferai ce que le
ommun des hommes admire ; & comme je fens

aſſez que mon cœur ne deſirera que ce qu'il eſtime, j'aurai auſſi peu d'inquiétudes que de deſirs.
Je formai là-deſſus d'avance un ſyſtême de vie
paiſible & ſolitaire. J'y faiſois entrer une maiſon
écartée, avec un petit bois, & un ruiſſeau d'eau
douce au bout du jardin; une bibliothèque compoſée de livres choiſis; un petit nombre d'amis
vertueux & de bon ſens, une table propre, mais
frugale & modérée. J'y joignois un commerce de
lettres, avec un ami qui feroit ſon ſéjour à Paris,
& qui m'informeroit des nouvelles publiques,
moins pour ſatisfaire ma curioſité, que pour me
faire un divertiſſement des folles agitations des
hommes. Ne ſerai-je pas heureux, ajoutai-je?
toutes mes prétentions ne ſeront-elles point rem-
plies? Il eſt certain que ce projet flattoit extrêmement mes inclinations. Mais, à la fin d'un ſi
ſage arrangement, je ſentois que mon cœur attendoit encore quelque choſe; & que pour n'a-
voir rien à deſirer dans la plus charmante ſolitude,
il y falloit être avec Manon.

Cependant, Tiberge continuant de me rendre
de fréquentes viſites, dans le deſſein qu'il m'a-
voit inſpiré, je pris l'occaſion d'en faire l'ouverture à mon père. Il me déclara que ſon intention étoit de laiſſer ſes enfans libres dans le
choix de leur condition, & que de quelque
manière que je vouluſſe diſpoſer de moi, il ne

fe réferveroit que le droit de m'aider de fes confeils. Il m'en donna de fort fages, qui tendoient
moins à me dégoûter de mon projet, qu'à me
le faire embraffer avec connoiffance. Le renouvellement de l'année fcholaftique approchoit. Je
convins, avec Tiberge, de nous mettre enfemble au féminaire de Saint-Sulpice ; lui pour achever
fes études de théologie, & moi pour commencer
les miennes. Son mérite, qui étoit connu de
l'évêque du diocèfe, lui fit obtenir de ce prélat
un bénéfice confidérable, avant notre départ.

Mon père, me croyant tout-à-fait revenu de
ma paffion, ne fit aucune difficulté de me laiffer
partir. Nous arrivâmes à Paris. L'habit eccléfiaftique prit la place de la croix de Malte, & le
nom d'abbé des Grieux celle de chevalier. Je
m'attachai à l'étude avec tant d'application, que
je fis des progrès extraordinaires en peu de mois.
J'y employois une partie de la nuit, & je ne
perdois pas un moment du jour. Ma réputation
eut tant d'éclat, qu'on me félicitoit déjà fur les
dignités que je ne pouvois manquer d'obtenir ;
& fans l'avoir follicité, mon nom fut couché fur
la feuille des bénéfices. La piété n'étoit pas plus
négligée, j'avois de la ferveur pour tous les exercices. Tiberge étoit charmé de ce qu'il regardoit
comme fon ouvrage, & je l'ai vu plufieurs fois
répandre des larmes, en s'applaudiffant de ce

S ij

qu'il nommoit ma converſion. Que les réſolu‑
tions humaines ſoient ſujettes à changer, c'eſt ce
qui ne m'a jamais cauſé d'étonnement; une paſſion
les fait naître, une autre paſſion peut les dé‑
truire : mais quand je penſe à la ſainteté de celles
qui m'avoient conduit à Saint-Sulpice, & à la
joie intérieure que le ciel m'y faiſoit goûter en
les exécutant, je ſuis effrayé de la facilité avec
laquelle j'ai pu les rompre. S'il eſt vrai que les
ſecours céleſtes ſont à tous momens d'une force
égale à celle des paſſions, qu'on m'explique donc
par quel funeſte aſcendant on ſe trouve emporté
tout d'un coup loin de ſon devoir, ſans ſe trou‑
ver capable de la moindre réſiſtance, & ſans
reſſentir le moindre remords. Je me croyois ab‑
ſolument délivré des foibleſſes de l'amour. Il me
ſembloit que j'aurois préféré la lecture d'une page
de ſaint Auguſtin, ou un quart-d'heure de mé‑
ditation chrétienne à tous les plaiſirs des ſens,
ſans excepter ceux qui m'auroient été offerts par
Manon. Cependant un inſtant malheureux me fit
retomber dans le précipice ; & ma chûte fut
d'autant plus irréparable, que me trouvant tout
d'un coup au même degré de profondeur d'où
j'étois ſorti, les nouveaux déſordres où je tombai,
me portèrent bien plus loin vers le fond de
l'abîme.

J'avois paſſé près d'un an à Paris, ſans m'in‑

former des affaires de Manon. Il m'en avoit d'abord coûté beaucoup pour me faire cette violence ; mais les conseils toujours présens de Tiberge , & mes propres réflexions m'avoient fait obtenir la victoire. Les derniers mois s'étoient écoulés si tranquillement , que je me croyois sur le point d'oublier éternellement cette charmante & perfide créature. Le tems arriva, auquel je devois soutenir un exercice public dans l'école de théologie ; je fis prier plusieurs personnes de considération , de m'honorer de leur présence. Mon nom fut ainsi répandu dans tous les quartiers de Paris : il alla jusqu'aux oreilles de mon infidelle. Elle ne le reconnut pas avec certitude , sous le nom d'abbé ; mais un reste de curiosité , ou peut-être quelque repentir de m'avoir trahi , (je n'ai jamais pù démêler lequel de ces deux sentimens) lui fit prendre intérêt à un nom si semblable au mien ; elle vint en Sorbonne avec quelques autres dames. Elle fut présente à mon exercice ; & sans doute qu'elle eut peu de peine à me remettre.

Je n'eus pas la moindre connoissance de cette visite. On sait qu'il y a , dans ces lieux , des cabinets particuliers pour les dames , où elles sont cachées derrière une jalousie. Je retournai à Saint-Sulpice , couvert de gloire & chargé de complimens. Il étoit six heures du soir. On vint m'avertir , un moment après mon retour , qu'une

dame demandoit à me voir. J'allai au parloir ſu
le champ. Dieux ! quelle apparition ſurprenante
j'y trouvai Manon. C'étoit elle ; mais plus aimabl
& plus brillante que je ne l'avois jamais vue. Ell
étoit dans ſa dix-huitième année. Ses charm
ſurpaſſoient tout ce qu'on peut décrire. C'éto
un air ſi fin, ſi doux, ſi engageant ! l'air ɔ
l'amour même. Toute ſa figure me parut un eı
chantement.

Je demeurai interdit à ſa vue ; & ne pouvaı
conjecturer quel étoit le deſſein de cette viſitɛ
j'attendois les yeux baiſſés & avec tremblémenɩ
qu'elle s'expliquât. Son embarras fut pendant que
que tems égal au mien ; mais voyant que moı
ſilence continuoit, elle mit la main devant ſɩ
yeux pour cacher quelques larmes. Elle me ᴜ
d'un ton timide, qu'elle conteſſoit que ſon infi
délité méritoit ma haine ; mais que s'il étoit vrɑ
que j'euſſe jamais eu quelque tendreſſe pour elle
il y avoit eu auſſi bien de la dureté à laiſſ
paſſer deux ans, ſans prendre ſoin de l'informɛ
de mon ſort, & qu'il y en avoit beaucoup encoʳ
à la voir dans l'état où elle étoit en ma préſencɛ
ſans lui dire une parole. Le déſordre de mon amɩ
en l'écoutant, ne ſauroit être exprimé.

Elle s'aſſit. Je demeurai debout, le corps
demi tourné, n'oſant l'enviſager directement. J
commençai pluſieurs fois une réponſe, que ı

n'eus pas la force d'achever. Enfin, je fis un effort pour m'écrier douloureufement ; perfide Manon ! Ah perfide ! perfide ! Elle me répéta, en pleurant à chaudes larmes, qu'elle ne prétendoit point juſtifier ſa perfidie. Que prétendez - vous donc, m'écriai-je encore ? Je prétens mourir, répondit-elle, ſi vous ne me rendez votre cœur, ſans lequel il eſt impoſſible que je vive. Demande donc ma vie, infidelle ! repris-je en verſant moi-même des pleurs, que je m'efforçai en vain de retenir ; demande ma vie, qui eſt l'unique choſe qui me reſte à te ſacrifier ; car mon cœur n'a jamais ceſſé d'être à toi. A peine eus - je achevé ces derniers mots, qu'elle ſe leva avec tranſport, pour venir m'embraſſer. Elle m'accabla de mille careſſes paſſionnées. Elle m'appela par tous les noms que l'amour invente, pour exprimer ſes plus vives tendreſſes. Je n'y répondois encore qu'avec langueur. Quel paſſage, en effet, de la ſituation tranquille où j'avois été, aux mouvemens tumultueux que je ſentois renaître ! J'en étois épouvanté. Je frémiſſois, comme il arrive lorſ-qu'on ſe trouve la nuit dans une campagne écartée : on ſe croit tranſporté dans un nouvel ordre de choſes ; on y eſt ſaiſi d'une horreur ſecrète, dont on ne ſe remet qu'après avoir conſidéré long-tems tous les environs.

Nous nous afsîmes, l'un près de l'autre. Je

pris ſes mains dans les miennes. Ah ! Manon, lui dis - je en la regardant d'un œil triſte , je ne m'étois pas attendu à la noire trahiſon dont vous avez payé mon amour. Il vous étoit bien facile de tromper un cœur dont vous étiez la ſouve-raine abſolue , & qui mettoit toute ſa félicité à vous plaire & à vous obéir. Dites-moi mainte-nant ſi vous en avez trouvé d'auſſi tendre & d'auſſi ſoumis. Non , non , la nature n'en fait guère de la même trempe que le mien. Dites-moi du moins , ſi vous l'avez quelquefois regretté. Quel fond dois-je faire ſur ce retour de bonté , qui vous ramène aujourd'hui pour le conſoler ? Je ne vois que trop que vous êtes plus charmante que jamais ; mais , au nom de toutes les peines que j'ai ſouffertes pour vous , belle Manon , dites-moi ſi vous ſerez plus fidelle.

Elle me répondit des choſes ſi touchantes ſur ſon repentir , & elle s'engagea à la fidélité par tant de proteſtations & de ſermens , qu'elle m'at-tendrit à un degré inexprimable. Chère Manon ! lui dis-je avec un mélange profane d'expreſſions amoureuſes & théologiques , tu es trop adorable pour une créature. Je me ſens le cœur empor-té par une déleċtation victorieuſe. Tout ce qu'on dit de la liberté à Saint - Sulpice , eſt une chi-mère. Je vais perdre ma fortune & ma réputa-tion pour toi , je le prévois bien , je lis ma deſ-

tinée dans tes beaux yeux ; mais de quelles pertes ne ferai-je pas confolé par ton amour! Les
faveurs de la fortune ne me touchent point, la
gloire me paroît une fumée ; tous mes projets de
vie eccléfiaftique étoient de folles imaginations ;
enfin tous les biens différens de ceux que j'efpère
avec toi , font des biens méprifables , puifqu'ils
ne fauroient tenir un moment dans mon cœur
contre un feul de tes regards.

En lui promettant néanmoins un oubli général
de fes fautes , je voulus être informé de quelle
manière elle s'étoit laiffée féduire par B..... Elle
m'apprit que l'ayant vue à fa fenêtre , il étoit
devenu paffionné pour elle ; qu'il avoit fait fa
déclaration en fermier général , c'eft-à-dire , en
lui marquant dans une lettre que le paiement
feroit proportionné aux faveurs ; qu'elle avoit
capitulé d'abord, mais fans autre deffein que de
tirer de lui quelque fomme confidérable, qui pût
fervir à nous faire vivre commodément; qu'il l'a-
voit éblouie par de fi magnifiques promeffes ,
qu'elle s'étoit laiffée ébranler par degrés : que je
devois juger pourtant de fes remords, par la
douleur dont elle m'avoit laiffé voir des témoignages , la veille de notre féparation ; que malgré
l'opulence dans laquelle il l'avoit entretenue , elle
n'avoit jamais goûté de bonheur avec lui , non-
feulement parce qu'elle n'y trouvoit point, me

dit-elle, la délicateſſe de mes ſentimens & l'agrément de mes manières ; mais parce qu'au milieu même des plaiſirs qu'il lui procuroit ſans ceſſe, elle portoit au fond du cœur le ſouvenir de mon amour, & le remords de ſon infidélité. Elle me parla de Tiberge & de la confuſion extrême que ſa viſite lui avoit cauſée. Un coup d'épée dans le cœur, ajouta-t-elle, m'auroit moins ému le ſang. Je lui tournai le dos, ſans pouvoir ſoutenir un moment ſa préſence Elle continua de me raconter, par quels moyens elle avoit été inſtruite de mon ſéjour à Paris, du changement de ma condition, & de mes exercices de Sorbonne. Elle m'aſſura qu'elle avoit été ſi agitée pendant la diſpute, qu'elle avoit eu beaucoup de peine, non-ſeulement à retenir ſes larmes, mais ſes gémiſſemens mêmes & ſes cris, qui avoient été plus d'une fois ſur le point d'éclater. Enfin, elle me dit qu'elle étoit ſortie de ce lieu la dernière, pour cacher ſon déſordre, & que ne ſuivant que le mouvement de ſon cœur, & l'impétuoſité de ſes deſirs, elle étoit venue droit au ſéminaire, avec la réſolution d'y mourir, ſi elle ne me trouvoit pas diſpoſé à lui pardonner.

Où trouver un barbare, qu'un repentir ſi vif & ſi tendre n'eût pas touché ! Pour moi, je ſentis dans ce moment, que j'aurois ſacrifié pour Manon tous les évêchés du monde chrétien. Je lui demandai quel nouvel ordre elle jugeoit à propos de mettre dans nos affaires. Elle me dit qu'il falloit fur le champ fortir du féminaire, & remettre à nous arranger dans un lieu plus sûr. Je confentis à toutes fes volontés fans réplique. Elle entra dans fon carroffe, pour aller m'attendre au coin de la rue. Je m'échappai un moment après, fans être apperçu du portier. Je montai avec elle. Nous paffâmes à la friperie. Je repris les galons & l'épée. Manon fournit aux frais, car j'étois fans un fou ; & dans la crainte que je ne trouvaffe de l'obftacle à ma fortie de Saint-Sulpice, elle n'avoit pas voulu que je retournaffe un moment à ma chambre, pour y prendre mon argent. Mon tréfor d'ailleurs étoit médiocre, & elle étoit affez riche des libéralités de B..... pour méprifer ce qu'elle me faifoit abandonner. Nous conférâmes chez le fripier même, fur le parti que nous allions prendre. Pour me faire valoir davantage le facrifice qu'elle me faifoit de B...., elle réfolut de ne pas garder avec lui le moindre ménagement. Je veux lui laiffer fes meubles, me dit-elle, ils font à lui ; mais j'emporterai, comme de juftice, les bijoux, & près de foixante mille francs que j'ai tirés de lui depuis deux ans. Je ne lui ai donné nul pouvoir fur moi, ajouta-t-elle ; ainfi nous pouvons demeurer fans crainte à Paris, en prenant une maifon

commode, où nous vivrons heureusement. Je lui
représentai que s'il n'y avoit point de péril pour
elle, il y en avoit beaucoup pour moi, qui ne
manquerois point tôt ou tard d'être reconnu, &
qui serois continuellement exposé au malheur que
j'avois déjà essuyé. Elle me fit entendre qu'elle
auroit du regret à quitter Paris. Je craignois tant
de la chagriner, qu'il n'y avoit point de hasards
que je ne méprisasse pour lui plaire : cependant
nous trouvâmes un tempérament raisonnable,
qui fut de louer une maison dans quelque village
voisin de Paris, d'où il nous seroit aisé d'aller à
la ville, lorsque le plaisir ou le besoin nous y
appelleroit. Nous choisîmes Chaillot, qui n'en est
pas éloigné. Manon retourna sur le champ chez
elle. J'allai l'attendre à la petite porte du jardin des
Tuilleries. Elle revint une heure après, dans un
carrosse de louage, avec une fille qui la servoit,
& quelques malles où ses habits & tout ce qu'elle
avoit de plus précieux étoient renfermés.

Nous ne tardâmes point à gagner Chaillot.
Nous logeâmes la première nuit à l'auberge, pour
nous donner le tems de chercher une maison, ou
du moins un appartement commode. Nous en
trouvâmes, dès le lendemain, un de notre goût.

Mon bonheur me parut d'abord établi d'une
manière inébranlable. Manon étoit la douceur
& la complaisance même. Elle avoit pour moi

des attentions fi délicates, que je me crus trop parfaitement dédommagé de toutes mes peines. Comme nous avions acquis tous deux un peu d'expérience, nous raifonnâmes fur la folidité de notre fortune. Soixante mille francs, qui faifoient le fond de nos richeffes, n'étoient point une fomme qui pût s'étendre autant que le cours d'une longue vie. Nous n'étions pas difpofés d'ailleurs à refferrer trop notre dépenfe. La première vertu de Manon, non plus que la mienne, n'étoit pas l'économie. Voici le plan que je me propofai. Soixante mille francs, lui dis-je, peuvent nous foutenir pendant dix ans. Deux mille écus nous fuffiront chaque année, fi nous continuons de vivre à Chaillot. Nous y ménerons une vie honnête, mais fimple. Notre unique dépenfe fera pour l'entretien d'un carroffe, & pour les fpectacles. Nous nous règlerons. Vous aimez l'opéra ; nous irons deux fois la femaine. Pour le jeu, nous nous bornerons tellement, que nos pertes ne paffe-ront jamais deux piftoles. Il eft impoffible que dans l'efpace de dix ans ; il n'arrive point de changement dans ma famille ; mon père eft âgé, il peut mourir. Je me trouverai du bien, & nous ferons alors au-deffus de toutes nos autres craintes.

Cet arrangement n'eût pas été la plus folle action de ma vie, fi nous euffions été affez fages pour nous y affujettir conftamment. Mais nos réfolutions

ne durèrent guère plus d'un mois. Manon étoi
paſſionnée pour le plaiſir, je l'étois pour elle. I
nous naiſſoit, à tous momens, de nouvelles occaſion
de dépenſe ; & loin de regretter les ſommes qu'ell
employoit quelquefois avec profuſion , je fus l
premier à lui procurer tout ce que je croyoi
propre à lui plaire. Notre demeure de Chaillo
commença même à lui devenir à charge. L'hive
approchoit ; tout le monde retournoit à la ville, &
la campagne devenoit déſerte. Elle me propoſa
de reprendre une maiſon à Paris. Je n'y conſentis
point ; mais pour la ſatisfaire en quelque choſe,
je lui dis que nous pouvions y louer un appartement meublé , & que nous y paſſerions la nuit,
lorſqu'il nous arriveroit de quitter trop tard
l'aſſemblée où nous allions pluſieurs fois la ſemaine;
car l'incommodité de revenir ſi tard à Chaillot
étoit le prétexte qu'elle apportoit pour le vouloir
quitter. Nous eûmes ainſi la charge de deux loge-
mens, l'un à la ville, & l'autre à la campagne. Ce
changement mit bientôt le dernier déſordre dans
nos affaires, en faiſant naître deux aventures qui
cauſèrent notre ruine.

Manon avoit un frère , qui étoit garde-du-
corps. Il ſe trouva malheureuſement logé à Paris dans la même rue que nous. Il reconnut ſa
ſœur, en la voyant le matin à ſa fenêtre. Il accourut auſſitôt chez nous. C'etoit un homme bru-

, & fans principes d'honneur. Il entra dans
re chambre, en jurant horriblement; & com-
il favoit une partie des aventures de fa fœur, il
cabla d'injures & de reproches. J'étois forti
moment auparavant, ce qui fut fans doute un
iheur pour lui ou pour moi, qui n'étois rien
ins que difpofé à fouffrir une infulte. Je ne
ournai au logis qu'après fon départ. La trifteffe
Manon me fit juger qu'il s'étoit paffé quel-
e chofe d'extraordinaire. Elle me raconta la
ne fâcheufe qu'elle venoit d'effuyer, & les
:naces brutales de fon frère. J'en eus tant de
ffentiment, que j'euffe couru fur le champ à la
ngeance, fi elle ne m'eût arrêté par fes lar-
es. Pendant que je m'entretenois avec elle de
:tte aventure, le garde-du-corps rentra dans la
:ambre, où nous étions, fans s'être fait annoncer.
: ne l'aurois pas reçu auffi civilement que je fis,
je l'euffe connu; mais nous ayant falués d'un
r riant, il eut le tems de dire à Manon, qu'il
:noit lui faire des excufes de fon emportement;
u'il l'avoit crue dans le défordre, & que cette
pinion avoit allumé fa colère; mais que s'étant
iformé qui j'étois, d'un de nos domeftiques, il
voit appris de moi des chofes fi avantageufes,
u'elles lui faifoient defirer de bien vivre avec
ous. Quoique cette information, qui lui ve-
oit d'un de mes laquais, eût quelque chofe

de bizarre & de choquant, je reçus son compliment avec honnêteté. Je crus faire plaisir à Manon. Elle paroissoit charmée de le voir porté à
se réconcilier. Nous le retînmes à dîner. Il se
rendit en peu de momens si familier, que nous
ayant entendu parler de notre retour à Chaillot,
il voulut absolument nous tenir compagnie. Il fallut lui donner une place dans notre carrosse. Ce
fut une prise de possession ; car il s'accoutuma
bientôt à nous voir avec tant de plaisir, qu'il
fit sa maison de la nôtre, & qu'il se rendit le
maître, en quelque sorte, de tout ce qui nous
appartenoit. Il m'appeloit son frère ; & sous prétexte de la liberté fraternelle, il se mit sur le
pied d'amener tous ses amis dans notre maison
de Chaillot, & de les y traiter à nos dépens. Il
se fit habiller magnifiquement à nos frais. Il nous
engagea même à payer toutes ses dettes. Je fer-
mois les yeux sur cette tyrannie, pour ne pas déplaire à Manon, jusqu'à tendre de ne pas m'appercevoir qu'il tiroit d'elle, de tems en tems,
des sommes considérables. Il est vrai, qu'étant
grand joueur, il avoit la fidélité de lui en remettre une partie, lorsque la fortune le favorisoit ;
mais la nôtre étoit trop médiocre, pour fournir
long-tems à des depenses si peu modérées. J'é-
tois sur le point de m'expliquer fortement avec
lui, pour nous délivrer de ses importunités, lors-

qu'un

funefte accident m'épargna eette peine, en
en caufant une autre qui nous abîma fans
rce.

us étions demeurés un jour à Paris, pour
cher, comme il nous arrivoit fort fouvent.
vante, qui reftoit feule à Chaillot dans ces
ons, vint m'avertir le matin que le feu
pris pendant la nuit dans ma maifon, &
avoit eu beaucoup de difficulté à l'éteindre.
. demandai fi nos meubles avoient foufFert
ue dommage : elle me répondit qu'il y
eu une fi grande confufion, caufée par la
:ude d'étrangers qui étoient venus au fecours,
: ne pouvoit être affurée de rien. Je trem-
ʼour notre argent, qui étoit renfermé dans
ʼetite caiffe. Je me rendis promptement à
lot. Diligence inutile ; la caiffe avoit déjà
u. J'éprouvai alors qu'on peut aimer l'ar-
fans être avare. Cette perte me pénétra d'une
e douleur, que j'en penfai perdre la raifon.
mpris tout d'un coup à quels nouveaux mal-
j'allois me trouver expofé. L'indigence étoit
oindre. Je connoiffois Manon ; je n'avois
que trop éprouvé que quelque fidelle &
u'attachée qu'elle me fût dans la bonne
ie, il ne falloit pas compter fur elle dans
isère. Elle aimoit trop l'abondance & les
rs pour me les facrifier. Je la perdrai, m'é-

ome III.   T

criai-je. Malheureux chevalier! tu vas donc perdre encore tout ce que tu aimes! Cette penſée
me jeta dans un trouble ſi affreux, que je balançai pendant quelques momens, ſi je ne ferois
pas mieux de finir tous mes maux par la mort.
Cependant je conſervai aſſez de préſence d'eſprit,
pour vouloir examiner auparavant s'il ne me reſtoit nulle reſſource. Le ciel me fit naître une
idée, qui arrêta mon déſeſpoir. Je crus qu'il ne
me ſeroit pas impoſſible de cacher notre perte à
Manon, & que par induſtrie, ou par quelque
faveur du haſard, je pourrois fournir aſſez honnêtement à ſon entretien, pour l'empêcher de
ſentir la néceſſité. J'ai compté, diſois - je pour
me conſoler, que vingt mille`écus nous ſuffiroient
pendant dix ans: ſuppoſons que les dix ans ſoient
écoulés, & que nul des changemens que j'eſpé-
rois ne ſoit arrivé dans ma famille. Quel parti
prendrai-je? Je ne le ſais pas trop bien; mais
ce que je ferois alors, qui m'empêche de le faire
aujourd'hui? Combien de perſonnes vivent à Paris, qui n'ont ni mon eſprit ni mes qualités na-
turelles, & qui doivent néanmoins leur entretien
à leurs talens, tels qu'ils les ont? La providence, ajoutois-je en réfléchiſſant ſur les différens états de la vie, n'a - t - elle pas arrangé
les choſes fort ſagement? la plupart des grands
& des riches ſont des ſots; cela eſt clair à q

connoît un peu le monde. Or, il y a là-dedans une justice admirable. S'ils joignoient l'esprit aux richesses, ils seroient trop heureux, & le reste des hommes trop misérable. Les qualités du corps & de l'ame sont accordées à ceux-ci, comme des moyens pour se retirer de la misère & de la pauvreté. Les uns prennent part aux richesses des grands; en servant à leurs plaisirs, ils en font des dupes: d'autres servent à leur instruction, ils tâchent d'en faire d'honnêtes gens: il est rare, à la vérité, qu'ils y réussissent; mais ce n'est pas là le but de la divine sagesse: ils tirent toujours un fruit de leurs soins, qui est de vivre aux dépens de ceux qu'ils instruisent; & de quelque façon qu'on le prenne, c'est un fond excellent de revenu pour les petits, que la sotise des riches & des grands.

Ces pensées me remirent un peu le cœur & la tête. Je résolus d'abord d'aller consulter M. Lescaut, frère de Manon. Il connoissoit parfaitement Paris; & je n'avois eu que trop d'occasions de reconnoître, que ce n'étoit ni de son bien, ni de la paie du roi, qu'il tiroit son plus clair revenu. Il me restoit à peine vingt pistoles, qui s'étoient trouvées heureusement sur moi. Je lui montrai ma bourse, en lui expliquant mon malheur & mes craintes; & je lui demandai s'il y avoit pour moi un parti à choisir, entre celui de

T ij

mourir de faim, ou de me caſſer la tête de déſeſpoir. Il me répondit que ſe caſſer la tête étoit la
reſſource des ſots : pour mourir de faim, qu'il y
avoit quantité de gens d'eſprit qui s'y voyoient
réduits, quand ils ne vouloient pas faire uſage
de leurs talens ; que c'étoit à moi d'examiner de
quoi j'étois capable ; qu'il m'aſſuroit de ſon ſecours & de ſes conſeils dans toutes mes entre-
priſes.

Cela eſt bien vague, M. Leſcaut, lui dis-je,
mes beſoins demanderoient un remède plus préſent ; car que voulez-vous que je diſe à Manon ?
A propos de Manon, reprit-il, qu'eſt-ce qui vous
embarraſſe ? N'avez - vous pas toujours avec elle,
de quoi finir vos inquiétudes quand vous le voudrez ? Une fille, comme elle, devroit nous entretenir, vous, elle & moi. Il me coupa la réponſe que cette impertinence méritoit, pour continuer de me dire qu'il me garantiſſoit avant le
ſoir mille écus à partager entre nous, ſi je voulois ſuivre ſon conſeil ; qu'il connoiſſoit un ſei-
gneur, ſi libéral ſur le chapitre des plaiſirs, qu'il
étoit ſûr que mille écus ne lui coûteroient rien
pour obtenir les faveurs d'une fille telle que Manon. Je l'arrêtai. J'avois meilleure opinion de
vous, lui répondis - je ; je m'étois figuré que le
motif que vous aviez eu pour m'accorder votre
amitié, étoit un ſentiment tout oppoſé à cel

où vous êtes maintenant. Il me confeffa impudemment qu'il avoit toujours penfé de même, & que fa fœur ayant une fois violé les loix de fon fexe, quoiqu'en faveur de l'homme qu'il aimoit le plus, il ne s'étoit réconcilié avec elle, que dans l'efpérance de tirer parti de fa mauvaife conduite. Il me fut aifé de juger que jufqu'alors nous avions été fes dupes. Quelque émotion néanmoins que ce difcours m'eût caufée, le befoin que j'avois de lui, m'obligea de répondre en riant, que fon confeil étoit une dernière reffource qu'il falloit remettre à l'extrémité. Je le priai de m'ouvrir quelqu'autre voie. Il me propofa de profiter de ma jeuneffe, & de la figure avantageufe que j'avois reçue de la nature, pour me mettre en liaifon avec quelque dame vieille & libérale. Je ne goûtai pas non plus ce parti, qui m'auroit rendu infidelle à Manon ; je lui parlai du jeu, comme du moyen le plus facile, & le plus convenable à ma fituation. Il me dit que le jeu, à la vérité, étoit une reffource ; mais que cela demandoit d'être expliqué ; qu'entreprendre de jouer fimplement, avec les efpérances communes, c'étoit le vrai moyen d'achever ma perte ; que de prétendre exercer feul, & fans être foutenu, les petits moyens qu'un habile homme emploie pour corriger la fortune, étoit un métier trop dangereux; qu'il y avoit une troifième voie, qui étoit celle de l'affociation ; mais que ma jeuneffe lui faifoit craindre, que meffieurs les confédérés ne me jugeaffent point encore les qualités propres à la ligue. Il me promit néanmoins fes bons offices auprès d'eux ; & ce que je n'aurois pas attendu de lui, il m'offrit quelque argent, lorfque je me trouverois preffé du befoin. L'unique grace que je lui demandai dans les circonftances, fut de ne rien apprendre à Manon de la perte que j'avois faite, & du fujet de notre converfation.

Je fortis de chez lui, moins fatisfait encore que je n'y étois entré. Je me repentis même de lui avoir confié mon fecret. Il n'avoit rien fait pour moi, que je n'euffe pu obtenir, même fans cette ouverture ; & je craignois mortellement qu'il ne manquât à la promeffe qu'il m'avoit faite, de ne rien découvrir à Manon. J'avois lieu d'appréhender auffi par la déclaration de fes fentimens qu'il ne formât le deffein de tirer parti d'elle, fuivant fes propres termes, en l'enlevant de mes mains, ou du moins, en lui confeillant de me quitter, pour s'attacher à quelqu'amant plus riche & plus heureux. Je fis là-deffus mille réflexions, qui n'aboutirent qu'à me tourmenter & à renouveler le défefpoir où j'avois été le matin. Il me vint plufieurs fois à l'efprit d'écrire à mon père, & de feindre une nouvelle converfion, pour obtenir de lui quelque fecours d'argent : mais je me

appelai auſſitôt que malgré toute ſa bonté, il
n'avoit reſſerré ſix mois dans une étroite priſon,
pour ma première faute, j'étois bien ſûr qu'après
un éclat, tel que l'avoit dû cauſer ma fuite de
Saint-Sulpice, il me traiteroit beaucoup plus ri-
goureuſement. Enfin, cette confuſion de penſées
n produiſit une, qui remit le calme tout d'un
coup dans mon eſprit, & que je m'étonnai de
l'avoir pas eue plutôt. Ce fut de recourir à mon
mi Tiberge, dans lequel j'étois bien certain de
retrouver toujours le même fond de zèle &
d'amitié. Rien n'eſt plus admirable, & ne fait
plus d'honneur à la vertu, que la confiance avec
laquelle on s'adreſſe aux perſonnes dont on connoît parfaitement la probité. On ſent qu'il n'y a
point de riſque à courir, ſi elles ne ſont pas toujours en état d'offrir du ſecours, on eſt ſûr qu'on
en obtiendra du moins de la bonté & de la com-
paſſion. Le cœur, qui ſe ferme avec tant de ſoin
au reſte des hommes, s'ouvre naturellement en
leur préſence, comme une fleur s'épanouit à la
lumière du ſoleil, dont elle n'attend qu'une douce influence.

Je regardai comme un effet de la protection
du ciel, de m'être ſouvenu ſi à propos de Tiberge, & je réſolus de chercher les moyens de le
voir avant la fin du jour. Je retournai ſur le
champ au logis, pour lui écrire un mot, & lui

marquer un lieu propre à notre entretien. Je lui
recommandai le filence & la diſcrétion, comme
un des plus importans ſervices qu'il pût me rendre
dans la ſituation de mes affaires. La joie que l'eſpérance de le voir m'inſpiroit, effaça les traces
du chagrin, que Manon n'auroit pas manqué
d'appercevoir ſur mon viſage. Je lui parlai de notre malheur de Chaillot, comme d'une bagatelle
qui ne devoit point l'alarmer; & Paris étant le
lieu du monde où elle ſe voyoit avec le plus de
plaiſir, elle ne fut pas fâchée de m'entendre dire
qu'il étoit à propos d'y demeurer, juſqu'à ce qu'on
eût réparé à Chaillot quelques légers effets de
l'incendie. Une heure après, je reçus la réponſe
de Tiberge, qui me promettoit de ſe rendre au
lieu de l'aſſignation. J'y courus avec impatience.
Je ſentois néanmoins quelque honte d'aller paroître aux yeux d'un ami, dont la ſeule préſence devoit être un reproche de mes déſordres; mais
l'opinion que j'avois de la bonté de ſon cœur,
& l'intérêt de Manon, ſoutinrent ma hardieſſe.

Je l'avois prié de ſe trouver au jardin du Pa-
lais-Royal. Il y étoit avant moi. Il vint m'embraſſer auſſitôt qu'il m'eût apperçu. Il me tint
ſerré long-tems entre ſes bras, & je ſentis mon
viſage mouillé de ſes larmes. Je lui dis que je
ne me préſentois à lui qu'avec confuſion, & que
je portois dans le cœur un vif ſentiment de mon

ingratitude ; que la première chofe dont je le
conjurois , étoit de m'apprendre s'il m'étoit encore permis de le regarder comme mon ami ,
après avoir mérité fi juftement de perdre fon eftime & fon affection. Il me répondit du ton le plus
tendre , que rien n'étoit capable de le faire renoncer à cette qualité , que mes malheurs mêmes ,
& fi je lui permettois de le dire , mes fautes &
mes défordres , avoient redoublé fa tendreffe pour
moi ; mais que c'étoit une tendreffe mêlée de la
plus vive douleur, telle qu'on la fent pour une
perfonne chère , qu'on voit toucher à fa perte
fans pouvoir la fecourir.

Nous nous afsîmes fur un banc. Hélas ! lui
dis - je avec un foupir parti du fond du cœur ,
votre compaffion doit être exceffive , mon cher
Tiberge, fi vous m'affurez qu'elle eft égale à mes
peines. J'ai honte de vous les laiffer voir ; car je
confeffe que la caufe n'en eft pas glorieufe : mais
l'effet en eft fi trifte , qu'il n'eft pas befoin de
m'aimer autant que vous faites , pour en être attendri. Il me demanda , comme une marque d'a-
mitié , de lui raconter fans déguifement ce qui
m'étoit arrivé depuis mon départ de Saint - Sulpice. Je le fatisfis, & loin d'altérer quelque chofe
à la vérité , ou de diminuer mes fautes pour les
faire trouver plus excufables , je lui parlai de ma
paffion avec toute la force qu'elle m'infpiroit. Je

la lui repréſentai comme un de ces coups particuliers du deſtin, qui s'attache à la ruine d'un miſérable , & dont il eſt auſſi impoſſible à la vertu de
ſe défendre, qu'il l'a été à la ſageſſe de les prévoir. Je lui fis une vive peinture de mes agitations , de mes craintes , du déſeſpoir où j'étois
deux heures avant que de le voir , & de celui
dans lequel j'allois retomber ſi j'étois abandonné
par mes amis auſſi impitoyablement que par la
fortune ; enfin j'attendris tellement le bon Tiberge, que je le vis auſſi affligé par la compaſſion , que je l'étois par le ſentiment de mes peines.
Il ne ſe laſſoit point de m'embraſſer, & de m'exhorter à prendre du courage & de la conſolation ;
mais comme il ſuppoſoit toujours qu'il falloit me
ſéparer de Manon , je lui fis entendre franchement
que c'étoit cette ſéparation même , que je regardois comme la plus grande de mes infortunes ; &
que j'étois diſpoſé à ſouffrir , non-ſeulement le
dernier excès de la miſère , mais la mort la plus
cruelle , avant que de recevoir un remède plus
inſupportable que tous mes maux enſemble.

Expliquez-vous donc , me dit-il : quelle eſpèce
de ſecours ſuis-je capable de vous donner, ſi
vous vous révoltez contre toutes mes propoſitions ?
Je n'oſois lui déclarer que c'étoit de ſa bourſe que
j'avois beſoin. Il le comprit pourtant à la fin ; &
m'ayant confeſſé qu'il croyoit m'entendre, il de-

neura quelque tems fufpendu, avec l'air d'une per-
ònne qui balance. Ne croyez pas, reprit-il bien-
ôt, que ma rêverie vienne d'un réfroidiffement
le zèle & d'amitié. Mais à quelle alternative me
éduifez-vous, s'il faut que je vous refufe le feul
ecours que vous voulez accepter, ou que je bleffe
non devoir en vous l'accordant ? car n'eft-ce pas
rendre part à votre défordre, que de vous y faire
erfévérer ? Cependant, continua-t-il après avoir
éfléchi un moment, je m'imagine que c'eft peut-
tre l'état violent où l'indigence vous jette, qui
ie vous laiffe pas affez de liberté pour choifir le
neilleur parti ; il faut un efprit tranquille pour
goûter la fageffe & la vérité. Je trouverai le moyen
le vous faire avoir quelqu'argent. Permettez-moi,
non cher chevalier, ajouta-t-il en m'embraffant,
l'y mettre feulement une condition ; c'eft que
vous m'apprendrez le lieu de votre demeure, &
que vous fouffrirez que je faffe du moins mes efforts pour vous ramener à la vertu, que je fais
que vous aimez, & dont il n'y a que la violence
de vos paffions qui vous écarte. Je lui accordai
fincèrement tout ce qu'il fouhaitoit, & je le priai
de plaindre la malignité de mon fort, qui me
faifoit profiter fi mal des confeils d'un ami fi vertueux. Il me mena auffitôt chez un banquier de
fa connoiffance, qui m'avança cent piftoles fur fon
billet ; car il n'étoit rien moins qu'en argent comp-

tant. J'ai déjà dit qu'il n'étoit pas riche. Son bénéfice valoit mille écus ; mais comme c'étoit la
première année qu'il le posſédoit, il n'avoit encore rien touché du revenu : c'étoit ſur les fruits
futurs qu'il me faiſoit cette avance.

Je ſentis tout le prix de ſa générofité. J'en
fus touché, jusqu'au point de déplorer l'aveuglement de l'amour fatal qui me faiſoit violer tous
les devoirs. La vertu eut aſſez de force, pendant
quelques momens, pour s'élever dans mon cœur
contre ma paſſion, & j'apperçus du moins, dans
cet inſtant de lumière, la honte & l'indignité de
mes chaînes. Mais ce combat fut léger & dura
peu. La vue de Manon m'auroit fait précipiter
du ciel ; & je m'étonnai, en me retrouvant près
d'elle, que j'euſſe pu traiter un moment de hon-
teuſe paſſion une tendreſſe ſi juſte pour un objet ſi
charmant.

Manon étoit une créature d'un caractère extraordinaire. Jamais fille n'eut moins d'attachement
qu'elle pour l'argent ; mais elle ne pouvoit être
tranquille un moment, avec la crainte d'en manquer. C'étoit du plaiſir & des paſſe-tems qu'il lui
falloit. Elle n'eût jamais voulu toucher un ſou,
ſi l'on pouvoit ſe divertir ſans qu'il en coûte. Elle
ne s'informoit pas même quel étoit le fonds de
nos richeſſes, pourvu qu'elle pût paſſer agréablement la journée ; de ſorte que n'étant, ni excellen-

vement livrée au jeu, ni capable d'être éblouie
par le faste des grandes dépenses, rien n'étoit
plus facile que de la satisfaire, en lui faisant naître
tous les jours des amusemens de son goût. Mais
c'étoit une chose si nécessaire pour elle, d'être
ainsi occupée par le plaisir, qu'il n'y avoit pas
le moindre fond à faire, sans cela, sur son humeur & sur ses inclinations. Quoiqu'elle m'aimât
tendrement & que je fusse le seul, comme elle
en convenoit volontiers, qui pût lui faire goûter
parfaitement les douceurs de l'amour, j'étois presque certain que sa tendresse ne tiendroit point
contre de certaines craintes. Elle m'auroit préféré
à toute la terre, avec une fortune médiocre ;
mais je ne doutois nullement qu'elle ne m'aban-
donnât pour quelque nouveau M. B...., lorsqu'il
ne me resteroit que de la constance & de la fidélité à lui offrir. Je résolus donc de régler si bien
ma dépense particulière, que je fusse toujours en
état de fournir aux siennes, & de me priver plutôt
de mille choses nécessaires, que de la borner même
pour le superflu. Le carrosse m'effrayoit plus que
tout le reste, car il n'y avoit point d'apparence
de pouvoir entretenir des chevaux & un cocher.
Je découvris ma peine à M. Lescaut. Je ne lui avois
point caché que j'eusse reçu cent pistoles d'un
ami. Il me répéta que si je voulois tenter le hasard
du jeu, il ne désespéroit point qu'en sacrifiant de

bonne grace une centaine de francs, pour traiter ses affociés, je ne puffe être admis, à fa recommandation, dans la ligue de l'induftrie. Quelque répugnance que j'euffe à tromper, je me laiffai entraîner par une cruelle néceffité.

M. Lefcaut me préfenta le foir même, comme un de fes parens. Il ajouta que j'étois d'autant mieux difpofé à réuffir, que j'avois befoin des plus grandes faveurs de la fortune. Cependant, pour faire connoître que ma misère n'étoit pas celle d'un homme de néant, il leur dit que j'étois dans le deffein de leur donner à fouper. L'offre fut acceptée. Je les traitai magnifiquement. On s'entretint long-tems de la gentilleffe de ma figure, & de mes heureufes difpofitions. On prétendit qu'il y avoit beaucoup à efpérer de moi, parce qu'ayant quelque chofe dans la phyfionomie, qui fentoit l'honnête homme, perfonne ne fe défieroit de mes artifices. Enfin, on rendit graces à M. Lefcaut d'avoir procuré à l'ordre un novice de mon mérite, & l'on chargea un des chevaliers de me donner, pendant quelques jours, les inftructions néceffaires. Le principal théâtre de mes exploits devoit être l'hôtel de Tranfilvanie, où il y avoit une table de pharaon dans une falle, & divers autres jeux de cartes & de dez dans la galerie. Cette académie fe tenoit au profit de M. le prince de R..... qui demeuroit

llors à Clagny , & la plupart de fes officiers
toient de notre fociété. Le dirai-je à ma honte !
e profitai en peu de tems des leçons de mon
naître. J'acquis fur - tout beaucoup d'habileté à
aire une volte-face , à filer la carte ; & m'aidant
ort bien d'une longue paire de manchettes, j'ef-
:amotois affez légèrement pour tromper les yeux
les plus habiles , & ruiner fans affectation quan-
ité d'honnêtes joueurs. Cette adreffe extraordi-
iaire hâta fi fort les progrès de ma fortune , que
e me trouvai en peu de femaines des fommes
:onfidérables , outre celles que je partageois de
onne foi avec mes affociés. Je ne craignis plus
llors , de découvrir à Manon notre perte de Chail-
ot ; & pour la confoler en lui apprenant cette
âcheufe nouvelle , je louai une maifon garnie ,
où nous nous établîmes avec un air d'opulence
& de fécurité.

Tiberge n'avoit pas manqué , pendant ce tems-
là, de me rendre de fréquentes vifites. Sa morale
ne finiffoit point. Il recommençoit fans ceffe à me
repréfenter le tort que je faifois à ma confcience,
à mon honneur & à ma fortune. Je recevois fes
avis avec amitié ; & quoique je n'euffe pas la
moindre difpofition à les fuivre, je lui favois bon
gré de fon zèle , parce que j'en connoiffois la
fource. Quelquefois je le raillois agréablement ,
en préfence même de Manon ; & je l'exhortois

à n'être pas plus fcrupuleux qu'un grand nombre d'évêques & d'autres prêtres qui favent accorder fort bien une maitreffe avec un bénéfice.
Voyez, lui difois - je en lui montrant les yeux
de la mienne, & dites - moi s'il y a des fautes
qui ne foient pas juftifiées par une fi belle caufe.
Il prenoit patience. Il la pouffa même affez loin:
mais lorfqu'il vit que mes richeffes augmentoient,
& que non - feulement je lui avois reftitué fes
cent piftoles, mais qu'ayant loué une nouvelle
maifon & doublé ma dépenfe, j'allois me replon-
ger plus que jamais dans les plaifirs, il changea
entièrement de ton & de manières. Il fe plaignit
de mon endurciffement; il me menaça des châtimens du ciel, & il me prédit une partie des
malheurs qui ne tardèrent guère à m'arriver. Il
eft impoffible, me dit-il, que les richeffes qui
fervent à l'entretien de vos défordres, vous foient
venues par des voies légitimes. Vous les avez ac-
quifes injuftement ; elles vous feront ravies de
même. La plus terrible punition de Dieu feroit
de vous en laiffer jouir tranquillement. Tous mes
confeils, ajouta-t il, vous ont é é inutiles; je ne
prévois que trop qu'ils vous feroient bientôt im-
portuns. Adieu, ingrat & foible ami. Puiffent
vos criminels plaifirs s'évanouir comme une ombre ! Puiffe votre fortune & votre argent, périr
fans reffource; & vous, refter feul & nud, pour

fentir

fentir la vanité des biens qui vous ont follement enivré ! C'eft alors que vous me trouverez dif-pofé à vous aimer & à vous fervir ; mais je romps aujourd'hui tout commerce avec vous , & je dé-tefte la vie que vous menez. Ce fut dans ma chambre aux yeux de Manon, qu'il me fit cette harangue apoftolique. Il fe leva pour fe retirer. Je voulus le retenir : mais je fus arrêté par Manon, qui me dit , que c'étoit un fou, qu'il falloit laiffer fortir.

Son difcours ne laiffa pas de faire quelqu'im-preffion fur moi. Je remarque ainfi les diverfes occafions où mon cœur fentit un retour vers le bien , parce que c'eft à ce fouvenir que j'ai dû enfuite une partie de ma force dans les plus malheureufes circonftances de ma vie. Les careffes de Manon diffipèrent en un moment le chagrin que cette fcène m'avoit caufé ; & nous continuâmes de mener une vie , toute compofée de plaifir & d'amour. L'augmentation de nos richeffes redoubla notre affection. Vénus & la fortune n'avoient point d'efclaves plus heureux ni plus tendres. Dieux ! pourquoi nommer le monde un lieu de misères , puifqu'on y peut goûter de fi charmantes délices ! Mais hélas ! leur effence eft de paffer trop vîte. Quelle autre félicité voudroit-on fe propofer, fi elles étoient de nature à durer toujours ? Les nôtres eurent le fort commun , c'eft-à-dire , de

Tome III. V

durer peu , & d'être suivies par des regrets amers.
J'avois fait au jeu des gains si considérables , que
je pensois à placer une partie de mon argent.
Mes domestiques n'ignoroient pas mes succès,
sur-tout mon valet de chambre & la suivante
de Manon , devant lesquels nous nous entretenions
souvent sans défiance. Cette fille étoit jolie. Mon
valet en étoit amoureux. Ils avoient affaire à des
maîtres jeunes & faciles , qu'ils s'imaginèrent pouvoir tromper aisément. Ils en conçurent le dessein,
& ils l'exécutèrent si malheureusement pour nous,
qu'ils nous mirent dans un état dont il ne nous a
jamais été possible de nous relever.

M. Lescaut nous ayant un jour donné à souper,
il étoit environ minuit, lorsque nous retournâmes
au logis. J'appelai mon valet, & Manon sa femme
de chambre ; ni l'un ni l'autre ne parurent. On
nous dit qu'ils n'avoient point été vus dans la
maison depuis huit heures, & qu'ils étoient sortis
après avoir fait transporter quelques caisses , suivant
les ordres qu'ils disoient en avoir reçus de moi. Je
pressentis une partie de la vérité ; mais je ne formai
point de soupçons, qui ne fussent surpassés par ce
que j'apperçus en entrant dans ma chambre. La
serrure de mon cabinet avoit été forcée, & mon
argent enlevé , avec tous mes habits. Dans le tems
que je réfléchissois seul sur cet accident, Manon
vint toute effrayée, m'apprendre qu'on avoit fait

même ravage dans son appartement. Le coup
me parut si cruel, qu'il n'y eut qu'un effort extraor-
inaire de raison, qui m'empêcha de me livrer aux
ris & aux pleurs. La crainte de communiquer mon
désespoir à Manon me fit affecter de prendre un
isage tranquille. Je lui dis en badinant, que je
me vengerois sur quelque dupe, à l'hôtel de
Transilvanie. Cependant elle me sembla si sensible
notre malheur, que sa tristesse eut bien plus de
orce pour m'affliger, que ma joie feinte n'en avoit
pour l'empêcher d'être trop abattue. Nous som-
nes perdus, me dit-elle les larmes aux yeux. Je
m'efforçai en vain de la consoler par mes caresses.
Mes propres pleurs trahissoient mon désespoir &
ma consternation. En effet, nous étions ruinés si
absolument, qu'il ne nous restoit pas une chemise.

Je pris le parti d'envoyer chercher sur le champ
M. Lescaut. Il me conseilla d'aller à l'heure même
chez M. le lieutenant de police & chez M. le grand
prevôt de Paris. J'y allai; mais ce fut pour mon
plus grand malheur; car outre que cette démarche,
& celles que je fis faire à ces deux officiers de
justice, ne produisirent rien, je donnai le tems
à Lescaut d'entretenir sa sœur, & de lui inspirer
pendant mon absence une horrible résolution. Il
lui parla de M. de G.... M.... vieux voluptueux,
qui payoit prodiguement les plaisirs, & il lui fit
envisager tant d'avantages à se mettre à sa solde,

V ij

que troublée comme elle l'étoit par notre difgrace,
elle entra dans tout ce qu'il entreprit de lui
perfuader. Cet honorable marché fut conclu avant
mon retour, & l'exécution remife au lendemain,
après que Lefcaut auroit prévenu M. de G....
M.... Je le trouvai, qui m'attendoit au logis ; mais
Manon s'étoit couchée dans fon appartement, &
elle avoit donné ordre à fon laquais de me dire
qu'ayant befoin d'un peu de repos, elle me prioit
de la laiffer feule pendant cette nuit. Lefcaut me
quitta, après m'avoir offert quelques piftoles que
j'acceptai. Il étoit près de quatre heures, lorfque
je me mis au lit, & m'y étant encore occupé
long-tems des moyens de rétablir ma fortune, je
m'endormis fi tard, que je ne pus me réveiller
que vers onze heures ou midi. Je me levai promptement, pour aller m'informer de la fanté de Manon:
on me dit qu'elle étoit fortie une heure auparavant
avec fon frère, qui étoit venu la prendre dans un
carroffe de louage. Quoiqu'une telle partie, faite
avec Lefcaut me parût myftérieufe, je me fis
violence pour fufpendre mes foupçons. Je laiffai
couler quelques heures que je paffai à lire. Enfin,
n'étant plus le maître de mon inquiétude, je me
promenai à grands pas dans nos appartemens.
J'apperçus, dans celui de Manon, une lettre
cachetée qui étoit fur fa table. L'adreffe étoit à
moi, & l'écriture de fa main. Je l'ouvris avec un

friſſon mortel ; elle étoit conçue en ces termes :

Je te jure, mon cher chevalier, que tu es l'idole de mon cœur, & qu'il n'y a que toi au monde, que je puiſſe aimer de la façon dont je t'aime ; mais ne vois-tu pas, ma pauvre chère ame, que dans l'état où nous ſommes réduits ; c'eſt une ſotte vertu que la fidélité ? Crois-tu qu'on puiſſe être bien tendre, lorſqu'on manque de pain ? La faim me cauſeroit quelque mépriſe fatale ; je rendrois quelque jour le dernier ſoupir, en croyant en pouſſer un d'amour. Je t'adore, compte là-deſſus ; mais laiſſe-moi, pour quelque tems, le ménagement de notre fortune. Malheur à qui va tomber dans mes filets ! Je travaille pour rendre mon chevalier riche & heureux. Mon frère t'apprendra des nouvelles de ta Manon, & qu'elle a pleuré de la néceſſité de te quitter.

Je demeurai, après cette lecture, dans un état qui me ſeroit difficile à décrire ; car j'ignore encore aujourd'hui par quelle eſpèce de ſentiment je fus alors agité. Ce fut une de ces ſituations uniques, auxquelles on n'a rien éprouvé qui ſoit ſemblable : on ne ſauroit les expliquer aux autres, parce qu'ils n'en ont pas l'idée, & l'on a peine à ſe les bien démêler à ſoi-même, parce qu'étant ſeules de leur eſpèce, cela ne ſe lie à rien dans la mémoire, & ne peut même être rapproché d'aucun ſentiment connu. Cependant de quelque nature

V iij

.que fuſſent les miens, il eſt certain qu'il devoit y
:entrer de la douleur, du dépit, de la jalouſie & de
.la honte. Heureux, s'il n'y .fût pas entré encore
plus d'amour! Elle m'aime, je le veux croire;
mais ne faudroit-il pas, m'écriai-je, qu'elle fût un
monſtre pour me haïr ? Quels droits eut-on jamais
ſur un cœur, que je n'aye pas ſur le ſien ? Que me
·reſte-t il à faire pour elle, après tout ce que je lui
·ai ſacrifié! Cependant elle m'abandonne! & l'ingrate
ſe croit à couvert de mes reproches, en me diſant
·qu'elle ne ceſſe pas de m'aimer. Elle appréhende
la faim: Grand Dieu! quelle groſſiéreté de ſentimens, & que c'eſt répondre mal à ma délicateſſe!
Je ne l'ai pas appréhendée, moi qui m'y expoſe ſi
volontiers pour elle, en renonçant à ma fortune,
& aux douceurs de la maiſon de mon père; moi,
qui me ſuis retranché juſqu'au néceſſaire, pour
ſatisfaire juſqu'à ſes humeurs & ſes caprices! Elle
m'adore, dit-elle. SI tu m'adorois, ingrate, je ſais
bien de qui tu aurois pris des conſeils, tu ne
m'aurois pas quitté, du moins, ſans me dire adieu.
C'eſt à moi qu'il faut demander quelles peines
cruelles on ſent à ſe ſéparer de ce qu'on adore. Il
faudroit avoir perdu l'eſprit pour s'y expoſer volontairement.

Mes plaintes furent interrompues par une viſite
à laquelle je ne m'attendois pas. Ce fut celle de
Leſcaut. Bourreau, lui dis-je en mettant l'épée à la

main, où eft Manon ? qu'en as-tu fait ? Ce mouvement l'effraya : il me répondit que fi c'étoit ainfi
que je le recevois , lorfqu'il venoit me rendre
compte du fervice le plus confidérable qu'il eût pu
me rendre , il alloit fe retirer & ne remettroit
jamais le pied chez moi. Je courus à la porte de
la] chambre , que je fermai foigneufement. Ne
t'imagine pas, lui dis-je en me tournant vers lui ,
que tu puiffes me prendre encore une fois pour
dupe, & me tromper par des fables. Il faut défendre
ta vie, ou me faire retrouver Manon. Ah ! que vous
êtes vif, repartit-il ! c'eft l'unique fujet qui m'amène.
Je viens vous annoncer un bonheur auquel vous
ne penfez pas, & pour lequel vous reconnoîtrez
peut-être que vous m'avez quelqu'obligation. Je
voulus être éclairci fur le champ.

Il me raconta que Manon ne pouvant foutenir
la crainte de la mifère, & fur-tout l'idée d'être
obligée tout d'un coup à la réforme de notre
équipage , l'avoit prié de lui procurer la connoiffance de M. de G. M. qui paffoit pour un
homme généreux. Il n'eut garde de me dire que
le confeil étoit venu de lui, ni qu'il eût préparé
les voies, avant que de l'y conduire. Je l'y ai
menée ce matin , continua-t-il, & cet honnête
homme a été fi charmé de fon mérite, qu'il l'a
invitée d'abord à lui tenir compagnie à fa maifon
de campagne, où il eft allé paffer quelques jours.

Moi, ajouta Lefcaut, qui ai pénétré tout d'un coup de quel avantage cela pouvoit être pour vous, je lui ai fait entendre adroitement que Manon avoit effuyé des pertes confidérables, & j'ai tellement piqué fa générofité, qu'il a commencé par lui faire un préfent de deux cens piftoles. Je lui ai dit que cela étoit honnête pour le préfent; mais que l'avenir amèneroit à ma fœur de grands befoins; qu'elle s'étoit chargée d'ailleurs du foin d'un jeune frère, qui nous étoit refté fur les bras après la mort de nos père & mère, & que s'il la croyoit digne de fon eftime, il ne la laifferoit pas fouffrir dans ce pauvre enfant, qu'elle regardoit comme la moitié d'elle-même. Ce récit n'a pas manqué de l'attendrir. Il s'eft engagé à louer une maifon commode, pour vous & pour Manon; c'eft vous-même, qui êtes ce pauvre petit frère orphelin : il a promis de vous meubler honnêtement, & de vous fournir tous les mois quatre cens bonnes livres, qui en feront, fi je compte bien, quatre mille huit cens à la fin de chaque année. Il a laiffé ordre à fon intendant, avant que de partir pour fa campagne, de chercher une maifon, & de la tenir prête pour fon retour. Vous reverrez alors Manon, qui m'a chargé de vous embraffer mille fois pour elle, & de vous affurer qu'elle vous aime plus que jamais.

Je m'affis en rêvant à cette bizarre difpofition de mon fort. Je me trouvai dans un partage de

sentimens, & par conséquent dans une incertitude si difficile à terminer, que je demeurai long-
tems sans répondre à quantité de questions, que
Lescaut me faisoit confusément. Ce fut dans ce
moment que l'honneur & la vertu me firent
sentir encore les atteintes du remords , & que
je jetai les yeux en soupirant vers Amiens, vers
la maison de mon père, vers Saint - Sulpice , &
vers tous les lieux où j'avois vécu dans l'innocence. Par quel immense espace n'étois-je pas séparé
de cet heureux état! Je ne le voyois plus que
de loin, comme une ombre, qui s'attiroit encore
mes regrets & mes desirs , mais trop foible pour
exciter mes efforts. Par quelle fatalité, disois-je,
suis-je devenu si criminel ? L'amour est une passion
innocente ; comment s'est - il changé pour moi
en une source de bassesses & de désordres ? Qui
m'empêchoit de vivre tranquille & vertueux avec
Manon ? Pourquoi ne l'épousois-je point, avant
que d'obtenir rien de son amour ? mon père qui
m'aimoit si tendrement, n'y auroit-il pas consenti,
si je l'en eusse pressé avec des instances légitimes ?
Ah ! mon père l'auroit chérie lui-même , comme
une fille charmante , trop digne d'être la femme
de son fils : je serois heureux avec l'amour de Manon , avec l'affection de mon père , avec l'estime
des honnêtes gens , avec les biens de la fortune,
& la tranquillité de la vertu. Revers funeste !

Quel est l'infâme personnage qu'on vient ici me
proposer ? Quoi , j'irai partager...... mais y a-t-il
à balancer , si c'est Manon qui l'a réglé , & si je
la perds sans cette complaisance ? M. Lescaut,
m'écriai-je en fermant les yeux , comme pour
écarter de si chagrinantes réflexions , si vous avez
eu dessein de me servir , je vous rends graces.
Vous auriez pu prendre une voie plus honnête,
mais c'est une chose finie , n'est-ce pas ? Ne pen-
sons donc plus qu'à profiter de vos soins , & à
remplir votre projet. Lescaut , à qui ma colère,
suivie d'un fort long silence , avoit causé de l'embarras , fut ravi de me voir prendre un parti tout
différent de celui qu'il avoit appréhendé sans doute ; il n'étoit rien moins que brave , & j'en eus
de meilleures preuves dans la suite. Oui , oui, se
hâta-t-il de me répondre , c'est un fort bon service , que je vous ai rendu , & vous verrez que
nous en tirerons plus d'avantage que vous ne vous
y attendez. Nous concertâmes de quelle manière
nous pourrions prévenir les défiances que M. de
G..... M..... pouvoit concevoir de notre fraternité , en me voyant plus grand , & un peu plus
âgé peut-être qu'il ne se l'imaginoit. Nous ne
trouvâmes point d'autre moyen , que de prendre
devant lui un air simple & provincial , & de lui
faire croire que j'étois dans le dessein d'entrer dans
l'état ecclésiastique , & que j'allois pour cela tous

les jours au collège. Nous réfolûmes auſſi que je
me mettrois fort mal, la première fois que je
ferois admis à l'honneur de le faluer. Il revint à
la ville, trois ou quatre jours après. Il conduiſit
lui-même Manon, dans la maiſon que ſon intendant avoit eu ſoin de préparer. Elle fit avertir auſſitôt Leſcaut de ſon retour; & celui - ci m'en
ayant donné avis, nous nous rendîmes tous deux
chez elle. Le vieil amant en étoit déjà forti.

Malgré la réſignation avec laquelle je m'étois
ſoumis à ſes volontés, je ne pus réprimer le mur-
mure de mon cœur en la revoyant. Je lui parus
triſte & languiſſant. La joie de la retrouver ne
l'emportoit pas tout-à-fait ſur le chagrin de ſon
infidélité. Elle au contraire paroiſſoit tranſpor-
tée du plaiſir de me revoir. Elle me fit des reproches de ma froideur. Je ne pus m'empêcher de
laiſſer échapper les noms de perfide & d'infidelle,
que j'accompagnai d'autant de ſoupirs. Elle me
railla d'abord de ma ſimplicité; mais lorſqu'elle
vit mes regards s'attacher toujours triſtement ſur
elle, & la peine que j'avois à tolérer un changement ſi contraire à mon honneur & à mes deſirs, elle paſſa ſeule dans ſon cabinet. Je la ſui-
vis, un moment après. Je l'y trouvai toute en
pleurs. Je lui demandai ce qui les cauſoit. Il t'eſt
bien aiſé de le voir, me dit-elle; comment veux-
tu que je vive, ſi ma vie n'eſt plus propre qu'à

te caufer un air fombre & chagrin ? Tu ne m'as
pas fait une feule careffe depuis une heure que
tu es ici , & que tu as reçu les miennes avec la
majefté du grand turc au ferrail.

Ecoutez , Manon , lui répondis-je en l'embraffant , je ne puis vous cacher que j'ai le cœur
mortellement affligé. Je ne parle point à préfent
des alarmes où votre fuite imprévue m'a jeté,
ni de la cruauté que vous avez eue de m'abandonner fans un mot de confolation, après avoir paffé
la nuit dans un autre lit que le mien. Le charme de
votre préfence m'en feroit oublier davantage. Mais
croyez-vous que je puiffe penfer fans foupirs, &
même fans larmes , continuai - je en en verfant
quelques-unes, à la trifte & malheureufe vie que
vous voulez que je mène dans cette maifon ? Laif-
fons ma naiffance & mon honneur à part; ce ne
font plus des raifons fi foibles, qui doivent entrer
en concurrence avec un amour tel que le mien;
mais cet amour même, ne vous imaginez - vous
pas qu'il gémit de fe voir fi mal récompenfé, ou
plutôt traité fi cruellement par une ingrate &
dure maitreffe..... Elle m'interrompit : tenez, dit-
elle , mon chevalier, il eft inutile de me tourmenter par des reproches, qui me percent le cœur,
lorfqu'ils viennent de vous. Je vois ce qui vous
bleffe. J'avois efpéré que vous confentiriez au projet que j'avois fait pour rétablir un peu notre for-

tune, & c'étoit pour ménager votre délicateſſe
que j'avois commencé à l'exécuter ſans votre participation ; mais j'y renonce, puiſque vous ne l'approuvez pas. Elle ajouta qu'elle ne me demandoit
qu'un peu de complaiſance pour le reſte du jour ;
qu'elle avoit déjà reçu deux cens piſtoles de ſon
vieil amant, & qu'il lui avoit promis de lui apporter le ſoir un beau collier de perles, avec d'autres bijoux, & par-deſſus cela la moitié de la penſion annuelle qu'il lui avoit promiſe. Laiſſez-moi
ſeulement le tems, me dit-elle, de recevoir ſes pré-
ſens ; je vous jure qu'il ne pourra ſe vanter, des
avantages que je lui ai donnés ſur moi, car je
l'ai remis juſqu'à préſent à la ville. Il eſt vrai qu'il
m'a baiſé plus d'un million de fois les mains ; il eſt
juſte qu'il paye ce plaiſir, & ce ne ſera point trop
que cinq ou ſix mille francs, en proportionnant le
prix à ſes richeſſes & à ſon âge.

Sa réſolution me fut beaucoup plus agréable,
que l'eſpérance des 5000 livres. J'eus lieu de
reconnoître que mon cœur n'avoit point encore
perdu tout ſentiment d'honneur, puiſqu'il étoit ſi
ſatisfait d'échapper à l'infamie. Mais j'étois né pour
de courtes joies & de longues douleurs. La fortune ne me ſauva d'un précipice, que pour me
faire tomber dans un autre. Lorſque j'eus marqué à Manon par mille careſſes, combien je me
croyois heureux de ſon changement, je lui dis

qu'il falloit en inſtruire M. Leſcaut, afin que nos meſures ſe priſſent de concert. Il en murmura d'abord; mais les quatre ou cinq mille livres d'argent comptant le firent entrer gaiement dans nos vues. Il fut donc réglé que nous nous trouverions tous à ſouper avec M. de G..... M..... & cela pour deux raiſons, l'une, pour nous donner le plaiſir d'une ſcène agréable, en me faiſant paſſer pour un écolier, frère de Manon; l'autre, pour empêcher ce vieux libertin de s'émanciper trop avec ma maitreſſe, par le droit qu'il croiroit s'être acquis en payant ſi libéralement d'avance. Nous devions nous retirer, Leſcaut & moi, lorſqu'il monteroit à la chambre où il comptoit paſſer la nuit : & Manon, au lieu de le ſuivre, nous promit de ſortir, & de la venir paſſer avec moi. Leſcaut ſe chargea du ſoin d'avoir exactement un carroſſe à la porte.

L'heure du ſouper étant venue, M. de G..... M.....ne ſe fit pas attendre long-tems. Leſcaut étoit avec ſa ſœur dans la ſalle. Le premier compliment du vieillard fut d'offrir à ſa belle un collier, des bracelets, & des pendans de perles, qui valoient au moins mille écus. Il lui compta enſuite, en beaux louis d'or, la ſomme de deux mille quatre cens livres, qui faiſoient la moitié de la penſion. Il aſſaiſonna ſon préſent de quantité de douceurs, dans le goût de la vieille cour. Manon ne put lui refuſer quelques baiſers; c'étoit autant de droits

qu'elle acquéroit, fur l'argent qu'il lui mettoit entre les mains. J'étois à la porte, où je prêtois l'oreille, en attendant que Lefcaut m'avertît d'entrer.

Il vint me prendre par la main, lorfque Manon
eut ferré l'argent & les bijoux; me conduifant vers
M. de G.... M.... il m'ordonna de lui faire la
révérence. J'en fis deux ou trois des plus profondes. Excufez, Monfieur, lui dit Lefcaut; c'eft
un enfant fort neuf. Il eft bien éloigné, comme
vous voyez, d'avoir les airs de Paris; mais nous
efpérons qu'un peu d'ufage le façonnera. Vous
aurez l'honneur de voir ici fouvent Monfieur,
ajouta-t-il en fe tournant vers moi; faites bien
votre profit d'un fi bon modèle. Le vieil amant
parut prendre plaifir à me voir. Il me donna deux
ou trois petits coups fur la joue, en me difant
que j'étois un joli garçon, mais qu'il falloit être
fur mes gardes à Paris, où les jeunes gens fe
laiffent aller facilement à la débauche. Lefcaut
l'affura que j'étois naturellement fi fage, que je
ne parlois que de me faire prêtre, & que tout mon
plaifir étoit à faire de petites chapelles. Je lui
trouve de l'air de Manon, reprit le vieillard en me
hauffant le menton avec la main. Je répondis d'un
air niais : Monfieur, c'eft que nos deux chairs fe
touchent de bien proche; auffi, j'aime ma fœur
Manon comme un autre moi-même. L'entendez-
vous, dit-il à Lefcaut ? Il a de l'efprit. C'eft

dommage que cet enfant-là n'ait pas un peu plus
de monde. Ho, Monfieur, repris-je, j'en ai vu
beaucoup chez nous dans les églifes, & je crois
bien que j'en trouverai à Paris de plus fots que
moi. Voyez, ajouta-t-il, cela eft admirable pour
un enfant de province. Toute notre converfation
fut à-peu-près du même genre, pendant le fouper.
Manon, qui étoit étourdie, fut fur le point, plufieurs
fois, de gâter tout par fes éclats de rire. Je trouvai
l'occafion, en foupant, de lui raconter fa propre
hiftoire, & le mauvais fort qui le menaçoit. Lefcaut
& Manon trembloient pendant mon récit, fur-tout
lorfque je faifois fon portrait au naturel ; mais
l'amour-propre l'empêcha de s'y reconnoître, & je
l'achevai fi adroitement qu'il fut le premier à le
trouver fort rifible. Vous verrez que ce n'eft pas
fans raifon, que je me fuis étendu fur cette ridicule fcène. Enfin, l'heure du fommeil étant arrivée,
il parla d'amour & d'impatience. Nous nous reti-
râmes, Lefcaut & moi. On le conduifit à fa
chambre ; & Manon, étant fortie fous quelque
prétexte, nous vint joindre à la porte. Le carroffe, qui nous attendoit trois ou quatre maifons
plus bas, s'avança pour nous recevoir. Nous nous
éloignâmes, en un inftant, du quartier.

Quoiqu'à mes propres yeux, cette action fût
une véritable friponnerie, ce n'étoit pas la plus
injufte que je cruffe avoir à me reprocher. J'avois

plus

plus de fcrupule fur l'argent que j'avois acquis
au jeu. Cependant nous profitâmes auffi peu de
l'un que de l'autre, & le ciel permit que la plus
légère de ces deux injuftices fût la plus rigoureufe-
ment punie.

M. de G.... M.... ne tarda pas long-tems à
s'appercevoir qu'il étoit dupé. Je ne fais s'il fit,
dès le foir même, quelques démarches pour nous
découvrir ; mais il eut affez de crédit pour n'en
pas faire long-tems d'inutiles , & nous affez d'imprudence, pour compter trop fur la grandeur de
Paris, & fur l'éloignement qu'il y avoit de notre
quartier au fien. Non-feulement il fut informé de
notre demeure , & de nos affaires préfentes, mais
il apprit auffi qui j'étois, la vie que j'avois menée
à Paris, l'ancienne liaifon de Manon avec B..., la
tromperie qu'elle lui avoit faite ; en un mot, toutes
les parties fcandaleufes de notre hiftoire. Il prit
là-deffus la réfolution de nous faire arrêter , & de
nous faire traiter moins comme des criminels , que
comme de fiefés libertins. Nous étions encore au
lit , lorfqu'un exempt de police entra dans notre
chambre , avec une demi-douzaine de gardes. Ils
fe faifirent d'abord de notre argent, ou plutôt de
celui de M. de G.... M..., & nous ayant fait
lever brufquement , ils nous conduifirent à la
porte, où nous trouvâmes deux carroffes , dans
l'un defquels la pauvre Manon fut enlevée fans

Tome III. X

explication, & moi traîné dans l'autre à Saint-Lazare. Il faut avoir éprouvé de tels revers, pour juger du défefpoir qu'ils peuvent caufer. Nos gardes eurent la dureté de ne me pas permettre d'embraffer Manon, ni de lui dire une parole. J'ignorai long-tems ce qu'elle étoit devenue. Ce fut fans doute un bonheur pour moi, de ne l'avoir pas fu d'abord ; car une cataftrophe fi terrible m'auroit fait perdre le fens, & peut-être la vie.

Ma malheureufe maitreffe fut donc enlevée, à mes yeux, & menée dans une retraite que j'ai horreur de nommer. Quel fort pour une créature toute charmante, qui eût occupé le premier trône du monde, fi tous les hommes euffent eu mes yeux & mon cœur ! On ne l'y traita pas barbarement ; mais elle fut refferrée dans une étroite prifon, feule, & condamnée à remplir tous les jours une certaine tâche de travail, comme une condition néceffaire pour obtenir quelque dégoûtante nourriture. Je n'appris ce trifte détail que long-tems après, lorfque j'eus effuyé moi-même plufieurs mois d'une rude & ennuyeufe pénitence. Mes gardes ne m'ayant point averti non plus du lieu où ils avoient ordre de me conduire, je ne connus mon deftin qu'à la porte de Saint-Lazare. J'aurois préféré la mort dans ce moment, à l'état où je me crus près de tomber. J'avois de terribles idées de cette maifon. Ma frayeur augmenta, lorfqu'en

entrant, les gardes vifitèrent une feconde fois mes
poches, pour s'affurer qu'il ne me reftoit, ni armes,
ni moyens de défenfe. Le fupérieur parut à l'inftant;
il étoit prévenu fur mon arrivée. Il me falua avec
beaucoup de douceur. Mon père, lui dis-je, point
d'indignités. Je perdrai mille vies, avant que d'en
fouffrir une. Non, non, Monfieur, me répondit-il;
vous prendrez une conduite fage, & nous ferons
contens l'un de l'autre. Il me pria de monter dans
une chambre haute. Je le fuivis fans réfiftance.
Les archers nous accompagnèrent jufqu'à la porte;
& le fupérieur, y étant entré avec moi, leur fit
figne de fe retirer.

•Je fuis donc votre prifonnier, lui dis-je! Eh
bien, mon père, que prétendez-vous faire de moi?
Il me dit qu'il étoit charmé de me voir prendre
un ton raifonnable; que fon devoir feroit de travailler à m'infpirer le goût de la vertu & de la
religion, & le mien de profiter de fes exhortations
& de fes confeils; que pour peu que je vouluffe
répondre aux attentions qu'il auroit pour moi, je
ne trouverois que du plaifir dans ma folitude. Ah!
du plaifir, repris-je; vous ne favez pas, mon père,
l'unique chofe qui eft capable de m'en faire goûter!
Je le fais, reprit-il; mais j'efpère que votre inclination changera. Sa réponfe me fit comprendre
qu'il étoit inftruit dé mes aventures, & peut-être
de mon nom. Je le priai de m'éclaircir. Il

X ij

me dit naturellement qu'on l'avoit informé de
tout.

Cette connoiffance fut le plus rude de tous mes
châtimens. Je me mis à verfer un ruiffeau de
larmes , avec toutes les marques d'un affreux
défefpoir. Je ne pouvois me confoler d'une humiliation , qui alloit me rendre la fable de toutes
les perfonnes de ma connoiffance , & la honte de
ma famille. Je paffai ainfi huit jours dans le plus
profond abattement , fans être capable de rien
entendre, ni de m'occuper d'autre chofe que de
mon opprobre. Le fouvenir même de Manon
n'ajoutoit rien à ma douleur. Il n'y entroit, du
moins , que comme un fentiment qui avoit précédé cette nouvelle peine, & la fituation dominante
de mon ame étoit la honte & la confufion. Il y a
eu des perfonnes , qui connoiffent la force de ces
mouvemens particuliers du cœur. Le commun des
hommes n'eft fenfible qu'à cinq ou fix paffions,
dans le cercle defquelles leur vie fe paffe, & où
toutes leurs agitations fe réduifent. Otez-leur
l'amour & la haine, le plaifir & la douleur,
l'efpérance & la crainte, ils ne fentent plus rien.
Mais les perfonnes d'un caractère plus noble
peuvent être émues de mille façons différentes ;
il femble qu'elles ayent plus de cinq fens , &
qu'elles puiffent recevoir des idées & des fenfations
qui paffent les bornes ordinaires de la nature. Et

comme elles ont un fentiment de cette grandeur,
qui les élève au-deffus du vulgaire, il n'y a rien
dont elles foient plus jaloufes. De-là vient qu'elles
fouffrent fi impatiemment le mépris & la rifée,
& que la honte eft une de leurs plus violentes
agitations.

J'avois ce trifte avantage à Saint - Lazare. Ma
trifteffe parut fi exceffive au fupérieur, qu'en ap-
préhendant les fuites, il crut devoir me traiter
avec beaucoup de douceur & d'indulgence. Il
me vifitoit deux ou trois fois le jour. Il me prenoit fouvent avec lui, pour faire un tour de jardin, & fon zèle s'épuifoit en exhortations & en
avis falutaires. Je les recevois avec douceur. Je
lui marquois même de la reconnoiffance. Il en
tiroit l'efpoir de ma converfion. Vous êtes d'un
naturel fi doux & fi aimable, me dit-il un jour,
que je ne puis comprendre les défordres dont on
vous accufe. Deux chofes m'étonnent, l'une,
comment avec de fi bonnes qualités vous avez
pu vous livrer à l'excès du libertinage ; & l'autre,
que j'admire encore plus, comment vous recevez
fi volontiers mes confeils & mes inftructions,
après avoir vécu plufieurs années dans l'habitude
du défordre. Si c'eft repentir, vous êtes un
exemple fignalé des miféricordes du ciel ; fi c'eft
bonté naturelle, vous avez du moins un excellent
fond de caractère, qui me fait efpérer que nous

n'aurons pas befoin de vous retenir ici long-tems,
pour vous ramener à une vie honnête & réglée.
Je fus ravi de lui voir cette opinion de moi. Je
réfolus de l'augmenter, par une conduite qui pût
le fatisfaire entièrement, perfuadé que c'étoit le
plus sûr moyen d'abréger ma prifon. Je lui demandai des livres. Il fut furpris que m'ayant laiffé
le choix de ceux que je voulois lire, je me déterminai pour quelques auteurs férieux. Je feignis
de m'appliquer à l'étude avec un extrême attachement, & je lui donnai ainfi, dans toutes les
occafions, des preuves du changement qu'il dé-
firoit.

Cependant il n'étoit qu'extérieur. Je dois le
confeffer à ma honte ; je jouai, à Saint-Lazare,
le perfonnage d'un hypocrite. Au lieu d'étudier,
quand j'étois feul, je ne m'occupois qu'à gémir
de ma deftinée. Je maudiffois ma prifon & la
tyrannie qui m'y retenoit. Je n'eus pas plutôt quelque relâche du côté de cet accablement où m'a-
voit jeté la confufion, que je retombai dans les
tourmens de l'amour. L'abfence de Manon, l'incertitude de fon fort, la crainte de ne la revoir
jamais, étoient l'unique objet de mes triftes méditations. Je me la figurois dans les bras de G.—
M.... ; car c'étoit la penfée que j'avois eue d'abord;
& loin de m'imaginer qu'il lui eût fait le même
traitement qu'à moi, j'étois perfuadé qu'il ne m'a-

voit fait éloigner que pour la poſſéder tranquillement. Je paſſois ainſi des jours & des nuits,
dont la longueur me paroiſſoit éternelle. Je n'a-
vois d'eſpérance, que dans le ſuccès de mon
hypocriſie. J'obſervois ſoigneuſement le viſage &
les diſcours du ſupérieur, pour m'aſſurer de ce
qu'il penſoit de moi ; & je me faiſois une étude
de lui plaire, comme à l'arbitre de ma deſtinée.
Il me fut aiſé de reconnoître que j'étois parfaitement dans ſes bonnes graces. Je ne doutai plus
qu'il ne fût diſpoſé à me rendre ſervice. Je pris
un jour la hardieſſe de lui demander, ſi c'étoit de
lui que mon élargiſſement dépendoit. Il me dit
qu'il n'en étoit pas abſolument le maître, mais
que ſur ſon témoignage, il eſpéroit que M. de
G.... M...., à la ſollicitation duquel M. le lieutenant général de police m'avoit fait renfermer, con-
ſentiroit à me rendre la liberté. Puis-je me flatter,
repris-je doucement, que deux mois de priſon,
que j'ai déjà eſſuyés, lui paroîtront une expiation
ſuffiſante ! Il me promit de lui en parler, ſi je le
ſouhaitois. Je le priai inſtamment de me rendre
ce bon office. Il m'apprit, deux jours après, que
G.... M.... avoit été ſi touché du bien qu'il avoit
entendu dire de moi, que non ſeulement il paroiſſoit
être dans le deſſein de me laiſſer voir le jour,
mais qu'il avoit même marqué beaucoup d'envie
de me connoître plus particulièrement, & qu'il

X iv

fe propofoit de me rendre une vifite dans ma
prifon. Quoique fa préfence ne pût m'être agréable, je la regardai comme un acheminement pro-
chain à ma liberté.

Il vint effectivement à Saint - Lazare. Je lui
trouvai l'air plus grave & moins fot, qu'il ne
l'avoit eu dans la maifon de Manon. Il me tint
quelques difcours de bon fens fur ma mauvaife
conduite. Il ajouta, pour juftifier apparemment
fes propres défordres, qu'il étoit permis à la foibleffe des hommes de fe procurer certains plaifirs
que la nature exige, mais que la friponnerie &
les artifices honteux méritoient d'être punis. Je
l'écoutai avec un air de foumiffion dont il parut
être fatisfait. Je ne m'offenfai pas même de lui entendre faire quelques railleries fur ma fraternité
avec Lefcaut & Manon, & fur les petites chapelles, dont il fuppofoit, me dit-il, que j'avois
dû faire un grand nombre à Saint-Lazare, puifque je trouvois tant de plaifir à cette pieufe occupation. Mais il lui échappa, malheureufement
pour lui & pour moi - même, de me dire que
Manon en auroit fait auffi, fans doute, de fort
jolies à l'hôpital. Malgré le frémiffement que le
nom d'hôpital me caufa, j'eus encore le pouvoir de le prier, avec douceur, de s'expliquer.
Hé oui, reprit-il, il y a deux mois qu'elle apprend
la fageffe à l'hôpital général, & je fouhaite qu'elle

en ait tiré autant de profit, que vous à Saint-
Lazare.

Quand j'aurois eu une prifon éternelle, ou la
mort même préfente à mes yeux, je n'aurois pas
été le maître de mon tranfport, à cette affreufe
nouvelle. Je me jetai fur lui avec une fi furieufe
rage, que j'en perdis la moitié de mes forces.
J'en eus affez néanmoins pour le renverfer par
terre, & pour le prendre à la gorge. Je l'étran-
glois, lorfque le bruit de fa chûte, & quelques
cris aigus, que je lui laiffois à peine la liberté
de pouffer, attirèrent le fupérieur & plufieurs religieux dans ma chambre. On le délivra de mes
mains. J'avois prefque perdu moi-même la force
& la refpiration. O Dieu! m'écriai-je en pouffant mille foupirs; juftice du ciel! faut-il que
je vive un moment, après une telle infamie? Je
voulus me jeter encore fur le barbare qui venoit
de m'affaffiner. On m'arrêta. Mon défefpoir, mes
cris & mes larmes paffoient toute imagination. Je
fis des chofes fi étonnantes, que tous les affiftans
qui en ignoroient la caufe, fe regardoient les
uns les autres avec autant de frayeur que de furprife. M. de G.... M..... rajuftoit pendant ce tems-
là fa perruque & fa cravate, & dans le dépit
d'avoir été fi maltraité, il ordonnoit au fupérieur
de me refferrer plus étroitement que jamais, &
de me punir par tous les châtimens qu'on fait

être ufités à Saint - Lazare. Non , Monfieur , lui
dit le fupérieur; ce n'eft point avec une perfonne
de la naiffance de M. le chevalier , que nous agi-
rons de cette manière. Il eft fi doux , d'ailleurs,
& fi honnête , que j'ai peine à comprendre qu'il
fe foit porté à cet excès fans de fortes raifons.
Cette réponfe acheva de déconcerter M. de G....
M..... Il fortit en difant qu'il fauroit faire plier ,
& le fupérieur , & moi , & tous ceux qui oferoient
lui réfifter.

Le fupérieur , ayant ordonné à fes religieux de
le conduire, demeura feul avec moi. Il me conjura de lui apprendre promptement d'où venoit
ce défordre. O mon père! lui dis - je en continuant de pleurer comme un enfant, figurez-vous
la plus horrible cruauté, imaginez - vous la plus
déteftable de toutes les barbaries : c'eft l'action
que l'indigne G.... M..... a eu la lâcheté de commettre. Oh ! il m'a percé le cœur. Je n'en revien-
drai jamais. Je veux vous raconter tout , ajourai-
je en fanglotant. Vous êtes bon ; vous aurez pitié
de moi. Je lui fis un récit abrégé de la longue
& infurmontable paffion que j'avois pour Manon,
de la fituation floriffante de notre fortune avant
que nous euffions été dépouillés par nos propres
domeftiques, des offres que G.... M..... avoit faites
à ma maitreffe , de la conclufion de leur marché
& de la manière dont il avoit été rompu. Je lui

repréfentai les chofes, à la vérité, du côté le plus favorable pour nous : voilà, continuai-je, de quelle fource eft venu le zèle de M. de G.... M.... pour ma converfion. Il a eu le crédit de me faire renfermer ici, par un pur motif de vengeance. Je le lui pardonne : mais, mon père, ce n'eft pas tout ; il a fait enlever cruellement la plus chère moitié de moi-même, il l'a fait mettre honteu-fement à l'hôpital, il a eu l'impudence de me l'annoncer aujourd'hui de fa propre bouche. A l'hôpital, mon père ! O ciel ! ma charmante maitreffe, ma chère reine à l'hôpital, comme la plus infâme de toutes les créatures ! Où trou-verai-je affez de force, pour ne pas mourir de douleur & de honte ! Le bon père, me voyant dans cet excès d'affliction, entreprit de me con-foler. Il me dit qu'il n'avoit jamais compris mon aventure, de la manière dont je la racontois ; qu'il avoit fu, à la vérité, que je vivois dans le défordre, mais qu'il s'étoit figuré que ce qui avoit obligé M. de G.... M..... d'y prendre in-térêt, étoit quelque liaifon d'eftime & d'amitié avec ma famille ; qu'il ne s'en étoit expliqué à lui-même que fur ce pied ; que ce que je venois de lui apprendre mettroit beaucoup de change-ment dans mes affaires, & qu'il ne doutoit point que le récit fidelle qu'il avoit deffein d'en faire à M. le lieutenant général de police, ne pût con-

tribuer à ma liberté. Il me demanda enfuite pourquoi je n'avois pas encore penfé à donner de mes
nouvelles à ma famille , puifqu'elle n'avoit point
eu de part à ma captivité. Je fatisfis à cette
objection par quelques raifons prifes de la douleur que j'avois appréhendé de caufer à mon père,
& de la honte que j'en aurois reffentie moi-
même. Enfin il me promit d'aller de ce pas chez
le lieutenant de police , ne fut-ce , ajouta-t-il,
que pour prévenir quelque chofe de pis de la
part de M. de G.... M..... qui eft forti de cette
maifon fort mal fatisfait , & qui eft affez confidéré pour fe faire redouter.

J'attendis le retour du père avec toutes les
agitations d'un malheureux qui touche au moment
de fa fentence. C'étoit pour moi un fupplice inexprimable , de me repréfenter Manon à l'hôpital.
Outre l'infamie de cette demeure , j'ignorois de
quelle manière elle y étoit traitée ; & le fouvenir
de quelques particularités , que j'avois entendues
de cette maifon d'horreur , renouveloit à tous
momens mes tranfports. J'étois tellement réfolu
de la fecourir , à quelque prix & par quelque
moyen que ce pût être , que j'aurois mis le feu
à Saint - Lazare , s'il m'eût été impoffible d'en
fortir autrement. Je réfléchis donc fur les voies
que j'avois à prendre , s'il arrivoit que le lieutenant général de police continuât de m'y retenir

malgré moi. Je mis mon induſtrie à toutes les épreuves, je parcourus toutes les poſſibilités. Je ne vis rien qui pût m'aſſurer d'une évaſion certaine, & je craignis d'être renfermé plus étroitement, ſi je faiſois une tentative malheureuſe. Je me rappelai le nom de quelques amis, de qui je pouvois eſpérer du ſecours ; mais quel moyen de leur faire ſavoir ma ſituation ? Enfin, je crus avoir formé un plan ſi adroit, qu'il pourroit réuſſir ; & je remis à l'arranger encore mieux après le retour du père ſupérieur, ſi l'inutilité de ſa démarche me le rendoit néceſſaire. Il ne tarda point à revenir. Je ne vis pas ſur ſon viſage, les marques de joie qui accompagnent une bonne nouvelle. J'ai parlé, me dit-il, à monſieur le lieutenant général de police, mais je lui ai parlé trop tard. M. de G.... M..... l'eſt allé voir en ſortant d'ici, & l'a ſi fort prévenu contre vous, qu'il étoit ſur le point de m'envoyer de nouveaux ordres, pour vous reſſerrer davantage.

Cependant lorſque je lui ai appris le fond de vos affaires, il a paru s'adoucir beaucoup ; & riant un peu de l'incontinence du vieux M. de G.... M...., il m'a dit qu'il falloit vous laiſſer ici ſix mois, pour le ſatisfaire ; d'autant mieux, a-t-il dit, que cette demeure ne ſauroit vous être inutile. Il m'a recommandé de vous traiter honnête-

ment, & je vous réponds que vous ne vous plain-
drez point de mes manières.

Cette explication du bon supérieur fut assez
longue, pour me donner le tems de faire une
sage réflexion. Je conçus que je m'exposerois à
renverser mes desseins, si je lui marquois trop
d'empressement pour ma liberté. Je lui témoignai au
contraire, que dans la nécessité de me soumettre,
c'étoit une douce consolation pour moi d'avoir
quelque part à son estime. Je le priai ensuite,
sans affectation, de m'accorder une grace, qui
n'étoit de nulle importance pour personne, &
qui serviroit beaucoup à ma tranquillité; c'étoit
de faire avertir un de mes amis, un saint ecclésiastique qui demeuroit à Saint-Sulpice, que j'étois
à Saint-Lazare, & de permettre que je reçusse
quelquefois sa visite. Cette faveur me fut accordée
sans délibérer. C'étoit mon ami Tiberge dont il
étoit question, non que j'espérasse de lui, les
secours nécessaires pour ma liberté; mais je voulois l'y faire servir comme un instrument éloigné,
sans qu'il en eût même connoissance. En un mot,
voici mon projet: je voulois écrire à Lescaut,
& le charger, lui & nos amis communs, du soin
de me delivrer. La première difficulté étoit de
lui faire tenir ma lettre; ce devoit être l'office
de Tiberge. Cependant, comme il le connoissoit
pour le frère de ma maitresse, je craignois qu'il

n'eût peine à fe charger de cette commiſſion. Mon
deſſein étoit de renfermer ma lettre à Lefcaut,
dans une autre lettre, que je devois adreſſer à
un honnête homme de ma connoiſſance, en le
priant de rendre promptement la première à ſon
adreſſe ; & comme il étoit néceſſaire que je viſſe
Leſcaut, pour nous accorder dans nos meſures,
je voulois lui marquer de venir à Saint-Lazare,
& de demander à me voir ſous le nom de mon
frère aîné, qui étoit venu exprès à Paris pour
prendre connoiſſance de mes affaires. Je remettois
à convenir avec lui des moyens qui nous pa-
roîtroient les plus expéditifs & les plus ſûrs. Le
père ſupérieur fit avertir Tiberge, du deſir que
j'avois de l'entretenir. Ce fidelle ami ne m'avoit
pas tellement perdu de vue, qu'il ignorât mon
aventure ; il ſavoit que j'étois à Saint-Lazare, &
peut-être n'avoit-il pas été fâché de cette diſgrace
qu'il croyoit capable de me ramener au devoir.
Il accourut auſſitôt à ma chambre.

Notre entretien fut plein d'amitié. Il voulut
être informé de mes diſpoſitions. Je lui ouvris
mon cœur ſans réſerve, excepté ſur le deſſein
de ma fuite. Ce n'eſt pas à vos yeux, cher ami,
lui dis-je, que je veux paroître ce que je ne ſuis
point. Si vous avez cru trouver ici un ami ſage
& réglé dans ſes deſirs, un libertin réveillé par
les châtimens du ciel, en un mot, un cœur de-

gagé de l'amour & revenu des charmes de
Manon , vous avez jugé trop favorablement de
moi. Vous me revoyez tel que vous me laifsâtes
il y a quatre mois, toujours tendre , & toujours
malheureux par cette fatale paffion dans laquelle
je ne me laffe point de chercher mon bonheur.

Il me répondit que l'aveu que je faifois , me
rendoit inexcufable , qu'on voyoit bien des pé-
cheurs , qui s'enivroient du faux bonheur du vice,
jufqu'à le préférer honteufement à celui de la
vertu ; mais que c'étoit du moins à des images de
bonheur qu'ils s'attachoient , & qu'ils étoient les
dupes de l'apparence : mais que de reconnoître,
comme je le faifois , que l'objet de mon attachement n'étoit propre qu'à me rendre coupable &
malheureux , & de continuer à me précipiter
volontairement dans l'infortune & dans le crime,
c'étoit une contradiction d'idées & de conduite,
qui ne faifoit pas honneur à ma raifon.

Tiberge, repris-je , qu'il vous eft aifé de vaincre , lorfqu'on n'oppofe rien à vos armes! Laiffez-
moi raifonner à mon tour. Pouvez-vous prétendre que ce que vous appelez le bonheur de la
vertu , foit exempt de peines , de traverfes &
d'inquiétudes ? Quel nom donnerez-vous à la prifon , aux croix , aux fupplices & aux tortures des
tyrans. Dites-vous , comme font les myftiques, que
ce qui tourmente le corps eft un bonheur pour
                                    l'ame ?

l'ame ? Vous n'oseriez le dire, c'est un paradoxe insoutenable. Ce bonheur, que vous relevez tant, est donc mêlé de mille peines; ou pour parler plus juste, ce n'est qu'un tissu de malheurs, au travers desquels on tend à la félicité. Or, si la force de l'imagination fait trouver du plaisir dans ces maux mêmes, parce qu'ils peuvent conduire à un terme heureux qu'on espère, pourquoi traitez-vous de contradictoire & d'insensée, dans ma conduite, une disposition toute semblable ? J'aime Manon; je tends au travers de mille douleurs à vivre heureux & tranquille auprès d'elle. La voie par où je marche est malheureuse, mais l'espérance d'arriver à mon terme y répand toujours de la douceur; & je me croirai trop bien payé, par un moment passé avec elle, de tous les chagrins que j'essuye pour l'obtenir. Toutes choses me paroissent donc égales, de votre côté & du mien; ou s'il y a quelque différence, elle est encore à mon avantage, car le bonheur que j'espère est proche, & l'autre est éloigné; le mien est de la nature des peines, c'est-à-dire, sensible au corps, & l'autre est d'une nature inconnue, qui n'est certaine que par la foi.

Tiberge parut effrayé de ce raisonnement. Il recula deux pas, en me disant de l'air le plus sérieux, que non-seulement ce que je venois de dire blessoit le bon sens, mais que c'étoit un malheu-

reux sophisme d'impiété & d'irréligion : car cette
comparaison , ajouta-t-il, du terme de vos peines
avec celui qui est proposé par la religion , est
une idée des plus dépravées & des plus mons-
trueuses.

J'avoue , repris-je , qu'elle n'est pas juste; mais
prenez-y garde , ce n'est pas sur elle que porte
mon raisonnement. J'ai eu dessein d'expliquer ce
que vous regardez comme une contradiction
dans la persévérance d'un amour malheureux; &
je crois avoir fort bien prouvé que si c'en est une,
vous ne sauriez vous en sauver plus que moi.
C'est à cet égard seulement que j'ai traité les choses d'égales , & je soutiens encore qu'elles le font.
Répondrez-vous que le terme de la vertu est infiniment supérieur à celui de l'amour ? Qui refuse
d'en convenir ? Mais est - ce de quoi il est question ? Ne s'agit-il pas de la force qu'ils ont, l'un
& l'autre, pour faire supporter les peines. Jugeons-
en par l'effet. Combien trouve-t-on de déserteurs
de la sévère vertu , & combien en trouverez - vous
peu de l'amour ? Répondrez-vous encore que s'il
y a des peines dans l'exercice du bien, elles ne
font pas infaillibles & nécessaires; qu'on ne trouve plus de tyrans ni de croix, & qu'on voit quantité de personnes vertueuses mener une vie douce
& tranquille ? Je vous dirai de même qu'il y a
des amours paisibles & fortunés ; & ce qui fait

encore une différence qui m'eſt extrêmement avan-
tageuſe, j'ajouterai que l'amour, quoiqu'il trompe aſſez ſouvent, ne promet du moins que des
ſatisfactions & des joies, au lieu que la religion
veut qu'on s'attende à une pratique triſte & mor-
tifiante. Ne vous alarmez pas, ajoutai-je en
voyant ſon zèle prêt à s'effaroucher. L'unique
choſe que je veux conclure ici, c'eſt qu'il n'y a
point de plus mauvaiſe méthode pour dégoûter
un cœur de l'amour, que de lui en décrier les
douceurs, & de lui promettre plus de bonheur
dans l'exercice de la vertu. De la manière dont
nous ſommes faits, il eſt certain que notre félicité conſiſte dans le plaiſir; je défie qu'on s'en
forme une autre idée: or, le cœur n'a pas beſoin de ſe conſulter long-tems, pour ſentir que
de tous les plaiſirs les plus doux, ce ſont ceux de
l'amour. Il s'apperçoit bientôt qu'on le trompe,
lorſqu'on lui en promet ailleurs de plus charmans; & cette tromperie le diſpoſe à ſe défier
des promeſſes les plus ſolides. Prédicateurs, qui
voulez me ramener à la vertu, dites-moi qu'elle
eſt indiſpenſablement néceſſaire; mais ne me dé-
guiſez pas qu'elle eſt ſévère & pénible. Etabliſſez
bien que les délices de l'amour ſont paſſagères,
qu'elles ſont défendues, qu'elles ſeront ſuivies par
d'éternelles peines; & ce qui fera peut-être encore plus d'impreſſion ſur moi, que plus elles ſont

douces & charmantes, plus le ciel fera magnifi-
que à récompenfer un fi grand facrifice; mais con-
feffez qu'avec des cœurs tels que nous les avons,
elles font ici bas nos plus parfaites félicités.

Cette fin de mon difcours rendit le calme
à mon ami Tiberge. Il convint qu'il y avoit quelque chofe de raifonnable dans mes penfées. La
feule objection qu'il ajouta, fut de me demander
pourquoi je n'entrois pas du moins dans mes propres principes, en facrifiant mon amour à l'efpérance de cette rémunération, dont je me faifois une fi grande i'ée. O cher ami! lui répondis-je, c'eft ici que je reconnois ma misère & ma
foibleffe; hélas oui, c'eft mon devoir d'agir comme je raifonne! Mais l'action eft-elle en mon pouvoir? De quels fecours n'aurois-je pas befoin pour
oublier les charmes de Manon? Dieu me pardonne, reprit Tiberge, je penfe que voici encore
un de nos janféniftes. Je ne fais ce que je fais,
repliquai-je, & je ne vois pas trop clairement ce
qu'il faut être; mais je n'éprouve que trop la
vérité de ce qu'ils difent.

Cette converfation fervit du moins à renouveler
la pitié de mon ami. Il comprit qu'il y avoit plus
de foibleffe que de corruption dans mes défordres.
Son amitié en fut plus difpofée, dans la fuite,
à me donner des fecours, fans lefquels j'aurois
péri infailliblement de misère. Cependant je ne

lui fis pas la moindre ouverture du deſſein que
j'avois de m'échapper de Saint-Lazare. Je le priai
ſeulement de ſe charger de ma lettre. Je l'avois pré-
parée, avant qu'il fût venu, & je ne manquai point
de prétextes pour colorer la néceſſité où j'étois
d'écrire. Il eut la fidélité de la porter exactement,
& Leſcaut reçut, avant la fin du jour, celle qui
étoit pour lui.

Il me vint voir le lendemain, & il paſſa heureuſement ſous le nom. de mon frère. Ma joie fut
extrême, en l'appercevant dans ma chambre. J'en
fermai la porte avec ſoin. Ne perdons pas un ſeul
moment, lui dis-je? Apprenez-moi d'abord des
nouvelles de Manon, & donnez-moi enſuite un
bon conſeil pour rompre mes fers. Il m'aſſura
qu'il n'avoit pas vu ſa ſœur, depuis le jour qui
avoit précédé mon empriſonnement ; qu'il n'avoit
appris ſon ſort & le mien, qu'à force d'informations & de ſoins ; que s'étant préſenté deux ou
trois fois à l'hôpital, on lui avoit refuſé la liberté
de lui parler. Malheureux G.... M...., m'écriai-
je, que tu me le payeras cher !

Pour ce qui regarde votre délivrance, conti-
nue Leſcaut, c'eſt une entrepriſe moins facile que
vous ne penſez. Nous paſsâmes hier la ſoirée,
deux de mes amis & moi, à obſerver toutes les
parties extérieures de cette maiſon, & nous jugeâmes que vos fenêtres étant ſur une cour en-

tourée de bâtimens, comme vous nous l'aviez marqué, il y auroit bien de la difficulté à vous tirer de-là. Vous êtes d'ailleurs au troifième étage, & nous ne pouvons introduire ici, ni cordes, ni échelles. Je ne vois donc nulle reffource du côté du dehors. C'eft dans la maifon même, qu'il faudroit imaginer quelque artifice. Non, repris-je, j'ai tout examiné, fur-tout depuis que ma clôture eft un peu moins rigoureufe par l'indulgence du fupérieur. La porte de ma chambre ne fe ferme plus avec la clef; j'ai la liberté de me promener dans les galeries des religieux; mais tous les efcaliers font bouchés par des portes épaiffes, qu'on a foin de tenir fermées la nuit & le jour, de forte qu'il eft impoffible que la feule adreffe puiffe me fauver. Attendez, repris-je après avoir un peu réfléchi fur une idée qui me parut excellente, pourriez-vous m'apporter un piftolet? Aifément, me dit Lefcaut; mais voulez-vous tuer quelqu'un? Je l'affurai que j'avois fi peu deffein de tuer, qu'il n'étoit pas même néceffaire que le piftolet fût chargé. Apportez-le-moi demain, ajoutai-je, & ne manquez pas de vous trouver le foir, à onze heures, vis-à-vis la porte de cette maifon, avec deux ou trois de nos amis. J'efpère que je pourrai vous y rejoindre. Il me preffa en vain de lui en apprendre davantage. Je lui dis qu'une entreprife, telle que je la méditois, ne pouvoit paroître raifonnable qu'après avoir réuffi. Je le priai d'abréger fa vifite, afin qu'il trouvât plus de facilité à me revoir le lendemain. Il fut admis avec auffi peu de peine que la première fois. Son air étoit grave. Il n'y a perfonne qui ne l'eût pris pour un homme d'honneur.

Lorfque je me trouvai muni de l'inftrument de ma liberté, je ne doutai prefque plus du fuccès de mon projet. Il étoit bizarre & hardi ; mais de quoi n'étois-je pas capable, avec les motifs qui m'animoient? J'avois remarqué, depuis qu'il m'étoit permis de fortir de ma chambre & de me promener dans les galeries, que le portier apportoit chaque jour au foir les clefs de toutes les portes au fupérieur, & qu'il régnoit enfuite un profond filence dans la maifon, qui marquoit que tout le monde étoit retiré. Je pouvois aller fans obftacle, par une galerie de communication, de ma chambre à celle de ce père. Ma réfolution étoit de lui prendre fes clefs, en l'épouvantant avec mon piftolet s'il faifoit difficulté de me les donner, & de m'en fervir pour gagner la rue. J'en attendis le tems avec impatience. Le portier vint à l'heure ordinaire, c'eft-à-dire, un peu près neuf heures. J'en laiffai paffer encore une, pour m'affurer que tous les religieux & les domeftiues étoient endormis. Je partis enfin, avec mon

arme , & une chandelle allumée. Je frappai d'a-
bord doucement à la porte du père, pour l'éveiller fans bruit. Il m'entendit au fecond coup ; &
s'imaginant fans doute que c'étoit quelque religieux qui fe trouvoit mal & qui avoit befoin de
fecours, il fe leva pour m'ouvrir. Il eut néanmoins la précaution de demander, au travers de
la porte, qui c'étoit & ce qu'on vouloit de lui ?
Je fus obligé de me nommer ; mais j'affectai un
ton plaintif, pour lui faire comprendre que je
ne me trouvois pas bien. Ha ! c'eft vous, mon
cher fils, me dit - il en ouvrant la porte ? Qu'eft-
ce donc qui vous amène fi tard ? J'entrai dans
fa chambre , & l'ayant tiré à l'autre bout oppofé à la porte, je lui déclarai qu'il m'étoit impoffible de demeurer plus long-tems à Saint-Lazare ; que la nuit étoit un tems commode pour en
fortir fans être apperçu , & que j'attendois de fon
amitié qu'il confentiroit à m'ouvrir les portes,
ou à me prêter fes clefs pour les ouvrir moi-
même.

Ce compliment devoit le furprendre. Il demeura quelque tems à me confidérer , fans me
répondre. Comme je n'en avois pas à perdre , je
repris la parole pour lui dire , que j'étois fort
touché de toutes fes bontés , mais que la liberté
étant le plus cher de tous les biens , fur-tout pour
moi à qui on la raviffoit injuftement , j'étois réfolu

de me la procurer cette nuit même, à quelque
prix que ce fût : & de peur qu'il ne lui prît envie
d'élever la voix pour appeler du fecours, je lui fis
voir une honnête raifon de filence, que je tenois
fous mon juftaucorps. Un piftolet ! me dit-il. Quoi !
mon fils, vous voulez m'ôter la vie, pour reconnoître la confidération que j'ai eue pour vous ? A
Dieu ne plaife, lui répondis-je. Vous avez trop
d'efprit & de raifon, pour me mettre dans cette
néceffité ; mais je veux être libre, & j'y fuis fi
réfolu, que fi mon projet manque par votre
faute, c'eft fait de vous abfolument. Mais, mon
cher fils ! reprit-il d'un air pâle & effrayé, que
vous ai-je fait ? Quelle raifon avez-vous de vouloir
ma mort ? Eh ! non, répliquai-je avec impatience,
je n'ai pas deffein de vous tuer : fi vous voulez
vivre, ouvrez-moi la porte, & je fuis le meilleur
de vos amis. J'apperçus les clefs, qui étoient fur
fa table. Je les pris, & je le priai de me fuivre, en
faifant le moins de bruit qu'il pourroit. Il fut
obligé de s'y réfoudre. A mefure que nous avancions
& qu'il ouvroit une porte, il me répétoit avec un
foupir : Ah, mon fils ! ah ! qui l'auroit jamais cru !
Point de bruit, mon père, répétois-je de mon côté
à tout moment. Enfin, nous arrivâmes à une efpèce
de barrière, qui eft avant la grande porte de la rue.
Je me croyois déjà libre, & j'étois derrière le père,
avec ma chandelle dans une main, & mon piftolet

dans l'autre. Pendant qu'il s'empreſſoit d'ouvrir, un domeſtique, qui couchoit dans une petite chambre voiſine, entendant le bruit de quelques verrouils, ſe lève & met la tête à ſa porte. Le bon père le crut apparemment capable de m'arrêter. Il lui ordonna avec beaucoup d'imprudence, de venir à ſon ſecours. C'étoit un puiſſant coquin, qui s'élança ſur moi ſans balancer. Je ne le marchandai point; je lui lâchai le coup au milieu de la poitrine. Voilà de quoi vous êtes cauſe, mon père, dis-je aſſez fiérement à mon guide. Mais que cela ne vous empêche point d'achever, ajoutai-je en le pouſſant vers la dernière porte. Il n'oſa refuſer de l'ouvrir. Je ſortis heureuſement, & je trouvai, à quatre pas, Leſcaut qui m'attendoit avec deux amis, ſuivant ſa promeſſe.

Nous nous éloignâmes. Leſcaut me demanda s'il n'avoit pas entendu tirer un piſtolet. C'eſt votre faute, lui dis-je; pourquoi me l'apportiez-vous chargé? Cependant je le remerciai d'avoir eu cette précaution, ſans laquelle j'étois ſans doute à Saint-Lazare pour long-tems. Nous allâmes paſſer la nuit chez un traiteur, où je me remis un peu de la mauvaiſe chère que j'avois faite depuis près de trois mois. Je ne pus néanmoins m'y livrer au plaiſir. Je ſouffrois mortellement pour Manon. Il faut la délivrer, dis-je à mes trois amis. Je n'ai ſouhaité la liberté que dans cette vue. Je vous demande le

secours de votre adresse : pour moi, j'y employerai
jusqu'à ma vie. Lescaut, qui ne manquoit pas
d'esprit & de prudence, me représenta qu'il falloit
aller bride en main ; que mon évasion de Saint-
Lazare & le malheur qui m'étoit arrivé en sortant,
causeroient infailliblement du bruit ; que le lieutenant général de police me feroit chercher, &
qu'il avoit les bras longs ; enfin, que si je ne voulois
pas être exposé à quelque chose de pis que Saint-
Lazare, il étoit à propos de me tenir couvert &
renfermé pendant quelques jours, pour laisser au
premier feu de mes ennemis le tems de s'éteindre.
Son conseil étoit sage ; mais il auroit fallu l'être
aussi pour le suivre. Tant de lenteur & de ménagement ne s'accordoit pas avec ma passion. Toute
ma complaisance se réduisit à lui promettre, que
je passerois le jour suivant à dormir. Il m'enferma
dans sa chambre, où je demeurai jusqu'au soir.

J'employai une partie de ce tems à former des
projets & des expédiens pour secourir Manon.
J'étois bien persuadé que sa prison étoit encore
plus impénétrable, que n'avoit été la mienne. Il
n'étoit pas question de force & de violence, il
falloit de l'artifice ; mais la déesse même de
l'invention n'auroit su par où commencer. J'y
vis si peu de jour, que je remis à considérer mieux
les choses lorsque j'aurois pris quelques informations sur l'arrangement intérieur de l'hôpital.

Auſſitôt que la nuit m'eut rendu la liberté, je priai Leſcaut de m'accompagner. Nous liâmes converſation avec un des portiers, qui nous parut homme de bon ſens. Je feignis d'être un étranger, qui avoit entendu parler avec admiration de l'hôpital général, & de l'ordre qui s'y obſerve. Je l'interrogeai ſur les plus minces détails, & de circonſtances en circonſtances nous tombâmes ſur les adminiſtrateurs, dont je le priai de m'apprendre les noms & les qualités. Les réponſes, qu'il me fit ſur ce dernier article, me firent naître une penſée dont je m'applaudis auſſitôt, & que je ne tardai point à mettre en œuvre. Je lui demandai, comme une choſe eſſentielle à mon deſſein, ſi ces meſſieurs avoient des enfans. Il me dit qu'il ne pouvoit pas m'en rendre un compte certain, mais que pour M. de T.... qui étoit un des principaux, il lui connoiſſoit un fils en âge d'être marié, qui étoit venu pluſieurs fois à l'hôpital avec ſon père. Cette aſſurance me ſuffiſoit. Je rompis preſqu'auſſitôt notre entretien, & je fis part à Leſcaut, en retournant chez lui, du deſſein que j'avois conçu. Je m'imagine, lui dis-je, que M. de T.... le fils qui eſt riche & de bonne famille, eſt dans un certain goût du plaiſir, comme la plupart des jeunes gens de ſon âge. Il ne ſauroit être ennemi des femmes, ni ridicule au point de refuſer ſes ſervices pour une affaire d'amour. J'ai formé le deſſein de l'intéresser à la liberté de Manon. S'il est honnête homme, & qu'il ait des sentimens, il nous accordera son secours par générosité. S'il n'est point capable d'être conduit par ce motif, il fera du moins quelque chose pour une fille aimable, ne fût-ce que par l'espérance d'avoir part à ses faveurs. Je ne veux pas différer de le voir, ajoutai-je, plus long-tems que jusqu'à demain. Je me sens si consolé par ce projet, que j'en tire un bon augure. Lescaut convint lui-même qu'il y avoit de la vraisemblance dans mes idées, & que nous pouvions espérer quelque chose par cette voie. J'en passai la nuit moins tristement.

Le matin étant venu, je m'habillai le plus proprement qu'il me fut possible dans l'état d'indigence où j'étois, & je me fis conduire dans un fiacre à la maison de M. de T.... Il fut surpris de recevoir la visite d'un inconnu. J'augurai bien de sa physionomie & de ses civilités. Je m'expliquai naturellement avec lui; & pour échauffer ses sentimens naturels, je lui parlai de ma passion & du mérite de ma maitresse, comme de deux choses qui ne pouvoient être égalées que l'une par l'autre. Il me dit que quoiqu'il n'eût jamais vu Manon, il avoit entendu parler d'elle, du moins s'il s'agissoit de celle qui avoit été la maitresse du vieux G... M.... Je ne doutai point qu'il ne fût informé de la part que j'avois eue à cette aventure; & pour le gagner de plus en plus, en me faisant un mérite de ma confiance, je lui racontai le détail de tout ce qui étoit arrivé à Manon & à moi. Vous voyez, Monsieur, continuai-je, que l'intérêt de ma vie & celui de mon cœur sont maintenant entre vos mains. L'un ne m'est pas plus cher que l'autre. Je n'ai point de réserve avec vous, parce que je suis informé de votre générosité, & que la ressemblance de nos âges me fait espérer qu'il s'en trouvera quelqu'une dans nos inclinations. Il parut fort sensible à cette marque d'ouverture & de candeur. Sa réponse fut celle d'un homme qui a du monde & des sentimens ; ce que le monde ne donne pas toujours, & qu'il fait perdre souvent. Il me dit qu'il mettoit ma visite au rang de ses bonnes fortunes, qu'il regarderoit mon amitié comme une de ses plus heureuses acquisitions, & qu'il s'efforceroit de la mériter par l'ardeur de ses services. Il ne promit pas de me rendre Manon, parce qu'il n'avoit, me dit-il, qu'un crédit médiocre & mal assuré ; mais il m'offrit de me procurer le plaisir de la voir, & de faire tout ce qui seroit en sa puissance pour la remettre entre mes bras. Je fus plus satisfait de cette incertitude de son crédit, que je ne l'aurois été d'une pleine assurance de remplir tous mes désirs. Je trouvai dans la modération de ses offres, une marque de franchise dont je fus charmé. En un mot, je me promis tout de ses bons offices.

La feule promeffe de me faire voir Manon m'auroit fait tout entreprendre pour lui. Je lui marquai quelque chofe de ces fentimens, d'une manière qui le perfuada auffi que je n'étois pas d'un mauvais naturel. Nous nous embrafsâmes avec tendreffe, & nous devînmes amis, fans autre raifon que la bonté de nos cœurs, & une fimple difpofition qui porte un homme tendre & généreux à aimer un autre homme qui lui reffemble. Il pouffa les marques de fon eftime bien plus loin; car ayant combiné mes aventures, & jugeant qu'en fortant de Saint-Lazare je ne devois pas me trouver à mon aife, il m'offrit fa bourfe, & il me preffa de l'accepter. Je ne l'acceptai point; mais je lui dis : C'eft trop, mon cher Monfieur. Si avec tant de bonté & d'amitié vous me faites revoir ma chère Manon, je vous fuis attaché pour toute ma vie. Si vous me rendez tout-à-fait cette chère créature, je ne croirai pas être quitte en verfant tout mon fang pour vous fervir.

Nous ne nous féparâmes, qu'après être convenus du tems & du lieu où nous devions nous retrouver; il eut la complaifance de ne pas me remettre plus loin que l'après-midi du même jour. Je l'attendis dans un café, où il vint me rejoindre vers les quatre heures, & nous prîmes enfemble le chemin de l'hôpital. Mes genoux étoient tremblans en traverfant les cours. Puiffance d'amour ! difois-je, je reverrai donc l'idole de mon cœur, l'objet de tant de pleurs & d'inquiétudes! Ciel ! confervez-moi affez de vie pour aller jufqu'à elle, & difpofez après cela de ma fortune & de mes jours ; je n'ai plus d'autre grace à vous demander.

M. de T... parla à quelques concierges de la maifon, qui s'empreffèrent de lui offrir tout ce qui dépendoit d'eux pour fa fatisfaction. Il fe fit montrer le quartier où Manon avoit fa chambre, & l'on nous y conduifit avec une clef d'une grandeur effroyable, qui fervit à ouvrir fa porte. Je demandai au valet qui nous menoit, & qui étoit celui qu'on avoit chargé du foin de la fervir, de quelle manière elle avoit paffé le tems dans cette demeure. Il nous dit que c'étoit une douceur angélique ; qu'il n'avoit jamais reçu d'elle un mot de dureté ; qu'elle avoit verfé continuellement des larmes, pendant les fix premières femaines après fon arrivée, mais que depuis quelque tems, elle paroiffoit prendre fon malheur avec plus de patience, & qu'elle étoit occupée à coudre du matin jufqu'au foir, à la réferve de quelques heures qu'elle employoit à la lecture. Je lui demandai encore, fi elle avoit été entretenue proprement. Il m'affura que le néceffaire du moins ne lui avoit jamais manqué.

Nous approchâmes de fa porte. Mon cœur
battoit

battoit violemment. Je dis à M. de T... ; entrez
feul & prévenez-la fur ma vifite, car j'appréhende
qu'elle ne foit trop faifie en me voyant tout d'un
coup. La porte nous fut ouverte. Je demeurai
dans la galerie. J'entendis néanmoins leurs difcours. Il lui dit qu'il venoit lui apporter un peu
de confolation ; qu'il étoit de mes amis, & qu'il
prenoit beaucoup d'intérêt à notre bonheur. Elle
lui demanda avec le plus vif empreffement, fi
elle apprendroit de lui ce que j'étois devenu. Il
lui promit de m'amener à fes pieds, auffi tendre, auffi fidelle qu'elle pouvoit le défirer. Quand,
reprit-elle? Aujourd'hui même, lui dit-il, ce bien-
heureux moment ne tardera point ; il va paroître
à l'inftant fi vous le fouhaitez. Elle comprit que
j'étois à la porte. J'entrai, lorfqu'elle y accou-
roit avec précipitation. Nous nous embraffâmes
avec cette effufion de tendreffe qu'une abfence
de trois mois fait trouver fi charmante à de parfaits amans. Nos foupirs, nos exclamations interrompues, mille noms d'amour répétés languif-
famment de part & d'autre, formèrent pendant
un quart-d'heure, une fcène qui attendriffoit
M. de T.... Je vous porte envie, me dit-il,
en nous faifant affeoir ; il n'y a point de
fort glorieux, auquel je ne préféraffe une maitreffe fi belle & fi paffionnée. Auffi méprifctois-je
tous les empires du monde, lui répondis-je,

Tome III.   Z

pour m'aſſurer le bonheur d'être aimé d'elle.

Tout le reſte d'une converſation ſi deſirée ne pouvoit manquer d'être infiniment tendre. La pauvre Manon me raconta ſes aventures , & je lui appris les miennes. Nous pleurâmes amèrement, en nous entretenant de l'état où elle étoit, & de celui d'où je ne faiſois que de ſortir. M. de T... nous conſola par de nouvelles promeſſes de s'employer ardemment pour finir nos miſères. Il nous conſeilla de ne pas rendre cette première entrevue trop longue , pour lui donner plus de facilité à nous en procurer d'autres. Il eut beaucoup de peine à nous faire goûter ce conſeil. Manon, ſurtout, ne pouvoit ſe réſoudre à me laiſſer partir. Elle me fit remettre cent fois ſur ma chaiſe. Elle me retenoit par les habits & par les mains. Hélas! dans quel lieu me laiſſez-vous , diſoit-elle. Qui peut m'aſſurer de vous revoir? M. de T... lui promit de la venir voir ſouvent avec moi. Pour le lieu, ajouta-t-il agréablement, il ne faut plus l'appeller l'hôpital ; c'eſt Verſailles , depuis qu'une perſonne qui mérite l'empire de tous les cœurs y eſt renfermée.

Je fis , en ſortant, quelques libéralités au valet qui la ſervoit, pour l'engager à lui rendre ſes ſoins avec zèle. Ce garçon avoit l'ame moins baſſe & moins dure que ſes pareils. Il avoit été témoin de notre entrevue. Ce tendre ſpectacle l'a-

t touché. Un louis d'or, dont je lui fis prê-
t, acheva de me l'attacher. Il me prit à l'é-
t en defcendant dans les cours : Monfieur, me
-il, fi vous me voulez prendre à vôtre fervice,
me donner une honnête récompenfe, pour
dédommager de la perte de l'emploi que j'oc-
-e ici, je crois qu'il me fera facile de délivrer
demoifelle Manon. J'ouvris l'oreille à cette
pofition ; &quoique je fuffe dépourvu de tout,
ui fis des promeffes fort au-deffus de fes defirs,
comptois bien qu'il me feroit toujours aifé de
ompenfer un homme de cette efpèce. Sois per-
dé, lui dis-je, mon ami, qu'il n'y a rien que
ıe faffe pour toi, & que ta fortune eft auffi
ırée que la mienne. Je voulus favoir quels
yens il avoit deffein d'employer. Nul autre, me
-il, que de lui ouvrir le foir la porte de fa cham-
, & de vous la conduire jufqu'à celle de la
, où il faudra que vous foyez prêt à la re-
oir. Je lui demandai s'il n'étoit point à crain-
qu'elle ne fût reconnue, en traverfant les
eries & les cours. Il confeffa qu'il y avoit quel-
danger ; mais il me dit qu'il falloit bien rif-
r quelque chofe. Quoique je fuffe ravi de le
r fi réfolu, j'appelai M. de T... pour lui com-
ıniquer ce projet, & la feule raifon qui fembloit
ıvoir le rendre douteux. Il y trouva plus de
ficulté que moi. Il convint qu'elle pouvoit

Z ij

abſolument s'échapper de cette manière ; mais ſi elle eſt reconnue , continua-t-il , & ſi elle eſt arrêtée en fuyant , c'eſt peut-être fait d'elle pour toujours. D'ailleurs il vous faudroit donc quitter Paris ſur le champ ; car vous ne pourriez jamais vous dérober aux recherches. On les redoubleroit, autant par rapport à vous qu'à elle. Un homme s'échappe aiſément quand il eſt ſeul , mais il eſt preſqu'impoſſible de demeurer inconnu avec une jolie femme. Quelque ſolide que me parût ce raiſonnement , il ne put l'emporter dans mon eſprit ſur un eſpoir ſi proche de mettre Manon en liberté. Je le dis à M. de T... & je le priai de pardonner un peu d'imprudence & de témérité à l'amour. J'ajoutai que mon deſſein étoit en effet de quitter Paris, pour m'arrêter , comme j'avois déjà fait, dans quelque village voiſin. Nous convînmes donc avec le valet, de ne pas remettre ſon entrepriſe plus loin qu'au jour ſuivant ; & pour la rendre auſſi certaine qu'il étoit en notre pouvoir , nous réſolûmes d'apporter des habits d'homme , dans la vue de faciliter notre ſortie. Il n'étoit pas aiſé de les faire entrer ; mais je ne manquai pas d'invention pour en trouver le moyen. Je priai ſeulement M. de T... de mettre le lendemain deux veſtes légères l'une ſur l'autre, & je me chargeai de tout le reſte.

Nous retournâmes le matin à l'hôpital. J'avois

avec moi , pour Manon , du linge , des bas, &c.
& par-deſſus mon juſtaucorps un ſur-tout , qui
ne laiſſoit rien voir de trop enflé dans mes poches. Nous ne fûmes qu'un moment dans ſa chambre. M. de T... lui laiſſa une de ſes veſtes. Je
lui donnai mon juſtaucorps, le ſurtout me ſuffi-
ſant pour ſortir. Il ne ſe trouva rien de manque
à ſon ajuſtement , excepté la culotte, que j'avois
malheureuſement oubliée. L'oubli de cette pièce
néceſſaire nous eût ſans doute apprêté à rire , ſi
l'embarras où il nous mettoit eût été moins ſérieux.
J'étois au déſeſpoir qu'une bagatelle de cette nature fût capable de nous arrêter. Cependant je
pris mon parti qui fut de ſortir moi-même ſans
culotte. Je laiſſai la mienne à Manon. Mon ſurtout étoit long, & je me mis , à l'aide de quelques épingles, en état de paſſer décemment à la
porte. Le reſte du jour me parut d'une longueur inſupportable. Enfin , la nuit étant venue , nous nous
rendîmes un peu au-deſſous de la porte de l'hôpital ,
dans un carroſſe. Nous n'y fûmes pas long-tems ſans
voir Manon paroître avec ſon conducteur. Notre
portière étant ouverte , ils montèrent tous deux
à l'inſtant. Je reçus ma chère maitreſſe dans mes
bras. Elle trembloit comme une feuille. Le cocher me demanda où il falloit toucher ? Touche
au bout du monde, lui dis-je, & mène-moi quelque
part, où je ne puiſſe jamais être ſéparé de Manon.

Z iij

Ce tranſport, dont je ne fus pas le maître, faillit de m'attirer un fâcheux embarras. Le cocher fit réflexion à mon langage ; & lorſque je lui dis enſuite le nom de la rue où nous voulions être conduits, il me répondit qu'il craignoit que je ne l'engageaſſe dans une mauvaiſe affaire, qu'il voyoit bien que ce beau jeune homme, qui s'appeloit Manon, étoit une fille que j'enlevois de l'hôpital, & qu'il n'étoit pas d'humeur à ſe perdre pour l'amour de moi. La délicateſſe de ce coquin n'étoit qu'une envie de me faire payer la voiture plus cher. Nous étions trop près de l'hôpital, pour ne pas filer doux. Tais-toi, lui dis-je, il y a un louis d'or à gagner pour toi ; il m'auroit aidé, après cela, à brûler l'hôpital même. Nous gagnâmes la maiſon où demeuroit Leſcaut. Comme il étoit tard, M. de T... nous quitta en chemin, avec promeſſe de nous revoir le lendemain. Le valet demeura ſeul avec nous.

Je tenois Manon ſi étroitement ſerrée entre mes bras, que nous n'occupions qu'une place dans le carroſſe. Elle pleuroit de joie, & je ſentois ſes larmes qui mouilloient mon viſage. Mais lorſqu'il fallut deſcendre pour entrer chez Leſcaut, j'eus avec le cocher un nouveau démêlé, dont les ſuites furent funeſtes. Je me repentis de lui avoir promis un louis, non-ſeulement parce que le préſent étoit exceſſif, mais par une autre raiſon

bien plus forte, qui étoit l'impuiſſance de le
payer. Je fis appeler Leſcaut. Il deſcendit de ſa
chambre, pour venir à la porte. Je lui dis à
l'oreille, dans quel embarras je me trouvois.
Comme il étoit d'une humeur bruſque, & nullement accoutumé à ménager un fiacre, il me
répondit que je me moquois. Un louis d'or,
ajouta-t-il ? Vingt coups de canne à ce coquin-
là. J'eus beau lui repréſenter doucement qu'il
alloit nous perdre. Il m'arracha ma canne, avec
l'air d'en vouloir maltraiter le cocher. Celui-ci,
à qui il étoit peut-être arrivé de tomber quelquefois ſous la main d'un garde-du-corps ou d'un
mouſquetaire, s'enfuit de peur, avec ſon carroſſe,
en criant que je l'avois trompé, mais que j'aurois
de ſes nouvelles. Je lui répétai inutilement d'arrêter. Sa fuite me cauſa une extrême inquiétude.
Je ne doutai point qu'il n'avertît le commiſſaire.
Vous me perdez, dis-je à Leſcaut ; je ne ſerois
pas en ſûreté chez vous ; il faut nous éloigner
dans le moment. Je prêtai le bras à Manon pour
marcher, & nous ſortîmes promptement de cette
dangereuſe rue. Leſcaut nous tint compagnie.
C'eſt quelque choſe d'admirable, que la manière
dont la providence enchaîne les événemens. A
peine avions-nous marché cinq ou ſix minutes,
qu'un homme, dont je ne découvris point le
viſage, reconnut Leſcaut. Il le cherchoit ſans

Z iv

doute aux environs de chez lui, avec le malheureux deſſein qu'il exécuta. C'eſt Leſcaut, dit-
il en lui lâchant un coup de piſtolet; il ira ſouper ce ſoir avec les anges. Il ſe déroba auſſitôt.
Leſcaut tomba ſans le moindre mouvement de
vie. Je preſſai Manon de fuir, car nos ſecours
étoient inutiles à un cadavre, & je craignois
d'être arrêté par le guet, qui ne pouvoit tarder
à paroître. J'enfilai avec elle & le valet, la
première petite rue qui croiſoit. Elle étoit ſi
éperdue que j'avois de la peine à la ſoutenir. Enfin j'apperçus un fiacre au bout de la rue. Nous
y montâmes. Mais lorſque le cocher me demanda
où il falloit nous conduire, je fus embarraſſé à
lui répondre. Je n'avois point d'aſyle aſſuré, ni
d'ami de confiance à qui j'oſaſſe avoir recours.
J'étois ſans argent, n'ayant guère plus d'une de-
mi-piſtole dans ma bourſe. La frayeur & la fatigue avoient tellement incommodé Manon, qu'elle
étoit à demi pâmée près de moi. J'avois d'ailleurs l'imagination remplie du meurtre de Leſcaut, & je n'étois pas encore ſans appréhenſion
de la part du guet: quel parti prendre? Je me
ſouvins heureuſement de l'auberge de Chaillot,
où j'avois paſſé quelques jours avec Manon, lorſque nous étions allés dans ce village pour y demeurer. J'eſpérai non-ſeulement d'y être en ſûreté,
mais d'y pouvoir vivre quelque tems ſans être

preffé de payer. Mène-nous à Chaillot, dis-je au cocher. Il refufa d'y aller fi tard, à moins d'une piftole ; autre fujet d'embarras. Enfin nous convînmes de fix francs ; c'étoit toute la fomme qui reftoit dans ma bourfe.

Je confolois Manon, en avançant ; mais au fond, j'avois le défefpoir dans le cœur. Je me ferois donné la mort, fi je n'euffe pas eu dans mes bras, le feul bien qui m'attachoit à la vie. Cette feule penfée me remettoit. Je la tiens du moins, difois-je ; elle m'aime, elle eft à moi : Tiberge a beau dire, ce n'eft pas-là un fantôme de bonheur. Je verrois périr tout l'univers fans y prendre intérêt ; pourquoi ? parce que je n'ai plus d'affection de refte. Ce fentiment étoit vrai ; cependant, dans le tems que je faifois fi peu de cas des biens du monde, je fentois que j'aurois eu befoin d'en avoir du moins une petite partie, pour méprifer encore fouverainement tout le refte. L'amour eft plus fort que l'abondance, plus fort que les tréfors & les richeffes, mais il a befoin de leur fecours ; & rien n'eft plus défefpérant pour un amant délicat, que de fe voir ramené par-là malgré lui, à la groffièreté des ames les plus baffes.

Il étoit onze heures quand nous arrivâmes à Chaillot. Nous fûmes reçus à l'auberge, comme des perfonnes de connoiffance. On ne fut pas furpris de voir Manon en habit d'homme, parce qu'on eft

accoutumé, à Paris & aux environs, de voir prendre
aux femmes toutes sortes de formes. Je la fis servir
aussi proprement, que si j'eusse été dans la meilleure
fortune. Elle ignoroit que je fusse mal en argent.
Je me gardai bien de lui en rien apprendre, étant
résolu de retourner seul à Paris le lendemain, pour
chercher quelque remède à cette fâcheuse espèce
de maladie.

Elle me parut pâle & maigrie, en soupant. Je
ne m'en étois point apperçu à l'hôpital ; parce que
la chambre où je l'avois vue, n'étoit pas des plus
claires. Je lui demandai si ce n'étoit point encore
un effet de la frayeur qu'elle avoit eue, en voyant
assassiner son frère. Elle m'assura que quelque
touchée qu'elle fût de cet accident, sa pâleur ne
venoit que d'avoir essuyé pendant trois mois mon
absence. Tu m'aimes donc extrêmement, lui
répondis-je ! Mille fois plus que je ne puis dire,
reprit-elle. Tu ne me quitteras donc plus jamais,
ajoutai-je ? Non, jamais, repliqua-t-elle, & cette
assurance fut confirmée par tant de caresses & de
sermens, qu'il me parut impossible, en effet, qu'elle
pût jamais les oublier. J'ai toujours été persuadé
qu'elle étoit sincère ; quelle raison auroit-elle eu de
se contrefaire jusqu'à ce point ? Mais elle étoit encore
plus volage, ou plutôt elle n'étoit plus rien, & elle ne
se reconnoissoit pas elle même, lorsqu'ayant devant
les yeux des femmes qui vivoient dans l'abondance,

elle fe trouvoit dans la pauvreté & dans le befoin.
J'étois à la veille d'en avoir une dernière preuve,
qui a furpaffé toutes les autres, & qui a produit la
plus étrange aventure, qui foit jamais arrivée à un
homme de ma naiffance & de ma fortune.

Comme je la connoiffois de cette humeur, je
me hâtai le lendemain d'aller à Paris. La mort
de fon frère, & la néceffité d'avoir du linge &
des habits pour elle & pour moi, étoient de fi
bonnes raifons, que je n'eus pas befoin de prétextes. Je fortis de l'auberge avec le deffein, dis-
je à Manon & à mon hôte, de prendre un carroffe de louage; mais c'étoit une gafconade. La
néceffité m'obligeant d'aller à pied, je marchai
fort vîte jufqu'au Cours-la-Reine, où j'avois deffein de m'arrêter. Il falloit bien prendre un moment de folitude & de tranquillité pour m'arranger & prévoir ce que j'allois faire à Paris.

Je m'affis fur l'herbe. J'entrai dans une mer
de raifonnemens & de réflexions, qui fe rédui-
firent peu à peu à trois principaux articles. J'a-
vois befoin d'un fecours préfent, pour un nombre infini de néceffités préfentes. J'avois à chercher quelque voie, qui pût du moins m'ouvrir
des efpérances pour l'avenir; & ce qui n'étoit
pas de moindre importance, j'avois des informations & des mefures à prendre, pour la fûreté
de Manon & pour la mienne. Après m'être épui-

fé en projets & en combinaifons fur ces trois
chefs, je jugeai encore à propos d'en retrancher
les deux derniers. Nous n'étions pas mal à couvert dans une chambre de Chaillot ; & pour les
befoins futurs, je crus qu'il feroit tems d'y penfer
lorfque j'aurois fatisfait aux préfens.

Il étoit donc queftion de remplir actuellement
ma bourfe. M. de T..... m'avoit offert généreufement la fienne ; mais j'avois une extrême répugnance à le remettre moi-même fur cette matière. Quel perfonnage, que d'aller expofer fa misère à un étranger, & de le prier de nous faire
part de fon bien ! Il n'y a qu'une ame lâche qui
en foit capable, par une baffeffe qui l'empêche
d'en fentir l'indignité, ou un chrétien humble,
par un excès de générofité qui le rend fupérieur à cette honte. Je n'étois ni un homme lâche, ni un bon chrétien ; j'aurois donné la moitié de mon fang, pour éviter cette humiliation.
Tiberge, difois-je, le bon Tiberge me refufera-
t-il ce qu'il aura le pouvoir de me donner ? Non,
il fera touché de ma misère ; mais il m'affaffinera
par fa morale. Il faudra effuyer fes reproches, fes
exhortations, fes menaces ; il me fera acheter fes
fecours fi cher, que je donnerois encore une partie de mon fang, plutôt que de m'expofer à cette
fcène fâcheufe, qui me laiffera du trouble & des
remords. Bon, reprenois-je ; il faut donc renon-

cer à tout espoir, puisqu'il ne me reste point d'autre voie, & que je suis si éloigné de m'arrêter à ces deux - là, que je verserois plus volontiers la moitié de mon sang que d'en prendre une, c'est-à-dire tout mon sang plutôt que de les prendre toutes deux. Oui, mon sang tout entier, ajoutai-je après une réflexion d'un moment; je le donnerois plus volontiers, sans doute, que de me réduire à de basses supplications. Mais il s'agit bien ici de mon sang. Il s'agit de la vie, & de l'entretien de Manon; il s'agit de son amour, & de sa fidélité. Qu'ai-je à mettre en balance avec elle? Je n'y ai rien mis jusqu'à présent. Elle me tient lieu de gloire, de bonheur & de fortune. Il y a bien des choses, sans doute, que je donnerois ma vie pour obtenir ou pour éviter; mais estimer une chose plus que ma vie, n'est pas une raison pour l'estimer autant que Manon. Je ne fus pas long-tems à me déterminer, après ce raisonnement. Je continuai mon chemin, résolu d'aller d'abord chez Tiberge, & de-là chez M. de T......

En entrant à Paris, je pris un fiacre, quoique je n'eusse pas de quoi le payer : je comptois sur les secours que j'allois solliciter. Je me fis conduire au Luxembourg, d'où j'envoyai avertir Tiberge que j'étois à l'attendre. Il satisfit mon impatience par sa promptitude. Je lui appris l'ex-

trémité de mes befoins, fans nul détour. Il me
demanda fi les cent piftoles que je lui avois
rendues me fuffiroient ; & fans m'oppofer un feul
mot de difficulté , il me les alla chercher dans le
moment, avec cet air ouvert & ce plaifir à donner,
qui n'eft connu que de l'amour & de la véritable
amitié. Quoique je n'euffe pas eu le moindre doute
du fuccès de ma demande , je fus furpris de l'a-
voir obtenue à fi bon marché , c'eft-à-dire , fans
qu'il m'eût querellé fur mon impénitence. Mais
je me trompois, en me croyant tout-à-fait quitte
de fes reproches ; car lorfqu'il eut achevé de me
compter fon argent & que je me préparois à le
quitter, il me pria de faire avec lui un tour d'allée. Je ne lui avois point parlé de Manon. Il
ignoroit qu'elle fût en liberté ; ainfi fa morale ne
tomba que fur ma fuite téméraire de Saint-Lazare , & fur la crainte où il étoit, qu'au lieu de
profiter des leçons de fageffe que j'y avois reçues,
je ne repriffe le train du défordre. Il me dit qu'é-
tant allé pour me vifiter à Saint-Lazare , le lendemain de mon évafion , il avoit été frappé au-
delà de toute expreffion , en apprenant la manière
dont j'en étois forti ; qu'il avoit eu là-deffus un
entretien avec le fupérieur ; que ce bon père n'é-
toit pas encore remis de fon effroi ; qu'il avoit
eu néanmoins la généroſité de déguifer à monfieur le lieutenant général de police les circonftan-

ces de mon départ, & qu'il avoit empêché que la mort du portier ne fût connue au-dehors : que je n'avois donc, de ce côté-là, nul fujet d'alarme ; mais que s'il me reſtoit le moindre ſentiment de ſageſſe, je profiterois de cet heureux tour que le ciel donnoit à mes affaires; que je devois commencer par écrire à mon père, & me remettre bien avec lui; & que ſi je voulois ſuivre une fois ſon conſeil, il étoit d'avis que je quittaſſe Paris, pour retourner dans le ſein de ma famille.

J'écoutai ſon diſcours juſqu'à la fin. Il y avoit-là bien des choſes ſatisfaiſantes. Je fus ravi, premièrement de n'avoir rien à craindre du côté de Saint-Lazare. Les rues de Paris me redevenoient un pays libre. En ſecond lieu, je m'applaudis de ce que Tiberge n'avoit pas la moindre idée de la délivrance de Manon, & de ſon retour avec moi. Je remarquois même qu'il avoit évité de me parler d'elle, dans l'opinion apparemment qu'elle me tenoit moins au cœur, puiſque je paroiſſois ſi tranquille ſur ſon ſujet. Je réſolus, ſinon de retourner dans ma famille, du moins d'écrire à mon père, comme il me le conſeilloit, & de lui témoigner que j'étois diſpoſé à rentrer dans l'ordre de mes devoirs & de ſes volontés. Mon eſpérance étoit de l'engager à m'envoyer de l'argent, ſous prétexte de faire mes exercices à l'académie; car j'aurois eu peine à lui perſuader

que je fuſſe dans la diſpoſition de retourner à
l'état eccléſiaſtique. Dans le fond je n'avois nul
éloignement pour ce que je voulois lui promettre. J'étois bien‑aiſe, au contraire, de m'appliquer à quelque choſe d'honnête & de raiſonnable, autant que ce deſſein pourroit s'accorder
avec mon amour. Je faiſois mon compte de vivre avec ma maitreſſe, & de faire en même-tems
mes exercices. Cela étoit fort compatible. Je fus
ſi ſatisfait de toutes ces idées, que je promis à
Tiberge de faire partir le jour même, une lettre
pour mon père. J'entrai effeǎivement dans un bureau d'écriture, en le quittant; & j'écrivis, d'une
manière ſi tendre & ſi ſoumiſe, qu'en reliſant ma
lettre, je me flattai d'obtenir quelque choſe du
cœur paternel.

Quoique je fuſſe en état de prendre & de payer
un fiacre après avoir quitté Tiberge, je me fis
un plaiſir de marcher fièrement à pied, en allant
chez M. de T..... Je trouvois de la joie dans cet
exercice de ma liberté pour laquelle mon ami m'a-
voit aſſuré qu'il ne me reſtoit rien à craindre. Cependant il me revint tout d'un coup à l'eſprit que
ſes aſſurances ne regardoient que Saint‑Lazare,
& que j'avois outre cela l'affaire de l'hôpital ſur
les bras; ſans compter la mort de Leſcaut, dans
laquelle j'étois mêlé du moins comme témoin. Ce
ſouvenir m'effraya ſi vivement, que je me retirai

rai dans la première allée, d'où je fis appeler un
carroffe. J'allai droit chez M. de T....., que je fis
rire de ma frayeur. Elle me parut rifible à moi-
même, lorfqu'il m'eut appris que je n'avois rien
à craindre du côté de l'hôpital, ni de celui de
Lefcaut. Il me dit que dans la penfée qu'on pourroit le foupçonner d'avoir eu part à l'enlèvement
de Manon, il étoit allé le matin à l'hôpital, &
qu'il avoit demandé à la voir, en feignant d'ignorer
ce qui étoit arrivé; qu'on étoit fi éloigné de nous
accufer, ou lui, ou moi, qu'on s'étoit empreffé au
contraire de lui apprendre cette aventure, comme
une étrange nouvelle, & qu'on admiroit qu'une fille
auffi jolie que Manon eût pris le parti de fuir avec
un valet; qu'il s'étoit contenté de répondre froidement qu'il n'en étoit pas furpris, & qu'on fait
tout pour la liberté. Il continua de me raconter
qu'il étoit allé de-là chez Lefcaut, dans l'efpérance
de m'y trouver avec ma charmante maitreffe; que
l'hôte de la maifon, qui étoit un carroffier, lui
avoit protefté qu'il n'avoit vu, ni elle, ni moi;
mais qu'il n'étoit pas étonnant que nous n'euffions
point paru chez lui, fi c'étoit pour Lefcaut que
nous devions y venir, parce que nous aurions fans
doute appris qu'il venoit d'être tué, à-peu-près
dans le même tems. Sur quoi, il n'avoit pas
refufé d'expliquer ce qu'il favoit de la caufe & des
circonftances de cette mort. Environ deux heures

auparavant, un garde-du-corps des amis de Lescaut, l'étoit venu voir, & lui avoit proposé de jouer. Lescaut avoit gagné si rapidement, que l'autre s'étoit trouvé cent écus de moins en une heure, c'est-à-dire, tout son argent. Ce malheureux, qui se voyoit sans un sou, avoit prié Lescaut de lui prêter la moitié de la somme qu'il avoit perdue; & sur quelques difficultés nées à cette occasion, ils s'étoient querellés avec une animosité extrême. Lescaut avoit refusé de sortir, pour mettre l'épée à la main, & l'autre avoit juré, en le quittant, de lui casser la tête; ce qu'il avoit exécuté le soir même. M. de T.... eut l'honnêteté d'ajouter qu'il avoit été fort inquiet par rapport à nous, & qu'il continuoit de m'offrir ses services. Je ne balançai point à lui apprendre le lieu de notre retraite. Il me pria de trouver bon qu'il allât souper avec nous.

Comme il ne me restoit qu'à prendre du linge & des habits pour Manon, je lui dis que nous pouvions partir à l'heure même, s'il vouloit avoir la complaisance de s'arrêter un moment avec moi, chez quelques marchands. Je ne sais s'il crut que je lui faisois cette proposition, dans la vue d'intéresser sa générosité, ou si ce fut par le simple mouvement d'une belle ame; mais ayant consenti à partir aussitôt, il me mena chez les marchands qui fournissoient sa maison: il me fit choisir plusieurs étoffes d'un prix plus confidérable que je ne me l'étois propofé ; & lorfque je me difpofois à les payer, il défendit abfolument aux marchands de recevoir un fou de moi. Cette galanterie fe fit de fi bonne grace, que je crus pouvoir en profiter fans honte. Nous prîmes enfemble le chemin de Chaillot, où j'arrivai avec moins d'inquiétude que je n'en étois parti.

Le chevalier des Grieux ayant employé plus d'une heure à ce récit, je le priai de prendre un peu de relâche , & de nous tenir compagnie à fouper. Notre attention lui fit juger que nous l'avions écouté avec plaifir. Il nous affura que nous trouverions quelque chofe encore de plus intéreffant, dans la fuite de fon hiftoire ; & lorfque nous eûmes fini de fouper, il continua dans ces termes.

Fin de la première Partie.

A a ij

SECONDE PARTIE.

MA préfence & les politeffes de M. de T...
diffipèrent tout ce qui pouvoit refter de chagrin
à Manon. Oublions nos terreurs paffées, ma chere
ame, lui dis-je en arrivant, & recommençons à
vivre plus heureux que jamais. Après tout, l'amour
eft un bon maître. La fortune ne fauroit nous
caufer autant de peines, qu'il nous fait goûter
de plaifirs. Notre fouper fut une vraie fcène de
joie. J'étois plus fier & plus content avec Manon
& mes cent piftoles, que le plus riche partifan
de Paris avec fes tréfors entaffés. Il faut compter
fes richeffes, par les moyens qu'on a de fatisfaire
fes defirs. Je n'en avois pas un feul à remplir.
L'avenir même me caufoit peu d'embarras. J'étois
prefque fûr que mon père ne feroit pas difficulté
de me donner de quoi vivre honorablement à
Paris, parce qu'étant dans ma vingtiéme année,
j'entrois en droit d'exiger ma part du bien de ma
mère. Je ne cachai point à Manon, que le fond
de mes richeffes n'étoit que de cent piftoles. C'étoit
affez pour attendre tranquillement une meilleure
fortune, qui fembloit ne me pouvoir manquer,

foit par mes droits naturels, ou par les reffources du jeu.

Ainfi, pendant les premières femaines, je ne penfai qu'à jouir de ma fituation; & la force de l'honneur, autant qu'un refte de ménagement pour la police, me faifant remettre de jour en jour à renouer avec les affociés de l'hôtel de T...., je me réduifis à jouer dans quelques affemblées moins décriées, où la faveur du fort m'épargna l'humiliation d'avoir recours à l'induftrie. J'allois paffer à la ville une partie de l'après-midi, & je revenois fouper à Chaillot, accompagné fort fouvent de M. de T.... dont l'amitié croiffoit de jour en jour pour nous. Manon trouva des reffources contre l'ennui. Elle fe lia dans le voifinage avec quelques jeunes perfonnes que le printems y avoit ramenées. La promenade & les petits exercices de leur fexe faifoient alternativement leur occupation. Une partie de jeu, dont elles avoient réglé les bornes, fourniffoit aux frais de la voiture. Elles alloient prendre l'air au bois de Boulogne; & le foir à mon retour, je retrouvois Manon plus belle, plus contente, & plus paffionnée que jamais.

Il s'éleva néanmoins quelques nuages, qui femblèrent menacer l'édifice de mon bonheur. Mais ils furent parfaitement diffipés; & l'humeur folâtre de Manon rendit le dénouement fi comique, que je trouve encore de la douceur dans un fouvenir, qui me repréfente fa tendreffe & les agrémens de fon efprit.

Le feul valet, qui compofoit notre domeftique, me prit un jour à l'écart, pour me dire avec beaucoup d'embarras, qu'il avoit un fecret d'importance à me communiquer. Je l'encourageai à parler librement. Après quelques détours, il me fit entendre qu'un feigneur étranger fembloit avoir pris beaucoup d'amour pour mademoifelle Manon. Le trouble de mon fang fe fit fentir dans toutes mes veines. En a-t-elle pour lui, interrompis-je plus brufquement que la prudence ne permettoit pour m'éclaircir? Ma vivacité l'effraya. Il me répondit d'un air inquiet, que fa pénétration n'avoit pas été fi loin; mais qu'ayant obfervé depuis plufieurs jours, que cet étranger venoit affidument au bois de Boulogne, qu'il y defcendoit de fon carroffe, & que s'engageant feul dans les contre-allées, il paroiffoit chercher l'occafion de voir ou de rencontrer mademoifelle, il lui étoit venu à l'efprit de faire quelque liaifon avec fes gens, pour apprendre le nom de leur maître; qu'ils le traitoient de prince italien, & qu'ils le foupçonnoient eux-mêmes de quelque aventure galante; qu'il n'avoit pu fe procurer d'autres lumieres, ajouta-t-il en tremblant, parce que le prince, étant alors forti du bois, s'étoit approché familièrement de lui, & lui avoit demandé fon nom ; après quoi, comme s'il eût deviné qu'il étoit à notre fevice, il l'avoit félicité d'appartenir à la plus charmante perfonne du monde.

J'attendois impatiemment la fuite de ce récit. Il le finit par des excufes timides, que je n'attribuai qu'à mes imprudentes agitations. Je le preffai en vain de continuer fans déguifement. Il me protefta qu'il ne favoit rien de plus, & que ce qu'il venoit de me raconter étant arrivé le jour précédent, il n'avoit pas revu les gens du prince. Je le raffurai, non-feulement par des éloges, mais par une honnête récompenfe ; & fans lui marquer la moindre défiance de Manon, je lui recommandai d'un ton plus tranquille, de veiller fur toutes les démarches de l'étranger.

Au fond, fa frayeur me laiffa de cruels doutes. Elle pouvoit lui avoir fait fupprimer une partie de la vérité. Cependant, après quelques réflexions, je revins de mes allarmes, jufqu'à regretter d'avoir donné cette marque de foibleffe. Je ne pouvois faire un crime à Manon d'être aimée. Il y avoit beaucoup d'apparence qu'elle ignoroit fa conquête : & quelle vie allois-je mener, fi j'étois capable d'ouvrir fi facilement l'entrée de mon cœur à la jaloufie ? Je retournai à Paris le jour fuivant, fans avoir formé d'autre deffein que de hâter le progrès de ma fortune en jouant plus gros jeu, pour me mettre

Aa iv

en état de quitter Chaillot, au premier sujet
d'inquiétude. Le soir, je n'appris rien de nuisible
à mon repos. L'étranger avoit reparu au bois de
Boulogne, & prenant droit de ce qui s'y étoit
passé la veille, pour se rapprocher de mon confident, il lui avoit parlé de son amour, mais dans
des termes qui ne supposoient aucune intelligence
avec Manon. Il l'avoit interrogé sur mille détails.
Enfin, il avoit tenté de le mettre dans ses intérêts
par des promesses considérables ; & tirant une
lettre, qu'il tenoit prête, il lui avoit offert inutilement quelques louis d'or, pour la rendre à sa
maîtresse.

Deux jours se passerent, sans aucun autre incident. Le troisième fut plus orageux. J'appris, en
arrivant de la ville assez tard, que Manon, pendant
sa promenade, s'étoit écartée un moment de ses
compagnes, & que l'étranger, qui la suivoit à
peu de distance, s'étant approché d'elle au signe
qu'elle lui en avoit fait, elle lui avoit remis une
lettre, qu'il avoit reçue avec des transports de joie.
Il n'avoit eu le tems de les exprimer, qu'en baisant
amoureusement les caractères, parce qu'elle s'étoit
aussitôt dérobée. Mais elle avoit paru d'une gaieté
extraordinaire, pendant le reste du jour, & depuis
qu'elle étoit rentrée au logis, cette humeur ne l'avoit
pas abandonnée. Je frémis, sans doute, à chaque
mot. Es-tu bien sûr, dis-je tristement à mon valet,

que tes yeux ne t'aient pas trompé? Il prit le ciel
à témoin de fa bonne foi. Je ne fais à quoi les
tourmens de mon cœur m'auroient porté, fi Manon,
qui m'avoit entendu rentrer, ne fût venue au-
devant de moi avec un air d'impatience, & des
plaintes de ma lenteur. Elle n'attendit point ma
réponfe pour m'accabler de careffes; & lorfqu'elle
fe vit feule avec moi, elle me fit des reproches
fort vifs, de l'habitude que je prenois de revenir
fi tard. Mon filence lui laiffant la liberté de
continuer, elle me dit que depuis trois femaines
je n'avois pas paffé une journée entière avec elle;
qu'elle ne pouvoit foutenir de fi longues abfences;
qu'elle me demandoit du moins un jour par
intervalles; & que dès le lendemain, elle vouloit
me voir près d'elle, du matin au foir. J'y ferai,
n'en doutez pas, lui répondis-je d'un ton affez
brufque. Elle marqua peu d'attention pour mon
chagrin, & dans le mouvement de fa joie, qui
me parut en effet d'une vivacité fingulière, elle
me fit mille peintures plaifantes de la manière
dont elle avoit paffé le jour. Etrange fille! me
difois-je à moi même : que dois-je attendre de ce
prélude? L'aventure de notre première féparation
me revint à l'efprit. Cependant je croyois voir
dans le fond de fa joie & de fes careffes, un air
de vérité, qui s'accordoit avec les apparences.

Il ne me fut pas difficile de rejeter la trifteffe,

dont je ne pus me défendre pendant notre souper, sur une perte que je me plaignis d'avoir faite au jeu. J'avois regardé comme un extrême avantage, que l'idée de ne pas quitter Chaillot le jour suivant, fût venue d'elle-même. C'étoit gagner du tems pour mes délibérations. Ma présence éloignoit toutes sortes de craintes pour le lendemain, & si je ne remarquois rien, qui m'obligeât de faire éclater mes découvertes, j'étois déjà résolu de transporter, le jour d'après, mon établissement à la ville, dans un quartier où je n'eusse rien à démêler avec les princes. Cet arrangement me fit passer une nuit plus tranquille : mais il ne m'ôtoit pas la douleur d'avoir à trembler pour une nouvelle infidélité.

A mon réveil, Manon me déclara que pour passer le jour dans notre appartement, elle ne prétendoit pas que j'en eusse l'air plus négligé, & qu'elle vouloit que mes cheveux fussent accommodés de ses propres mains. Je les avois fort beaux. C'étoit un amusement qu'elle s'étoit donné plusieurs fois. Mais elle y apporta plus de soins, que je ne lui en avois jamais vu prendre. Je fus obligé, pour la satisfaire, de m'asseoir devant sa toilette, & d'essuyer toutes les petites recherches qu'elle imagina pour ma parure. Dans le cours de son travail, elle me faisoit tourner souvent le visage vers elle, & s'appuyant des deux mains sur mes épaules, elle me regardoit avec une curiofité avide. Enfuite, exprimant fa fatisfaction par un ou deux baifers, elle me faifoit reprendre ma fituation pour continuer fon ouvrage. Ce badinage nous occupa jufqu'à l'heure du dîner. Le goût qu'elle y avoit pris m'avoit paru fi naturel, & fa gaieté fentoit fi peu l'artifice, que ne pouvant concilier des apparences fi conftantes avec le projet d'une noire trahifon, je fus tenté plufieurs fois de lui ouvrir mon cœur, & de me décharger d'un fardeau qui commençoit à me pefer. Mais je me flattois, chaque inftant, que l'ouverture viendroit d'elle, & je m'en faifois d'avance un délicieux triomphe.

Nous rentrâmes dans fon cabinet. Elle fe mit à rajufter mes cheveux, & ma complaifance me faifoit céder à toutes fes volontés, lorfqu'on vint l'avertir que le prince de.... demandoit à la voir. Ce nom m'échauffa jufqu'au tranfport. Quoi donc, m'écriai-je en la repouffant! Qui? Quel prince? Elle ne répondit point à mes queftions. Faites-le monter, dit-elle froidement au valet, & fe tournant vers moi: Cher amant! toi, que j'adore, reprit-elle d'un ton enchanteur, je te demande un moment de complaifance. Un moment. Un feul moment. Je t'en aimerai mille fois plus. Je t'en faurai gré toute ma vie.

L'indignation & la furprife me lièrent la langue.

Elle répétoit ſes inſtances, & je cherchois des expreſſions pour les rejetter avec mépris. Mais, entendant ouvrir la porte de l'antichambre, elle empoigna d'une main mes cheveux, qui étoient flottans ſur mes épaules, elle prit de l'autre ſon miroir de toilette; elle employa toute ſa force pour me traîner dans cet état juſqu'à la porte du cabinet; & l'ouvrant du genou, elle offrit à l'étranger, que le bruit ſembloit avoir arrêté au milieu de la chambre, un ſpectacle qui ne dut pas lui cauſer peu d'étonnement. Je vis un homme fort bien mis, mais d'aſſez mauvaiſe mine. Dans l'embarras où le jetoit cette ſcène, il ne laiſſa pas de faire une profonde révérence. Manon ne lui donna pas le tems d'ouvrir la bouche. Elle lui préſenta ſon miroir: Voyez, Monſieur, lui dit-elle, regardez-vous bien, & rendez-moi juſtice. Vous me demandez de l'amour. Voici l'homme que j'aime, & que j'ai juré d'aimer toute ma vie. Faites la comparaiſon vous-même. Si vous croyez lui pouvoir diſputer mon cœur, apprenez-moi donc ſur quel fondement; car, je vous déclare qu'aux yeux de votre ſervante très-humble, tous les princes d'Italie ne valent pas un des cheveux que je tiens.

Pendant cette folle harangue, qu'elle avoit apparemment méditée, je faiſois des efforts inutiles pour me dégager; & prenant pitié d'un homme de

confidération, je me fentois porté à réparer cè petit
outrage par mes politeffes. Mais s'étant remis affez
facilement, fa réponfe, que je trouvai un peu
groffière, me fit perdre cette difpofition. Mademoifelle, Mademoifelle, lui dit-il avec un fourire
forcé, j'ouvre en effet les yeux, & je vous trouve
bien moins novice que je ne me l'étois figuré. Il
fe retira auffitôt, fans jeter les yeux fur elle, en
ajoutant d'une voix plus baffe, que les filles de
France ne valoient pas mieux que celles d'Italie.
Rien ne m'invitoit, dans cette occafion, à lui
faire prendre une meilleure idée du beau fexe.

Manon quitta mes cheveux, fe jeta dans un
fauteuil, & fit retentir la chambre de longs éclats
de rire. Je ne diffimulerai pas que je fus touché,
jufqu'au fond du cœur, d'un facrifice que je ne
pouvois attribuer qu'à l'amour. Cependant la plai-
fanterie me parut exceffive. Je lui en fis des
reproches. Elle me raconta que mon rival, après
l'avoir obfédée pendant plufieurs jours au bois
de Boulogne, & lui avoir fait deviner fes fentimens
par des grimaces, avoit pris le parti de lui en faire
une déclaration ouverte, accompagnée de fon nom
& de tous fes titres, dans une lettre qu'il lui avoit
fait remettre par le cocher qui la conduifoit avec
fes compagnes ; qu'il lui promettoit, au delà des
monts, une brillante fortune & des adorations
éternelles ; qu'elle étoit revenue à Chaillot, dans

la réfolution de me communiquer cette aventure;
mais, qu'ayant conçu que nous en pouvions tirer de
l'amufement, elle n'avoit pu réfifter à fon imagination ; qu'elle avoit offert au prince italien , par une
réponfe flatteufe, la liberté de la voir chez elle, &
qu'elle s'étoit fait un fecond plaifir de me faire
entrer dans fon plan , fans m'en avoir fait naître le
moindre foupçon. Je ne lui dis pas un mot des
lumières qui m'étoient venues par une autre voie;
& l'ivreffe de l'amour triomphant , me fit tout
approuver.

J'ai remarqué dans toute ma vie, que le ciel a
toujours choifi, pour me frapper de fes plus rudes
châtimens, le tems où ma fortune me fembloit le
mieux établie. Je me croyois fi heureux avec
l'amitié de M. de T.... & la tendreffe de Manon,
qu'on n'auroit pu me faire comprendre que j'euffe
à craindre quelque nouveau malheur. Cependant il
s'en préparoit un fi funefte, qu'il m'a réduit à l'état
où vous m'avez vu à Paffy, & par degrés à des
extrémités fi déplorables , que vous aurez peine à
croire mon récit fidelle.

Un jour, que nous avions M. de T.... à fouper,
nous entendîmes le bruit d'un carroffe, qui s'arrêtoit
à la porte de l'hôtellerie. La curiofité nous fit
défirer de favoir qui pouvoit arriver à cette
heure. On nous dit que c'étoit le jeune G.... M....
c'eft-à-dire, le fils de notre plus cruel ennemi, de

ce vieux débauché, qui m'avoit mis à Saint-Lazare,
& Manon à l'hôpital. Son nom me fit monter la
rougeur au vifage. C'eft le ciel qui me l'amène,
dis-je à M. de T..., pour le punir de la lâcheté de
fon père. Il ne m'échappera pas, que nous n'ayons
mefuré nos épées. M. de T.... qui le connoiffoit,
& qui étoit même de fes meilleurs amis, s'efforça
de me faire prendre d'autres fentimens pour lui. Il
m'affura que c'étoit un jeune homme très-aimable,
& fi peu capable d'avoir eu part à l'action de fon
père, que je ne le verrois pas moi-même un
moment, fans lui accorder mon eftime & fans
défirer la fienne. Après avoir ajouté mille chofes
à fon avantage, il me pria de confentir qu'il allât
lui propofer de venir prendre place avec nous, &
de s'accommoder du refte de notre fouper. Il
prévint l'objection du péril où c'étoit expofer
Manon, que de découvrir fa demeure au fils de
notre ennemi, en proteftant, fur fon honneur & fur
fa foi, que lorfqu'il nous connoîtroit, nous n'aurions
point de plus zélé défenfeur. Je ne fis difficulté de
rien, après de telles affurances. M. de T.... ne nous
l'amena point, fans avoir pris un moment pour
l'informer qui nous étions. Il entra d'un air qui
nous prévint effectivement en fa faveur. Il m'embraffa. Nous nous afsîmes. Il admira Manon, moi,
tout ce qui nous appartenoit, & il mangea d'un
appétit qui fit honneur à notre fouper. Lorfqu'on

eut deffervi, la converfation devint plus férieufe. Il
baiffa les yeux, pour nous parler de l'excès où fon
père s'étoit porté contre nous. Il nous fit les
excufes les plus foumifes. Je les abrège, nous dit-il,
pour ne pas renouveler un fouvenir qui me caufe
trop de honte. Si elles étoient fincères dès le
commencement, elles le devinrent bien plus dans
la fuite; car il n'eut pas paffé une demi-heure dans
cet entretien, que je m'apperçus de l'impreffion que
les charmes de Manon faifoient fur lui. Ses regards
& fes manières s'attendrirent par degrés. Il ne
laiffa rien échapper néanmoins dans fes difcours;
mais, fans être aidé de la jaloufie, j'avois trop
d'expérience en amour pour ne pas difcerner ce qui
venoit de cette fource. Il nous tint compagnie
pendant une partie de la nuit, & il ne nous quitta
qu'après s'être félicité de notre connoiffance, &
nous avoir demandé la permiffion de venir nous
renouveler quelquefois l'offre de fes fervices. Il
partit le matin avec M. de T.... qui fe mit avec
lui dans fon carroffe.

Je ne me fentois, comme j'ai dit, aucun penchant à la jaloufie. J'avois plus de crédulité que
jamais pour les fermens de Manon. Cette charmante créature étoit fi abfolument maitreffe de
mon ame, que je n'avois pas un feul petit fentiment qui ne fût de l'eftime & de l'amour. Loin
de lui faire un crime d'avoir plû au jeune G... M...,
                                          j'étois

>is ravi de l'effet de ſes charmes, & je m'ap-
udiſſois d'être aimé d'une fille que tout le
nde trouvoit aimable. Je ne jugeai pas même
ropos de lui communiquer mes ſoupçons. Nous
ies occupés pendant quelques jours, du ſoin
faire ajuſter ſes habits, & à délibérer ſi nous
uvions aller à la comédie ſans appréhender
tre reconnus. M. de T.... revint nous voir
ant la fin de la ſemaine; nous le conſultâmes
deſſus. Il vit bien qu'il falloit dire oui, pour
re plaiſir à Manon. Nous réſolûmes d'y aller
même ſoir avec lui.

Cependant cette réſolution ne put s'exécuter,
r m'ayant tiré auſſi-tôt en particulier, je ſuis,
e dit-il, dans le dernier embarras depuis que
ne vous ai vu, & la viſite que je vous fais
ijourd'hui en eſt une ſuite. G.... M.... aime
>tre maitreſſe. Il m'en a fait la confidence. Je
iis ſon intime ami, & diſpoſé en tout à le
:rvir; mais je ne ſuis pas moins le vôtre. J'ai
onſidéré que ſes intentions ſont injuſtes, & je les
i condamnées. J'aurois gardé ſon ſecret, s'il n'avoit
leſſein d'employer, pour plaire, que les voies
ommunes; mais il eſt bien informé de l'humeur
le Manon. Il a ſu, je ne ſais d'où, qu'elle aime
'abondance & les plaiſirs; & comme il jouit
léjà d'un bien conſidérable, il m'a déclaré qu'il
reut la tenter d'abord par un très-gros préſent,

Tome III.   Bb

& par l'offre de dix mille livres de penſion.
Toutes choſes égales, j'aurois peut-être eu beaucoup plus de violence à me faire pour le trahir:
mais la juſtice s'eſt jointe en votre faveur à l'amitié;
d'autant plus qu'ayant été la cauſe imprudente
de ſa paſſion, en l'introduiſant ici, je ſuis obligé
de prévenir les effets du mal que j'ai cauſé.

Je remerciai M. de T.... d'un ſervice de cette
importance, & je lui avouai avec un parfait retour de confiance, que le caractère de Manon étoit
tel que G... M... ſe le figuroit, c'eſt-à-dire, qu'elle
ne pouvoit ſupporter l'image de la pauvreté. Cependant, lui dis-je, lorſqu'il n'eſt queſtion que du
plus ou du moins, je ne la crois pas capable de
m'abandonner pour un autre. Je ſuis en état de
ne la laiſſer manquer de rien, & je compte que
ma fortune va croître de jour en jour. Je ne
crains qu'une choſe, ajoutai-je, c'eſt que G... M...
ne ſe ſerve de la connoiſſance qu'il a de notre
demeure, pour nous rendre quelque mauvais
office. M. de T... m'aſſura que je devois être
ſans appréhenſion de ce côté-là; que G... M...
étoit capable d'une folie amoureuſe, mais qu'il
ne l'étoit point d'une baſſeſſe; que s'il avoit la
lâcheté d'en commettre une, il ſeroit le premier,
lui qui parloit, à l'en punir, & à réparer par-là le
malheur qu'il avoit eu d'y donner occaſion. Je
vous ſuis obligé de ce ſentiment, repris-je; mais

le mal seroit fait, & le remede fort incertain.
Ainsi le parti le plus sage est de le prévenir,
en quittant Chaillot pour prendre une autre demeure. Oui, reprit M. de T..., mais vous aurez
peine à le faire aussi promptement qu'il faudroit;
car G.... M... doit être ici à midi : il me le dit
hier, & c'est ce qui m'a porté à venir si matin,
pour vous informer de ses vues. Il peut arriver à
tout moment.

Un avis si pressant me fit regarder cette affaire
d'un œil plus sérieux. Comme il me sembloit
impossible d'éviter la visite de G..... M...., &
qu'il me le seroit aussi, sans doute, d'empêcher
qu'il ne s'ouvrît à Manon, je pris le parti de la
prévenir moi-même sur le dessein de ce nouveau
rival. Je m'imaginai que me sachant instruit des
propositions qu'il lui feroit, & les recevant à mes
yeux, elle auroit assez de force pour les rejeter.
Je découvris ma pensée à M. de T..., qui me
répondit que cela étoit extrêmement délicat. Je
l'avoue, lui dis-je; mais toutes les raisons qu'on
peut avoir d'être sûr d'une maitresse, je les ai de
compter sur l'affection de la mienne. Il n'y auroit
que la grandeur des offres qui pût l'éblouir, &
je vous ai dit qu'elle ne connoît point l'intérêt.
Elle aime ses aises, mais elle m'aime aussi; & dans
la situation où sont mes affaires, je ne saurois
croire qu'elle me préfère le fils d'un homme qui

Bb ij

l'a mife à l'hôpital. En un mot, je perfifterai dans mon deffein ; & m'étant retiré à l'écart avec Manon, je lui déclarai naturellement tout ce que je venois d'apprendre.

Elle me remercia de la bonne opinion que j'avois d'elle, & elle me promit de recevoir les offres de G.... M.... d'une manière qui lui ôteroit l'envie de les renouveler. Non, lui dis-je, il ne faut pas l'irriter par une brufquerie. Il peut nous nuire. Mais tu fais affez, toi, friponne, ajoutai-je en riant, comment te défaire d'un amant défagréable, ou incommode. Elle reprit, après avoir un peu rêvé : il me vient un deffein admirable, oui, s'écria-t-elle, je fuis toute glorieufe de l'invention. G... M... eft le fils de notre plus cruel ennemi ; il faut nous venger du pere non pas fur le fils, mais fur fa bourfe. Je veux l'écouter, accepter fes prefens, & me moquer de lui. Le projet eft joli, lui dis-je ; mais tu ne fonges pas, ma pauvre enfant, que c'eft le chemin qui nous a conduits droit à l'hôpital. J'eus beau lui repréfenter le péril de cette entreprife ; elle me dit qu'il ne s'agiffoit que de bien prendre nos mefures, & elle répondit à toutes mes objections. Donnez-moi un amant qui n'entre point aveuglément dans tous les caprices d'une maitreffe adorée, & je conviendrai que j'eus tort de céder fi facilement. La réfolution fut prife de faire une dupe de G...

M....; & par un tour bizarre de mon fort, il arriva que je devins la fienne.

Nous vîmes paroître fon carroffe vers les onze heures. Il nous fit des complimens fort recherchés, fur la liberté qu'il prenoit de venir dîner avec nous. Il ne fut pas furpris de trouver M. de T...., qui lui avoit promis la veille de s'y rendre auffi, & qui avoit feint quelques affaires pour fe difpenfer de venir dans la même voiture. Quoiqu'il n'y eût pas un feul de nous qui ne portât la trahifon dans le cœur, nous nous mîmes à table avec un air de confiance & d'amitié. G.... M. ... trouva aifément l'occafion de déclarer fes fentimens à Manon. Je ne dus pas lui paroître gênant; car je m'abfentai exprès pendant quelques minutes. Je m'apperçus, à mon retour, qu'on ne l'avoit pas défefpéré par un excès de rigueur. Il étoit de la meilleure humeur du monde. J'affectai de le paroître auffi; il rioit intérieurement de ma fimplicité, & moi de la fienne. Pendant tout l'après-midi, nous jouâmes l'un pour l'autre une fcène fort agréable. Je lui ménageai encore, avant fon départ, un moment d'entretien particulier avec Manon; de forte qu'il eut lieu de s'applaudir de ma complaifance, autant que de la bonne chère.

Auffi-tôt qu'il fut monté en carroffe avec M. de T..., Manon accourut à moi les braves ouverts,

Bb iij

& m'embraſſa en éclatant de rire. Elle me répéta
ſes diſcours & ſes propoſitions, ſans y changer
un mot. Ils ſe réduiſoient à ceci : il l'adoroit.
Il vouloit partager avec elle quarante mille livres
de rente dont il jouiſſoit déjà, ſans compter ce
qu'il attendoit après la mort de ſon père. Elle alloit
être maitreſſe de ſon cœur & de ſa fortune,
& pour gage de ſes bienfaits, il étoit prêt à lui
donner un carroſſe, un hôtel meublé, une femme
de chambre, trois laquais, & un cuiſinier. Voilà
un fils, dis-je à Manon, bien autrement généreux
que ſon père. Parlons de bonne foi, ajoutai-je;
cette offre ne vous tente-t-elle point ? Moi ? répondit-elle, en ajuſtant à ſa penſée trois vers de
Racine :

Moi ! vous me ſoupçonnez de cette perfidie ?
Moi ! je pourrois ſouffrir un viſage odieux,
Qui rappelle toujours l'hôpital à mes yeux ?

Non, repris-je en continuant la parodie;

J'aurois peine à penſer que l'hôpital, Madame,
Fût un trait dont l'amour l'eût gravé dans votre ame.

Mais c'en eſt un bien ſéduiſant qu'un hôtel
meublé, avec un carroſſe & trois laquais; &
l'amour en a peu d'auſſi forts. Elle me proteſta
que ſon cœur étoit à moi pour toujours, & qu'il

ne recevroit jamais d'autres traits que les miens.
Les promeſſes qu'il m'a faites, me dit-elle, ſont
un aiguillon de vengeance, plutôt qu'un trait
d'amour. Je lui demandai ſi elle étoit dans le
deſſein d'accepter l'hôtel & le carroſſe. Elle me
répondit qu'elle n'en vouloit qu'à ſon argent. La
difficulté étoit d'obtenir l'un ſans l'autre. Nous
réſolûmes d'attendre l'entière explication du projet
de G.... M.... dans une lettre qu'il avoit promis
de lui écrire. Elle la reçut en effet le lendemain,
par un laquais ſans livrée, qui ſe procura fort
adroitement l'occaſion de lui parler ſans témoins.
Elle lui dit d'attendre ſa réponſe, & elle vint
m'apporter auſſitôt ſa lettre. Nous l'ouvrîmes
enſemble. Outre les lieux communs de tendreſſe,
elle contenoit le détail des promeſſes de mon
rival. Il ne bornoit point ſa dépenſe. Il s'engageoit
à lui compter dix mille francs, en prenant poſſeſſion de l'hôtel, & à réparer tellement les diminu-
tions de cette ſomme, qu'elle l'eût toujours devant
elle en argent comptant. Le jour de l'inauguration
n'étoit pas reculé trop loin. Il ne lui en demandoit
que deux pour les préparatifs, & il lui marquoit
le nom de la rue & de l'hôtel, où il lui promettoit
de l'attendre l'après-midi du ſecond jour, ſi elle
pouvoit ſe dérober de mes mains. C'étoit l'unique
point, ſur lequel il la conjuroit de le tirer d'inquiétude : il paroiſſoit ſûr de tout le reſte ; mais il

ajoutoit que fi elle prévoyoit de la difficulté à
m'échapper, il trouveroit le moyen de rendre fa
fuite aifée.

G.... M.... étoit plus fin que fon père. Il vouloit
tenir fa proie, avant que de compter fes efpèces.
Nous délibérâmes fur la conduite que Manon avoit
à tenir. Je fis encore des efforts pour lui ôter cette
entreprife de la tête, & je lui en repréfentai tous
les dangers. Rien ne fut capable d'ébranler fa
réfolution.

Elle fit une courte réponfe à G.... M..., pour
l'affurer qu'elle ne trouveroit pas de difficulté à fe
rendre à Paris le jour marqué, & qu'il pouvoit
l'attendre avec certitude. Nous réglâmes enfuite
que je partirois fur le champ, pour aller louer un
nouveau logement dans quelque village, de l'autre
côté de Paris, & que je tranfporterois avec moi
notre petit équipage; que le lendemain après midi,
qui étoit le tems de fon affignation, elle fe rendroit
de bonne heure à Paris; qu'après avoir reçu les
préfens de G.... M..., elle le prieroit inftamment
de la conduire à la comédie, prendroit avec elle
tout ce qu'elle pourroit porter de la fomme, &
qu'elle chargeroit du refte mon valet, qu'elle
vouloit mener avec elle. C'étoit toujours le même
qui l'avoit délivrée de l'hôpital, & qui nous
étoit infiniment attaché. Je devois me trouver,
avec un fiacre, à l'entrée de la rue Saint-André

des-Arcs, & l'y laisser vers les sept heures, pour m'avancer dans l'obscurité à la porte de la comédie. Manon me promettoit d'inventer des prétextes pour sortir un instant de sa loge, & de l'employer à descendre pour me rejoindre. L'exécution du reste étoit facile. Nous aurions regagné mon fiacre en un moment, & nous serions sortis de Paris par le fauxbourg Saint-Antoine, qui étoit le chemin de notre nouvelle demeure.

Ce dessein, tout extravagant qu'il étoit, nous parut assez bien arrangé. Mais il y avoit, dans le fond, une folle imprudence à s'imaginer que quand il eût réussi le plus heureusement du monde, nous eussions jamais pu nous mettre à couvert des suites. Cependant nous nous exposâmes avec la plus téméraire confiance. Manon partit avec Marcel, c'est ainsi que se nommoit notre valet. Je la vis partir avec douleur. Je lui dis en l'embrassant : Manon, ne me trompez-vous point ? me serez-vous fidelle ? Elle se plaignit tendrement de ma défiance, & elle me renouvela tous ses sermens.

Son compte étoit d'arriver à Paris sur les trois heures. Je partis après elle. J'allai me morfondre, le reste de l'après-midi, dans le caffé de Feré au Pont-Saint-Michel. J'y demeurai jusqu'à la nuit. J'en sortis alors pour prendre un fiacre, que je postai suivant notre projet, à l'entrée de la rue Saint-André-des-Arcs ; ensuite je gagnai à pied la

porte de la comédie. Je fus furpris de n'y pas
trouver Marcel, qui devoit y être à m'attendre. Je
pris patience pendant une heure, confondu dans
une foule de laquais, & l'œil ouvert fur tous les
paffans. Enfin, fept heures étant fonnées, fans que
j'euffe rien apperçu qui eût rapport à nos deffeins,
je pris un billet de parterre, pour aller voir fi je
découvrirois Manon & G.... M.... dans les loges.
Ils n'y étoient, ni l'un, ni l'autre. Je retournai à
la porte, où je paffai encore un quart-d'heure,
tranfporté d'impatience & d'inquiétude. N'ayant
rien vu paroître, je rejoignis mon fiacre, fans
pouvoir m'arrêter à la moindre réfolution. Le
cocher m'ayant apperçu, vint quelques pas au-
devant de moi, pour me dire d'un air myftérieux,
qu'une jolie demoifelle m'attendoit depuis une
heure dans le carroffe ; qu'elle m'avoit demandé,
à des fignes qu'il avoit bien reconnus, & qu'ayant
appris que je devois revenir, elle avoit dit qu'elle
ne s'impatienteroit point à m'attendre. Je me figurai
auffitôt que c'étoit Manon. J'approchai. Mais je
vis un joli petit vifage qui n'étoit pas le fien.
C'étoit une étrangère, qui me demanda d'abord fi
elle n'avoit pas l'honneur de parler à M. le
chevalier des Grieux. Je lui dis que c'étoit mon
nom. J'ai une lettre à vous rendre, reprit-elle, qui
vous inftruira du fujet qui m'amène, & par quel
rapport j'ai l'avantage de connoître votre nom. Je

la priai de me donner le tems de la lire dans un cabaret voifin. Elle voulut me fuivre, & elle me confeilla de demander une chambre à part. De qui vient cette lettre, lui dis-je en montant ? elle me remit à la lecture.

Je reconnus la main de Manon. Voici à-peu-près ce qu'elle me marquoit : G....M.... l'avoit reçue avec une politeffe & une magnificence au-delà de toutes fes idées. Il l'avoit comblée de préfens. Il lui faifoit envifager un fort de reine. Elle m'affuroit néanmoins qu'elle ne m'oublioit pas dans cette nouvelle fplendeur ; mais que n'ayant pu faire confentir G....M....à la mener ce foir à la comédie, elle remettoit à un autre jour le plaifir de me voir ; & que pour me confoler un peu, de la peine qu'elle prévoyoit que cette nouvelle pouvoit me caufer, elle avoit trouvé le moyen de me procurer une des plus jolies filles de Paris, qui feroit la porteufe de fon billet. *Signé*, votre fidelle amante, MANON LESCAUT.

Il y avoit quelque chofe de fi cruel & de fi infultant pour moi dans cette lettre, que demeurant fufpendu quelque tems entre la colère & la douleur, j'entrepris de faire un effort, pour oublier éternellement mon ingrate & parjure maitreffe. Je jetai les yeux fur la fille qui étoit devant moi. Elle étoit extrêmement jolie ; & j'aurois fouhaité qu'elle l'eût été affez pour me rendre parjure & infidelle à

mon tour. Mais je n'y trouvai point ces yeux fins
& languiſſans, ce port divin, ce teint de la com-
poſition de l'amour, enfin ce fond inépuiſable de
charmes, que la nature avoit prodigués à la perfide
Manon. Non, non, lui dis-je en ceſſant de la
regarder, l'ingrate, qui vous envoie, ſavoit fort
bien qu'elle vous faiſoit faire une démarche inutile.
Retournez à elle, & dites-lui de ma part qu'elle
jouiſſe de ſon crime, & qu'elle en jouiſſe, s'il ſe
peut, ſans remords. Je l'abandonne ſans retour, &
je renonce en même-tems à toutes les femmes,
qui ne ſauroient être auſſi aimables qu'elle, & qui
ſont, ſans doute, auſſi lâches & d'auſſi mauvaiſe
foi. Je fus alors ſur le point de deſcendre, & de me
retirer ſans prétendre davantage à Manon; & la
jalouſie mortelle qui me déchiroit le cœur, ſe dégui-
ſant en une morne & ſombre tranquillité, je me
crus d'autant plus proche de ma guériſon, que je ne
ſentois nul de ces mouvemens violens dont j'avois
été agité dans les mêmes occaſions. Hélas! j'étois
la dupe de l'amour, autant que je croyois l'être de
G.... M.... & de Manon.

Cette fille, qui m'avoit apporté la lettre, me
voyant prêt à deſcendre l'eſcalier, me demanda
ce que je voulois donc qu'elle rapportât à M. de
G.... M.... & à la dame qui étoit avec lui. Je
rentrai dans la chambre, à cette queſtion; & par
un changement incroyable à ceux qui n'ont jamais

enti de paffions violentes, je paffai tout d'un
oup, de la tranquillité où je croyois être, dans
un tranfport terrible de fureur. Va, lui dis-je,
apporte au traître G... M.... & à fa perfide
naitreffe le défefpoir où ta maudite lettre m'a jeté;
nais apprends-leur qu'ils n'en riront pas long-tems,
& que je les poignarderai tous deux de ma propre
nain. Je me jetai fur une chaife. Mon chapeau
omba d'un côté, & ma canne de l'autre. Deux
niffeaux de larmes amères commencèrent à couler
le mes yeux. L'accès de rage que je venois de
entir, fe changea dans une profonde douleur. Je
ne fis plus que pleurer, en pouffant des gémiffe-
mens & des foupirs. Approche, mon enfant,
approche, m'écriai-je en parlant à la jeune fille;
approche, puifque c'eft toi qu'on envoie pour me
confoler. Dis-moi fi tu fais des confolations contre
la rage & le défefpoir, contre l'envie de fe donner
la mort à foi-même, après avoir tué deux perfides
qui ne méritent pas de vivre. Oui, approche,
continuai-je en voyant qu'elle faifoit vers moi
quelques pas timides & incertains. Viens effuyer
mes larmes: viens rendre la paix à mon cœur,
viens me dire que tu m'aimes, afin que je m'accou-
tume à être aimé d'une autre que de mon infidelle.
Tu es jolie, je pourrai peut-être t'aimer à mon
tour. Cette pauvre enfant, qui n'avoit pas feize ou
dix-fept ans, & qui paroiffoit avoir plus de pudeur

que fes pareilles, étoit extraordinairement furprifé
d'une fi étrange fcène. Elle s'approcha néanmoins,
pour me faire quelques careffes; mais je l'écartai
auffitôt, en la repouffant de mes mains. Que veux-tu
de moi, lui dis-je? Ha! tu es une femme, tu es
d'un fexe que je détefte, & que je ne puis plus
foufftir. La douceur de ton vifage me menace
encore de quelque trahifon. Vas-t-en, & laiffe-
moi feul ici. Elle me fit une révérence, fans ofer
rien dire, & elle fe tourna pour fortir. Je lui criai
de s'arrêter; mais apprends-moi du moins, repris-
je, pourquoi, comment, à quel deffein tu as été
envoyée ici? Comment as-tu découvert mon nom,
& le lieu où tu pouvois me trouver?

Elle me dit qu'elle connoiffoit de longue main
M. de G.... M....; qu'il l'avoit envoyée chercher
à cinq heures, & qu'ayant fuivi le laquais qui
l'avoit avertie, elle étoit allée dans une grande
maifon, où elle l'avoit trouvé qui jouoit au piquet
avec une jolie dame, & qu'ils l'avoient chargée
tous deux de me rendre la lettre qu'elle m'avoit
apportée, après lui avoir appris qu'elle me trouveroit dans un carroffe au bout de la rue S. André. Je
lui demandai s'ils ne lui avoient rien dit de plus.
Elle me répondit en rougiffant, qu'ils lui avoient
fait efpérer que je la prendrois pour me tenir
compagnie. On t'a trompée, lui dis-je; ma pauvre
fille, on t'a trompée. Tu es une femme. Il te

faut un homme. Mais il t'en faut un qui foit riche
& heureux, & ce n'eſt pas ici que tu le peux
trouver. Retourne, retourne à M. de G.... M....
Il a tout ce qu'il faut pour ·être aimé des belles.
Il a des hôtels meublés & des équipages à donner.
Pour moi, qui n'ai que de l'amour & de la
conſtance à offrir, les femmes mépriſent ma miſère, & font leur jouet de ma ſimplicité.

J'ajoutai mille choſes, ou triſtes, ou violentes,
ſuivant que les paſſions qui m'agitoient tour à
tour cédoient ou emportoient le deſſus. Cependant, à force de me tourmenter, mes tranſports
diminuèrent aſſez pour faire place à quelques
réflexions. Je comparai cette dernière infortune
à celles que j'avois déjà eſſuyées dans le même
genre, & je ne trouvai pas qu'il y eût plus à
déſeſpérer que dans les premières. Je connoiſſois
Manon: pourquoi m'affliger tant, d'un malheur
que j'avois dû prévoir? Pourquoi ne pas m'employer plutôt à y chercher du remède? il étoit encore tems. Je devois du moins n'y pas épargner mes
ſoins, ſi je ne voulois avoir à me reprocher
d'avoir contribué par ma négligence à mes propres
peines. Je me mis là-deſſus à conſidérer tous les
moyens qui pouvoient m'ouvrir un chemin à
l'eſpérance.

Entreprendre de l'arracher avec violence des
mains de G.... M...., c'étoit un parti déſeſpéré,

qui n'étoit propre qu'à me perdre, & qui n'avoit pas la moindre apparence de fuccès. Mais il me fembloit que fi j'euffe pû me procurer le moindre entretien avec elle, j'aurois gagné infailliblement quelque chofe fur fon cœur. J'en connoiffois fi bien tous les endroits fenfibles ; j'étois fi fûr d'être aimé d'elle ! Cette bizarrerie même de m'avoir envoyé une jolie fille pour me confoler, j'aurois parié qu'elle venoit de fon invention, & que c'étoit un effet de fa compaffion pour mes peines. Je réfolus d'employer toute mon induftrie pour la voir. Parmi quantité de voies, que j'examinai l'une après l'autre, je m'arêtai à celle-ci : M. de T.... avoit commencé à me rendre fervice avec trop d'affection, pour me laiffer le moindre doute de fa fincérité & de fon zèle. Je me propofai d'aller chez lui fur le champ, & de l'engager à faire appeler G.... M.... fous prétexte d'une affaire importante. Il ne me falloit qu'une demi-heure, pour parler à Manon. Mon deffein étoit de me faire introduire dans fa chambre même, & je crus que cela me feroit aifé dans l'abfence de G.... M.... Cette réfolution m'ayant rendu plus tranquille, je payai libéralement la jeune fille, qui étoit encore avec moi ; & pour lui ôter l'envie de retourner chez ceux qui me l'avoient envoyée, je pris fon adreffe, en lui faifant efpérer que j'irois paffer la nuit avec elle.

elle. Je montai dans mon fiacre, & je me fis conduire à grand train chez M. de T.... Je fus affez heureux pour l'y trouver. J'avois eu là-deffus, de l'inquiétude en chemin. Un mot le mit au fait de mes peines, & du fervice que je venois lui demander. Il fut fi étonné d'apprendre que G..... M.... avoit pu féduire Manon, qu'ignorant que j'avois eu part moi-même à mon malheur, il m'offrit généreufemenr de raffembler tous fes amis, pour employer leurs bras & leurs épées à la délivrance de ma maitreffe. Je lui fis comprendre que cet éclat pouvoit être pernicieux à Manon & à moi. Réfervons notre fang, lui dis-je, pour l'extrêmité. Je médite une voie plus douce, & dont je n'efpère pas moins de fuccès. Il s'engagea, fans exception, à faire tout ce que je demanderois de lui; & lui ayant répété qu'il ne s'agiffoit que de faire avertir G.... M.... qu'il avoit à lui parler, & de le tenir dehors une heure ou deux, il partit auffi-tôt avec moi pour me fatisfaire.

Nous cherchâmes de quel expédient il pourroit fe fervir, pour l'arrêter fi long-tems. Je lui confeillai de lui écrire d'abord un billet fimple, daté d'un café, par lequel il le prieroit de s'y rendre auffitôt pour une affaire fi importante, qu'elle ne pouvoit fouffrir de délai. J'obferverai, ajoutai-je, le moment de fa fortie, & je m'introduirai fans peine dans la maifon, n'y étant connu que de

Tome III. .Cc

Manon, & de Marcel, qui eſt mon valet. Pour vous, qui ſerez pendant ce tems-là avec G... M..., vous pourrez lui dire que cette affaire importante, pour laquelle vous ſouhaitez de lui parler, eſt un beſoin d'argent; que vous venez de perdre le vôtre au jeu, & que vous avez joué beaucoup plus ſur votre parole, avec le même malheur. Il lui faudra du tems pour vous mener à ſon coffre-fort, & j'en aurai ſuffiſamment pour exécuter mon deſſein.

M. de T... ſuivit cet arrangement de point en point. Je le laiſſai dans un café, où il écrivit promptement ſa lettre. J'allai me placer à quelques pas de la maiſon de Manon. Je vis arriver le porteur du meſſage, & G.... M... ſortir à pied, un moment après, ſuivi d'un laquais. Lui ayant laiſſé le tems de s'éloigner de la rue, je m'avançai à la porte de mon infidelle; & malgré toute ma colère, je frappai avec le reſpect qu'on a pour un temple. Heureuſement, ce fut Marcel qui vint m'ouvrir. Je lui fis ſigne de ſe taire. Quoique je n'euſſe rien à craindre des autres domeſtiques, je lui demandai tout bas s'il pouvoit me conduire dans la chambre où étoit Manon, ſans que je fuſſe apperçu. Il me dit que cela étoit aiſé, en montant doucement par le grand eſcalier. Allons donc promptement, lui dis-je, & tâche d'empêcher, pendant que j'y ſerai, qu'il n'y monte perſonne.

Je pénétrai fans obftacle jufqu'à l'appartement.

Manon étoit occupée à lire. Ce fut là, que j'eus lieu d'admirer le caractère de cette étrange fille. Loin d'être effrayée, & de paroître timide en m'appercevant, elle. ne donna que ces marques légères de furprife, dont on n'eft pas le maître à la vue d'une perfonne qu'on croit éloignée : Ha ! c'eft vous, mon amour, me dit-elle en venant m'embraffer avec fa tendreffe ordinaire. Bon Dieu ! que vous êtes hardi ! qui vous auroit attendu aujourd'hui dans ce lieu ? Je me dégageai de fes bras; & loin de répondre à fes careffes, je la repouffai avec dédain ; & je fis deux ou trois pas en arrière pour m'éloigner d'elle. Ce mouvement ne laiffa pas de la déconcerter. Elle demeura dans la fitua-tion où elle étoit, & elle jeta les yeux fur moi, en changeant de couleur. J'étois dans le fond fi charmé de la revoir, qu'avec tant de juftes fujets de colère, j'avois à peine la force d'ouvrir la bouche pour la quereller. Cependant mon cœur faignoit du cruel outrage qu'elle m'avoit fait. Je le rappelois vivement à ma mémoire, pour exciter mon dépit; & je tâchois de faire briller dans mes yeux un autre feu que celui de l'amour. Comme je demeurai quelque tems en filence, & qu'elle remarqua mon agitation, je la vis trembler, apparement par un effet de fa crainte.

Je ne pus foutenir ce fpectacle. Ah! Manon,

lui dis-je d'un ton tendre, infidelle & parjure
Manon ! par où commencerai-je à me plaindre ?
Je vous vois pâle & tremblante ; & je suis encore
si sensible à vos moindres peines, que je crains
de vous affliger trop par mes reproches. Mais,
Manon, je vous le dis ; j'ai le cœur percé de la
douleur de votre trahison. Ce sont là des coups
qu'on ne porte point à un amant, quand on n'a
pas résolu sa mort. Voici la troisième fois, Manon ;
je les ai bien comptées ; il est impossible que cela s'oublie. C'est à vous de considérer à l'heure
même, quel parti vous voulez prendre ; car mon
triste cœur n'est plus à l'épreuve d'un si cruel
traitement. Je sens qu'il succombe, & qu'il est
prêt à se fendre de douleur. Je n'en puis plus,
ajoutai-je en m'asseyant sur une chaise ; j'ai à peine
la force de parler & de me soutenir.

Elle ne me répondit point ; mais lorsque je fus
assis, elle se laissa tomber à genoux, & elle
appuya sa tête sur les miens, en cachant son visage
de mes mains. Je sentis en un instant qu'elle les
mouilloit de ses larmes. Dieux ! de quels mouvemens n'étois-je point agité ! Ah, Manon, Manon,
repris-je avec un soupir ! il est bien tard de me
donner des larmes, lorsque vous avez causé ma
mort. Vous affectez une tristesse que vous ne
sauriez sentir. Le plus grand de vos maux est sans
doute ma présence, qui a toujours été importune

l vos plaifirs. Ouvrez les yeux, voyez qui je fuis;
on ne verfe pas des pleurs fi tendres pour un mal-
ieureux qu'on a trahi, & qu'on abandonne cruelle-
nent. Elle baifoit mes mains fans changer de
oofture. Inconftante Manon, repris-je encore,
iille ingrate & fans foi, où font vos promeffes &
ros fermens ! Amante mille fois volage & cruelle,
ju'as-tu fait de cet amour que tu me jurois encore
uujourd'hui ? Jufte ciel, ajoutai-je ! eft-ce ainfi
ju'une infidelle fe rit de vous, après vous avoir
ittefté fi faintement ? C'eft donc le parjure qui eft
récompenfé ! Le défefpoir & l'abandon font pour
la conftance & la fidélité.

Ces paroles furent accompagnées d'une réflexion
fi amère, que j'en laiffai échapper malgré moi
quelques larmes. Manon s'en apperçut, au changement de ma voix. Elle rompit enfin le filence.
Il faut bien que je fois coupable, me dit-elle
triftement, puifque j'ai pu vous caufer tant de
douleur & d'émotion ; mais que le ciel me puniffe
fi j'ai cru l'être, ou fi j'ai eu la penfée de le devenir.
Ce difcours me parut fi dépourvu de fens & de
bonne foi, que je ne pus me défendre d'un vif
mouvement de colère. Horrible diffimulation,
m'écriai-je ! Je vois mieux que jamais, que tu n'es
qu'une coquine & une perfide. C'eft à préfent que
je connois ton abominable caractère. Adieu, lâche
créature, continuai-je en me levant ; j'aime mieux

mourir mille fois, que d'avoir déformais le moindre
commerce avec toi. Que le ciel me puniſſe moi-
même, ſi je t'honore jamais du moindre regard.
Demeure avec ton nouvel amant, aime-le, déteſte-
moi, renonce à l'honneur, au bon ſens ; je m'en
ris, tout m'eſt égal.

Elle fut ſi épouvantée de ce tranſport, que
demeurant à genoux près de la chaiſe d'où je
m'étois levé, elle me regardoit en tremblant &
ſans oſer reſpirer. Je fis encore quelques pas vers la
porte, en tournant la tête, & tenant les yeux fixés
ſur elle. Mais il auroit fallu que j'euſſe perdu tout
ſentiment d'humanité, pour m'endurcir contre
tant de charmes. J'étois ſi éloigné d'avoir cette
force barbare, que paſſant tout d'un coup à
l'extrémité oppoſée, je retournai vers elle, ou
plutôt je m'y précipitai ſans réflexion. Je la pris
entre mes bras. Je lui donnai mille tendres baiſers.
Je lui demandai pardon de mon emportement. Je
confeſſai que j'étois un brutal, & que je ne méritois
pas le bonheur d'être aimé d'une fille comme elle.
Je la fis aſſeoir, & m'étant mis à genoux à mon
tour, je la conjurai de m'écouter en cet état. Là,
tout ce qu'un amant ſoumis & paſſionné peut
imaginer de plus reſpectueux & de plus tendre, je le
renfermai en peu de mots dans mes excuſes. Je lui
demandai en grace de prononcer qu'elle me par-
donnoit. Elle laiſſa tomber ſes bras ſur mon cou,

en difant que c'étoit elle-même qui avoit befoin de ma bonté pour me faire oublier les chagrins qu'elle me caufoit , & qu'elle commençoit à craindre avec raifon que je ne goutaffe point ce qu'elle avoit à me dire pour fe juftifier. Moi, interrompis-je auffitôt! ah! je ne vous demande point de juftification. J'approuve tout ce que vous avez fait. Ce n'eft point à moi d'exiger des raifons de votre conduite. Trop content, trop heureux, fi ma chère Manon ne m'ôte point la tendreffe de fon cœur! Mais, continuai-je, ne réfléchiffant pas fur l'état de mon fort, toute-puiffante Manon! vous qui faites à votre gré ma joie & ma dou-leur! après vous avoir fatisfait par mes humi-liations & par les marques de mon repentir, ne me fera-t-il point permis de vous parler de ma trifteffe & de mes peines! Apprendrai-je de vous ce qu'il faut que je devienne aujourd'hui, & fi c'eft fans retour que vous allez figner ma mort, en paffant la nuit avec mon rival?

Elle fut quelque tems à méditer fa réponfe. Mon chevalier, me dit-elle en reprenant un air tranquille, fi vous vous étiez d'abord expliqué fi nettement, vous vous feriez épargné bien du trouble, & à moi une fcène bien affligeante. Puifque votre peine ne vient que de votre jaloufie, je l'aurois guérie, en m'offrant à vous fuivre fur le champ au bout du monde. Mais je me fuis figuré que c'étoit la lettre que je vous ai écrite sous les yeux de M. de G. . . M . . . & la fille que nous vous avons envoyée, qui causoient votre chagrin. J'ai cru que vous auriez pu regarder ma lettre comme une raillerie, & cette fille, en vous imaginant qu'elle étoit allée vous trouver de ma part, comme une déclaration que je renonçois à vous pour m'attacher à G... M... C'est cette pensée, qui m'a jetée tout d'un coup dans la consternation ; car, quelque innocente que je fusse, je trouvois, en y pensant, que les apparences ne m'étoient pas favorables. Cependant, continua-t-elle, je veux que vous soyiez mon juge, après que je vous aurai expliqué la vérité du fait.

Elle m'apprit alors tout ce qui lui étoit arrivé, depuis qu'elle avoit trouvé G... M... qui l'attendoit dans le lieu où nous étions. Il l'avoit reçue effectivement comme la première princesse du monde. Il lui avoit montré tous les appartemens, qui étoient d'un goût & d'une propreté admirables. Il lui avoit compté dix mille livres dans son cabinet, & il y avoit ajouté quelques bijoux, parmi lesquels étoient le collier & les bracelets de perles qu'elle avoit déjà reçus de son père. Il l'avoit menée de-là dans un sallon qu'elle n'avoit pas encore vu, où elle avoit trouvé une collation exquise. Il l'avoit fait servir par les nouveaux domestiques qu'il avoit pris pour elle, en leur ordonnant de la

regarder déformais comme leur maitreffe ; enfin il
lui avoit fait voir le carroffe, les chevaux & tout
le refte de fes préfens ; après quoi il lui avoit propofé une partie de jeu, pour attendre le fouper.
Je vous avoue, continua-t-elle, que j'ai été frappée
de cette magnificence. J'ai fait réflexion que ce
feroit dommage de nous priver tout d'un coup de
tant de biens, en me contentant d'emporter les dix
mille francs & les bijoux, que c'étoit une fortune
toute faite pour vous & pour moi, & que nous
pourrions vivre agréablement aux dépens de G....
M.... Au lieu de lui propofer la comédie, je me
fuis mis dans la tête de le fonder fur votre fujet,
pour preffentir quelles facilités nous aurions à nous
voir, en fuppofant l'exécution de mon fyftême. Je
l'ai trouvé d'un caractère fort traitable. Il m'a
demandé ce que je penfois de vous, & fi je n'avois
pas eu quelque regret à vous quitter. Je lui ai dit
que vous étiez fi aimable, & que vous en aviez
toujours ufé fi honnêtement avec moi, qu'il n'étoit
pas naturel que je puffe vous haïr. Il a confeffé
que vous aviez du mérite, & qu'il s'étoit fenti porté
à défirer votre amitié. Il a voulu favoir de quelle
manière je croyois que vous prendriez mon départ,
fur-tout lorfque vous viendriez à favoir que j'étois
entre fes mains. Je lui ai répondu que la date de
notre amour étoit déjà fi ancienne, qu'il avoit eu
le tems de fe refroidir un peu ; que vous n'étiez

pas d'ailleurs fort à votre aife, & que vous ne regarderiez peut-être pas ma perte comme un grand malheur, parce qu'elle vous déchargeroit d'un fardeau qui vous pefoit fur les bras. J'ai ajouté qu'étant tout-à-fait convaincue que vous agiriez pacifiquement, je n'avois pas fait difficulté de vous dire que je venois à Paris pour quelques affaires ; que vous y aviez confenti, & qu'y étant venu vous-même, vous n'aviez pas paru extrêmement inquiet, lorfque je vous avois quitté. Si je croyois, m'a-t-il dit, qu'il fût d'humeur à bien vivre avec moi, je ferois le premier à lui offrir mes fervices & mes civilités. Je l'ai affuré que du caractère dont je vous connoiffois, je ne doutois point que vous n'y répondiffiez honnêtement ; fur-tout, lui ai-je dit, s'il pouvoit vous fervir dans vos affaires, qui étoient fort dérangées depuis que vous étiez mal avec votre famille. Il m'a interrompue, pour me protefter qu'il vous rendroit tous les fervices qui dépendroient de lui ; & que fi vous vouliez même vous embarquer dans un autre amour, il vous procureroit une jolie maîtreffe, qu'il avoit quittée pour s'attacher à moi. J'ai applaudi à fon idée, ajouta-t-elle, pour prévenir plus parfaitement tous fes foupçons ; & me confirmant de plus en plus dans mon projet, je ne fouhaitois que de pouvoir trouver le moyen de vous en informer, de peur que vous ne fuffiez trop alarmé lorfque vous me verriez manquer à notre affignation. C'eft dans cette vue, que je lui ai propofé de vous envoyer cette nouvelle maitreffe dès le foir même, afin d'avoir une occafion de vous écrire; j'étois obligée d'avoir recours à cette adreffe, parce que je ne pouvois efpérer qu'il me laifsât libre un moment. Il a ri de ma propofition. Il a appelé fon laquais, & lui ayant demandé s'il pourroit retrouver fur le champ fon ancienne maitreffe, il l'a envoyé de côté & d'autre pour la chercher. Il s'imaginoit que c'étoit à Chaillot, qu'il falloit qu'elle allât vous trouver; mais je lui ai appris qu'en vous quittant, je vous avois promis de vous rejoindre à la comédie; ou que fi quelque raifon m'empêchoit d'y aller, vous vous étiez engagé à m'attendre dans un carroffe au bout de la rue Saint-André; qu'il valoit mieux par conféquent vous envoyer-là votre nouvelle amante, ne fût-ce que pour vous empêcher de vous y morfondre pendant toute la nuit. Je lui ai dit encore qu'il étoit à propos de vous écrire un mot, pour vous avertir de cet échange, que vous auriez peine à comprendre fans cela. Il y a confenti; mais j'ai été obligée d'écrire en fa préfence, & je me fuis bien gardée de m'expliquer trop ouvertement dans ma lettre. Voilà, ajouta Manon, de quelle manière les chofes fe font paffees. Je ne vous déguife rien, ni de ma conduite, ni de mes deſſeins. La jeune fille eſt venue, je l'ai trouvée jolie ; & comme je ne doutois point que mon abſence ne vous cauſât de la peine, c'étoit ſincérement que je ſouhaitois qu'elle pût ſervir à vous déſennuyer quelques momens ; car la fidélité que je ſouhaite de vous eſt celle du cœur. J'aurois été ravie de pouvoir vous envoyer Marcel ; mais je n'ai pu me procurer un moment pour l'inſtruire de ce que j'avois à vous faire ſavoir. Elle conclut enfin ſon récit, en m'apprenant l'embarras où G...M...s'étoit trouvé en recevant le billet de M. de T...Il a balancé, me dit-elle, s'il devoit me quitter, & il m'a aſſuré que ſon retour ne tarderoit point. C'eſt ce qui fait que je ne vous vois point ici ſans inquiétude, & que j'ai marqué de la ſurpriſe à votre arrivée.

J'écoutai ce diſcours avec beaucoup de patience. J'y trouvois aſſurément quantité de traits cruels & mortifians pour moi ; car le deſſein de ſon infidélité étoit ſi clair, qu'elle n'avoit pas même eu le ſoin de me le déguiſer. Elle ne pouvoit eſpérer que G....M... la laiſſât, toute la nuit, comme une veſtale. C'étoit donc avec lui, qu'elle comptoit de la paſſer. Quel aveu pour un amant! Cependant je conſidérai que j'étois cauſe en partie de ſa faute, par la connoiſſance que je lui avois donnée d'abord des ſentimens que G... M... avoit pour elle, & par la complaiſance que j'avois eue d'entrer aveuglé-

ment dans le plan téméraire de son aventure.
D'ailleurs, par un tour naturel de génie qui m'est
particulier, je fus touché de l'ingénuité de son
récit, & de cette manière bonne & ouverte,
avec laquelle elle me racontoit jusqu'aux ciconf-
tances dont j'étois le plus offensé. Elle pèche
par foiblesse, dis-je en moi-même. Elle est légère,
& imprudente; mais elle est droite & sincère.
Ajoutez que l'amour suffisoit seul, pour me
fermer les yeux sur toutes ses fautes. J'étois trop
satisfait de l'espérance de l'enlever le soir même
à mon rival. Je lui dis néanmoins : Et la nuit,
avec qui l'auriez-vous passée? Cette question, que
je lui fis tristement, l'embarrassa. Elle ne me
répondit que par des *mais*, & des *si* interrompus.
J'eus pitié de sa peine; & rompant ce discours,
je lui déclarai naturellement que j'attendois d'elle
qu'elle me suivît à l'heure même. Je le veux bien,
me dit-elle; mais vous n'approuvez donc pas
mon projet? Ha! n'est-ce pas assez, repartis-je,
que j'approuve tout ce que vous avez fait jusqu'à
présent? Quoi! nous n'emporterons pas même
les dix mille francs, repliqua-t-elle? Il me les a
donnés. Ils sont à moi. Je lui conseillai d'abandonner tout, & de ne penser qu'à nous éloigner
promptement; car quoiqu'il y eût à peine une demi-
heure que j'étois avec elle, je craignois le retour de
G... M... Cependant elle me fit de si pressantes

inftances, pour me faire confentir à ne pas fortir les mains vides , que je crus lui devoir accorder quelque chofe , après avoir tant obtenu d'elle.

Dans le tems que nous nous préparions au départ , j'entendis frapper à la porte de la rue. Je ne doutai nullement que ce ne fût G.... M....; & dans le trouble où cette penfée me jeta, je dis à Manon que c'étoit un homme mort s'il paroiffoit. Effectivement je n'étois pas affez revenu de mes tranfports, pour me modérer à fa vue. Marcel finit ma peine , en m'apportant un billet qu'il avoit reçu pour moi à la porte. Il étoit de M. de T... Il me marquoit que G.... M... étant allé lui chercher de l'argent à fa maifon , il profitoit de fon abfence, pour me communiquer une penfée fort plaifante : qu'il lui fembloit que je ne pouvois me venger plus agréablement de mon rival, qu'en mangeant fon fouper , & en couchant cette nuit même, dans le lit qu'il efpéroit d'occuper avec ma maitreffe ; que cela lui paroiffoit affez facile, fi je pouvois m'affurer de trois ou quatre hommes, qui euffent affez de réfolution pour l'arrêter dans la rue, & de fidélité pour le garder à vue jufqu'au lendemain ; que pour lui, il promettoit de l'amufer encore une heure pour le moins, par des raifons qu'il tenoit prêtes pour fon retour. Je montrai ce billet à Manon, & je lui appris de quelle rufe je m'étois servi pour m'introduire librement chez elle. Mon invention & celle de M. de T... lui parurent admirables. Nous en rîmes à notre aife, pendant quelques momens. Mais lorfque je lui parlai de la dernière comme d'un badinage, je fus furpris qu'elle infifta férieufement à me la propofer, comme une chofe dont l'idée la ravif-foit. En vain lui demandai-je où elle vouloit que je trouvaffe, tout d'un coup, des gens propres à arrêter G.... M... & à le garder fidellement? Elle me dit qu'il falloit du moins tenter, puif-que M. de T.... nous garantiffoit encore une heure; & pour réponfe à mes autres objections, elle me dit que je faifois le tyran, & que je n'avois pas de complaifance pour elle. Elle ne trouvoit rien de fi joli que ce projet. Vous aurez fon couvert à fouper, me répétoit-elle ; vous cou-cherez dans fes draps; & demain de grand matin _____ fa maîtreffe & fon argent. Vous fer_____ _____gé du père & du fils.

_____ inftances, _____ _s mouvemens
_____ cœur, qui _____ me préfager
_____ malheureu_____ _s, dans le
_____ eux ou troi_____ corps, avec
_____ n'avoir mi_____ _ fe charger
_____ G... M.. J_____ _ qu'un_____
_____ un ho_____ _naht, qui
_____ de quo_____ ion, qu'il

m'affura du fuccès : il me demanda feulement
dix piftoles pour récompenfer trois foldats aux
gardes , qu'il prit la réfolution d'employer ,
en fe mettant à leur tête. Je le priai de ne
pas perdre de tems. Il les affembla , en moins
d'un quart-d'heure. Je l'attendois à fa maifon;
& lorfqu'il fut de retour avec fes affociés, je le
conduifis moi-même au coin d'une rue, par
laquelle G.... M... devoit néceffairement rentrer
dans celle de Manon. Je lui recommandai de ne
le pas maltraiter, mais de le garder fi étroitement
jufqu'à fept heures du matin, que je puffe être
affuré qu'il ne lui échapperoit pas. Il me dit
que fon deffein étoit de le conduire à fa chambre,
& de l'obliger à fe déshabiller , ou même à fe
coucher dans fon lit, tandis que lui & fes trois
braves pafferoient la nuit à boire & à jouer. Je
demeurai avec eux , jufqu'au moment où je vis
paroître G...M... , & je me retirai alors quelques
pas au-deffous , dans un endroit obfcur, pour être
témoin d'une fcène fi extraordinaire. Le garde-du-
corps l'aborda, le piftolet au poing, & lui expliqua
civilement qu'il n'en vouloit ni à fa vie, ni à fon
argent; mais que s'il faifoit la moindre difficulté
de le fuivre, ou s'il jetoit le moindre cri , il alloit
lui brûler la cervelle. G... M... le voyant foutenu
par trois foldats, & craignant fans doute la bourre
du piftolet , ne fit pas de réfiftance. Je le vis

emmener

emmener comme un mouton. Je retournai auffitôt
chez Manon ; & pour ôter tout foupçon aux domeftiques, je lui dis, en entrant, qu'il ne falloit
pas attendre M. de G... M... pour fouper ; qu'il
lui étoit furvenu des affaires qui le retenoient malgré
lui, & qu'il m'avoit prié de venir lui en faire fes
excufes, & fouper avec elle ; ce que je regardois
comme une grande faveur, auprès d'une fi belle
dame. Elle feconda fort adroitement mon deffein.
Nous nous mîmes à table. Nous y prîmes un air
grave, pendant que les laquais demeurèrent à nous
fervir. Enfin, les ayant congédiés, nous paſsâmes
une des plus charmantes foirées de notre vie.
J'ordonnai en fecret à Marcel de chercher un
fiacre, & de l'avertir de fe trouver le lendemain à
la porte, avant fix heures du matin. Je feignis de
quitter Manon vers minuit ; mais étant rentré
doucement, par le fecours de Marcel, je me pré-
parai à occuper le lit de G... M... comme
j'avois rempli fa place à table. Pendant ce tems-là,
notre mauvais génie travailloit à nous perdre. Nous
étions dans le délire du plaifir, & le glaive étoit
fufpendu fur nos têtes. Le fil qui le foutenoit alloit
fe rompre. Mais pour faire mieux entendre toutes
les circonftances de notre ruine, il faut en éclaircir
la caufe.

G... M... étoit fuivi d'un laquais, lorfqu'il
avoit été arrêté par le garde-du-corps. Ce garçon,

Tome III.   Dd

effrayé de l'aventure de son maître, retourna en fuyant sur ses pas, & la première démarche qu'il fit pour le secourir, fut d'aller avertir le vieux G... M... de ce qui venoit d'arriver. Une si fâcheuse nouvelle ne pouvoit manquer de l'alarmer beaucoup. Il n'avoit que ce fils, & sa vivacité étoit extrême pour son âge. Il voulut savoir d'abord du laquais tout ce que son fils avoit fait l'après-midi ; s'il s'étoit querellé avec quelqu'un, s'il avoit pris part au démêlé d'un autre, s'il s'étoit trouvé dans quelque maison suspecte. Celui-ci, qui croyoit son maître dans le dernier danger, & qui s'imaginoit ne devoir plus rien ménager pour lui procurer du secours, découvrit tout ce qu'il savoit de son amour pour Manon, & de la dépense qu'il avoit faite pour elle ; la manière dont il avoit passé l'après-midi dans sa maison jusqu'aux environs de neuf heures, sa sortie, & le malheur de son retour. C'en fut assez pour faire soupçonner au vieillard, que l'affaire de son fils étoit une querelle d'amour. Quoiqu'il fût au moins dix heures & demie du soir, il ne balança point à se rendre aussitôt chez monsieur le lieutenant de police. Il le pria de faire donner des ordres particuliers à toutes les escouades du guet, & lui en ayant demandé une pour se faire accompagner, il courut lui-même vers la rue où son fils avoit été arrêté : il visita tous les endroits de la ville où il espéroit de le pouvoir trouver ; &

n'ayant pu découvrir fes traces, il fe fit conduire enfin à la maifon de fa maitreffe, où il fe figura qu'il pouvoit être retourné.

J'allois me mettre au lit, lorfqu'il arriva. La porte de la chambre étant fermée, je n'entendis point frapper à celle de la rue; mais il entra, fuivi de deux archers; & s'étant informé inutilement de ce qu'étoit devenu fon fils, il lui prit envie de voir fa maitreffe, pour tirer d'elle quelque lumière. Il monte à l'appartement, toujours accompagné de fes archers. Nous érions prêts à nous mettre au lit; il ouvre la porte, & il nous glace le fang par fa vue. O Dieu! c'eft le vieux G...M..., dis-je à Manon. Je faute fur mon épée. Elle étoit malheureufement embarraffée dans mon ceinturon. Les archers, qui virent mon mouvement, s'approchèrent auffitôt pour me la faifir. Un homme en chemife eft fans réfiftance. Ils m'ôtèrent tous les moyens de me défendre.

G...M... quoique troublé par ce fpectacle, ne tarda point à me reconnoître. Il remit encore plus aifément Manon. Eft-ce une illufion! nous dit-il gravement: ne vois-je point le chevalier des Grieux & Manon Lefcaut? J'étois fi enragé de honte & de douleur, que je ne lui fis pas de réponfe. Il parut rouler, pendant quelque tems, diverfes penfées dans fa tête; & comme fi elles euffent allumé tout d'un coup fa colère, il s'écria en s'adreffant à moi:

'Ah! malheureux, je fuis sûr que tu as tué mon fils!
Cette injure me piqua vivement. Vieux fcélérat,
lui répondis-je avec fierté, fi j'avois eu à tuer
quelqu'un de ta famille, c'eft par toi que j'aurois
commencé. Tenez-le bien, dit-il aux archers. Il
faut qu'il me dife des nouvelles de mon fils; je
le ferai pendre demain, s'il ne m'apprend tout à
l'heure ce qu'il en a fait. Tu me feras pendre,
repris-je? Infame! ce font tes pareils qu'il faut
envoyer au gibet. Apprends que je fuis d'un fang
plus noble & plus pur que le tien. Oui, ajoutai-je,
je fais ce qui eft arrivé à ton fils; & fi tu m'irrites
davantage, je le ferai étrangler avant qu'il foit
demain, & je te promets le même fort après
lui.

Je commis une imprudence, en lui confeffant
que je favois où étoit fon fils; mais l'excès de ma
colère me fit faire cette indifcrétion. Il appela
auffitôt cinq ou fix autres archers, qui l'attendoient
à la porte, & il leur ordonna de s'affurer de tous
les domeftiques de la maifon. Ah! Monfieur le
chevalier, reprit-il d'un ton railleur, vous favez
où eft mon fils, & vous le ferez étrangler, dites-
vous? Comptez que nous y mettrons bon ordre.
Je fentis auffitôt la faute que j'avois commife. Il
s'approcha de Manon, qui étoit affife fur le lit en
pleurant; il lui dit quelques galanteries ironiques,
fur l'empire qu'elle avoit fur le père & fur le fils, &

fur le bon ufage qu'elle en faifoit. Ce vieux monftre d'incontinence voulut prendre quelques familiarités avec elle. Garde-toi de la toucher, m'écriai-je ; il n'y auroit rien de facré qui te pût fauver de mes mains. Il fortit en laiffant trois archers dans la chambre, auxquels il ordonna de nous faire prendre promptement nos habits.

Je ne fais quels étoient alors fes deffeins fur nous. Peut-être euffions-nous obtenu la liberté, en lui apprenant où étoit fon fils. Je méditois, en m'habillant, fi ce n'étoit pas le meilleur parti. Mais s'il étoit dans cette difpofition en quittant notre chambre, elle étoit bien changée lorfqu'il y revint. Il étoit allé interroger les domeftiques de Manon, que les archers avoient arrêtés. Il ne put rien apprendre de ceux qu'elle avoit reçus de fon fils ; mais lorfqu'il fut que Marcel nous avoit fervis auparavant, il réfolut de le faire parler, en l'inti‑ midant par des menaces.

C'étoit un garçon fidelle, mais fimple & groffier. Le fouvenir de ce qu'il avoit fait à l'hôpital pour délivrer Manon, joint à la terreur que G....M.... lui infpiroit, fit tant d'impreffion fur fon efprit foible, qu'il s'imagina qu'on alloit le conduire à la potence ou fur la roue. Il promit de découvrir tout ce qui étoit venu à fa connoiffance, fi l'on vouloit lui fauver la vie. G...M... fe perfuada là-deffus qu'il y avoit quelque chofe, dans nos

Dd iij

affaires, de plus férieux & de plus criminel qu'il
n'avoit eu lieu jufque-là de fe le figurer. Il offrit à
Marcel, non-feulement la vie, mais des récom-
penfes pour fa confeffion. Ce malheureux lui apprit
une partie de notre deffein, fur lequel nous n'avions
pas fait difficulté de nous entretenir devant lui,
parce qu'il devoit y entrer pour quelque chofe.
Il eft vrai qu'il ignoroit entièrement les changemens que nous y avions faits à Paris ; mais il avoit
été informé, en partant de Chaillot, du plan de
l'entreprife & du rôle qu'il y devoit jouer. Il lui
déclara donc que notre vue étoit de duper fon fils,
& que Manon devoit recevoir, ou avoit déjà reçu
dix mille francs, qui, felon notre projet, ne retour-
neroient jamais aux héritiers de la *maifon* de
G... M...

Après cette découverte, le vieillard emporté
remonta brufquement dans notre chambre. Il paffa,
fans parler, dans le cabinet, où il n'eut pas de peine
à trouver la fomme & les bijoux. Il revint à nous
avec un vifage enflammé; & nous montrant ce
qu'il lui plut de nommer notre larcin, il nous
accabla de reproches outrageans. Il fit voir de près
à Manon le collier de perles & les bracelets. Les
reconnoiffez-vous, lui dit-il avec un fouris moqueur?
Ce n'étoit pas la première fois que vous les euffiez
vus. Les mêmes, fur ma foi. Ils étoient de votre
goût, ma belle ; je me le perfuade aifément. Les

pauvres enfans, ajouta-t-il ! Ils font bien aimables
en effet l'un & l'autre ; mais ils font un peu fripons.
Mon cœur crevoit de rage, à ce difcours infultant.
J'aurois donné, pour être libre un moment.....
Jufte ciel ! que n'aurois-je pas donné ! Enfin, je me
fis violence pour lui dire, avec une modération qui
n'étoit qu'un rafinement de fureur ; finiffons, Monfieur, ces infolentes railleries. De quoi eft-il
queftion ? Voyons, que prétendez-vous faire de
nous ? Il eft queftion, Monfieur le chevalier, me
répondit-il, d'aller de ce pas au châtelet. Il fera jour
demain ; nous verrons plus clair dans nos affaires,
& j'efpère que vous me ferez la grace, à la fin, de
m'apprendre où eft mon fils.

Je compris, fans beaucoup de réflexions,
que c'étoit une chofe d'une terrible conféquence
pour nous, d'être une fois renfermés au châtelet.
J'en prévis en tremblant, tous les dangers. Malgré
toute ma fierté, je reconnus qu'il falloit plier
fous le poids de ma fortune, & flatter mon plus
cruel ennemi pour en obtenir quelque chofe par
la foumiffion. Je le priai d'un ton honnête, de
m'écouter un moment. Je me rends juftice,
Monfieur, lui dis-je. Je confeffe que la jeuneffe
m'a fait commettre de grandes fautes, & que
vous en êtes affez bleffé pour vous plaindre. Mais
fi vous connoiffez la force de l'amour ; fi vous
pouvez juger de ce que fouffre un malheureux

jeune homme à qui l'on enlève tout ce qu'il aime,
vous me trouverez peut-être pardonnable d'avoir
cherché le plaifir d'une légère vengeance, ou du
moins, vous me croirez affez puni par l'affront
que je viens de recevoir. Il n'eft befoin ni de prifon,
ni de fupplice, pour me forcer de vous découvrir
où eft M. votre fils. Il eft en fûreté. Mon deffein
n'a pas été de lui nuire, ni de vous offenfer. Je
fuis prêt à vous nommer le lieu où il paffe tranquillement la nuit, fi vous me faites la grâce
de nous accorder la liberté. Ce vieux tigre,
loin d'être touché de ma prière, me tourna le
dos en riant. Il lâcha feulement quelques mots,
pour me faire comprendre qu'il favoit notre deffein
jufqu'à l'origine. Pour ce qui regardoit fon fils,
il ajouta brutalement qu'il fe retrouveroit a Tez-tôt,
puifque je ne l'avois pas affaffiné. Conduifez les au
petit châtelet, dit-il aux archers, & prenez garde
que le chevalier ne vous échappe. C'eft un rufé,
qui s'eft déjà fauvé de Saint-Lazare.

Il fortit, & me laiffa dans l'état que vous
pouvez vous imaginer. O ciel ! m'écriai-je, je
recevrai avec foumiffion tous les coups qui viennent
de ta main ; mais qu'un malheureux coquin ait
le pouvoir de me traiter avec cette tyrannie, c'eft
ce qui me réduit au dernier défefpoir. Les archers
nous prièrent de ne pas les faire attendre plus
long-tems. Ils avoient un carroffe à la porte. Je

tendis la main à Manon, pour defcendre. Venez,
ma chere reine, lui dis-je, venez vous foumettre
à toute la rigueur de notre fort. Il plaira peut-
être au ciel, de nous rendre quelque jour plus
heureux.

Nous partîmes dans le même carroffe. Elle fe
mit dans mes bras. Je ne lui avois pas entendu
prononcer un mot, depuis le premier moment de
l'arrivée de G... M...; mais fe trouvant feule alors
avec moi, elle me dit mille tendreffes, en fe
reprochant d'être la caufe de mon malheur. Je
l'affurai que je ne me plaindrois jamais de mon
fort, tant qu'elle ne cefferoit pas de m'aimer. Ce n'eft
pas moi qui fuis à plaindre, continuai-je. Quelques
mois de prifon ne m'effrayent nullement, & je
préférerai toujours le châtelet à S. Lazare. Mais c'eft
pour toi, ma chère ame, que mòn cœur s'intéreffe.
Quel fort pour une créature fi charmante! Ciel!
comment traitez-vous avec tant de rigueur le plus
parfait de vos ouvrages! Pourquoi ne fommes-
nous pas nés, l'un & l'autre, avec des qualités conformes à notre misère? Nous avons reçu de l'efprit,
du goût, des fentimens. Hélas! quel trifte ufage en
faifons-nous? Tandis que tant d'ames baffes &
dignes de notre fort, jouiffent de toutes les faveurs
de la fortune! Ces réflexions me pénétroient de
douleur. Mais ce n'étoit rien en comparaifon de
celles qui regardoient l'avenir; car je féchois de

crainte pour Manon. Elle avoit déjà été à l'hôpital; & quand elle en fût sortie par la bonne porte, je savois que les rechûtes en ce genre étoient d'une conséquence extrêmement dangereuse. J'aurois voulu lui exprimer mes frayeurs. J'appréhendois de lui en causer trop. Je tremblois pour elle, sans oser l'avertir du danger, & je l'embrassois en soupirant, pour l'assurer du moins de mon amour, qui étoit presque le seul sentiment que j'osasse exprimer. Manon, lui dis-je, parlez sincèrement, m'aimerez-vous toujours? Elle me répondit qu'elle étoit bien malheureuse que j'en pusse douter. Hé bien, repris-je, je n'en doute point, & je veux braver tous nos ennemis avec cette assurance. J'employerai ma famille pour sortir du châtelet; & tout mon sang ne sera utile à rien, si je ne vous en tire pas aussitôt que je serai libre.

Nous arrivâmes à la prison. On nous mit, chacun, dans un lieu séparé. Ce coup me fut moins rude, parce que je l'avois prévu. Je recommandai Manon au concierge, en lui apprenant que j'étois un homme de quelque distinction, & lui promettant une récompense considérable. J'embrassai ma chère maitresse, avant que de la quitter. Je la conjurai de ne pas s'affliger excessivement, & de ne rien craindre, tant que je serois au monde. Je n'étois pas sans argent. Je lui en donnai une partie, & je payai au concierge, sur ce qui me restoit, un

mois de groffe penfion d'avance pour elle & pour
moi.

Mon argent eut un fort bon effet. On me mit
dans une chambre proprement meublée, & l'on
m'affura que Manon en avoit une, pareille. Je
m'occupai auffitôt des moyens de hâter ma liberté.
Il étoit clair qu'il n'y avoit rien d'abfolument
criminel dans mon affaire ; & fuppofant même que
le deffein de notre vol fût prouvé par la dépofi-
tion de Marcel, je favois fort bien qu'on ne punit
point les fimples volontés. Je réfolus d'écrire
promptement à mon père, pour le prier de venir
en perfonne à Paris. J'avois bien moins de honte,
comme je l'ai déjà dit, d'être au châtelet qu'à
Saint - Lazare. D'ailleurs, quoique je confervaffe
tout le refpect dû à l'autorité paternelle, l'âge &
l'expérience avoient diminué beaucoup ma timidité. J'écrivis donc, & l'on ne fit pas difficulté au
châtelet, de laiffer fortir ma lettre. Mais c'étoit
une peine que j'aurois pu m'épargner, fi j'avois fu
que mon père devoit arriver le lendemain à Paris.

Il avoit reçu celle que je lui avois écrite huit
jours auparavant. Il en avoit reffenti une joie
extrême ; mais de quelqu'efpérance que je l'euffe
flatté au fujet de ma converfion, il n'avoit pas
cru devoir s'arrêter tout-à-fait à mes promeffes.
Il avoit pris le parti de venir s'affurer de mon
changement par fes yeux, & de régler fa conduite

fur la fincérité de mon repentir. Il arriva, le lendemain de mon emprifonnement. Sa première
vifite fut celle qu'il rendit à Tiberge, à qui je
l'avois prié d'adreffer fa réponfe. Il ne put favoir
de lui, ni ma demeure, ni ma condition préfente.
Il en apprit feulement mes principales aventures,
depuis que je m'étois échappé de Saint-Sulpice.
Tiberge lui parla fort avantageufement des difpofitions que je lui avois marquées pour le bien
dans notre dernière entrevue. Il ajouta qu'il me
croyoit entièrement dégagé de Manon ; mais qu'il
étoit furpris, néanmoins, que je ne lui euffe pas
donné de mes nouvelles depuis huit jours. Mon
père n'étoit pas dupe. Il comprit qu'il y avoit
quelque chofe qui échappoit à la pénétration de
Tiberge, dans le filence dont il fe plaignoit, & il
employa tant de foins pour découvrir mes traces,
que deux jours après fon arrivée, il apprit que j'étois
au châtelet.

Avant que de recevoir fa vifite, à laquelle j'étois
fort éloigné de m'attendre fi-tôt, je reçus celle de
monfieur le lieutenant général de police, ou, pour
expliquer les chofes par leur nom, je fubis l'inter-
rogatoire. Il me fit quelques reproches ; mais ils
n'étoient, ni durs, ni défobligeans. Il me dit, avec
douceur, qu'il plaignoit ma mauvaife conduite,
que j'avois manqué de fageffe en me faifant un ennemi tel que M. de G... M... ; qu'à la vérité il étoit

aifé de remarquer qu'il y avoit, dans mon affaire, plus d'imprudence & de légéreté que de malice ; mais que c'étoit néanmoins la feconde fois que je me trouvois fujet à fon tribunal, & qu'il avoit efpéré que je ferois devenu plus fage, après avoir pris deux ou trois mois de leçons à Saint-Lazate. Charmé d'avoir affaire à un juge raifonnable, je m'expliquai avec lui d'une manière fi refpectueufe & fi modérée, qu'il parut extrêmement fatisfait de mes réponfes. Il me dit que je ne devois pas me livrer trop au chagrin ; & qu'il fe fentoit difpofé à me rendre fervice, en faveur de ma naiffance & de ma jeuneffe. Je me hafardai à lui recommander Manon, & à lui faire l'éloge de fa douceur & de fon bon naturel. Il me répondit, en riant, qu'il ne l'avoit point encore vue ; mais qu'on la repréfentoit comme une dangereufe per-fonne. Ce mot excita tellement ma tendreffe, que je lui dis mille chofes paffionnées pour la défenfe de ma pauvre maitreffe ; & je ne pus m'empêcher même de répandre quelques larmes. Il ordonna qu'on me reconduifît à ma chambre. Amour, amour, s'écria ce grave magiftrat en me voyant fortir, ne te réconcilieras-tu jamais avec la fageffe ?

J'étois à m'entretenir triftement de mes idées, & à réfléchir fur la converfation que j'avois eue avec monfieur le lieutenant général de police, lorfque j'entendis ouvrir la porte de ma chambre :

c'étoit mon père. Quoique je duſſe être à demi-
préparé à cette vue, puiſque je m'y attendois
quelques jours plus tard, je ne laiſſai pas d'en
être frappé ſi vivement, que je me ſerois précipité
au fond de la terre, ſi elle s'étoit entr'ouverte à
mes pieds. J'allai l'embraſſer avec routes les
marques d'une extrême confuſion. Il s'aſſit, ſans
que ni lui, ni moi, euſſions encore ouvert la
bouche.

Comme je demeurois debout, les yeux baiſſés,
& la tête découverte ; aſſéyez vous, Monſieur,
me dit-il gravement, aſſéyez-vous. Graces au
ſcandale de votre libertinage & de vos friponne-
ries, j'ai découvert le lieu de votre demeure. C'eſt
l'avantage d'un mérite tel que le vôtre, de ne
pouvoir demeurer caché. Vous allez à la renom-
mée par un chemin infaillible. J'eſpère que le
terme en ſera bientôt la Grève, & que vous aurez
effectivement la gloire d'y être expoſé à l'admiration
de rout le monde.

Je ne répondis rien. Il continua. Qu'un père eſt
malheureux, dit-il, lorſqu'après avoir aimé tendrement un fils, & n'avoir rien épargné pour en faire
un honnête homme, il n'y trouve à la fin qu'un
fripon qui le déshonore ! On ſe conſole d'un
malheur de fortune : le tems l'efface, & le chagrin
diminue ; mais quel remède contre un mal qui
augmente tous les jours, tel que les déſordres d'un

fils vicieux, qui a perdu tout fentiment d'honneur!
Tu ne dis rien, malheureux, ajouta-t-il : voyez
cette modeftie contrefaite, & cet air de douceur
hypocrite; ne le prendroit-on pas pour le plus
honnête homme de fa race ?

Quoique je fuffe obligé de reconnoître que je
méritois une partie de ces outrages, il me parut
néanmoins que c'étoit les porter à l'excès. Je crus
qu'il m'étoit permis d'expliquer naturellement ma
penfée. Je vous affure, Monfieur, lui dis-je, que
la modeftie où vous me voyez devant vous, n'eft
nullement affectée : c'eft la fituation naturelle d'un
fils bien né, qui refpecte infiniment fon père, &
fur-tout un père irrité. Je ne prétends pas non plus
paffer pour l'homme le plus réglé de notre race.
Je me connois digne de vos reproches ; mais je
vous conjure d'y mettre un peu plus de bonté, &
de ne pas me traiter comme le plus infame de tous
les hommes. Je ne mérite pas des noms fi durs.
C'eft l'amour, vous le favez, qui a caufé toutes
mes fautes. Fatale paffion! Hélas! n'en connoiffez-
vous pas la force ? & fe peut-il que votre fang, qui
eft la fource du mien, n'ait jamais reffenti les
mêmes ardeurs ? L'amour m'a rendu trop tendre,
trop paffionné, trop fidelle, & peut-être trop com-
plaifant pour les defirs d'une maitreffe toute charmante; voilà mes crimes. En voyez-vous-là quelqu'un
qui vous déshonore. Je vous en fupplie, mon père,

ajoutai-je tendrement, ayez un peu de pitié pour un
fils qui a toujours été plein de respect & d'affection
pour vous, qui n'a pas renoncé comme vous penſez,
à l'honneur & au devoir, & qui eſt mille fois plus
à plaindre que vous ne ſauriez vous l'imaginer. Je
laiſſai tomber quelques larmes, en finiſſant ces
paroles.

Le cœur d'un père eſt le chef-d'œuvre de la nature;
elle y règne, pour ainſi parler, avec complaiſance,
& elle en règle elle-même tous les reſſorts. Le
mien, qui étoit avec cela homme d'eſprit & de
goût, fut ſi touché du tour que j'avois donné à
mes excuſes, qu'il ne fut pas le maître de me
cacher ce changement. Viens, mon pauvre chevalier, me dit-il, viens m'embraſſer; tu me fais pitié.
Je l'embraſſai. Il me ſerra d'une manière qui me
fit juger de ce qui ſe paſſoit dans ſon cœur. Mais
quel moyen prendrons-nous donc, reprit-il, pour
te tirer d'ici? Explique-moi toutes tes affaires ſans
déguiſement. Comme il n'y avoit rien en général,
dans ma conduite, qui pût me déshonorer
abſolument, du moins en la meſurant ſur celle
des jeunes gens d'un certain monde, & qu'une
maitreſſe ne paſſe point pour une infamie dans le
ſiècle où nous ſommes, non plus qu'un peu
d'adreſſe à s'attirer la fortune du jeu, je fis
ſincèrement à mon père le détail de la vie que
j'avois menée. A chaque faute dont je lui faiſois
                                          l'aveu,

l'aveu, j'avois soin de joindre des exemples célèbres, pour en diminuer la honte. Je vis avec une
maîtresse, lui disois-je, sans être lié par les cérémonies du mariage : M. le duc de.... en entretient
deux, aux yeux de tout Paris ; M. de.... en a une
depuis dix ans, qu'il aime avec une fidélité qu'il n'a
jamais eue pour sa femme. Les deux tiers des
honnêtes gens de France se font honneur d'en
avoir. J'ai usé de quelque supercherie au jeu : M. le
marquis de... & le comte de... n'ont point d'autres
revenus : M. le prince de... & M. le duc de... sont
les chefs d'une bande de chevaliers du même ordre.
Pour ce qui regardoit mes desseins sur la bourse
des deux G... M..., j'aurois pu prouver aussi facilement que je n'étois pas sans modèles ; mais il
me restoit trop d'honneur pour ne pas me condamner moi-même, avec tous ceux dont j'aurois pu
me proposer l'exemple : de sorte que je priai mon
père de pardonner cette foiblesse aux deux violentes passions qui m'avoient agité, la vengeance
& l'amour. Il me demanda si je pouvois lui donner
quelques ouvertures sur les plus courts moyens
d'obtenir ma liberté, & d'une manière qui pût lui
faire éviter l'éclat. Je lui appris les sentimens de
bonté que le lieutenant général de police avoit
pour moi. Si vous trouvez quelques difficultés,
lui dis-je, elles ne peuvent venir que de la part
des G... M...: ainsi je crois qu'il seroit à propos

que vous priffiez la peine de les voir. Il me le
promit. Je n'ofai le prier de folliciter pour Manon.
Ce ne fut point un défaut de hardieffe, mais un
effet de la crainte où j'étois de le révolter par cette
propofition, & de lui faire naître quelque deffein
funefte à elle & à moi. Je fuis encore à favoir, fi
cette crainte n'a pas caufé mes plus grandes infortunes, en m'empêchant de tenter les difpofitions
de mon père, & de faire des efforts pour lui en
infpirer de favorables à ma malheureufe maitreffe.
J'aurois peut-être excité encore une fois fa pitié.
Je l'aurois mis en garde contre les impreffions
qu'il alloit recevoir trop facilement du vieux
G.... M.... Que fais-je! Ma mauvaife deftinée
l'auroit peut-être emporté fur tous mes efforts;
mais je n'aurois eu qu'elle du moins, & la cruauté
de mes ennemis à accufer de mon malheur.

En me quittant, mon père alla faire une vifite
à M. de G... M... Il le trouva avec fon fils, à qui
le garde-du-corps avoit honnêtement rendu la
liberté. Je n'ai jamais fu les particularités de leur
converfation; mais il ne m'a été que trop facile
d'en juger par fes mortels effets. Ils allèrent
enfemble, je dis les deux pères, chez monfieur le
lieutenant général de police, auquel ils demandèrent deux graces; l'une, de me faire fortir fur
le champ du châtelet; l'autre, d'enfermer Manon
pour le refte de fes jours, ou de l'envoyer en

Amérique. On commençoit, dans le même tems, à embarquer quantité de gens fans aveu pour le Miffiffipi. M. le lieutenant général de police leur donna fa parole de faire partir Manon par le premier vaiffeau. M. de G.... M... & mon père vinrent auffitôt m'apporter enfemble la nouvelle de ma liberté. M. de G... M... me fit un compliment civil fur le paffé ; & m'ayant félicité fur le bonheur que j'avois d'avoir un tel père, il m'exhorta à profiter déformais de fes leçons & de fes exemples. Mon père m'ordonna de lui faire des excufes de l'injure prétendue que j'avois faite à fa famille, & de le remercier de s'être employé avec lui pour mon élargiffement. Nous fortîmes enfemble, fans avoir dit un mot de ma maitreffe. Je n'ofai même parler d'elle aux guichetiers, en leur préfence. Hélas ! mes triftes recommandations euffent été bien inutiles ! L'ordre cruel étoit venu, en même-tems que celui de ma délivrance. Cette fille infor-tunée fut conduite une heure après à l'hôpital, pour y être affociée à quelques malheureufes, qui étoient condamnées à fubir le même fort. Mon père m'ayant obligé de le fuivre à la maifon où il avoit pris fa demeure, il étoit prefque fix heures du foir lorfque je trouvai le moment de me dérober de fes yeux, pour retourner au châtelet. Je n'avois deffein que de faire tenir quelques rafraîchiffemens à Manon, & de la recommander

au concierge ; car je ne me promettois pas que la
liberté de la voir me fût accordée. Je n'avois point
encore eu le tems, non plus, de réfléchir aux
moyens de la délivrer.

Je demandai à parler au concierge. Il avoit
été content de ma libéralité & de ma douceur;
de sorte qu'ayant quelque disposition à me rendre
service, il me parla du sort de Manon, comme
d'un malheur dont il avoit beaucoup de regret,
parce qu'il pouvoit m'affliger. Je ne compris
point ce langage. Nous nous entretînmes quelques
momens sans nous entendre. A la fin, s'appercevant que j'avois besoin d'une explication, il me
la donna, telle que j'ai déja eu horreur de vous
la dire, & que j'en ai encore à la répéter. Jamais
apoplexie violente ne causa d'effet plus subit &
plus terrible. Je tombai, avec une palpitation de
cœur si douloureuse, qu'à l'instant que je perdis
la connoissance, je me crus délivré de la vie
pour toujours. Il me resta même quelque chose
de cette pensée, lorsque je revins à moi. Je tournai
mes regards vers toutes les parties de la chambre,
& sur moi - même, pour m'assurer si je portois
encore la malheureuse qualité d'homme vivant. Il
est certain qu'en ne suivant que le mouvement
naturel qui fait chercher à se délivrer de ses
peines, rien ne pouvoit me paroître plus doux que
la mort dans ce moment de désespoir & de conster-

nation. La religion même ne pouvoit me faire
envisager rien de plus insupportable après la vie,
que les convulsions cruelles dont j'étois tourmenté.
Cependant, par un miracle propre à l'amour, je
retrouvai bientôt assez de force pour remercier
le ciel de m'avoir rendu la connoissance & la
raison. Ma mort n'eut été utile qu'à moi. Manon
avoit besoin de ma vie pour la délivrer, pour la
secourir, pour la venger. Je jurai de m'y employer sans ménagement.

Le concierge me donna toute l'assistance que
j'eusse pû attendre du meilleur de mes amis. Je
reçus ses services avec une vive reconnoissance.
Hélas! lui dis-je, vous êtes donc touché de mes
peines! Tout le monde m'abandonne. Mon père
même est sans doute un de mes plus cruels persécuteurs. Personne n'a pitié de moi. Vous seul, dans
le séjour de la dureté & de la barbarie, vous
marquez de la compassion pour le plus misérable
de tous les hommes! Il me conseilla de ne
point paroître dans la rue, sans être un peu remis
du trouble où j'étois. Laissez, laissez, répondis-je
en sortant; je vous reverrai plutôt que vous ne
pensez. Préparez-moi le plus noir de vos cachots,
je vais travailler à le mériter. En effet, mes
premières résolutions n'alloient à rien moins
qu'à me défaire des deux G... M..., du lieutenant général de police, & de fondre ensuite

Ee iij

à main armée fur l'hôpital , avec tous ceux que
je pourrois engager dans ma querelle. Mon père
lui-même eût à peine été relpecté , dans une
vengeance qui me paroiſſoit ſi juſte ; car le concierge ne m'avoit pas caché que lui , & G...
M... étoient les auteurs de ma perte. Mais lorſque
j'eus fait quelques pas dans les rues, & que l'air
eut un peu rafraîchi mon ſang & mes humeurs,
ma fureur fit place peu à peu à des ſentimens
moins atroces. La mort de nos ennemis eût été
d'une foible utilité pour Manon , & elle m'eût
expoſé ſans doure à me voir ôter tous les moyens
de la ſecourir D'ailleurs aurois-je eu recours à un
lâche aſſaſſinat ! Quelle autre voie pouvois-je m'ouvrir à la vengeance ? Je recueillis toutes mes forces
& tous mes eſprits pour travailler d'abord à la
délivrance de Manon, remettant tout le reſte après
le ſuccès de cette importante entrepriſe. Il me
reſtoit peu d'argent. C'étoit néanmoins un fondement néceſſaire, par lequel il falloit commencer.
Je ne voyois que trois perſonnes de qui j'en puſſe
attendre, M. de T..., mon père, & Tiberge. Il
y avoit peu d'apparence d'obtenir quelque choſe
des deux derniers, & j'avois honte de fatiguer
l'autre par mes importunités. Mais ce n'eſt point
dans le déſeſpoir, qu'on garde des ménagemens.
J'allai ſur le champ au ſéminaire de S. Sulpice,
ſans m'embarraſſer ſi j'y ſerois reconnu. Je fis

appeler Tiberge. Ses premières paroles me firent comprendre qu'il ignoroit encore mes dernières aventures. Cette idée me fit changer le deſſein que j'avois de l'attendrir par la compaſſion. Je lui parlai en général, du plaiſir que j'avois eu de revoir mon père; & je le priai enſuite de me prêter quelque argent, ſous prétexte de payer avant mon départ de Paris, quelques dettes que je ſouhaitois de tenir inconnues. Il me préſenta auſſi-tôt ſa bourſe. Je pris cinq cens francs, ſur ſix cens que j'y trouvai. Je lui offris mon billet; il étoit trop généreux pour l'accepter.

Je retournai de-là chez M. de T... Je n'eus point de réſerve avec lui. Je lui fis l'expoſition de mes malheurs & de mes peines; il en ſavoit déjà juſqu'aux moindres circonſtances, par le ſoin qu'il avoit eu de ſuivre l'aventure du jeune G... M... Il m'écouta néanmoins, & il me plaignit beaucoup. Lorſque je lui demandai ſes conſeils ſur les moyens de délivrer Manon, il me répondit triſtement, qu'il y voyoit ſi peu de jour, qu'à moins d'un ſecours extraordinaire du ciel, il falloit renoncer à cette eſpérance; qu'il avoit paſſé exprès à l'hôpital, depuis qu'elle y étoit renfermée; qu'il n'avoit pu obtenir lui-même la liberté de la voir, que les ordres du lieutenant général de police étoient de la dernière rigueur, & que pour comble d'infortune la malheureuſe bande

où elle devoit entrer, étoit deſtinée à partir le
ſur-lendemain du jour où nous étions. J'étois ſi
conſterné de ſon diſcours, qu'il eût pu parler une
heure, ſans que j'euſſe penſé à l'interrompre. Il
continua de me dire, qu'il ne m'étoit point allé
voir au châtelet, pour ſe donner plus de facil'té
à me ſervir, lorſqu'on le croiroit ſans liaiſons avec
moi; que depuis quelques heures que j'en étois
ſorti, il avoit eu le chagrin d'ignorer où je m'étois
retiré, & qu'il avoit ſouhaité de me voir promptement, pour me donner le ſeul conſeil dont il
ſembloit que je puſſe eſpérer du changement dans
le ſort de Manon; mais un conſeil dangereux,
auquel il me prioit de cacher éternellement qu'il
eût part : c'étoit de choiſir quelques braves, qui
euſſent le courage d'attaquer les gardes de Manon,
lorſqu'ils ſeroient ſortis de Paris avec elle. Il
n'attendit point que je lui parlaſſe de mon indigence. Voilà cent piſtoles, me dit-il en me
preſentant une bourſe, qui pourront vous être de
quelque uſage. Vous me les remettrez, lorſque
la fortune aura rétabli vos affaires. Il ajouta que
ſi le ſoin de ſa réputation lui eût permis d'entreprendre lui-même la délivrance de ma maitreſſe,
il m'eût offert ſon bras & ſon épée.

Cette exceſſive générofité me toucha juſqu'aux
larmes. J'employai, pour lui marquer ma reconnoiſſance, toute la vivacité que mon affliction me

laiſſoit encore. Je lui demandai s'il n'y avoit
rien à eſpérer par la voie des interceſſions, auprès
du lieutenant général de police. Il me dit
qu'il y avoit penſé; mais qu'il croyoit cette reſſource inutile, paice qu'une grace de cette nature
ne pouvoit ſe demander ſans motif, & qu'il ne
voyoit pas bien quel motif on pouvoit employer
pour ſe faire un interceſſeur d'une perſonne grave
& puiſſante; que ſi l'on pouvoit ſe flatter de quelque
choſe, de ce côté-là, ce ne pouvoit être qu'en
faiſant changer de ſentiment à M. de G... M... &
à mon père, & en les engageant à prier eux-
mêmes monſieur le lieutenant général de police de
révoquer ſa ſentence. Il m'oſfrit de faire tous ſes
efforts pour gagner le jeune G... M... quoiqu'il le
crût un peu refroidi à ſon égard, par quelques
ſoupçons qu'il avoit conçus de lui à l'occaſion de
notre affaire; & il m'exhorta à ne rien omettre de
mon côté, pour fléchir l'eſprit de mon père.

Ce n'étoit pas une légère entrepriſe pour moi;
je ne dis pas ſeulement par la difficulté que je
devois naturellement trouver à le vaincre, mais
par une autre raiſon, qui me faiſoit même redouter
ſes approches; je m'étois dérobé de ſon logement
contre ſes ordres, & j'étois fort réſolu de n'y pas
retourner, depuis que j'avois appris la triſte deſtinée
de Manon. J'appréhendois avec ſujet qu'il ne me
fît retenir malgré moi, & qu'il ne me reconduiſît

de même en province. Mon frère aîné avoit ulé autrefois de cette méthode. Il eft vrai que j'étois devenu plus âgé ; mais l'âge étoit une foible raifon contre la force. Cependant je trouvai une voie qui me fauvoit de ce danger ; c'étoit de le faire appeler dans un endroit public, & de m'annoncer à lui fous un autre nom. Je pris auffitôt ce parti. M. de T.... s'en alla chez G... M... & moi au Luxembourg, d'où j'envoyai avertir mon père, qu'un gentilhomme de fes ferviteurs étoit à l'attendre. Je craignois qu'il n'eût quelque peine à venir, parce que la nuit approchoit. Il parut néanmoins peu après, fuivi de fon laquais. Je le priai de prendre une allée où nous puffions être feuls. Nous fîmes cent pas, pour le moins, fans parler. Il s'imaginoit bien, fans doute, que tant de préparations ne s'étoient pas faites fans un deffein d'importance. Il attendoit ma harangue, & je la méditois.

Enfin, j'ouvris la bouche. Monfieur, lui dis-je en tremblant, vous êtes un bon père. Vous m'avez comblé de graces, & vous m'avez pardonné un nombre infini de fautes. Auffi le ciel m'eft-il témoin, que j'ai pour vous tous les fentimens du fils le plus tendre & le plus refpectueux. Mais il me femble.... que votre rigueur.... Hé bien, ma rigueur, interrompit mon père, qui trouvoit fans doute que je parlois lentement pour fon impatience.

Ah ! Monfieur, repris-je, il me femble que votre rigueur eft extrême dans le traitement que vous avez fait à la malheureufe Manon. Vous vous en êtes rapporté à M. de G... M... Sa haine vous l'a repréfentée fous les plus noires couleurs. Vous vous êtes formé d'elle une affreufe idée. Cependant c'eft la plus douce & la plus aimable créature qui fût jamais. Que n'a-t-il plu au ciel de vous infpirer l'envie de la voir un moment ! Je ne fuis pas plus sûr qu'elle eft charmante, que je le fuis qu'elle vous l'auroit paru. Vous auriez pris parti pour elle. Vous auriez détefté les noirs artifices de G... M... Vous auriez eu compaffion d'elle & de moi. Hélas ! j'en fuis sûr. Votre cœur n'eft pas infenfible. Vous vous feriez laiffé attendrir. Il m'interrompit encore, voyant que je parlois avec une ardeur qui ne m'auroit pas permis de finir fi-tôt. Il voulut favoir à quoi j'avois deffein d'en venir, par un difcours fi paffionné. A vous demander la vie, répondis-je, que je ne puis conferver un moment, fi Manon part une fois pour l'Amérique. Non, non, me dit-il d'un ton févère ; j'aime mieux vous voir fans vie, que de vous voir fans honneur. N'allons donc pas plus loin, m'écriai-je en l'arrêtant par le bras ; ôtez-la moi, cette vie odieufe & infupportable ; car dans le défefpoir où vous me jetez, la mort fera une faveur pour moi. C'eft un préfent digne de la main d'un père.

Je ne t'accorderois que ce que tu mérites, repliqua - t - il. Je connois bien des pères, qui n'auroient pas attendu si long-tems pour être eux-mêmes tes bourreaux; mais c'est ma bonté excessive qui t'a perdu.

Je me jetai à ses genoux: Ah ! s'il vous en reste encore, lui dis-je en les embrassant, ne vous endurcissez donc pas contre mes pleurs. Songez que je suis votre fils.... Hélas! souvenez-vous de ma mère. Vous l'aimiez si tendrement ! Auriez-vous souffert qu'on l'eût arrachée de vos bras ? Vous l'auriez défendue jusqu'à la mort. Les autres n'ont-ils pas un cœur comme vous ? Peut-on être barbare, après avoir une fois éprouvé ce que c'est que la tendresse & la douleur !

Ne me parle pas davantage de ta mère, reprit-il d'une voix irritée ; ce souvenir échauffe mon indignation. Tes désordres la feroient mourir de douleur, si elle eût assez vécu pour les voir. Finissons cet entretien, ajouta-t-il, il m'importune, & ne me fera point changer de résolution. Je retourne au logis. Je t'ordonne de me suivre. Le ton rigoureux avec lequel il m'intima cet ordre, me fit trop comprendre que son cœur étoit inflexible. Je m'éloignai de quelques pas, dans la crainte qu'il ne lui prît envie de m'arrêter de ses propres mains. N'augmentez pas mon désespoir, lui dis-je, en me forçant de vous désobéir. Il est impossible que je

ous fuive. Il ne l'eft pas moins que je vive, après
a dureté avec laquelle vous me traitez. Ainfi je
ous dis un éternel adieu. Ma mort, que vous
pprendrez bientôt, ajoutai-je triftement, vous fera
eut-être reprendre pour moi des fentimens de père.
Comme je me tournois pour le quitter : Tu refufes
donc de me fuivre, s'écria-t-il avec une vive colère?
Vas, cours à ta perte. Adieu, fils ingrat & rebelle.
Adieu, lui dis-je dans mon tranfport, adieu, père
barbare & dénaturé.

Je fortis auffitôt du Luxembourg. Je marchai
dans les rues comme un furieux, jufqu'à la maifon de
M. de T... Je levois, en marchant, les yeux & les
mains pour invoquer toutes les puiffances céleftes.
O ciel, difois-je ! ferez-vous auffi impitoyable que
les hommes? je n'ai plus de fecours à attendre que
de vous. M. de T... n'étoit point encore retourné
chez lui ; mais il revint, après que je l'y euffe attendu
quelques momens. Sa négociation n'avoit pas mieux
réuffi que la mienne. Il me le dit d'un vifage abattu.
Le jeune G.... M.... quoique moins irrité que fon
père contre Manon & contre moi, n'avoit pas
voulu entreprendre de le folliciter en notre faveur.
Il s'en étoit défendu, par la crainte qu'il avoit lui-
même de ce vieillard vindicatif, qui s'étoit déjà
fort emporté contre lui, en lui reprochant fes
deffeins de commerce avec Manon. Il ne me reftoit
donc que la voie de la violence, telle que M. de T....

m'en avoit tracé le plan ; j'y réduifis toutes mes
efpérances Elles font bien incertaines, lui dis-je;
mais la plus folide & la plus confolante pour moi
eſt celle de périr du moins dans l'entreprife Je le
quittai, en le priant de me fecourir par fes vœux;
& je ne penfai plus qu'à m'aſſocier des camarades,
à qui je puſſe communiquer une étincelle de mon
courage & de ma réfolution.

Le premier, qui s'offrit à mon efprit, fut le même
garde-du-corps, que j'avois employé pour arrêter
G.... M.... J'avois deſſein auſſi d'aller paſſer la
nuit dans fa chambre, n'ayant pas eu l'efprit aſſez
libre, pendant l'après-midi, pour me procurer un
logement. Je le trouvai feul. Il eut de la joie de
me voir forti du châtelet. Il m'offrit affectueuſe-
ment fes fervices. Je lui expliquai ceux qu'il pouvoit me rendre. Il avoit aſſez de bon fens pour en
appercevoir toutes les difficultés, mais il fut aſſez
généreux pour entreprendre de les furmonter.
Nous employâmes une partie de la nuit, à raifonner fur mon deſſein. Il me parla des trois foldats
aux gardes, dont il s'étoit fervi dans la dernière
occaſion, comme de trois braves à l'épreuve.
M. de T... m'avoit informé exactement du nombre
des archers qui devoient conduire Manon ; ils
n'étoient que fix. Cinq hommes hardis & réfolus
fuffifoient pour donner l'épouvante à ces miférables,
qui ne font point capables de fe défendre honora-

blement , lorfqu'ils peuvent éviter le péril du
combat par une lâcheté. Comme je ne manquois
point d'argent, le garde-du-corps me confeilla de
ne rien épargner, pour affurer le fuccès de notre
attaque. Il nous faut des chevaux, me dit-il, avec
des piftolets , & chacun notre moufqueton. Je me
charge de prendre demain le foin de ces préparatifs.
Il faudra auffi trois habits communs pour nos
foldats , qui n'oferoient paroître dans une affaire
de cette nature , avec l'uniforme du régiment. Je
lui mis, entre les mains, les cent piftoles que
j'avois reçues de M. de T... Elles furent employées,
le lendemain, jufqu'au dernier fou. Les trois foldats
pafsèrent en revue devant moi. Je les animai par
de grandes promeffes ; & pour leur ôter toute
défiance, je commençai par leur faire préfent , à
chacun, de dix piftoles. Le jour de l'exécution étant
venu , j'en envoyai un de grand matin à l'hôpital,
pour s'inftruire, par fes propres yeux, du moment
auquel les archers partiroient avec leur proie.
Quoique je n'euffe pris cette précaution que par
un excès d'inquiétude & de prévoyance, il fe trouva
qu'elle avoit été abfolument néceffaire. J'avois
compté fur quelques fauffes informations qu'on
m'avoit données de leur route , & m'étant perfuadé
que c'étoit à la Rochelle que cette déplorable
troupe devoit être embarquée, j'aurois perdu mes
peines à l'attendre fur le chemin d'Orléans. Ce-

pendant je fus informé, par le rapport du soldat aux gardes, qu'elle prenoit le chemin de Normandie, & que c'étoit du Havre-de-Grace qu'elle devoit partir pour l'Amérique.

Nous nous rendîmes aussitôt à la porte Saint-Honoré, observant de marcher par des rues différentes. Nous nous réunîmes au bout du fauxbourg. Nos chevaux étoient frais. Nous ne tardâmes point à découvrir les six gardes, & les deux misérables voitures que vous vîtes à Passy, il y a deux ans. Ce spectacle faillit de m'ôter la force & la connoissance. O fortune, m'écriai-je ! fortune cruelle ! accorde-moi ici, du moins, la mort ou la victoire. Nous tînmes conseil un moment, sur la manière dont nous ferions notre attaque. Les archers n'avoient guère plus de quatre cens pas devant nous, & nous pouvions les couper en passant au travers d'un petit champ, autour duquel le grand chemin tournoit. Le garde-du-corps fut d'avis de prendre cette voie, pour les surprendre, en fondant tout d'un coup sur eux. J'approuvai sa pensée, & je fus le premier à piquer mon cheval. Mais la fortune avoit rejeté impitoyablement mes vœux. Les archers voyant cinq cavaliers accourir vers eux, ne doutèrent point que ce ne fût pour les attaquer. Ils se mirent en défense, en préparant leurs bayonnettes & leurs fusils d'un air assez résolu. Cette vue, qui ne fit que nous animer, le garde-du-corps

corps & moi, ôta tout d'un coup le courage à nos
trois lâches compagnons. Ils s'arrêtèrent, comme
de concert, & s'étant dit entr'eux quelques mots
que je n'entendis point, ils tournèrent la tête de
leurs chevaux, pour reprendre le chemin de Paris
à bride abattue. Dieux ! me dit le garde du corps,
qui paroissoit aussi éperdu que moi de cette infame
désertion, qu'allons-nous faire ? nous ne sommes
que deux. J'avois perdu la voix, de fureur &
d'étonnement. Je m'arrêtai, incertain si ma première vengeance ne devoit pas s'employer à la
poursuite & au châtiment des lâches qui m'aban-
donnoient. Je les regardois fuir, & je jetois les
yeux de l'autre côté sur les archers. S'il m'eût été
possible de me partager, j'aurois fondu tout à la
fois sur ces deux objets de ma rage, je les dévorois
tous ensemble. Le garde du corps, qui jugeoit de
mon incertitude par le mouvement égaré de mes
yeux, me pria d'écouter son conseil. N'étant que
deux, me dit-il, il y auroit de la folie à attaquer
six hommes aussi bien armés que nous, & qui
paroissent nous attendre de pied ferme. Il faut
retourner à Paris, & tâcher de réussir mieux dans
le choix de nos braves. Les archers ne sauroient
faire de grandes journées, avec deux pesantes voitures; nous les rejoindrons demain sans peine.

Je fis un moment de réflexion sur ce parti ; mais
ne voyant de tous côtés que des sujets de désespoir,

Tome III. F f

je pris une réfolution véritablement défefpérée. Ce fut de remercier mon compagnon de fes fervices; & loin d'attaquer les archers, je réfolus d'aller, avec foumiffion, les prier de me recevoir dans leur troupe, pour accompagner Manon avec eux jufqu'au Havre-de-Grace, & paffer enfuite au-delà des mers avec elle. Tout le monde me perfécute ou me trahit, dis-je au garde du corps. Je n'ai plus de fond à faire fur perfonne. Je n'attends plus rien, ni de la fortune, ni du fecours des hommes. Mes malheurs font au comble; il ne me refte plus que de m'y foumettre. Ainfi je ferme les yeux à toute efpérance. Puiffe le ciel récompenfer votre générofité! Adieu, je vais aider mon mauvais fort à confommer ma ruine, en y courant moi-même volontairement. Il fit inutilement fes efforts pour m'engager à retourner à Paris. Je le priai de me laiffer fuivre mes réfolutions, & de me quitter fur le champ, de peur que les archers ne continuaffent de croire que notre deffein étoit de les attaquer.

J'allai feul vers eux, d'un pas lent, & le vifage fi confterné, qu'ils ne durent rien trouver d'effrayant dans mon approche. Ils fe tenoient néanmoins en défenfe. Raffurez-vous, Meffieurs, leur dis-je en les abordant: je ne vous apporte point la guerre, je viens vous demander des graces. Je les priai de continuer leur chemin fans defiance,

& je leur appris en marchant, la faveur que
j'attendois d'eux. Ils confultèrent enfemble de
quelle manière ils devoient recevoir cette ouverture. Le chef de la bande prit la parole pour
les autres. Il me répondit, que les ordres qu'ils
avoient de veiller fur leurs captives, étoient d'une
extrême rigueur; que je lui paroiffois néanmoins
fi joli homme, que lui & fes compagnons fe relâ-
cheroient un peu fur leur devoir; mais que je devois
comprendre, qu'il falloit bien qu'il m'en coutât
quelque chofe. Il me reftoit environ quinze piftoles;
je leur dis naturellement en quoi confiftoit le fond
de ma bourfe. Hé bien, me dit l'archer, nous en
uferons généreufement. Il ne vous coûtera qu'un
écu par heure, pour entretenir celle de nos filles
qui vous plaira le plus, c'eft le prix courant de
Paris. Je ne leur avois pas parlé de Manon en
particulier, parce que je n'avois pas deffein qu'ils
connuffent ma paffion. Ils s'imaginèrent d'abord
que ce n'étoit qu'une fantaifie de jeune homme,
qui me faifoit chercher un peu de paffe-tems avec
ces créatures; mais lorfqu'ils crurent s'être apperçus
que j'étois amoureux, ils augmentèrent tellement
le tribut, que ma bourfe fe trouva épuifée en
partant de Mantes, où nous avions couché le
jour que nous arrivâmes à Paffy.

Vous dirai-je quel fut le déplorable fujet de
mes entretiens avec Manon pendant cette route,

ou quelle impreſſion ſa vue fit ſur moi, lorſque
j'eus obtenu des gardes la liberté d'approcher de
ſon chariot? Ah ! les expreſſions ne rendent jamais
qu'à demi les ſentimens du cœur : mais figurez-
vous ma pauvre maitreſſe enchaînée par le milieu
du corps, aſſiſe ſur quelques poignées de paille,
la tête appuyée languiſſamment ſur un côté de la
voiture, le viſage pâle, & mouillé d'un ruiſſeau
de larmes, qui ſe faiſoient un paſſage au travers
de ſes paupières, quoiqu'elle eût continuellement
les yeux fermés. Elle n'avoit pas même eu la
curioſité de les ouvrir, lorſqu'elle avoit entendu
le bruit de ſes gardes, qui craignoient d'être atta-
qués. Son linge étoit ſale & dérangé, ſes mains
délicates expoſées à l'injure de l'air; enfin, la réunion
de tant de charmes, cette figure capable de
ramener l'univers à l'idolâtrie, paroiſſoit dans un
déſordre & un abattement inexprimable. J'employai
quelque tems à la conſidérer, en allant à cheval à
côté du chariot. J'étois ſi peu à moi-même, que je
fus ſur le point pluſieurs fois de tomber dangereuſe-
ment. Mes ſoupirs & mes exclamations fréquentes
m'attirèrent d'elle quelques regards. Elle me reconnut, & je remarquai que dans le premier mouvement, elle tenta de ſe précipiter hors de la voiture
pour venir à moi; mais étant retenue par ſa chaine,
elle retomba dans ſa première attitude. Je priai
les archers d'arrêter un moment, par compaſ-

sion ; ils y consentirent par avarice. Je quittai
mon cheval pour m'asseoir auprès d'elle. Elle
étoit si languissante & si affoiblie , qu'elle fut
long-tems sans pouvoir se servir de sa langue,
ni remuer ses mains. Je les mouillois pendant ce
tems-là de mes pleurs; & ne pouvant proférer moi-
même une seule parole , nous étions l'un & l'autre
dans une des plus tristes situations dont il y ait
jamais eu d'exemple. Nos expressions ne le furent
pas moins, lorsque nous eûmes retrouvé la liberté
de parler. Manon parla peu; il sembloit que la
honte & la douleur eussent altéré les organes
de sa voix; le son en étoit foible & tremblant.
Elle me remercia de ne l'avoir pas oubliée, &
de la satisfaction que je lui accordois, dit-elle en
soupirant, de me voir du moins encore une fois
& de me dire le dernier adieu. Mais lorsque je l'eus
assurée que rien n'étoit capable de me séparer d'elle,
& que j'étois disposé à la suivre jusqu'à l'extrêmité
du monde, pour prendre soin d'elle, pour la servir,
pour l'aimer, & pour attacher inséparablement ma
misérable destinée à la sienne; cette pauvre fille se
livra à des sentimens si tendres & si douloureux, que
j'appréhendai quelque chose pour sa vie, d'une
si violente émotion. Tous les mouvemens de son
ame sembloient se peindre dans ses yeux. Elle les
tenoit fixés sur moi. Quelquefois elle ouvroit la
bouche, sans avoir la force d'achever quelques

mots qu'elle commençoit. Il lui en échappoit néanmoins quelques-uns. C'étoient des marques d'admiration sur mon amour, de tendres plaintes de son
excès, des doutes qu'elle pût être assez heureuse
pour m'avoir inspiré une passion si parfaite, des instances pour me faire renoncer au dessein de la suivre, & chercher ailleurs un bonheur digne de moi,
qu'elle me disoit que je ne pouvois espérer avec elle.

En dépit du sort le plus cruel, je trouvois
ma félicité dans ses regards, & dans la certitude
que j'avois de son affection. J'avois perdu à la
vérité, tout ce que le reste des hommes estime;
mais j'étois maître du cœur de Manon, le seul bien
que j'estimois. Vivre en Europe, vivre en Amérique ; que m'importoit-il en quel endroit vivre,
si j'étois sûr d'y être heureux en y vivant avec
ma maitresse? Tout l'univers n'est-il pas la patrie
de deux amans fidelles? Ne trouvent-ils pas l'un
dans l'autre, père, mère, parens, amis, richesses & félicité? Si quelque chose me causoit de
l'inquiétude, c'étoit la crainte de voir Manon
exposée aux besoins de l'indigence. Je me supposois
déjà avec elle, dans une région inculte & habitée
par des sauvages. Je suis bien sûr, disois-je, qu'il
ne sauroit y en avoir d'aussi cruels que G... M...
& mon père. Ils nous laisseront du moins vivre
en paix. Si les relations qu'on en fait sont fidelles,
ils suivent les loix de la nature. Ils ne recon-

noiſſent, ni les fureurs de l'avarice, qui poſſédent G....M...., ni les idées fantaſtiques de l'honneur, qui m'ont fait un ennemi de mon père. Ils ne troubleront point deux amans qu'ils verront vivre avec autant de ſimplicité qu'eux. J'étois donc tranquille de ce côté-là. Mais je ne me formois point des idées romanesques par rapport aux beſoins communs de la vie. J'avois éprouvé trop ſouvent qu'il y a des néceſſités inſupportables, ſurtout pour une fille délicate, qui eſt accoutumée à une vie commode & abondante. J'étois au déſeſpoir d'avoir épuiſé inutilement ma bourſe, & que le peu d'argent qui me reſtoit, fût encore ſur le point de m'être ravi par la friponnerie des archers. Je concevois qu'avec une petite ſomme j'aurois pû eſpérer, non-ſeulement de me ſoutenir quelque tems contre la miſère en Amérique, où l'argent étoit rare, mais d'y former même quelque entrepriſe pour un établiſſement durable. Cette conſidération me fit naître la penſée d'écrire à Tibergo, que j'avois toujours trouvé ſi prompt à m'offrir les ſecours de l'amitié. J'écrivis, dès la première ville où nous paſſâmes. Je ne lui apportai point d'autre motif, que le preſſant beſoin dans lequel je prévoyois que je me trouverois au Havre-de-Grace, où je lui confeſſois que j'étois allé conduire Manon. Je lui demandois cent piſtoles. Faites-les moi tenir au Havre, lui diſois-je, par le maître de la poste. Vous voyez bien que c'est la dernière fois que j'importune votre affection, & que ma malheureuse maitresse m'étant enlevée pour toujours, je ne puis la laisser partir sans quelques soulagemens, qui adoucissent son sort & mes mortels regrets.

Les archers devinrent si intraitables, lorsqu'ils eurent découvert la violence de ma passion, que redoublant continuellement le prix de leurs moindres faveurs, ils me réduisirent bientôt à la dernière indigence. L'amour, d'ailleurs, ne me permettoit guère de ménager ma bourse. Je m'oubliois du matin au soir, près de Manon; & ce n'étoit plus par heure que le tems m'étoit mesuré; c'étoit par la longueur entière des jours. Enfin, ma bourse étant tout-à-fait vide, je me trouvai exposé aux caprices & à la brutalité de six misérables, qui me traitoient avec une rigueur insupportable. Vous en fûtes témoin à Passy. Votre rencontre fut un heureux moment de relâche, qui me fut accordé par la fortune. Votre pitié, à la vue de mes peines, fut ma seule recommandation auprès de votre cœur généreux. Le secours que vous m'accordâtes libéralement, servit à me faire gagner le Havre, & les archers tinrent leur promesse avec plus de fidélité que je ne l'espérois.

Nous arrivâmes au Havre. J'allai d'abord à la poste. Tiberge n'avoit point encore eu le tems de

me répondre. Je m'informai exactement, quel jour
je pouvois attendre sa lettre. Elle ne pouvoit arriver
que deux jours après, & par une étrange disposition
de mon mauvais sort, il se trouva que notre vaisseau
devoit partir le matin de celui auquel j'attendois
l'ordinaire. Je ne puis vous représenter mon désef-
poir. Quoi ! m'écriai-je, dans le malheur même,
il faudra toujours que je sois distingué par des
excès ? Manon répondit : Hélas ! une vie si malheureuse mérite-t-elle le soin que nous en prenons ?
Mourons au Havre, mon cher chevalier. Que la
mort finisse tout d'un coup nos misères. Irons-
nous les traîner dans un pays inconnu, où nous
devons nous attendre sans doute à d'horribles
extrémités, puisqu'on a voulu m'en faire un supplice ? Mourons, me répéta-t-elle ; ou du moins
donne-moi la mort, & va chercher un autre sort
dans les bras d'une amante plus heureuse. Non,
non, lui dis-je ; c'est pour moi un sort digne
d'envie, que d'être malheureux avec vous. Son
discours me fit trembler. Je jugeai qu'elle étoit
accablée de ses maux. Je m'efforçai de prendre
un air plus tranquille, pour lui ôter ces funestes
pensées de mort & de désespoir. Je résolus de
tenir la même conduite à l'avenir, & j'ai éprouvé,
dans la suite, que rien n'est plus capable d'inspirer
du courage à une femme, que l'intrépidité d'un
homme qu'elle aime.

Lorfque j'eus perdu l'efpérance de recevoir du fecours de Tiberge, je vendis mon cheval. L'argent que j'en tirai, joint à ce qui me reftoit encore de vos libéralités, me compofa la petite fomme de dix-fept piftoles. J'en employai fept à l'achat de quelques foulagemens néceffaires à Manon; & je ferrai les dix autres avec foin, comme le fondement de notre fortune & de nos efpérances en Amérique. Je n'eus point de peine à me faire recevoir dans le vaiffeau. On cherchoit alors des jeunes gens, qui fuffent difpofés à fe joindre volontairement à la colonie. Le paffage & la nourriture me furent accordés gratis. La pofte de Paris devant partir le lendemain, j'y laiffai une lettre pour Tiberge. Elle étoit touchante, & capable de l'attendrir fans doute au dernier point, puifqu'elle lui fit prendre une réfolution, qui ne pouvoit venir que d'un fond infini de tendreffe & de générofité pour un ami malheureux.

Nous mîmes à la voile. Le vent ne ceffa point de nous être favorable. J'obtins du capitaine un lieu à part pour Manon & pour moi. Il eut la bonté de nous regarder d'un autre œil, que le commun de nos miférables affociés. Je l'avois pris en particulier dès le premier jour; & pour m'attirer de lui quelque confidération, je lui avois décou- vert une partie de mes infortunes. Je ne crus pas me rendre coupable d'un menfonge honteux, en

lui difant que j'étois marié avec Manon. Il feignit de
le croire, & il m'accorda fa protection. Nous en
reçûmes des marques pendant toute la navigation.
Il eut foin de nous faire nourrir honnêtement ; &
les égards qu'il eut pour nous, fervirent à nous
faire refpecter des compagnons de notre mifère.
J'avois une attention continuelle à ne pas laiffer
fouffrir la moindre incommodité à Manon. Elle
le remarquoit bien ; & cette vue, jointe au vif
reffentiment de l'étrange extrémité où je m'étois
réduit pour elle, la rendoit fi tendre & fi paffionnée,
fi attentive auffi à mes plus légers befoins, que
c'étoit entr'elle & moi une perpétuelle émulation
de fervices & d'amour. Je ne regrettois point
l'Europe. Au contraire, plus nous avancions vers
l'Amérique, plus je fentois mon cœur s'élargir &
devenir tranquille. Si j'euffe pu m'affurer de n'y pas
manquer des néceffités abfolues de la vie, j'aurois
remercié la fortune d'avoir donné un tour fi favorable à nos malheurs.

Après une navigation de deux mois, nous abor-
dâmes enfin au rivage défiré. Le pays ne nous offrit
rien d'agréable à la première vue. C'étoient des
campagnes ftériles & inhabitées, où l'on voyoit à
peine quelques rofeaux & quelques arbres dépouillés par le vent. Nulle trace d'hommes, ni
d'animaux. Cependant le capitaine ayant fait tirer
quelques piéces de notre artillerie, nous ne fûmes

pas long-tems fans appercevoir une troupe de
citoyens de la Nouvelle Orléans, qui s'approchèrent
de nous avec de vives marques de joie. Nous n'avions
pas découvert la ville. Elle eft cachée, de ce côté-là,
par une petite colline. Nous fûmes reçus comme
des gens defcendus du ciél. Ces pauvres habitans
s'empreffoient, pour nous faire mille queftions fur
l'état de la France & fur les différentes provinces
où ils étoient nés. Ils nous embraffoient comme
leurs frères, & comme de chers compagnons qui
venoient partager leur mifère & leur folitude.
Nous pîmes le chemin de la ville avec eux ; mais
nous fûmes furpris de découvrir, en avançant, que
ce qu'on nous avoit vanté jufqu'alors comme une
bonne ville, n'étoit qu'un affemblage de quelques
pauvres cabanes. Elles étoient habitées par cinq
ou fix cens perfonnes. La maifon du gouverneur
nous parut un peu diftinguée par fa hauteur & par
fa fituation. Elle eft défendue par quelques ouvrages
de terre, autour defquels règne un large foffé.

　Nous fûmes d'abord préfentés à lui. Il s'entretint
long tems en fecret avec le capitaine ; & revenant
enfuite à nous, il confidéra, l'une après l'autre,
toutes les filles qui étoient arrivées par le vaiffeau.
Elles étoient au nombre de trente ; car nous en
avions trouvé au Havre une autre bande, qui
s'étoit jointe à la nôtre. Le gouverneur, les ayant
long-tems examinées, fit appeler divers jeunes gens

de la ville, qui languiſſoient dans l'attente d'une
épouſe. Il donna les plus jolies aux principaux, &
le reſte fut tiré au ſort. Il n'avoit point encore parlé
à Manon; mais lorſqu'il eut ordonné aux autres
de ſe retirer, il nous fit demeurer, elle & moi.
J'apprends du capitaine, nous dit-il, que vous
êtes mariés, & qu'il vous a reconnus ſur la route
pour deux perſonnes d'eſprit & de mérite. Je n'entre
point dans les raiſons qui ont cauſé votre malheur;
mais s'il eſt vrai que vous ayez autant de ſavoir-vivre
que votre maintien me le promet, je n'épargnerai
rien pour adoucir votre ſort, & vous contribuerez
vous-mêmes à me faire trouver quelqu'agrément
dans ce lieu ſauvage & déſert. Je lui répondis
de la manière que je crus la plus propre à confirmer
l'idée qu'il avoit de nous. Il donna quelques ordres
pour nous faire préparer un logement dans la ville,
& il nous retint à ſouper avec lui. Je lui trouvai
beaucoup de politeſſe, pour un chef de malheureux
bannis. Il ne nous fit point de queſtions en public
ſur le fond de nos aventures. La converſation fut
générale; & malgré notre triſteſſe, nous nous
efforçâmes, Manon & moi, de contribuer à la
rendre agréable.

Le ſoir, il nous fit conduire au logement qu'on
nous avoit préparé. Nous trouvâmes une miſérable
cabane, compoſée de planches & de boue, qui
conſiſtoit en deux ou trois chambres de plein-

pied, avec un grenier au-deſſus. Il y avoit fait
mettre cinq ou ſix chaiſes, & quelques commodités
néceſſaires à la vie. Manon parut effrayée, à la
vue d'une ſi triſte demeure. C'étoit pour moi qu'elle
s'affligeoit, beaucoup plus que pour elle-même.
Elle s'aſſit, lorſque nous fûmes ſeuls, & elle ſe
mit à pleurer amèrement. J'entrepris d'abord de
la conſoler. Mais lorſqu'elle m'eut fait entendre
que c'étoit moi ſeul qu'elle plaignoit, & qu'elle
ne conſidéroit dans nos malheurs communs que ce
que j'avois à ſouffrir, j'affectai de montrer aſſez
de courage, & même aſſez de joie pour lui en inſpirer. De quoi me plaindrois-je, lui dis-je? je poſ-
ſède tout ce que je déſire. Vous m'aimez, n'eſt-ce
pas? quel autre bonheur me ſuis-je jamais propoſé?
laiſſons au ciel le ſoin de notre fortune. Je ne la
trouve pas ſi déſeſpérée. Le gouverneur eſt un homme civil : il nous a marqué de la conſidération ; il
ne permettra pas que nous manquions du néceſſaire.
Pour ce qui regarde la pauvreté de notre cabane,
& la groſſièreté de nos meubles, vous avez pu remarquer qu'il y a peu de perſonnes ici qui paroiſſent
mieux logées & mieux meublées que nous : &
puis tu es une chimiſte admirable, ajoutai-je en
l'embraſſant; tu transformes tout en or.

Vous ſerez donc la plus riche perſonne de
l'univers, me répondit-elle; car s'il n'y eut jamais
d'amour tel que le vôtre, il eſt impoſſible auſſi

d'être aimé plus tendrement que vous l'êtes. Je me rends juftice, continua-t-elle. Je fens bien que je n'ai jamais mérité ce prodigieux attachement que vous avez pour moi. Je vous ai caufé des chagrins, que vous n'avez pu me pardonner fans une bonté extrême. J'ai été légère & volage; & même en vous aimant éperdûment, comme j'ai toujours fait, je n'étois qu'une ingrate. Mais vous ne fauriez croire combien je fuis changée. Mes larmes que vous avez vues couler fi fouvent de-puis notre départ de France, n'ont pas eu une feule fois mes malheurs pour objet. J'ai ceffé de les fentir, auffitôt que vous avez commencé à les partager. Je n'ai pleuré que de tendreffe & de com-paffion pour vous. Je ne me confole point d'avoir pu vous chagriner un moment dans ma vie. Je ne ceffe point de me reprocher mes inconftances, & de m'attendrir, en admirant de quoi l'amour vous a rendu capable pour une malheureufe qui n'en étoit pas digne, & qui ne payeroit pas bien de tout fon fang, ajouta-t-elle avec une abondance de larmes, la moitié des peines qu'elle vous a caufées.

Ses pleurs, fon difcours, & le ton dont elle le prononça, firent fur moi une impreffion fi éton-nante, que je crus fentir une efpèce de divifion dans mon ame. Prends garde, lui dis-je, prends garde, ma chère Manon. Je n'ai point affez de force pour supporter des marques ſi vives de ton affeᶜtion, je ne ſuis point accoutumé à des excès de joie. O Dieu ! m'écriai-je, je ne vous demande plus rien. Je ſuis aſſuré du cœur de Manon; il eſt tel que je l'ai ſouhaité pour être heureux, je ne puis plus ceſſer de l'être à préſent. Voilà ma félicité bien établie. Elle l'eſt, reprit-elle, ſi vous la faites dépendre de moi, & je ſais bien où je puis compter auſſi de trouver toujours la mienne. Je me couchai avec ces charmantes idées, qui changèrent ma cabane en un palais digne du premier roi du monde. L'Amérique me parut un lieu de délices après cela. C'eſt au nouvel Orléans qu'il faut venir, diſois-je ſouvent à Manon, quand on veut goûter les vraies douceurs de l'amour. C'eſt ici qu'on s'aime ſans intérêt, ſans jalouſie, ſans inconſtance. Nos compatriotes y viennent chercher de l'or; ils ne s'imaginent pas que nous y avons trouvé des tréſors bien plus eſtimables.

Nous cultivâmes ſoigneuſement l'amitié du gouverneur. Il eut la bonté, quelques ſemaines après notre arrivée, de me donner un petit emploi qui vint à vaquer dans le fort. Quoiqu'il ne fût pas bien diſtingué, je l'acceptai comme une faveur du ciel. Il me mettoit en état de vivre, ſans être à charge à perſonne. Je pris un valet pour moi, & une ſervante pour Manon. Notre petite

fortune

fortune s'arrangea. J'étois réglé dans ma conduite. Manon ne l'étoit pas moins. Nous ne laiffions point échapper l'occafion de rendre fervice & de faire du bien à nos voifins. Cette difpofition officieufe, & la douceur de nos manières, nous attirèrent la confiance & l'affection de toute la colonie. Nous fûmes en peu de tems fi confidérés, que nous paffions pour les premières perfonnes de la ville après le gouverneur.

L'innocence de nos occupations, & la tranquillité où nous étions continuellement, fervirent à nous rappeler infenfiblement à des idées de religion. Manon n'avoit jamais été une fille impie. Je n'étois pas non plus de ces libertins outrés, qui font gloire d'ajouter l'irréligion à la dépravation des mœurs. L'amour, la jeuneffe avoient caufé tous nos défordres. L'expérience commençoit à nous tenir lieu d'âge; elle fit fur nous le même effet que les années. Nos converfations, qui étoient toujours réfléchies, nous mirent infenfiblement dans le goût d'un amour vertueux. Je fus le premier qui propofai ce changement à Manon. Je connoiffois les principes de fon cœur. Elle étoit droite & naturelle dans tous fes fentimens, qualité qui difpofe toujours à la vertu. Je lui fis comprendre qu'il manquoit une chofe à notre bonheur : c'eft, lui dis-je, de le faire approuver du ciel. Nous avons l'ame trop belle, & le cœur trop

bien fait l'un & l'autre, pour vivre volontairement
dans l'oubli du devoir. Paſſe d'y avoir vécu en
France, où il nous étoit également impoſſible de
ceſſer de nous aimer, & de nous ſatisfaire par une
voie légitime ; mais en Amérique, où nous ne
dépendons que de nous-mêmes, ou nous n'avons
plus à ménager les loix arbitraires du rang & de la
bienſéance, où l'on nous croit même mariés, qui
empêche que nous ne le ſoyons bientôt effectivement, & que nous n'ennobliſſions notre amour par
des ſermens que la religion autoriſe ? Pour moi,
ajoutai-je, je ne vous offre rien de nouveau en
vous offrant mon cœur & ma main ; mais je ſuis
prêt à vous en renouveler le don au pied d'un
autel. Il me parut que ce diſcours la pénétroit de
joie. Croiriez-vous, me répondit-elle, que j'y ai
penſé mille fois, depuis que nous ſommes en
Amérique ? La crainte de vous déplaire m'a fait
renfermer ce deſir dans mon cœur. Je n'ai point
la préſomption d'aſpirer à la qualité de votre
épouſe. Ah ! Manon, répliquai-je ; tu ſerois bientôt
celle d'un roi, ſi le ciel m'avoit fait naître avec
une couronne. Ne balançons plus. Nous n'avons
nul obſtacle à redouter. J'en veux parler dès aujourd'hui au gouverneur, & lui avouer que nous
l'avons trompé juſqu'à ce jour. Laiſſons craindre
aux amans vulgaires, ajoutai-je, les chaînes indiſſo-
lubles du mariage. Ils ne les craindroient pas, s'ils

étoient sûrs, comme nous, de porter toujours celle de l'amour. Je laissai Manon au comble de la joie, après cette résolution.

Je suis persuadé qu'il n'y a point d'honnête homme au monde, qui n'eût approuvé mes vues dans les circonstances où j'étois, c'est-à-dire, asservi fatalement à une passion que je ne pouvois vaincre, & combattu par des remords que je ne devois point étouffer. Mais se trouvera-t-il quelqu'un qui accuse mes plaintes d'injustice, si je gémis de la rigueur du ciel à rejeter un dessein que je n'avois formé que pour lui plaire. Hélas! que dis-je, à le rejeter? Il l'a puni comme un crime. Il m'avoit souffert avec patience, tandis que je marchois aveuglément dans la route du vice; & ses plus rudes châtimens m'étoient réservés, lorsque je commencerois à retourner à la vertu. Je crains de manquer de force, pour achever le récit du plus funeste évènement qui fût jamais.

J'allai chez le gouverneur, comme j'en étois convenu avec Manon, pour le prier de consentir à la cérémonie de notre mariage. Je me serois bien gardé d'en parler, à lui, ni à personne, si j'eusse pu me promettre que son aumônier, qui étoit alors le seul prêtre de la ville, m'eût rendu ce service sans sa participation; mais n'osant espérer qu'il voulût s'engager au silence, j'avois pris le parti d'agir ouvertement. Le gouverneur avoit un neveu,

nommé Synnelet, qui lui étoit extrêmement cher.
C'étoit un homme de trente ans, brave, mais
emporté & violent. Il n'étoit point marié. La
beauté de Manon l'avoit touché, dès le jour de
notre arrivée; & les occasions sans nombre qu'il
avoit eues de la voir, pendant neuf ou dix mois,
avoient tellement enflammé sa passion, qu'il se
consumoit en secret pour elle. Cependant, comme
il étoit persuadé, avec son oncle & toute la ville,
que j'étois réellement marié, il s'étoit rendu maître
de son amour, jusqu'au point de n'en laisser rien
éclater; & son zèle s'étoit même déclaré pour moi
dans plusieurs occasions de me rendre service. Je le
trouvai avec son oncle, lorsque j'arrivai au fort.
Je n'avois nulle raison qui m'obligeât de lui
faire un secret de mon dessein; de sorte que je
ne fis point difficulté de m'expliquer en sa présence. Le gouverneur m'écouta avec sa bonté ordinaire. Je lui racontai une partie de mon histoire,
qu'il entendit avec plaisir; & lorsque je le priai
d'assister à la cérémonie que je méditois, il eut la
générosité de s'engager à faire toute la dépense de
la fête. Je me retirai fort content.

Une heure après, je vis entrer l'aumônier chez
moi. Je m'imaginai qu'il venoit me donner quelques
instructions sur mon mariage; mais, après m'avoir
salué froidement, il me déclara, en deux mots,
que monsieur le gouverneur me défendoit d'y

penſer ; & qu'il avoit d'autres vues ſur Manon.
D'autres vues ſur Manon, lui dis-je avec un mortel
ſaiſiſſement de cœur ! & quelles vues donc, Monſieur l'aumônier ? Il me répondit, que je n'ignorois
pas que monſieur le gouverneur étoit le maître ;
que Manon ayant été envoyée de France pour la
colonie, c'étoit à lui à diſpoſer d'elle ; qu'il ne
l'avoit pas fait juſqu'alors, parce qu'il la croyoit
mariée ; mais qu'ayant appris de moi-même qu'elle
ne l'étoit point, il jugeoit à propos de la donner
à M. Synnelet, qui en étoit amoureux. Ma vivacité
l'emporta ſur ma prudence. J'ordonnai fiérement
à l'aumônier de ſortir de ma maiſon, en jurant que
le gouverneur, Synnelet, & toute la ville enſemble,
n'oſeroient porter la main ſur ma femme, ou ma
maitreſſe , comme ils voudroient l'appeler.

Je fis part auſſitôt à Manon du funeſte meſſage
que je venois de recevoir. Nous jugeâmes que
Synnelet avoit ſéduit l'eſprit de ſon oncle, depuis
mon retour, & que c'étoit l'effet de quelque
deſſein médité depuis long-tems. Ils étoient les
plus forts. Nous nous trouvions dans la Nouvelle
Orléans , comme au milieu de la mer , c'eſt-à-dire ,
ſéparés du reſte du monde par des eſpaces immenſes.
Où fuir ! dans un pays inconnu , déſert , ou habité
par des bêtes féroces, & par des ſauvages auſſi
barbares qu'elles. J'étois eſtimé dans la ville ; mais
je ne pouvois eſpérer d'émouvoir aſſez le peuple

en ma faveur, pour en efpérer un fecours propor‑
tionné au mal. Il eût fallu de l'argent ; j'étois
pauvre. D'ailleurs le fuccès d'une émeute populaire
étoit incertain ; & fi la fortune nous eût manqué,
notre malheur feroit devenu fans remède. Je roulois
toutes ces penfées dans ma tête. J'en communiquois
une partie à Manon. J'en formois de nouvelles,
fans écouter fa réponfe. Je prenois un parti ; je le
rejetois pour en prendre un autre. Je parlois feul,
je répondois tout haut à mes penfées ; enfin j'étois
dans une agitation que je ne faurois comparer à
rien, parce qu'il n'y en eut jamais d'égale. Manon
avoit les yeux fur moi. Elle jugeoit, par mon
trouble, de la grandeur du péril ; & tremblant
pour moi, plus que pour elle-même, cette tendre
fille n'ofoit pas même ouvrir la bouche pour
m'exprimer fes craintes. Après une infinité de
réflexions, je m'arrêtai à la réfolution d'aller trou‑
ver le gouverneur, pour m'efforcer de le toucher
par des confidérations d'honneur, & par le fou‑
venir de mon refpect & de fon affection. Manon
voulut s'oppofer à ma fortie. Elle me difoit, les
larmes aux yeux : Vous allez à la mort. Ils vont
vous tuer. Je ne vous reverrai plus. Je veux
mourir avant vous. Il fallut beaucoup d'efforts
pour la perfuader de la néceffité où j'étois de
fortir, & de celle qu'il y avoit pour elle de
demeurer au logis. Je lui promis qu'elle me re‑

verroit dans un inſtant. Elle ignoroit & moi auſſi,
que c'étoit ſur elle-même que devoit tomber toute
la colère du ciel, & la rage de nos ennemis.

Je me rendis au fort. Le gouverneur étoit avec
ſon aumônier. Je m'abaiſſai, pour le toucher, à
des ſoumiſſions qui m'auroient fait mourir de
honte, ſi je les euſſe faites pour toute autre cauſe.
Je le pris par tous les motifs qui doivent faire
une impreſſion certaine ſur un cœur qui n'eſt pas
celui d'un tigre féroce & cruel. Ce barbare ne fit
à mes plaintes que deux réponſes, qu'il répéta cent
fois : Manon, me dit il, dépendoit de lui. Il avoit
donné ſa parole à ſon neveu. J'étois réſolu de me
modérer juſqu'à l'extrémité. Je me contentai de
lui dire que je le croyois trop de mes amis pour
vouloir ma mort, à laquelle je conſentirois plutôt
qu'à la perte de ma maitreſſe.

Je fus trop perſuadé, en ſortant, que je n'avois
rien à eſpérer de cet opiniâtre vieillard, qui ſe
feroit damné mille fois pour ſon neveu. Cependant
je perſiſtai dans le deſſein de conſerver juſqu'à la
fin un air de modération ; réſolu, ſi l'on en venoit.
à des excès d'injuſtice, de donner à l'Amérique une
des plus ſanglantes & des plus horribles ſcènes que
l'amour ait jamais produites. Je retournois chez
moi, en méditant ſur ce projet, lorſque le ſort,
qui vouloit hâter ma ruine, me fit rencontrer
Synnelet. Il lut, dans mes yeux, une partie de

mes penſées. J'ai dit qu'il étoit brave ; il vint à
moi. Ne me cherchez-vous pas, me dit-il ? Je
connois que mes deſſeins vous offenſent , & j'ai
bien prévu qu'il faudroit ſe couper la gorge avec
vous. Allons voir qui ſera le plus heureux. Je lui
répondis qu'il avoit raiſon, & qu'il n'y avoit que
ma mort qui pût terminer nos différens. Nous
nous écartâmes d'une centaine de pas hors de la
ville. Nos épées ſe croiſèrent. Je le bleſſai, & je le
déſarmai preſqu'en même tems. Il fut ſi enragé de
ſon malheur, qu'il refuſa de me demander la vie
& de renoncer à Manon. J'avois peut-être droit
de lui ôter tout d'un coup l'une & l'autre ; mais un
ſang généreux ne ſe dément jamais. Je lui jetai ſon
épée. Recommençons, lui dis-je, & ſongez que
c'eſt ſans quartier. Il m'attaqua avec une furie
inexprimable. Je dois confeſſer que je n'étois pas
fort dans les armes, n'ayant eu que trois mois de
ſalle à Paris. L'amour conduiſoit mon épée. Synnelet
ne laiſſa pas de me percer le bras d'outre en outre ;
mais je le pris ſur le tems, & je lui fournis un
coup ſi vigoureux, qu'il tomba à mes pieds ſans
mouvement.

Malgré la joie que donne la victoire après un
combat mortel, je réfléchis auſſitôt ſur les con-
ſéquences de cette mort. Il n'y avoit pour moi,
ni grâce, ni délai de ſupplice à eſpérer. Connoiſſant,
comme je faiſois, la paſſion du gouverneur pour

fon neveu, j'étois certain que ma mort ne feroit
pas différée d'une heure, après la connoiffance de
la fienne. Quelque preffante que fût cette crainte,
elle n'étoit pas la plus forte caufe de mon inquiétude. Manon, l'intérêt de Manon, fon péril & la
néceffité de la perdre, me troubloient jufqu'à
répandre de l'obfcurité fur mes yeux, & à m'empêcher de reconnoître le lieu où j'étois. Je regretai
le fort de Synnelet; une prompte mort me fembloit
le feul remède de mes peines. Cependant ce fut
cette penfée même, qui me fit rappeler vivement
mes efprits, & qui me rendit capable de prendre
une réfolution. Quoi! je veux mourir, m'écriai-je,
pour finir mes peines! Il y en a donc, que j'appréhende plus que la perte de ce que j'aime ? Ah !
fouffrons jufqu'aux plus cruelles extrémités pour
fecourir ma maitreffe; & remettons à mourir, après
les avoir fouffertes inutilement. Je repris le chemin
de la ville. J'entrai chez moi. J'y trouvai Manon
à demi-morte de frayeur & d'inquiétude. Ma
préfence la ranima. Je ne pouvois lui déguifer le
terrible accident qui venoit de m'arriver. Elle
tomba fans connoiffance entre mes bras, au récit
de la mort de Synnelet & de ma bleffure. J'employai plus d'un quart-d'heure à lui faire retrouver
le fentiment.

J'étois à demi-mort moi-même. Je ne voyois
pas le moindre jour à fa fûreté, ni à la mienne.

Manon, que ferons-nous, lui dis je, lorsqu'elle eut repris un peu de force ? Hélas ! qu'allons-nous faire ? Il faut nécessairement que je m'éloigne. Voulez-vous demeurer dans la ville ! Oui, demeurez-y. Vous pouvez encore y être heureuse; & moi je vais, loin de vous, chercher la mort parmi les sauvages, ou entre les griffes des bêtes féroces. Elle se leva malgré sa foiblesse. Elle me prit par la main, pour me conduire vers la porte. Fuyons ensemble, me dit-elle; ne perdons pas un instant. Le corps de Synnelet peut avoir été trouvé par hasard, & nous n'aurions pas le tems de nous éloigner. Mais, chère Manon ! repris-je tout éperdu, dites-moi donc où nous pouvons aller. Voyez-vous quelque ressource. Ne vaut-il pas mieux que vous tâchiez de vivre ici sans moi, & que je porte volontairement ma tête au gouverneur ? Cette proposition ne fit qu'augmenter son ardeur à partir. Il fallut la suivre. J'eus encore assez de présence d'esprit, en sortant, pour prendre quelques liqueurs fortes que j'avois dans ma chambre, & toutes les provisions que je pus faire entrer dans mes poches. Nous dîmes à nos domestiques, qui étoient dans la chambre voisine, que nous partions pour la promenade du soir; nous avions cette coutume tous les jours; & nous nous éloignâmes de la ville, plus promptement que la délicatesse de Manon ne sembloit le permettre.

Quoique je ne fuſſe pas ſorti de mon irréſolution ſur le lieu de notre retraite, je ne laiſſois pas d'avoir deux eſpérances, ſans leſquelles j'aurois préféré la mort à l'incertitude de ce qui pouvoit arriver à Manon. J'avois acquis aſſez de connoiſſance du pays, depuis près de dix mois que j'étois en Amérique, pour ne pas ignorer de quelle manière on apprivoiſoit les ſauvages. On pouvoit ſe mettre en leurs mains, ſans courir à une mort certaine. J'avois même appris quelques mots de leur langage & quelques-unes de leurs coutumes, dans les diverſes occaſions que j'avois eues de les voir. Avec cette triſte reſſource, j'en avois une autre du côté des anglois, qui ont comme nous des établiſſemens dans cette partie du nouveau monde, mais j'étois effrayé de l'éloignement. Nous avions à traverſer juſqu'à leurs colonies, de ſtériles campagnes de pluſieurs journées de largeur, & quelques montagnes ſi hautes & ſi eſcarpées, que le chemin en paroiſſoit difficile aux hommes les plus groſſiers & les plus vigoureux. Je me flattois, néanmoins, que nous pourrions tirer parti de ces deux reſſources; des ſauvages pour aider à nous conduire, & des anglois pour nous recevoir dans leurs habitations.

Nous marchâmes auſſi long-tems que le courage de Manon put la ſoutenir, c'eſt-à-dire, environ deux lieues; car cette amante incomparable refuſa conſtamment de s'arrêter plutôt. Acca-

blée enfin de laffitude, elle me confeffa qu'il lui
étoit impoffible d'avancer davantage. Il étoit déjà
nuit. Nous nous afsîmes au milieu d'une vafte
plaine, fans avoir pu trouver un arbre pour nous
mettre à couvert. Son premier foin fut de changer
le linge de ma bleffure, qu'elle avoit panfée elle-
même avant notre départ. Je m'oppofai en vain
à fes volontés. J'aurois achevé de l'accabler mortellement, fi je lui euffe refufé la fatisfaction de
me croire à mon aife & fans danger, avant que
de penfer à fa propre confervation. Je me foumis
durant quelques momens à fes defirs. Je reçus
fes foins en filence, & avec honte. Mais lorfqu'elle eut fatisfait fa tendreffe, avec quelle ardeur
la mienne ne reprit-elle pas fon tour! Je me
dépouillai de tous mes habits, pour lui faire trouver
la terre moins dure, en les étendant fous elle.
Je la fis confentir malgré elle, à me voir employer
à fon ufage tout ce que je pus imaginer de moins
incommode. J'échauffai fes mains par mes baifers
ardens, & par la chaleur de mes foupirs. Je paffai la
nuit entière à veiller près d'elle, & à prier le
ciel de lui accorder un fommeil doux & paifible.
O Dieu! que mes vœux étoient vifs & fincères! &
par quel rigoureux jugement aviez-vous réfolu de
ne les pas exaucer?

   Pardonnez, fi j'achève en peu de mots un récit
qui me tue. Je vous raconte un malheur qui

n'eut jamais d'exemple. Toute ma vie eft deftinée à le pleurer. Mais quoique je le porte fans ceffe dans ma mémoire, mon ame femble reculer d'horreur, chaque fois que j'entreprends de l'exprimer.

Nous avions paffé tranquillement une partie de la nuit. Je croyois ma chere maitreffe endormie, & je n'ofois pouffer le moindre foufle, dans la crainte de troubler fon fommeil. Je m'apperçus dès la pointe du jour, en touchant fes mains, qu'elle les avoit froides & tremblantes. Je les approchai de mon fein, pour les échauffer. Elle fentit ce mouvement; & faifant un effort pour faifir les miennes, elle me dit d'une voix foible, qu'elle fe croyoit à fa dernière heure. Je ne pris d'abord ce difcours que pour un langage ordinaire dans l'infortune, & je n'y répondis que par les tendres confolations de l'amour. Mais fes foupirs fréquens, fon filence à mes interrogations, le ferrement de fes mains, dans lefquelles elle continuoit de tenir les miennes, me firent connoître que la fin de fes malheurs approchoit. N'exigez point de moi que je vous décrive mes fentimens, ni que je vous rapporte fes dernières expreffions. Je la perdis; je reçus d'elle des marques d'amour au moment même qu'elle expiroit; c'eft tout ce que j'ai la force de vous apprendre, de ce fatal & déplorable événement.

Mon ame ne fuivit pas la fienne. Le ciel ne me

trouva point fans doute affez rigoureufement puni.
Il a voulu que j'aie traîné, depuis, une vie languif-
fante & miférable. Je renonce volontairement à
la mener jamais plus heureufe.

Je demeurai, plus de vingt-quatre heures, la
bouche attachée fur le vifage & fur les mains
de ma chère Manon. Mon deffein étoit d'y mourir;
mais je fis réflexion, au commencement du fecond
jour, que fon corps feroit expofé après mon trépas,
à devenir la pâture des bêtes fauvages. Je formai
la réfolution de l'enterrer, & d'attendre la mort
fur fa foffe. J'étois déjà fi proche de ma fin,
par l'affoibliffement que le jeûne & la douleur
m'avoient caufé, que j'eus befoin de quantité
d'efforts pour me tenir debout. Je fus obligé de
recourir aux liqueurs que j'avois apportées. Elles
me rendirent autant de forces qu'il en falloit pour
le trifte office que j'allois exécuter. Il ne m'étoit
pas difficile d'ouvrir la terre dans le lieu où je
me trouvois. C'étoit une campagne couverte de
fable. Je rompis mon épée, pour m'en fervir à
creufer; mais j'en tirai moins de fecours que de
mes mains. J'ouvris une large foffe. J'y plaçai l'idole
de mon cœur, après avoir pris foin de l'envelopper
de tous mes habits, pour empêcher le fable de la
toucher. Je ne la mis dans cet état, qu'après l'avoir
embraffée mille fois, avec toute l'ardeur du plus
parfait amour. Je m'affis encore près d'elle. Je la

confidérai long-tems. Je ne pouvois me réfoudre à
fermer fa foîle. Enfin, mes forces recommençant
à s'affoiblir, & craignant d'en manquer tout-à-fait
avant la fin de mon entreprife, j'enfévelis pour toujours dans le fein de la terre, ce qu'elle avoit porté
de plus parfait & de plus aimable. Je me couchai
enfuite fur la foffe, le vifage tourné vers le fable ; &
fermant les yeux, avec le deffein de ne les ouvrir
jamais, j'invoquai le fecours du ciel, & j'attendis la
mort avec impatience. Ce qui vous paroîtra difficile
à croire, c'eft que pendant tout l'exercice de ce lu-
gubre miniftère, il ne fortit pas une larme de mes
yeux, ni un foupir de ma bouche. La confternation
profonde où j'étois, & le deffein déterniné de mourir, avoient coupé le cours à toutes les expreffions
du défefpoir & de la douleur. Auffi, ne demeurai-je
pas long-tems dans la pofture où j'étois fur la foffe,
fans perdre le peu de connoiffance & de fentiment
qui me reftoient.

Après ce que vous venez d'entendre, la conclufion de mon hiftoire eft de fi peu d'importance,
qu'elle ne mérite pas la peine que vous voulez bien
prendre à l'écouter. Le corps de Synnele ayant été
rapporté à la ville, & fes plaies vifitées vec foin,
il fe trouva, non-feulement qu'il n'étoit pas mort,
mais qu'il n'avoit pas même reçu de blefure dangereufe. Il apprit à fon oncle de quelle mnière les
chofes s'étoient paffées entre nous, & fa gnérofité

le porta fur le champ à publier les effets de la
mienne. On me fit chercher, & mon abfence
avec Manon, me fit foupçonner d'avoir pris le parti
de la fuite. Il étoit trop tard pour envoyer fur mes
traces; mais le lendemain & le jour fuivant furent
employés à me pourfuivre. On me trouva, fans
apparence de vie, fur la foffe de Manon ; & ceux
qui me découvrirent en cet état, me voyant prefque
nud, & fanglant de ma bleffure, ne doutèrent point
que je n'euffe été volé & affaffiné. Ils me portèrent
à la ville. Le mouvement du tranfport réveilla
mes fens. Les foupirs que je pouffai, en ouvrant
les yeux, & en gémiffant de me retrouver parmi
les vivans, firent connoître que j'étois encore en
état de recevoir du fecours. On m'en donna de
trop heureux. Je ne laiffai pas d'être renfermé dans
une etroite prifon. Mon procès fut inftruit; &
comme Manon ne paroiffoit point, on m'accufa
de m'être défait d'elle, par un mouvement de rage
& dejaloufie. Je racontai naturellement ma pitoya-
ble aventure. Synnelet, malgré les tranfports de
douleur où ce récit le jeta, eut la générofité de
follicitei ma grâce. Il l'obtint. J'étois fi foible,
qu'on ft obligé de me tranfporter de la prifon
dans mon lit, où je fus retenu pendant trois mois
par un violente maladie. Ma haine pour la vie ne
diminoit point. J'invoquois continuellement la
mort & je m'obftinai long-tems à rejeter tous les
remèdes,

remèdes. Mais le ciel, après m'avoir puni avec tant de rigueur, avoit deffein de me rendre utiles mes malheurs & fes châtimens. Il m'éclaira de fes lumières ; elles me rappelèrent à des idées dignes de ma naiffance & de mon éducation. La tranquillité ayant commencé à renaître un peu dans mon ame, ce changement fut fuivi de près par ma guérifon. Je me livrai entièrement aux infpirations de l'honneur, & je continuai de remplir mon petit emploi, en attendant les vaiffeaux de France, qui vont une fois chaque année dans cette partie de l'Amérique. J'étois réfolu de retourner dans ma patrie, pour y réparer par une vie fage & réglée le fcandale de ma conduite. Synnelet avoit pris foin de faire transporter le corps de ma chère maitreffe dans un lieu honorable.

Ce fut environ fix femaines après mon rétabliffement, que me promenant feul un jour fur le rivage, je vis arriver un vaiffeau, que des affaires de commerce amenoient à la Nouvelle Orléans. J'étois attentif au débarquement de l'équipage. Je fus frappé d'une furprife extrême, en reconnoiffant Tiberge parmi ceux qui s'avançoient vers la ville. Ce fidelle ami me remit de loin, malgré le changement que la trifteffe avoit fait fur mon vifage. Il m'apprit que l'unique motif de fon voyage avoit été le defir de me voir, & de m'engager à retourner en France ; qu'ayant reçu

la lettre que je lui avois écrite du Havre, il s'y
étoit rendu en personne, pour me porter les secours
que je lui demandois ; qu'il avoit ressenti la plus
vive douleur en apprenant mon départ , & qu'il
seroit parti sur le champ pour me suivre, s'il eût
trouvé un vaisseau prêt à faire voile ; qu'il en avoit
cherché pendant plusieurs mois dans divers ports,
& qu'en ayant enfin rencontré un à Saint-Malo,
qui levoit l'ancre pour la Martinique , il s'y étoit
embarqué , dans l'espérance de se procurer de-là
un passage facile à la Nouvelle Orléans ; que le
vaisseau malouin ayant été pris en chemin par des
corsaires espagnols , & conduit dans une de leurs
îles , il s'étoit échappé par adresse , & qu'après
diverses courses, il avoit trouvé l'occasion du petit
bâtiment qui venoit d'arriver , pour se rendre
heureusement près de moi.

Je ne pouvois marquer trop de reconnoissance
pour un ami si généreux & si constant. Je le conduisis chez moi. Je le rendis le maître de tout ce
que je possédois. Je lui appris tout ce qui m'étoit
arrivé depuis mon départ de France ; & pour lui
causer une joie à laquelle il ne s'attendoit pas, je
lui déclarai que les semences de vertu , qu'il avoit
jetées autrefois dans mon cœur, commençoient à
produire des fruits dont il alloit être satisfait. Il
me protesta qu'une si douce assurance le dédom-
mageoit de toutes les fatigues de son voyage.

Nous avons passé deux mois ensemble à la Nouvelle Orléans, pour attendre l'arrivée des vaisseaux de France; & nous étant enfin mis en mer, nous prîmes terre, il y a quinze jours, au Havre-de-Grace. J'écrivis à ma famille en arrivant. J'ai appris, par la réponse de mon frère aîné, la triste nouvelle de la mort de mon père, à laquelle je tremble, avec trop de raison, que mes égaremens n'ayent contribué. Le vent étant favorable pour Calais, je me suis embarqué aussitôt, dans le dessein de me rendre, à quelques lieues de cette ville, chez un gentilhomme de mes parens, où mon frère m'écrit qu'il doit attendre mon arrivée.

F I N.

Lightning Source UK Ltd.
Milton Keynes UK
UKHW02n0825210818
327535UK00005BA/124/P